DEUTSCHER SOZIALGERICHTSTAG E.V. (HRSG.)

Von der Integration zur Inklusion –
Strukturwandel wagen!

Deutscher Sozialgerichtstag e. V. (Hrsg.)
„Von der Integration zur Inklusion – Strukturwandel wagen!"
6. Deutscher Sozialgerichtstag
17. und 18. November 2016 in Potsdam

Von der Integration zur Inklusion – Strukturwandel wagen!

6. Deutscher Sozialgerichtstag
am 17. und 18. November 2016 in Potsdam

Herausgegeben vom Deutschen Sozialgerichtstag e. V.

Bibliografische Information der Deutschen Nationalbibliothek | Die Deutsche Nationalbibliothek verzeichnet diese Publikation in der Deutschen Nationalbibliografie; detaillierte bibliografische Daten sind im Internet über www.dnb.de abrufbar.

ISBN 978-3-415-06162-0

© 2017 Richard Boorberg Verlag

Das Werk einschließlich aller seiner Teile ist urheberrechtlich geschützt. Jede Verwertung, die nicht ausdrücklich vom Urheberrechtsgesetz zugelassen ist, bedarf der vorherigen Zustimmung des Verlages. Dies gilt insbesondere für Vervielfältigungen, Bearbeitungen, Übersetzungen, Mikroverfilmungen und die Einspeicherung und Verarbeitung in elektronischen Systemen.

Titelfoto: © ccvision | Satz: Thomas Schäfer, www.schaefer-buchsatz.de | Druck und Bindung: Gulde Druck GmbH & Co. KG, Hechinger Straße 264, 72072 Tübingen

Richard Boorberg Verlag GmbH & Co KG | Scharrstraße 2 | 70563 Stuttgart
Stuttgart | München | Hannover | Berlin | Weimar | Dresden
www.boorberg.de

Vorwort

Der Deutsche Sozialgerichtstag e. V. legt seinen 6. Tagungsband vor. Am 17. und 18. November 2016 fand am inzwischen traditionell gewordenen Standort Potsdam der Jubiläumskongress statt. Im Jahre 2006 wurde der Deutsche Sozialgerichtstag e. V. im Essener Landessozialgericht gegründet, konnte auf dem 6. DSGT also auf zehn Jahre seines Bestehens zurückblicken und sich seiner positiven Entwicklung aus kleinen, bescheidenen Anfängen (man erinnere sich an den 1. DSGT in Berlin-Köpenick!) zu einem ernst genommenen Verband auf der sozialpolitischen Ebene freuen. Die Zahl der Mitglieder ist stetig gewachsen (wir hoffen, bald das 500. Mitglied begrüßen zu können), die Wahrnehmung im politischen Raum ebenfalls. Und: Als sachkundiger Dritter wird der DSGT immer wieder in Verfahren des Sozial- und Sozialversicherungsrechts vor dem Bundesverfassungsgericht beteiligt. Der DSGT bietet wie kaum ein Akteur auf der sozialrechtlichen und sozialpolitischen Bühne in seinen Kommissionen und auf den Bundestagungen Platz für eine wahrhaft interdisziplinäre Diskussion. So verhielt es sich auch auf dem 6. Bundeskongress.

Die Generalthemen der alle zwei Jahre in Potsdam organisierten Sozialgerichtstage spiegeln stets die aktuell sozialpolitisch und sozialrechtlich relevanten Fragen wieder. Auch der 6. DSGT war einem Thema der Zeit gewidmet: „Von der Integration zur Inklusion – Strukturwandel wagen!" Die besondere Aktualität ergab sich aus dem zu diesem Zeitpunkt im Entwurf vorliegenden Bundesteilhabegesetz, das zum 1. Januar 2017 in Kraft treten sollte (und in Kraft getreten ist). Die Kommissionen – wenn auch nicht alle, was in der Natur der Sache lag – beleuchteten am Nachmittag des ersten Tages Inklusion in Bezug auf das Sozialgesetzbuch, für das sie zuständig sind. Dies galt auch und insbesondere für die auf dem 6. DSGT erstmals nach ihrer Gründung in Erscheinung getretene Kommission Kinder- und Jugendhilfe. Inkludierte Kinder- und Jugendhilfe im Rahmen der Reform des SGB VIII war im Herbst 2016 das Thema, das die Experten umtrieb. Die Inklusion im Kinder- und Jugendhilferecht voranzubringen, nachdem das zuständige Bundesministerium für Familie, Senioren, Frauen und Jugend inzwischen die sog. Große Lösung im aktuellen Gesetzgebungsverfahren ausgeblendet und zukünftiger Gesetzgebung überantwortet hat, wird weiterhin Anliegen der DSGT-Kommission SGB VIII sein. Dies ist ein gutes Beispiel dafür, dass sich die Aufgabenfelder des DSGT kontinuierlich von der Gegenwart in die Zukunft erstrecken und es keinen Stillstand gibt. Das Sozialrecht – und dazu gehört auch die Kinder- und Jugendhilfe des SGB VIII – und das Sozialversicherungsrecht waren und sind von ständiger Veränderung und

Entwicklung mehr betroffen als manch anderer Rechtsbereich. Es wird nicht ruhiger werden, und schon gar nicht im Übergang zwischen zwei Legislaturperioden. Der DSGT ist weiter gefordert. Lassen wir uns fordern!

Zurück zum Bundeskongress 2016! Nach bewährtem Muster gestaltete sich der Eröffnungsvormittag am 17. November. Grußworte sprachen der Minister für Bildung, Jugend und Sport des Landes Brandenburg, Günter Baaske – ein langjähriger Begleiter der DSGT-Bundestagungen –, sowie der neue Präsident des Bundessozialgerichts, Prof. Dr. Rainer Schlegel, dem das Auditorium zu seiner Berufung durch herzlichen Applaus gratulierte. Auch der Vorgänger von Prof. Schlegel, Dr. h. c. Peter Masuch, erhielt lebhaften Begrüßungsapplaus, hatte er doch in seiner Amtszeit keinen Sozialgerichtstag versäumt und stets durch Grußworte (und seine Mitgliedschaft) seine Anerkennung für den DSGT zum Ausdruck gebracht. Eine große Freude war es, der engagierten, in verbindliche und bisweilen humorvolle Worte gekleideten, in der Sache aber sehr ernsten und aufrüttelnden Festrede von Verena Bentele zuzuhören. Die Beauftragte der Bundesregierung für die Belange von Menschen mit Behinderungen entwickelte ihre Gedanken ausgehend von der UN-Behindertenrechtskonvention und formulierte Forderungen für die Realisierung wahrer Inklusion. Sie tat dies so überzeugend und authentisch, dass ihr der langanhaltende Beifall der Teilnehmerinnen und Teilnehmer sicher war.

Am Nachmittag verteilten sich die Kommissionen auf die verschiedenen Räume im Kongresshotel am Luftschiffhafen. In den Pausen konnte man beobachten, wie intensiv weiterdiskutiert wurde. Der DSGT ist sehr froh, in Potsdam eine solche Örtlichkeit zur Verfügung zu haben, die die Kommissionen unterbringen kann. An dieser Stelle erwähne ich gern, dass sich die Kooperation mit dem Kongresshotel, seiner Geschäftsführerin Jutta Braun und deren Mitarbeiterinnen und Mitarbeitern in den Jahren seit dem 2. DSGT 2008 sehr erfreulich entwickelt und professionalisiert hat, und sage dafür Dank.

Der erste Tag endete mit dem „Brandenburger Abend", der so gut wie nie zuvor besucht war: Auch dies ein Zeichen des Interesses am kollegialen Gespräch und an der Fortsetzung des Gedankenaustausches in entspannter Atmosphäre.

Der zweite Veranstaltungstag begann in der Frühe mit der Mitgliederversammlung, an der ebenfalls so viele Mitglieder teilnahmen wie auf keiner Mitgliederversammlung zuvor. Nicht zuletzt ging es um die Höhe des Mitgliedsbeitrages, den nach zehn Jahren Beitragsstabilität moderat anzuheben der Vorstand zur Beschlussfassung vorgeschlagen hatte. Dieser Beschluss wurde ohne Gegenstimme antragsgemäß gefasst. Die Mitgliederversammlung bot überdies Gelegenheit zur Verabschiedung des langjährigen Pressesprechers des DSGT, RBSG Dr. Christian Mecke (er gehört dem Vorstand weiter an), sowie des Geschäftsführers, DSG Johannes Graf von Pfeil, der diese Funktion sieben Jahre innehatte. Nach Würdigung der Verdienste des Pressesprechers und des Geschäftsführers bedankten sich der Vorstand und die Mitglieder mit anhaltendem Applaus und begrüßten freundlich den neuen Geschäftsführer, RSG Andreas Bretthauer.

Das Auditorium trat nach der Mitgliederversammlung wieder zusammen, um die Berichte aus den Kommissionen entgegenzunehmen, vorgetragen von den Kommissionsvorsitzenden. Es schloss sich ein ganz besonderer Vortrag der Professorin für Angewandte Sozialpsychologie und Entscheidungsforschung Dr. Birte Englich (Universität Köln) an, die die Teilnehmerinnen und Teilnehmer des DSGT damit konfrontierte, dass sie nicht glauben sollten, objektiv entscheiden zu können. Zahlreiche Beispiele aus der Forschung belegten dies. Die lebhaft und anschaulich zum Thema „Warum entscheide ich wie" vortragende Referentin führte in unbekannte Tiefen des menschlichen Wesens und hob dies ins Bewusstsein von Entscheidern und Entscheiderinnen diesseits und jenseits des Richtertisches. Initiiert hatte den Vortrag die Ethik-Kommission unter der Leitung von Vizepräsident des LSG Löns und VRLSG Michael Wolff-Dellen (beide Essen) mit einem kommissionsübergreifenden Ansatz. Dass Professorin Englich den Nerv der Anwesenden getroffen hatte, zeigten zahlreiche nachdenkliche Fragen in der Diskussion.

Wie immer stand am Ende des Kongresses eine Podiumsdiskussion, deren Thema „Neues Teilhabegesetz – ein großer Wurf?" das Generalmotto des 6. DSGT aufgriff. In seiner so bewährt stringenten wie charmanten Art moderierte der Vorstand des Deutschen Vereins für öffentliche und private Fürsorge Michael Löher (Berlin) die Diskussion, an der sich nach einem Impulsreferat von Prof. Dr. Felix Welti (Universität Kassel) Annelie Buntenbach, Mitglied des GVB des DGB (Berlin), Dr. Irene Vorholz, Beigeordnete beim Deutschen Landkreistag (Berlin) sowie RLSG Dr. Steffen Luik (Stuttgart) intensiv mit dem Entwurf des Bundesteilhabegesetzes auseinandersetzten. Die Zusammensetzung des Podiums garantierte angesichts der unterschiedlichen Perspektiven und Interessenlagen der Diskutanten und Diskutantinnen ein kontroverses Gespräch.

Mit Freude stelle ich fest: Der 6. DSGT war in jeder Hinsicht ein Erfolg. Fachlich, organisatorisch, teilnehmerzahlmäßig, atmosphärisch. Allen, die zu diesem Erfolg beigetragen haben, danke ich herzlich: den Referentinnen und Referenten, den beiden Grußwortrednern, der Festrednerin, den Podiumsteilnehmerinnen und -teilnehmern und dem Moderator, den Kommissionsvorsitzenden, den Mitgliedern der Kommissionen und den Teilnehmerinnen und Teilnehmern aus allen Bereichen des Sozial- und Sozialversicherungsrechts, die nach Potsdam gekommen sind, um den interdisziplinären Gedanken- und Erfahrungsaustausch zu pflegen und damit die Idee des DSGT umzusetzen. Ich danke meinen Kolleginnen und Kollegen im Vorstand, dem bisherigen und dem neuen Geschäftsführer, den Mitarbeiterinnen der DSGT-Geschäftsstelle. Last but not least gilt mein Dank wie immer in besonderem Maße den Vertretern und Vertreterinnen des Richard Boorberg Verlages, allen voran Karl Heinz Schafmeister, die den DSGT seit dem ersten Bundeskongress in Berlin-Köpenick zunächst beobachtend, dann seit dem 2. DSGT in vertrauensvoller Zusammenarbeit mit Rat und Tat begleiten und unterstützen.

Dieses Vorwort zum Tagungsband über den 6. DSGT im November 2016 schließe ich mit der Einladung zum Sozialgerichtstag 2018. Er wird früher als üblich, nämlich am 27. und 28. September, wiederum in Potsdam stattfinden. Der Vorstand und sein geschäftsführender Ausschuss haben bereits konkrete Ideen zum Generalmotto des nächsten DSGT: Wir wollen den Menschen in seiner Ganzheit in den Blick nehmen und fragen, ob er wirklich im Mittelpunkt des gegliederten Sozialsystems steht und was erforderlich wäre, damit es so ist. Auf Wiedersehen also zum 7. DSGT am 27./28. September 2018 im Kongresshotel Am Luftschiffhafen, gern aber auch früher auf DSGT-Workshops und Kommissionssitzungen! Der Vorstand und ich freuen uns auf Sie!

Potsdam, im November 2016
Monika Paulat
Präsidentin des Deutschen Sozialgerichtstages e. V.

Inhaltsverzeichnis

Vorwort 5

Von der Integration zur Inklusion – Strukturwandel wagen!
Der 6. Deutsche Sozialgerichtstag am 17. und 18. November 2016
in Potsdam
Bericht von Monika Paulat, Präsidentin des Deutschen Sozialgerichtstages e. V.: Die Sicht der Beauftragten der Bundesregierung für die
Belange der Menschen mit Behinderung, Verena Bentele 15

Kommission SGB II

**9. SGB II-Änderungsgesetz – Rechtsvereinfachung –
aus Sicht des Vollzuges**
André Oberdieck, Fachbereichsleiter SGB II, Landkreis Göttingen .. 21

**9. SGB II-Änderungsgesetz – Rechtsvereinfachung –
aus Sicht des Bundes**
Martin Vogt, Ministerialrat am Bundesministerium für Arbeit und
Soziales, Bonn 31

**Gesetzentwurf eines Gesetzes zur Regelung von Ansprüchen
ausländischer Personen im SGB II und SGB XII**
Dr. Hans-Joachim Sellnick, Richter am Sozialgericht Nordhausen .. 41

Kommission SGB III/XII

**Bericht über die Arbeit und Empfehlungen der
SGB III/XII-Kommissionen**
Dr. Elke Roos, Vorsitzende Richterin am Bundessozialgericht, Kassel   49

Inklusion im Arbeitsförderungsrecht
Susanne Jaritz, Richterin am Landessozialgericht Hessen, Darmstadt   51

**Inklusion in der Eingliederungshilfe – eine kritische
Bestandsaufnahme**
Dr. Stephan Gutzler, Richter am Landessozialgericht Rheinland-Pfalz,
Mainz 54

UN-BRK und berufliche Inklusion – Inhalte und künftige Entwicklungen
Dr. Leander Palleit, Wissenschaftlicher Mitarbeiter Monitoring-Stelle
zur UN-Behindertenrechtskonvention, Berlin 64

Kommission SGB V

Scheinselbstständigkeit im Gesundheits- und Sozialwesen – typusbildende Merkmale aus Sicht der Rechtsprechung
Dr. Christian Mecke, Richter am Bundessozialgericht, Kassel 70

Beschäftigung oder Selbstständigkeit in der Pflege
Prof. Dr. Ekkehard Hofmann, Universität Trier 81

Der Honorararzt – abhängig beschäftigt oder selbstständig?
Dr. Sören Langner, LL.M., Fachanwalt für Arbeitsrecht und Partner bei
CMS Hasche Sigle, Berlin 99

(Schein-)Selbstständigkeit in der Sozialen Arbeit
Dr. Anne Klüser, Lehrbeauftragte Kath. Hochschule NRW, Köln . . . 121

Kommission SGB VI

Die Bedeutung psychischer und psychosomatischer Erkrankungen bei Erwerbsminderungsrenten
Dr. Ulrich Eggens, Ltd. Arzt, Abteilung Rehabilitation und
Gesundheitsförderung, Deutsche Rentenversicherung
Berlin-Brandenburg 133

Herausforderungen psychosomatischer Belastungen für die betriebliche Personalpolitik
Prof. Dr. Ursula Engelen-Kefer, Mitglied im Bundesvorstand des
Sozialverbandes Deutschland, Berlin 137

Aktuelle Rechtsänderungen aus Sicht der gesetzlichen Rentenversicherung
Gundula Roßbach, Direktorin, Deutsche Rentenversicherung Bund,
Berlin 149

Kommission SGB VII

Die Vorschläge zur Reform des Berufskrankheitenrechts aus Sicht der Verwaltung
Dr. Wolfgang Römer, Mitglied der Geschäftsführung der Berufsgenossenschaft Holz und Metall, Mainz 159

Der Reformbedarf des Berufskrankheitenrechts aus Sicht des nordrhein-westfälischen Sozialministeriums
Isabelle Steinhauser, Referatsleiterin im Ministerium für Arbeit, Integration und Soziales NRW, Düsseldorf 167

Die Entwicklung im Berufskrankheitenrecht aus richterlicher Sicht
Dr. Oliver Schur, Richter am Landessozialgericht Niedersachsen-Bremen, Celle 170

Kommission SGB IX/SER/SB

Der Begriff der Teilhabe
Dr. Helga Seel, Geschäftsführerin der Bundesarbeitsgemeinschaft für Rehabilitation (BAR) e. V., Frankfurt a. M. 178

Begutachtungsgrundsätze im Spiegel der Zeit
Dr. med. Karin Reinelt, Ltd. Medizinaldirektorin, Niedersächsisches Landesamt für Soziales, Jugend und Familie 191

Was bedeutet Teilhabe künftig für die Versorgungsmedizinverordnung – aus Sicht eines Sozialverbandes?
Claudia Tietz, Referentin für Behindertenpolitik, Sozialverband Deutschland, Berlin 198

Was bedeutet Teilhabe künftig für die Versorgungsmedizinverordnung – aus Sicht der Verwaltung?
Walter Oertel, Abteilungsleiter, Zentrum Bayern Familie und Soziales, Bayreuth 205

Kommission SGB XI

Das neue Begutachtungsverfahren, die Begutachtungs-Richtlinien und das individuelle Pflegegutachten – das Begutachtungsmanagement des Medizinischen Dienstes der Krankenversicherung
Bernhard Fleer, Team Pflege, Medizinischer Dienst des Spitzenverbandes Bund der Krankenkassen e. V. (MDS), Essen 211

Kommission SGG / SGB X

Überblick über aktuelle Entwicklungen des Sozialverfahrens- und Sozialprozessrechts
Bernadette Giesberts-Kaminski, Regierungsdirektorin am Bundesministerium für Arbeit und Soziales, Bonn 220

Widerspruchsausschüsse in der Sozialversicherung – ein Bericht aus der Forschung
Prof. Dr. Armin Höland, Martin-Luther-Universität Halle-Wittenberg, und Prof. Dr. Felix Welti, Universität Kassel 230

Überblick über die Aufgabengebiete der Rentenberater/innen: Wünsche an Gesetzgeber und Sozialgerichte
Rudi F. Werling, Rentenberater, Vorsitzender des Ausschusses für Berufsrecht des Bundesverbandes der Rentenberater e. V., Mitglied der Kommission Verfahrensrecht des DSGT e. V. 241

Elektronischer Rechtsverkehr zwischen der Rentenversicherung und den Gerichten der Sozialgerichtsbarkeit
Harald Meyer, Deutsche Rentenversicherung Bund, Berlin 256

Elektronischer Rechtsverkehr aus Sicht der Rechtsanwälte
Martin Schafhausen, Rechtsanwalt, Plagemann Rechtsanwälte Partnerschaft mbB, Frankfurt a. M. 261

Kommission Ethik im sozialgerichtlichen Verfahren

40 Jahre Soziale Rechte im Sozialgesetzbuch – Ist die Botschaft noch zeitgemäß?
Prof. Dr. Dr. h. c. Eberhard Eichenhofer, Berlin 269

Potsdamer Ethik-Grundsätze in der Umsetzung
Michael Wolff-Dellen, Vorsitzender Richter am Landessozialgericht Essen und Martin Löns, Vizepräsident des Landessozialgerichts Essen 283

Abkürzungsverzeichnis 287

Von der Integration zur Inklusion – Strukturwandel wagen!
Der 6. Deutsche Sozialgerichtstag am 17. und 18. November 2016 in Potsdam

Bericht von Monika Paulat, Präsidentin des Deutschen Sozialgerichtstages e. V.: Die Sicht der Beauftragten der Bundesregierung für die Belange der Menschen mit Behinderung, Verena Bentele

Der Deutsche Sozialgerichtstag e. V. hätte mit Verena Bentele als Festrednerin keine bessere Wahl treffen können. In einem furiosen, weitgehend frei gehaltenen Vortrag zog sie das Auditorium in ihren Bann und nahm nach den Grußworten alle Teilnehmerinnen und Teilnehmer der Eröffnung des 6. Sozialgerichtstages auf den Weg mitten hinein in die Thematik der UN-Behindertenrechtskonvention und des Behindertengleichstellungsrechts bis hin zum Bundesteilhabegesetz, dessen Inkrafttreten unmittelbar bevorstand.

Kernbotschaft

Die Kernbotschaft der Ansprache der Beauftragten der Bundesregierung für die Belange der Menschen mit Behinderung war, dass Gesetzgebung, Rechtsprechung, Wissenschaft ganz praktisch und ganz lebensnah die Menschen erreichen müssten. Das Thema Inklusion bedarf nach ihrer Ansicht vor allem der Diskussion mit den Menschen mit Behinderung selbst. Im Zentrum sieht sie den in der UN-Behindertenrechtskonvention (UN-BRK) verankerten Grundsatz: „Nichts über uns ohne uns!" Die Menschen mit Behinderung nennt Frau Bentele Experten in ihren Angelegenheiten, die allerdings auch das Expertenwissen der Sozialgerichtsbarkeit bei der Lösung und Entscheidung von Problemen zur Umsetzung von Teilhabe benötigen. Und die Botschaft war: „Inklusion muss in den Köpfen der Menschen stattfinden!"

Festrede

Inklusion im weiten Sinne, allumfassend und konkret

Die Befassung mit dem Bundesteilhabegesetz (BTHG) stehe, so die Festrednerin, derzeit ganz oben in ihrem „Aufgabenheft" und nehme den überwiegenden Teil ihres 12-stündigen Arbeitstages in Anspruch. Gleichwohl gebe es andere wichtige Themen. Zwar werde das Thema Inklusion derzeit als Begriff für die Teilhabe im Sinne von Beteiligung von Menschen mit und ohne Behinderung an einem gemeinsamen Leben aller Menschen gebraucht. Frau Bentele begreift Inklusion aber darüber hinaus als gesamtgesellschaftliches Thema. Es müssen nach ihrer Ansicht sämtliche vorhandene Barrieren beseitigt werden, etwa Lern- und Sprachschwierigkeiten durch Gebrauch Leichter Sprache, dies auch zur Integration der Menschen, die neu nach Deutschland kommen. Frau Bentele begrüßte in diesem Zusammenhang die Weiterentwicklung des Behindertengleichstellungsrechts, das ab 2018 die Möglichkeit zur Erläuterung von Bescheiden der Bundesbehörden in Leichter Sprache schafft. Gerade derartige konkrete Maßnahmen nützten vielen und störten niemanden; sie stellten Barrierefreiheit her und verwirklichten Inklusion und Teilhabe.

Ermöglichung von Teilhabe auch im Ehrenamt

Die Bundesbeauftragte zeigte eine weitere Dimension ihres umfassenden Verständnisses des Inklusionsbegriffs auf: Mitwirkung aller Menschen in der Politik, im sozialen und ökologischen Bereich und auf vielen anderen Interessengebieten. Auch das ist Inklusion, rief sie dem Auditorium zu und fragte, wie Menschen dazu motiviert und aktiviert und wie konsensual eine Gesprächsbasis geschaffen werden könne. Alle Menschen müssten die Möglichkeit zur Beteiligung und zum gesellschaftlich relevanten Engagement erhalten. Mit einem konkreten Beispiel belegte Frau Bentele die Regelungsbedürftigkeit: Das Mitglied des Ortsvereins einer politischen Partei (gleichzeitig Landesdelegierter) ist gehörlos, sitzt im Rollstuhl und gebärdet mit nur einer Hand; Dolmetscherkosten werden für die politische Arbeit nicht erstattet. Das BTHG sichert zwar Unterstützung zu; aber diese sollen die Menschen mit Behinderung zunächst in der Familie, bei Nachbarn oder Freunden suchen. Eine solche Einschränkung dürfe es nicht geben, wenn es gewollt sei, dass sich auch Menschen mit unterschiedlichen Unterstützungsbedarfen politisch engagieren oder sonst ehrenamtlich einbringen können sollen. Insofern besteht nach Auffassung der Bundesbeauftragten deutlicher Nachbesserungs- und Veränderungsbedarf. Für notwendig hält sie hier eine klare Regelung im BTHG.

Wahlrecht für unter rechtlicher Betreuung stehende Menschen

Frau Bentele setzte ihre Ausführungen fort mit Überlegungen zum Wahlrecht für unter rechtlicher Betreuung stehende Menschen. Auch hierbei gehe es um Inklusion. Einer Studie zufolge sind mehr als 480 000 Menschen in Deutschland von Wahlen ausgeschlossen. Aus menschenrechtlichen Gründen sei dieser Zustand nicht länger tolerabel. Es dürfe einem Menschen nicht pauschal das Recht abgesprochen werden, sich selbst für jemanden zu entscheiden, von dem er meint, dass er seine Interessen am besten vertritt. Es müsse vielmehr darum gehen, bei dieser Entscheidung Unterstützung zu leisten. Das kann, so Frau Bentele, ganz konkret durch entsprechend aufbereitetes Informationsmaterial geschehen. Information habe ohnehin eine wichtige Schlüsselfunktion. Abgesehen davon müsse den Menschen zugetraut und zugestanden werden, sich politisch zu informieren und zu engagieren. Menschen mit Behinderung könnten ihre eigenen Interessen genauso gut oder schlecht selbst vertreten wie Menschen ohne Behinderung. Die Bundesbeauftragte gab ihrer Hoffnung Ausdruck, dass das Thema Wahlrecht für unter Betreuung stehende Menschen bis zur Bundestagswahl noch angepackt wird.

Das BTHG – Ziel erreicht?

Die Festrednerin wandte sich alsdann der politischen Debatte um das BTHG zu, in der der Deutsche Behindertenrat eine starke Stimme gehabt habe. Frau Bentele hob die von ihr festgestellte außerordentliche Expertise und juristische Kompetenz der Verbände, speziell der Selbsthilfeverbände von Menschen mit Behinderung und der Sozialverbände hervor. Mit dem BTHG sollten die UN-BRK umgesetzt und die Teilhabe gestärkt werden. „Ist dies wirklich gelungen?", fragte sie. Im Gesetz sei festgelegt, dass etwa im Bereich „Wohnen" Menschen mit Behinderung nicht mehr die Möglichkeit haben, selbst zu entscheiden, ob sie allein wohnen wollen. Frau Bentele kritisierte, dies entspreche definitiv nicht dem Teilhabegedanken und der Vorstellung von einem selbstbestimmten Leben, wie sie die von Deutschland 2009 unterschriebene UN-BRK enthält. Dabei anerkannte sie sehr wohl, dass mit Unterstützungsleistungen ökonomisch umgegangen werden muss. In existentiellen Lebensbereichen wie Freizeit und Wohnen aber müssen – so die Bundesbeauftragte sehr deutlich – die Menschen die Möglichkeit zur Selbstbestimmung ihres Lebens haben. Das oberste Gebot ist, so stellte Frau Bentele auch an dieser Stelle noch einmal klar, den Menschen mit Behinderung die notwendige Unterstützung zu verschaffen.

Sie kritisierte das BTHG aber nicht nur. Es sei ein guter Schritt, dass für Bezieher von Leistungen der Eingliederungshilfe die Vermögensparbeträge steigen und ab 2020 die Partnervermögen nicht mehr angerechnet werden. Allerdings ändere sich für Menschen mit Pflegebedarf insofern nichts Wesentliches, was Frau Bentele zur Schnittstelle von Eingliederungshilfe und Pflege brachte. Teilhabe am Leben bedeute mehr und anderes als Pflege. Nicht nur die UN-BRK, sondern auch das Grundgesetz verlangen nach Auffassung der Bundesbeauftragten, Menschen mit Behinderung von Anfang an einzubeziehen und als Experten und Expertinnen in eigener Sache zu aktivieren.

Menschen mit Behinderung und die Justiz

Frau Bentele schlug nunmehr den Bogen zur Justiz. Den Menschen mit Behinderung müsse die Teilhabe und Teilnahme an Gerichtsverfahren ermöglicht und erleichtert werden. In allen Gerichtsbarkeiten sieht sie Verbesserungsbedarf: Beseitigung baulicher Barrieren und sonstiger Zugangshindernisse, Aus- und Weiterbildung der Richterschaft im Umgang mit und in der Anwendung der UN-BRK und des Behindertengleichstellungsrechts. Hingewiesen wurde in diesem Zusammenhang auf die von Herrn Prof. Dr. Welti (Kassel) im Jahre 2014 vorgelegte Evaluation des Behinderungsgleichstellungsrechts.

Die Festrednerin formulierte darüber hinaus die Forderung, vor allem in den Köpfen der Menschen ohne Behinderung müssten Barrieren beseitigt werden, und das sei das Schwierigste. Gesetze könnten das nicht verordnen, könnten Vorurteile und Verurteilungen nicht entfernen. Deshalb sei es so wichtig, in der Umsetzung der UN-BRK die Anpassung des BTHG weiter voranzutreiben.

Inklusion im Bereich Bildung und Arbeitsmarkt

Mit dem Bereich Bildung setzte Frau Bentele einen besonderen Schwerpunkt. Es stünde nicht zur Disposition, für Menschen mit Behinderung ein Leben in der Gemeinschaft ohne Doppelstrukturen zu schaffen. Förderschulen zu erhalten und die inklusive Beschulung aus- und aufzubauen wird angesichts begrenzter Ressourcen nach ihrer Einschätzung weder möglich noch nötig sein. Sie verwies darauf, dass – neben anderem – ein Ergebnis inklusiver Schule der normale Umgang von Menschen mit und ohne Behinderung werden wird, die Gewöhnung daran, dass es Unterschiedlichkeiten zwischen Menschen gibt, sowie die Herstellung von Akzeptanz, dies als Bereicherung zu sehen.

Frau Bentele sprach in diesem Zusammenhang auch die Schaffung eines inklusiven Arbeitsmarktes an. Dieser werde ermöglicht werden, wenn auch Firmen die gesamtgesellschaftliche Bedeutung und ihre eigene Verantwortung erkennen und in die Tat umsetzen, Jobs und Arbeitsmöglichkeiten für Menschen mit Behinderung entsprechend ihren individuellen Begabungen zu schaffen. Die Politik müsse dafür die notwendigen Rahmenbedingungen zur Verfügung stellen, aber Inklusion müsse, so wiederholte Frau Bentele, auch hier in den Köpfen der Menschen stattfinden.

Inklusiver Arbeitsmarkt setzt inklusive Schule voraus, so die These der Bundesbeauftragten. Hier legte sie den Finger auf die von vielen Seiten heftig kritisierte „Wunde" der sog. 5-aus-9-Regelung des BTHG, der zufolge in mindestens 5 von 9 Teilhabebereichen Einschränkungen bestehen müssen, um Eingliederungshilfe erhalten zu können. Das könne niemand wollen. Frau Bentele kritisierte auch, dass Studierende mit Behinderung sich einer Eignungsfeststellung (neben den allgemeinen Zugangsvoraussetzungen) unterziehen müssten.

Gemeinsame Gestaltung des Inklusionsprozesses mit kreativen Ideen und mutigem Engagement

Die Festrednerin kam am Ende ihres Vortrages auf die Bedeutung der Inklusion als gesamtgesellschaftlich bedeutsames Phänomen zurück, das viele Facetten hat und viele Bereiche betrifft. Sie appellierte daran, allen Menschen die Möglichkeit zu geben, sich zu engagieren, und zwar nicht nur in Protestaktionen, sondern in der konstruktiven politischen Diskussion, in der Selbsthilfe, durch die Gerichtsbarkeit. Wörtlich sagte Frau Bentele: „Sich für mehr Inklusion einzusetzen braucht uns alle, braucht die Wissenschaft, braucht die Politik, braucht Menschen ohne Behinderung und Menschen mit Behinderung, die sich als Experten und Expertinnen einbringen wollen, braucht eine ganze Gesellschaft".

Frau Bentele schloss ihre Rede mit dem Aufruf an das Auditorium, sich zur Verwirklichung von Inklusion im eigenen Wirkungskreis zu trauen, neue Ideen zu wagen, kreativ zu sein und sich zu engagieren, „handlungsleitend" zu werden ganz im Sinne des Generalthemas des Kongresses „Von der Integration zur Inklusion – Strukturwandel wagen!". Ihr Wunsch an die Teilnehmer und Teilnehmerinnen des Sozialgerichtstages 2016 war, dass sie sich in den nächsten Jahren mit Kreativität und auch Mut am Inklusionsprozess beteiligen und mit den Menschen sprechen, um deren Lebensrealität zu verstehen. Diese große Herausforderung lohne sich für jeden Einzelnen und für eine Gesellschaft von morgen, die Inklusion als Normalität und als einen ihrer Grundpfeiler begreift.

9. SGB II-Änderungsgesetz – Rechtsvereinfachung – aus Sicht des Vollzuges

André Oberdieck, Fachbereichsleiter SGB II, Landkreis Göttingen

A. Einleitung

Nach gefühlt unzähligen Schleifen – seit 2012 mit den ersten Überlegungen für eine strukturierte Rechtsvereinfachung – ist das 9. Änderungsgesetz im Juli 2016 derart kurz vor dem Inkrafttreten zum 01.08.2016 verkündet worden, dass die Exekutive die notwendigen Verwaltungsakte nicht mehr an die neue Rechtslage anpassen konnte. In der Folge bedeutet dies im Folgemonat zusätzlichen Verwaltungsaufwand für Nachzahlungen; zu viel gezahlte Leistungen sind aus Vertrauensschutzgründen nicht zurückzufordern (§ 48 Abs. 1 SGB X).

Dieser Beitrag nimmt zu einigen Normen aus Sicht des Vollzuges Stellung.

B. Einzelne Normen des 9. Änderungsgesetzes

I. §§ 1 Abs. 3 Nr. 1, 14 Abs. 2 SGB II

Der Gesetzgeber hat als eine dritte Säule neben den Eingliederungsleistungen in den Arbeitsmarkt und den Leistungen zur Sicherung des Lebensunterhaltes in § 1 Abs. 3 Nr. 1 einen Anspruch auf Beratung durch das Jobcenter explizit herausgestellt. Es ist unstreitig, dass die Jobcenter über § 14 SGB I bereits eine Beratungspflicht zu erfüllen hatten. Die innerhalb des Sozialgesetzbuches gesonderte Aufnahme ins 2. Buch hat Signalwirkung und Bedeutungsverstärkung des Beratungsaspektes im Bereich der Grundsicherung für Arbeitsuchende.

Problematisch für den Verwaltungsvollzug kann sich jedoch die Ausgestaltung des § 14 Abs. 2 S. 2 und 3 SGB II entfalten:

„Aufgabe der Beratung ist insbesondere die Erteilung von Auskunft und Rat zu
– Selbsthilfeobliegenheiten und Mitwirkungspflichten,
– zur Berechnung der Leistungen zur Sicherung des Lebensunterhalts und
– zur Auswahl der Leistungen im Rahmen des Eingliederungsprozesses.

Art und Umfang der Beratung richten sich nach dem Beratungsbedarf der leistungsberechtigten Person."

In Ansehung des Umstandes, dass es auf Beratung einen Rechtsanspruch gibt, ist es insbesondere bei S. 3 fraglich, welche objektivierbaren Kriterien ausgewählt werden können, um die Beratungsintensität abzuleiten.

Zu bedenken ist, dass Beratung (insbesondere eine persönliche) nicht unerhebliche Zeitressourcen kostet, die aufgrund der festgelegten Fallschlüsselverteilungen (Anzahl Fälle je Mitarbeiter) sorgfältig eingesetzt werden müssen. Offen ist daher aus Sicht des Vollzuges, welchen Beratungsaufwand zu welcher Zeit im Leistungszeitraum (Erstantragsteller, Folgeantragsteller, Beratungspflicht aufgrund eintretender Veränderungen im Leistungsfall etc.) das Jobcenter sowohl im Bereich der Leistungssachbearbeitung Grundsicherung als auch im Bereich Arbeitsvermittlung/Fallmanagement zu leisten hat. Dies hat unmittelbare Auswirkung darauf, ob eine Beratungspflichtverletzung vorliegen kann und dem Leistungsbezieher bzw. -antragsteller evtl. Fehlverhaltensweisen nicht vorgeworfen werden können.

Insgesamt nicht ausreichend sein dürfte eine rein schriftliche Belehrung über die relevanten Fragestellungen. Allerdings müsste aufgrund der Komplexität der Rechtsfolgen im SGB II neben der persönlichen Erläuterung auch eine schriftliche Erläuterung/Dokumentation erfolgen. Ob diese dann den Ansprüchen der Sozialgerichtsbarkeit genügt, wird die Zukunft zeigen.

II. § 5 Abs. 3 S. 3–6 SGB II

Zum 01.01.2017 sind die S. 3–6 in § 5 Abs. 3 SGB II in Kraft getreten. Aus Vollzugssicht sind die Neuregelungen positiv, da es bisher kein Mittel gab, Anträge auf vorrangige Leistungen zu stellen und durchzusetzen.

S. 3 regelt nunmehr, dass bei bestandkräftiger Versagung/Entziehung vorrangiger Sozialleistungen (durch einen vorrangigen Leistungsträger) wegen Mitwirkungspflichtverletzungen (des Kunden) nach §§ 60–64 SGB I auf Grund eines Antrags des Jobcenters nach § 5 Abs. 3 S. 1 die Versagung/Entziehung des ALG II ohne Ermessensspielraum nicht hinsichtlich des „ob", sondern nur hinsichtlich der Höhe erfolgen kann.

S. 4 sieht eine vorherige schriftliche Rechtsfolgenbelehrung zwingend vor. S. 5 normiert bei Nachholung der Mitwirkung die Nach- oder Weiterzahlung der Leistungen.

S. 6 schränkt ein, dass die Regelungen nicht für Anträge auf vorgezogene Altersrenten gelten.

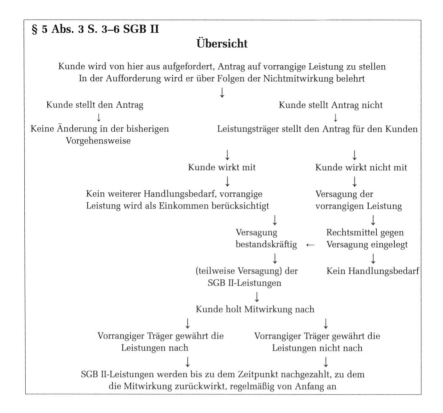

III. § 5 Abs. 4 SGB II

Bezieher von Arbeitslosengeld I, die ergänzende SGB II-Leistungen erhalten, werden ab 01.01.2017 von der Agentur für Arbeit als ALG I-Träger mit Eingliederungsleistungen versorgt. Der SGB II-Träger erbringt damit für den Zeitraum des ALG I-Bezuges nur die (ergänzenden) Grundsicherungsleistungen.

Ob sich die Neuregelung als zweckmäßig erweist, wird eine Evaluation in der Zukunft zeigen. Wenn es die Bundesagentur für Arbeit schafft, die betroffenen Personen während der ALG I-Zeit adäquat zu vermitteln bzw. zu qualifizieren, ist die Regelung ein Gewinn für die Kunden. Ansonsten müssen die Betroffenen nach Auslaufen des ALG I-Anspruches an die Arbeitsvermittlung/Fallmanagement übergeben werden, die dann entweder die Integrationsstrategie der Agentur für Arbeit fortsetzt oder eine neue Strategie aufstellt.

Zweckmäßiger wäre eine anhand einer Potenzialanalyse abgestufte Zuständigkeitsverteilung gewesen: Wenn die Integrationsbemühungen mit an Sicherheit grenzender Wahrscheinlichkeit den ALG I-Zeitraum überdauern, dann sollte der SGB II-Träger gleich zuständig sein.

IV. § 15 Abs. 3 SGB II

Eine Eingliederungsvereinbarung (EGV) soll regelmäßig, spätestens jedoch nach Ablauf von sechs Monaten, gemeinsam überprüft und fortgeschrieben werden. Bei jeder folgenden EGV sind die bisher gewonnenen Erfahrungen zu berücksichtigen. Soweit eine Vereinbarung nach Absatz 2 nicht zustande kommt, sollen die Regelungen durch Verwaltungsakt getroffen werden.

Für den Vollzug bedeutet dies, dass nach sechs Monaten spätestens der Zeitpunkt für eine Aktualisierung und Überprüfung der EGV gekommen ist. Die Integrations- und Handlungsstrategien und Prozesse sind hierauf abzustimmen. Auch bei längerfristigen Maßnahmen müssen nach der Lesart der Norm Anpassungen erfolgen bzw. der status quo fortgeschrieben werden.

Die Regelung ist aus Sicht des Vollzuges zu starr. Es gibt Beratungssachverhalte, in denen eine EGV auf einen längerfristigen Zeitraum geschlossen werden kann und sollte, z. B. bei längerfristigen Qualifizierungsmaßnahmen. In der Konsequenz der Norm müsste die EGV nach sechs Monaten ihre innere Wirksamkeit verlieren, so dass dann erfolgende Pflichtverletzungen nicht mehr sanktioniert werden können.

V. § 22 Abs. 1 S. 2 SGB II

Durch die Streichung des Wortes „angemessenen" wird eine bestehende Rechtsunsicherheit beseitigt bei der Frage der übernahmefähigen Unterkunftskosten, wenn von einer bisher angemessenen Wohnung in eine unangemessene Wohnung umgezogen wird. Nunmehr ist klargestellt, dass auch in diesem Fall nur die bisherigen KdU übernommen werden.

VI. § 22 Abs. 3 SGB II

Die Neuregelung legt fest, dass Rückzahlungen, die sich auf die Kosten für Haushaltsenergie oder nicht anerkannte Aufwendungen für Unterkunft und Heizung beziehen, bei der Leistungsberechnung außer Betracht bleiben. Die

Regelung wird aus Sicht des Vollzuges ausdrücklich begrüßt. Sie stärkt die Dispositionsfreiheit des Leistungsberechtigten über seinen Regelbedarf und führt zu keinen unbilligen Anrechnungen der Rückzahlung für die aus Eigenmitteln erbrachten „unangemessenen" KdU-Kostenanteile.

VII. § 22 Abs. 4 SGB II

Im § 22 Abs. 4 SGB II wurde die Zuständigkeit für die Zusicherung der örtlich anzuerkennenden Unterkunftskosten auf den Zuzugsträger verlagert.

Dieser entscheidet wie bisher auch über die Übernahme Mietkaution/Genossenschaftsanteile.

Die Voraussetzung der Erforderlichkeit des Umzuges bei der Zusicherung der angemessenen KdU ist bis auf die nachstehenden Ausnahmen entfallen:

Ausnahme 1: § 22 Abs. 1 S. 2; bei erforderlichem Umzug in einem Wohnungsmarkt – in eine angemessene Wohnung – werden die angemessenen (nicht die vorherigen) KdU gezahlt.

Ausnahme 2: § 22 Abs. 6 (S. 2: „aus anderen Gründen notwendig"); Zuständig ist – soweit es um Wohnungsbeschaffungs- und Umzugskosten geht – nach Abs. 6 S. 1 HS 1 der bis zum Umzug örtlich zuständige kommunale Träger bzw. das Jobcenter.

Die Neuregelung wird aus Sicht der Praxis begrüßt.

VIII. § 22 Abs. 10 SGB II

Die Möglichkeit der Bildung einer Gesamtangemessenheitsgrenze wird grundsätzlich begrüßt, auch wenn dies sich nicht auf die Bildung einer abstrakten Gesamtangemessenheitsgrenze bezieht, sondern vielmehr als Instrument in den Einzelfallbetrachtungen ihren Niederschlag finden wird.

Als Berechnung hierfür gilt:

Summe „Angemessen Kosten der Unterkunft (KdU)" + „Summe angemessene Kosten der Heizung (KdH) (nach Bundesheizkostenspiegel (BHKS) oder kommunalem Heizspiegel)" = Gesamtangemessenheitsgrenze

Bsp.: 1 Person lebt auf 30 qm, erhält KdU für max. 50 qm (nach Wohnraumförderrichtlinie Niedersachsen Wohnungsgröße für 1 Person) und für 30 qm KdH (da hier auf die tatsächliche Wohnfläche abgestellt wird). Bei der Bildung einer Gesamtangemessenheitsgrenze würden jedoch die max. KdH auf 50 qm angehoben werden können mit der Folge, dass ca. 100 € mehr gezahlt werden können (20 qm * 19,80 € (BHKS für Gas, rechte Spalte).

Als angemessen gilt also sowohl die Kombination aus zu hohen KdU und geringeren KdH also auch die aus geringeren KdU und zu hohen KdH.

Die Umsetzung der Gesamtangemessenheitsgrenze in der Praxis erfolgt im Rahmen der Einzelfallprüfungen, wenn die Leistungen des § 22 Abs. 1 unangemessen werden.

Im Rahmen der Prüfung, ob ein Kostensenkungsverfahren eingeleitet wird, wird man zugunsten der Leistungsbezieher die Gesamtangemessenheit prüfen müssen (s. auch § 22 Abs. 1 S. 4 SGB II).

Wenn die Summe im Nachgang überschritten wird, ist ein Kostensenkungsverfahren durchzuführen.

IX. § 11 Abs. 1 SGB II

In S. 1 wurde das Tatbestandsmerkmal „in Geldeswert" gestrichen, welches bis dahin eine aufwändige Prüfung ohne wirkliche Relevanz erforderlich gemacht hatte, sowohl bei den regelbedarfsrelevanten als auch den übrigen Sachbezügen (z. B. Zufluss einer Briefmarkensammlung).

Zukünftig werden diese Zuflüsse im laufenden Leistungsbezug zum Vermögen gerechnet.

Auch zugeflossene Erbschaften, Wohnhäuser, Sachgewinne sind jetzt Vermögen.

Der neue S. 2 schränkt die Anrechnungsfreiheit von Einnahmen in Geldeswert (vor allem: bei Erwerbssacheinkommen) aus Gerechtigkeitsgesichtspunkten wieder ein.

X. § 24 Abs. 4 SGB II

Das BSG hatte in seiner Entscheidung B 14 AS 33/12 R vom 29.11.2012 geurteilt, dass eine einmalige Einnahme ihren Charakter als Einkommen auch nach erneuter Antragstellung im nachfolgenden BWZ nicht verliert. Steht sie aber tatsächlich im laufenden Bewilligungszeitraum nicht mehr zur Verfügung, sind SGB II-Leistungen ohne weitere Anrechnung der einmaligen Einnahme zu erbringen (als Zuschuss).

Eine darlehensweise Gewährung war bisher nicht möglich, insbesondere § 24 Abs. 1 SGB II schied aus.

Durch den neuen Tatbestand kann Darlehen gewährt werden; aufgrund des Rückflusses entfällt hier auch ein evtl. Verfahren wegen Kostenersatz nach § 34 SGB II; aus Sicht des Vollzuges eine positive Neuregelung.

XI. § 34b SGB II

Zwar mutet die Ansiedlung eines Erstattungsanspruches zwischen den Ersatzansprüchen (§§ 34, 34a, 34c) systematisch befremdlich an. Inhaltlich wird jedoch eine seit längerem bestehende Regelungslücke geschlossen.
Die SGB II-Träger konnten bisher als Erstattungsberechtigte nach § 104 SGB X keinen Anspruch durchsetzen, da z. B. der Rententräger mit befreiender Wirkung an den SGB II-Berechtigten geleistet hat (oftmals in Unkenntnis des SGB II-Bezuges des Rentenantragstellers).
Die Jobcenter konnten die doppelt erbrachten Leistungen nicht innerhalb der Leistungsträger erstatten lassen. Dies war besonders in den Fällen problematisch, in denen die Personen nicht mehr im SGB II-Leistungsbezug standen und damit keine Anrechnung der Zahlung erfolgen konnte.
Erstattungspflichtig ist nach der Neuregelung die Person, die die Doppelleistung erhalten hat.
Bei bestehendem SGB II-Leistungsbezug erfolgt zunächst eine Anrechnung als einmalige Einnahme n. § 11 Abs. 3 SGB II, die vorrangig durchzuführen ist.

XII. § 39 SGB II

Durch die Aufnahme der Entziehungsentscheidungen nach § 66 SGB I in Nr. 1 sind diese nunmehr sofort vollziehbar.
Für die Durchsetzbarkeit der Entziehungen bringt dies auf den ersten Blick einen Vorteil.
Mögliche Folge können jedoch gesteigerte Aussetzungsanträge nach § 86a SGG (an die Behörde) bzw. § 86b SGG (ans Sozialgericht) sein, womit die Problemlage lediglich in eine weitere Instanz verlagert wird.

XIII. § 40 Abs. 1 S. 2 SGB II

Durch die Neuregelung wird die zeitliche Einschränkung für Überprüfungsanträge geregelt, was aus Sicht des Vollzuges positiv ist. Auslöser waren die BSG-Entscheidung B 4 AS 19/13 und 11 Rar 31/96, aufgrund derer eine 30-jährige Überprüfungsfrist galt.
In Nr. 1 ist dieser Zeitraum verkürzt auf vier Jahre.
Der zweite Halbsatz der Nr. 1 stellt klar, dass ein entsprechender Antrag innerhalb dieses Zeitraums gestellt werden muss.
Nr. 1 und 2 haben einen unterschiedlichen Regelungsgehalt und sind nicht aufeinander bezogen, d. h. die vier Jahre der Nr. 1 werden nicht durch das eine Jahr der Nr. 2 begrenzt.

Ausgewählte Normen des Verfahrensrechts

§ 40 Abs. 1 S. 2 (neu)	
Nr. 1 (Frist 4 Jahre)	Nr. 2 (Frist 1 Jahr)
– Aufhebungs-/ Erstattungsbescheide	– Bescheide, mit denen Leistungen ganz oder teilweise vorenthalten werden
– Erstattungsbescheide n. § 328 SGB III	– Aufhebungs-/Änderungsbescheide, mit denen Leistungsbewilligung ausschließlich für Zukunft aufgehoben wird
– Kostenbescheide n. §§ 34, 34a	– Sanktionsbescheide
– Aufrechnungsbescheide nach § 43 SGB II, wenn der zugrundeliegende Forderungsbescheid zurückzunehmen ist	– Aufrechnungsbescheide, wenn Aufrechnung nach § 42a erfolgte oder sie gem. § 43 erfolgte, im Zugunstenverfahren aber allein die Rücknahme des Aufrechnungsbescheides geltend gemacht wurde

XIV. § 40 Abs. 5 SGB II

Die Regelung normiert die seit Jahren bestehende Praxis, dass im Sterbemonat einer leistungsberechtigten Person die Ansprüche so weiterlaufen, als würde die Person bis zum Monatsende weiterleben.

XV. § 41 Abs. 3 SGB II

Diese Vorschrift beinhaltet eine Umkehr des bisherigen Regel-Ausnahme-Prinzips. Vor der Reform war der Regelbewilligungszeitraum sechs Monate und konnte auf zwölf Monate verlängert werden bei entsprechender Ermessensausübung. Nunmehr ist der Regelbewilligungszeitraum auf zwölf Monate festgelegt und soll auf sechs Monate verkürzt werden bei vorläufigen Entscheidungen nach § 41a SGB II oder bei unangemessenen Kosten der Unterkunft (diese Aufzählung ist aber nicht abschließend). Die Regelung stellt insbesondere ein geschäftspolitisches Ziel der Bundesagentur für Arbeit dar. Aus Sicht des Vollzuges im Landkreis Göttingen wird sich eine Reduzierung des Verwaltungsaufkommens nicht einstellen, da sich die Fallgestaltungen nach § 41a, gepaart mit Fällen unangemessener Unterkunftskosten, in den Größenordnungen bewegen werden, die auch bei der alten Regelung für den damaligen Sechsmonatszeitraum galten. Die Neuregelung wird zu vergleichbaren Bewilligungszeiträumen von sechs Monaten führen, wie sie die alte Regelung noch als Regelzeitraum vorgesehen hatte. Insbesondere da der Antrag im SGB II konstitutiv ist, ist es aus Sicht der Verhinderung von Leistungsmissbrauch sachgerechter, im Leistungsantragsbereich sechs Monate Bewilligungszeitraum anzunehmen und dafür lieber eine Flexibilisierung im § 15 Abs. 4 SGB II einzuziehen.

XVI. § 42 Abs. 2 SGB II

Nach der Neuregelung kann eine leistungsberechtigte Person maximal 100 € als Vorauszahlung auf den Folgemonat beantragen. Nach verständiger Auslegung sind 100 € je leistungsberechtigte Person beantragbar.

Wenn man sich nun aber eine Bedarfsgemeinschaft aus sechs Personen vorstellt, so stellt sich die Frage, ob das Jobcenter wirklich 600 € Vorschuss zahlen (Höhe des individuellen Anspruchs vorausgesetzt) soll. Die Norm ist bedingungsfrei ausgestaltet.

Auch ist fraglich, an welchem Punkt das Ermessen des S. 1 ansetzt, um das Begehren des Leistungsberechtigten zu begrenzen (der auch für seine Kinder den Betrag abrufen kann).

Hier wäre aus Sicht des Vollzuges eine Normschärfung erforderlich gewesen, insbesondere hätte die Vorschusszahlung im Spannungsfeld zu anderen Zahlungspflichten der Bedarfsgemeinschaft (Aufrechnungslagen etc.) gesehen werden müssen.

Die weitere Rechtspraxis wird zeigen, ob diese Norm störungsfrei funktioniert.

XVII. § 43 SGB II

Für den Leistungsberechtigten negativ, für den Staat hingegen positiv ist, dass sich keine Aufrechnung mehr durch gesetzliche Anordnung erledigt.

Mit einer neuen Forderung kann nun zusätzlich aufgerechnet werden, wenn die Höhe aller Aufrechnungen 30 % des Leistungsanspruchs der leistungsberechtigten Person nicht übersteigt.

Wenn zu einer 10 % eine 30 %-Aufrechnung hinzutritt, kann Letztere nur mit 20 % aufgerechnet werden (max. 30 %).

Zu beachten ist, dass Aufrechnungen von Darlehen nach § 42a zwingend sind. Wenn also eine „normale" Aufrechnung mit 30 % durchgeführt wird und eine nach § 42a tritt in Höhe von 10 % hinzu, ist die 30 %-Aufrechnung auf 20 % zu senken, damit die 10 %-Aufrechnung nach § 42a abgewickelt werden kann.

XVIII. § 56 SGB II

Die bisherige gesetzliche Verpflichtung zur Vorlage einer Arbeitsunfähigkeitsbescheinigung ist im Rahmen der Neuregelung weggefallen.

Nach dem Willen des Gesetzgebers soll jetzt mehr „Flexibilität", je nach Integrationsbemühungen, möglich sein.

Aus Sicht des Vollzuges ist kritisch anzumerken, dass dies das Verhältnis zwischen Vermittlungsfachkraft und Kunde negativ beeinflussen kann. Wenn etwa eine Eingliederungsvereinbarung nicht zustande kommt und der Eingliederungsverwaltungsakt angefochten wird, besteht aufschiebende Wirkung des Widerspruchs. Während dieses Zeitraums besteht keine Verpflichtung der erwerbsfähigen leistungsberechtigten Person zur Vorlage einer Arbeitsunfähigkeitsbescheinigung, die bisher aufgrund der gesetzlichen Fiktion gefordert werden konnte.

9. SGB II-Änderungsgesetz – Rechtsvereinfachung – aus Sicht des Bundes

Martin Vogt, Ministerialrat am Bundesministerium
für Arbeit und Soziales, Berlin

A. Entschärfung der Schnittstellen bei Auszubildenden im SGB II

I. Historie

Das Arbeitslosengeld II als Leistung der Grundsicherung für Arbeitsuchende wird an erwerbsfähige Leistungsberechtigte erbracht. Die Leistungsberechtigung besteht bei Erfüllen der Voraussetzungen des § 7 Absatz 1 Satz 1 des Zweiten Buches Sozialgesetzbuch (SGB II). Bei Erfüllung dieser Voraussetzungen sind deshalb auch Auszubildende grundsätzlich leistungsberechtigt.
Mit Inkrafttreten des SGB II zum 1. Januar 2005 wurden Auszubildende aber wie im vorherigen Sozialhilferecht weitgehend wieder von der Leistungsberechtigung ausgenommen (§ 7 Absatz 5 SGB II in der am 1. Januar 2005 geltenden Fassung), wobei für bestimmte Fallgestaltungen wiederum eine Gegenausnahme galt, die betroffenen Auszubildenden also leistungsberechtigt waren. Die Absätze 5 und 6 entsprachen dabei weitgehend den in der Vorgängerregelung des § 26 Bundessozialhilfegesetz (BSHG) enthaltenen Regelungen.
Zum Sinn und Zweck der damaligen Ausschlussregelung hat das BSG ausgeführt (Urteil vom 6. September 2007, B 14/7b AS 28/06 R):

„Das Bundesverwaltungsgericht (BVerwG) hat den Zweck des früheren § 26 BSHG darin gesehen, die Sozialhilfe davon zu befreien, eine (versteckte) Ausbildungsförderung auf einer „zweiten Ebene" zu sein. Der grundsätzliche Ausschluss von der Hilfe zum Lebensunterhalt beruhe darauf, dass Ausbildungsförderung durch Sozialleistungen, die die Kosten der Ausbildung und den Lebensunterhalt umfassen, sondergesetzlich abschließend geregelt sei. Das Sozialhilferecht solle nicht dazu dienen, durch Sicherstellung des allgemeinen Lebensunterhaltes das Betreiben einer dem Grunde nach förderungsfähigen Ausbildung zu ermöglichen. Nichts anderes soll nach dem Willen des Gesetzgebers für die den Vorschriften der Sozialhilfe nachgebildete Parallelvorschrift des § 7 Absatz 5 Satz 1 SGB II gelten (vgl. BT-Drucks 15/1749 S 31)."

Während der Ausschluss von Auszubildenden von Leistungen zur Sicherung des Lebensunterhalts für Auszubildende ohne Anspruch auf Ausbildungsförderung noch nachvollziehbar war, stellte sich der Ausschluss auch solcher Auszubildender, die zwar Ausbildungsförderungsleistungen erhalten, für die diese aber ggf. in Verbindung mit weiteren Einkommen, insbesondere mit Ausbildungsvergütung, nicht bedarfsdeckend waren, bereits kurze Zeit nach dem Inkrafttreten des SGB II als problematisch heraus.

Insbesondere wurde ein kleiner Unterschied zwischen den Ausnahmeregelungen des § 26 BSHG und den neuen Regeln des § 7 Absatz 5 und 6 SGB II deutlich. Während im BSHG (wie auch in § 22 SGB XII) noch die Möglichkeit vorgesehen war, Leistungen in besonderen Härtefällen als Darlehen oder als Beihilfe zu erbringen, wurde die Beihilfemöglichkeit nicht in das SGB II übernommen. Grund dafür war seinerzeit die Tatsache, dass zuschussweise erbrachtes Arbeitslosengeld II zur Versicherungspflicht in der gesetzlichen Krankenversicherung führte, während diese bei lediglich darlehensweise erbrachten Leistungen nicht eintrat.

Damit hatten die Jobcenter nicht mehr – wie noch bis 31. Dezember 2004 die Sozialämter – die Möglichkeit, Auszubildenden in besonderen Härtefällen auch zuschussweise Leistungen zu gewähren. Dabei ist rückblickend festzustellen, dass eine solche Beihilfegewährung durch die Sozialämter in vielen Fällen – insbesondere in Großstädten mit hohen Wohnkosten – praktiziert worden war. Ungeachtet der bestehenden Frage, ob solche nicht nur vereinzelt auftretenden Fälle als besondere Härtefälle eingestuft werden können, konnte diese Praxis nicht in das SGB II übernommen werden, weil die Beihilfegewährung nicht vorgesehen war.

Auf diese Probleme hat der Gesetzgeber mit dem Gesetz zur Fortentwicklung der Grundsicherung für Arbeitsuchende zum 1. Januar 2007 mit dem Zuschuss zu den Wohnkosten Auszubildender nach § 22 Abs. 7 reagiert. Ab diesem Zeitpunkt waren Auszubildende in den in der Vorschrift genannten verschiedenen Bedarfslagen hinsichtlich der Leistungen für Unterkunft und Heizung (sog. KdU-Leistungen) leistungsberechtigt. Dabei handelte es sich um eine kommunale Leistung, deren Berechnung bis zum Vorliegen der richtungweisenden Urteile des Bundessozialgerichts[1] streitig war. Als Anspruchsvoraussetzung für den nach § 22 Abs. 7 SGB II a. F. leistungsberechtigten Personenkreis war der Bezug von Leistungen der Ausbildungsförderung vorgesehen, so dass der Leistungsanspruch der begünstigten Auszubildenden bereits zum damaligen Zeitpunkt in etwa einem entsprechenden Anspruch auf Arbeitslosengeld II unter Berücksichtigung des Einkommens entsprach. Gleichzeitig wurde mit dem vorgeschriebenen gleichzeitigen Bezug von Ausbildungsförderungsleistungen erreicht, dass die ergänzenden

---

[1] Vgl. etwa Urteil des Bundessozialgerichts vom 22. März 2010, B 4 AS 69/09 R

KdU-Leistungen – von wenigen Ausnahmen abgesehen – nur Auszubildenden in einer Erstausbildung zustanden. Zum 1. April 2011 wurden die Leistungen an Auszubildende in § 27 SGB II zusammengefasst. Dabei berücksichtigt wurden auch die bereits aus sozialhilferechtlicher Praxis und Rechtsprechung anerkannten Leistungsansprüche bei nicht ausbildungsgeprägten Bedarfen. Spätestens zu diesem Zeitpunkt waren Leistungen an Auszubildende im SGB II keine Ausnahme mehr.

II. Entschärfung der Schnittstelle und Rechtsvereinfachung

1. Nachrangigkeit

Unbestritten ist die Nachrangigkeit der Leistungen zur Sicherung des Lebensunterhalts nach dem SGB II ein, wenn nicht *das* Kernelement der Grundsicherung für Arbeitsuchende. Insoweit ist den Kritikern der weitgehenden Öffnung des SGB II für Auszubildende zuzubilligen, dass es nachvollziehbar gewesen wäre, die Ausbildungsförderung bedarfsdeckend auszugestalten, anstatt aufstockende oder gar vollständige Leistungen nach dem SGB II zu ermöglichen. Dem ist entgegenzuhalten, dass – will man eine weitgehende Pauschalierung der Leistungen der Ausbildungsförderung beibehalten – dies nur unter Inkaufnahme hoher fiskalischer Mehrbelastungen in der Ausbildungsförderung möglich gewesen wäre. Denn die Mehrzahl der Auszubildenden ist – glücklicherweise – nicht hilfebedürftig im Sinne der Grundsicherung für Arbeitsuchende.

Die Nachrangigkeit der Leistungen nach dem SGB II wird aber auch nach der Neuregelung beachtet, denn Leistungen der Ausbildungsförderung sind vorrangig in Anspruch zu nehmen. Soweit Leistungen der Ausbildungsförderung nicht rechtzeitig bewilligt werden, stehen den Trägern der Grundsicherung für Arbeitsuchende gegenüber den Trägern der Ausbildungsförderung Erstattungsansprüche nach § 40a SGB II i. V. m. § 104 SGB X zu. Das gilt auch dann, wenn den Auszubildenden wegen Anrechnung elterlichen Einkommens keine oder nur geringere Ansprüche auf Ausbildungsförderungsleistungen zustehen. In diesem Fall kann von den Auszubildenden (oder im Fall der Weigerung das Jobcenter nach § 5 Absatz 3 SGB II) ein Antrag auf Vorausleistung nach § 36 BAföG gestellt werden.

2. Notwendige Abgrenzung verschiedener Personenkreise vs. Vermeidung komplexer Regelungen

Nach bisherigem Recht gab es bereits eine Reihe von Ausnahmen insbesondere für solche Auszubildenden, die während einer förderungsfähigen Ausbildung im Haushalt der Eltern leben[2]. Sie waren bereits bei Vorliegen der übrigen Voraussetzungen Arbeitslosengeld II-berechtigt.

Zuletzt nach § 27 Absatz 3 SGB II leistungsberechtigt waren zudem insbesondere im eigenen Haushalt lebende Auszubildende in einer nach § 57 SGB III förderungsfähigen Berufsausbildung bzw. in einer berufsvorbereitenden Bildungsmaßnahme sowie Auszubildende, deren Bedarf sich nach § 12 BAföG bemisst (Schüler). Auch Studierende im Haushalt ihrer Eltern waren KdU-zuschussberechtigt. Für diese Personenkreise liegt die erreichte Rechtsvereinfachung hauptsächlich darin, dass sie nunmehr „normales" Arbeitslosengeld II, gegebenenfalls unter Anrechnung von Ausbildungsvergütung und Ausbildungsförderung erhalten können. Die streitanfällige und komplizierte Berechnung von KdU-Zuschüssen und Mehrbedarfsleistungen entfällt. Auszubildende können in den Antrag ihrer Eltern einbezogen werden. Gleichzeitig wird die Aufnahme und das Absolvieren einer Ausbildung erleichtert, weil der Anspruch nicht mehr mit Beginn der Ausbildung entfällt. In diesem Fall wird das Arbeitslosengeld II unter Entstehung von Erstattungsansprüchen fortgezahlt. Die damit einhergehende Mehrbelastung durch Anmeldung und Abrechnung von Erstattungsansprüchen ist der Preis für die Rechtsvereinfachung bei Auszubildenden.

Auszubildende in (dualer) betrieblicher Ausbildung, erst recht Auszubildende in berufsvorbereitenden Bildungsmaßnahmen, sind regelmäßig dem Kreis der Auszubildenden in Erstausbildung zuzurechnen. Entsprechend ist es für diesen Personenkreis nicht mehr erforderlich gewesen, den Bezug von Berufsausbildungsbeihilfe als Anspruchsvoraussetzung vorzusehen. Deshalb wurde es gleichzeitig auch ermöglicht, trotz Fehlens eines Anspruches auf Ausbildungsförderung eine betriebliche oder außerbetriebliche Ausbildung zu absolvieren. Aufgrund der üblichen Dauer von Ausbildungen wird dies regelmäßig Gegenstand einer Eingliederungsvereinbarung sein, wenn während der Ausbildung ein ergänzender Leistungsbezug nach dem SGB II erwartet wird. Auch die Aufnahme einer Berufsausbildung kann geeignet sein, die Hilfebedürftigkeit zu überwinden. Dabei entstehen durch diesen neuen Anspruch auf Arbeitslosengeld II auch ohne Anspruch auf Ausbildungsförderung nicht zwingend höhere Kosten für die Grundsicherung für Arbeitsuchende, denn im Vergleich zu einem Leistungsbezug ohne anrechenbares Einkommen wird in einer betrieblichen Ausbildung die Ausbildungsvergütung als Einkommen berücksichtigt.

---

2 entweder nach § 7 Absatz 6 Nummer 1 SGB II a. F. in BAB-Fällen oder nach § 7 Absatz 6 Nummer 2 SGB II a. F. für Schüler

a. Besonderheiten bei der Abgrenzung zur beruflichen Weiterbildung

Bei der Neufassung der Regelungen zu einem möglichen Bezug von Leistungen zur Sicherung des Lebensunterhalts durch Auszubildende in einer schulischen Ausbildung war zudem der Vorrang der beruflichen Weiterbildung zu beachten. Schülerinnen und Schüler, die sich in einer ersten Ausbildung befinden, haben in der Regel das 30. Lebensjahr noch nicht vollendet. Für diese besteht dann ein Anspruch auf Ausbildungsförderung, so dass ein aufstockender Leistungsbezug nach dem SGB II möglich ist. Scheitert der Bezug von Leistungen der Ausbildungsförderung hingegen nur auf Grund des in der Ausbildungsförderung berücksichtigten elterlichen Einkommens oder Vermögens, besteht grundsätzlich auch in diesen Fällen ein Anspruch auf Arbeitslosengeld II. Allerdings muss die oder der Auszubildende aber zunächst seine oder ihre Ansprüche gegenüber den Eltern geltend machen.

Haben die Auszubildenden hingegen das 30. Lebensjahr vollendet, also die Altersgrenze nach § 10 Absatz 3 BAföG passiert, sind sie der beruflichen Weiterbildung zugeordnet. Dabei gelten besondere individuelle und maßnahmebezogene Fördervoraussetzungen, die insbesondere dem Erfordernis einer qualitativ hochwertigen, erwachsenengerechten Weiterbildung Rechnung tragen sollen. Soweit als Weiterbildung eine schulische Ausbildung absolviert werden soll, ist dies deshalb grundsätzlich auch (weiterhin) möglich, jedoch sind die Förderungsvoraussetzungen für die Weiterbildung zu erfüllen. Dazu gehört insbesondere eine erwachsenengerechte Verkürzung der Ausbildung oder, soweit eine Verkürzung auf Grund bundes- oder landesgesetzlicher Regelungen ausgeschlossen ist, die Sicherung der Gesamtfinanzierung der gesamten Maßnahme auch für das letzte Ausbildungsdrittel.[3]

Damit wird erreicht, dass Leistungsberechtigte jenseits der Altersgrenze solche Aus- bzw. Weiterbildungen wie bisher nur nach einer eingehenden Beratung durch das Jobcenter beginnen können. Während einer vom Jobcenter nach § 16 Absatz 1 Satz 2 SGB II in Verbindung mit den §§ 81 ff. SGB III geförderten beruflichen Weiterbildung besteht weiterhin bei Vorliegen der übrigen Voraussetzungen Anspruch auf Arbeitslosengeld II. Ohne die komplexe Regelung in § 7 Absatz 6 Nummer 2 SGB II hätte die Ablehnung eines Bildungsgutscheins durch die Anmeldung zu einer nicht verkürzten schulischen Ausbildung umgangen werden können.

---

3 Siehe § 180 Absatz 4 SGB III.

b. Härtefälle schulischer Ausbildung

Im parlamentarischen Verfahren ist die Härtefallregelung des § 27 Absatz 3 SGB II durch einen Änderungsantrag der Koalitionsfraktionen erweitert worden. Danach ist eine besondere Härte bei nach § 7 Absatz 5 und 6 SGB II ausgeschlossenen Auszubildenden auch anzunehmen, wenn Auszubildenden, deren Bedarf sich nach § 12 oder 13 Absatz 1 Nummer 1 des Bundesausbildungsförderungsgesetzes bemisst, auf Grund der Überschreitung der BAföG-Altersgrenze keine Leistungen zustehen, diese Ausbildung im Einzelfall für die Eingliederung der oder des Auszubildenden in das Erwerbsleben zwingend erforderlich ist und ohne die Erbringung von Leistungen zum Lebensunterhalt der Abbruch der Ausbildung droht. In diesem neu geregelten Fall werden die Leistungen als Zuschuss erbracht.

Die ergänzende Regelung löst das Dilemma auf, das sich ergeben kann, wenn Auszubildende eine schulische Ausbildung absolvieren, für die weder eine Förderung der beruflichen Weiterbildung möglich ist noch ein Anspruch auf Ausbildungsförderung besteht. Steht im Einzelfall keine Alternative zu der angestrebten schulischen Ausbildung zur Verfügung, würde eine Ablehnung von Leistungen zweifelsohne eine besondere Härte bedeuten. Zudem hätte das Jobcenter in diesem Fall Probleme, eine nach Abbruch der Ausbildung geeignete Eingliederungsstrategie zu entwickeln. Der dauerhafte Leistungsbezug wäre die Folge.

Der Gesetzgeber hat die Ausnahmeregelung auf Ausbildungen, die vor dem 31. Dezember 2020 begonnen wurden, im Hinblick auf mögliche Anpassungen der Altersgrenze nach § 10 Absatz 3 BAföG befristet.

3. Verfahren bei Beginn einer Ausbildung

Das grundsätzliche Erfordernis eines bestehenden (oder wegen der Einkommen- und Vermögensanrechnung in der Ausbildungsförderung abgelehnten) Anspruches auf Ausbildungsförderung erforderte eine weitere vereinfachende Festlegung: Häufig ist Ausbildungsförderung zu Beginn der (Berufs-) Ausbildung zwar bereits beantragt, aber es ist über den Antrag noch nicht entschieden.

Möglich wäre es gewesen zu regeln, dass nach Beginn der Ausbildung ein weiterer Anspruch auf Arbeitslosengeld II nur besteht, wenn ein Anspruch auf Ausbildungsförderung wahrscheinlich ist. Dies hätte den Jobcentern abgefordert, eine zumindest kursorische Prüfung der Anspruchsvoraussetzungen der Ausbildungsförderungen vorzunehmen und wäre damit das Gegenteil einer Rechtsvereinfachung gewesen.

Damit der Lebensunterhalt bis zur Entscheidung über den Antrag gesichert ist, besteht der Anspruch auf Leistungen zum Lebensunterhalt deshalb fort, wenn die Antragstellung beim Amt für Ausbildungsförderung nachgewiesen wird. Wird die Ausbildungsförderung abgelehnt, endet der SGB II-Anspruch ab dem nächsten Monat (Ausnahme: Die Ablehnung erfolgt wegen zu berücksichtigenden Einkommens oder Vermögens). Soweit ein Antrag auf Leistungen der Ausbildungsförderung aussichtslos ist, also nur zum Zwecke der Erfüllung der Voraussetzungen für den weiteren Bezug von Arbeitslosengeld II bis zur erwarteten Ablehnung des Antrages auf Ausbildungsförderung gestellt wird, ist die Regelung teleologisch zu reduzieren; ein Anspruch auf Arbeitslosengeld II besteht in diesem Fall bereits zu Beginn der Ausbildung nicht.

4. Fazit

Mit dem Neunten Gesetz zur Änderung des Zweiten Buches Sozialgesetzbuch – Rechtsvereinfachung – sowie zur vorübergehenden Aussetzung der Insolvenzantragspflicht ist die Schnittstelle der Grundsicherung für Arbeitsuchende zur Ausbildungsförderung entschärft worden. Die Rechtsvereinfachung wird durch die Einbeziehung eines größeren Personenkreises der Auszubildenden in den Anspruch auf Arbeitslosengeld II erreicht. Damit wird insbesondere ein unbelasteter Ausbildungsstart gefördert. Komplizierte Sonderregelungen wie der Zuschuss zu den Unterkunftskosten sind entfallen.

B. Entschärfung der „Zwangsverrentung"

Leistungen der Grundsicherung für Arbeitsuchende werden nachrangig erbracht. Deshalb sind grundsätzlich alle vorhandenen oder erzielbaren Möglichkeiten zur selbstständigen Sicherung des Lebensunterhaltes zu nutzen. Leistungsberechtigte Personen sind verpflichtet, Sozialleistungen anderer Träger in Anspruch zu nehmen, um ihre Hilfebedürftigkeit zu vermeiden oder zu verringern (Nachranggrundsatz). Vorrangige Sozialleistungen sind z. B. Arbeitslosengeld, Krankengeld, Elterngeld, Verletztenrente oder Witwen-/Waisenrente und auch die vorzeitige Altersrente.

Die Pflicht zur Inanspruchnahme von Sozialleistungen ist in § 12a Satz 1 SGB II geregelt. Bereits die in § 12a Satz 2 Nummer 1 enthaltene Regelung, dass Altersrenten bis zur Vollendung des 63. Lebensjahres nicht vorzeitig in Anspruch genommen werden müssen, ist daher als Ausnahme zu verstehen.

Die Regelung wurde zum 1. Januar 2008 in das SGB II eingefügt. Hintergrund war das Auslaufen der befristeten sogenannten 58er Regelung. Sie war – für die letzten Anwendungsfälle bis Ende 2015 – in § 65 Absatz 4

SGB II enthalten. Danach konnten Personen, die das 58. Lebensjahr vollendet hatten, erklären, grundsätzlich nicht mehr für eine Arbeitsaufnahme zur Verfügung zu stehen. Diese Personen galten dann nicht mehr als arbeitslos und konnten Arbeitslosengeld II (und Arbeitslosengeld) unter erleichterten Bedingungen beziehen. Im Gegenzug mussten sie sich verpflichten, eine ungeminderte Altersrente zum frühestmöglichen Zeitpunkt in Anspruch zu nehmen. § 65 Absatz 4 SGB II enthält daher einen Verweis auf § 428 SGB III[4].

Aus der Anwendung dieser Regelung ergab sich zudem, dass auch die Leistungsberechtigten, die diese Regelung für einen erleichterten Leistungsbezug nicht in Anspruch genommen hatten, nicht zur Beantragung einer vorzeitigen Altersrente aufgefordert wurden. Denn in diesem Fall wäre die unverminderte Bereitschaft, jede zumutbare Arbeit anzunehmen, durch die folgende Pflicht, eine vorzeitige Altersrente zu beantragen, „bestraft" worden.

Die Regelung gilt für das SGB II nach wie vor entsprechend (siehe § 65 Absatz 4 Satz 3 SGB II) für Personen, die vor 2008 bereits 58 Jahre alt waren. In der Grundsicherung für Arbeitsuchende bestand daher bis zum 31. Dezember 2007 keine Pflicht zur Inanspruchnahme vorzeitiger Altersrenten.

Das Auslaufen der sogenannten 58er Regelung hat sich in der Praxis zunächst nicht bemerkbar gemacht: So konnten zwar Leistungsberechtigte, die das 58. Lebensjahr erst im Jahr 2008 erreicht haben, nicht mehr von ihr Gebrauch machen. Diese Leistungsberechtigten haben das 63. Lebensjahr jedoch erst im Laufe des Jahres 2013 vollendet. Dabei ist auch zu berücksichtigen, dass nicht jeder Leistungsberechtigte, der das 63. Lebensjahr vollendet, auch tatsächlich einen Anspruch auf eine vorzeitige Altersrente geltend machen kann. So ist die bestehende Pflicht zur Inanspruchnahme vorzeitiger Altersrente erst nach und nach in den Fokus der Öffentlichkeit gerückt.

Gleichzeitig mit der Einfügung des § 12a SGB II wurde das Bundesministerium für Arbeit und Soziales ermächtigt, ohne Zustimmung des Bundesrates durch Rechtsverordnung zu bestimmen, unter welchen Voraussetzungen und für welche Dauer Leistungsberechtigte nach Vollendung des 63. Lebensjahres ausnahmsweise zur Vermeidung von Unbilligkeiten nicht verpflichtet sind, eine Rente wegen Alters vorzeitig in Anspruch zu nehmen.

---

4 In § 428 Absatz 2 SGB III heißt es: „(2) Die Agentur für Arbeit soll die Arbeitslose oder den Arbeitslosen, die oder der nach Unterrichtung über die Regelung des Satzes 2 drei Monate Arbeitslosengeld nach Absatz 1 bezogen hat und in absehbarer Zeit die Voraussetzungen für den Anspruch auf Altersrente voraussichtlich erfüllt, auffordern, innerhalb eines Monats Altersrente zu beantragen; dies gilt nicht für Altersrenten, die vor dem für die Versicherte oder den Versicherten maßgebenden Rentenalter in Anspruch genommen werden können."

Die Verordnungsermächtigung enthält als Voraussetzung den Tatbestand der Vermeidung von Unbilligkeiten. Unbilligkeit bedeutet das Vorliegen eines Sachverhaltes, der bei Würdigung der Interessen der Leistungsträger sowie der Leistungsberechtigten als ungerecht empfunden wird.

Deshalb wurden mit der Unbilligkeitsverordnung in der seit 1. Januar 2008 geltenden Fassung weitere Ausnahmen geregelt, bei deren Vorliegen keine Verpflichtung zur Inanspruchnahme einer vorzeitigen Altersrente besteht (Bezug von Arbeitslosengeld, bevorstehende abschlagsfreie Altersrente, Erwerbstätigkeit).

Nachdem Leistungsberechtigte in wachsender Anzahl mit Erreichen des 63. Lebensjahres nach § 12a SGB II verpflichtet worden sind, eine vorzeitige Altersrente zu beantragen, konnten die Träger der Grundsicherung für Arbeitsuchende nach § 5 Absatz 3 SGB II hilfsweise einen entsprechenden Antrag für die leistungsberechtigte Person stellen. Dazu hat das Bundessozialgericht darauf hingewiesen, dass es auf eine etwaige künftige Hilfebedürftigkeit der Leistungsberechtigten bei Bezug von Regelaltersrenten im Zeitpunkt der Aufforderung zur Beantragung einer vorzeitigen Altersrente nicht ankommt.[5]

In diesem Zusammenhang hat sich die Fallgestaltung als besonders problematisch herausgestellt, dass eine spätere Bedürftigkeit in der Grundsicherung im Alter und bei Erwerbsminderung mutmaßlich erst dadurch verursacht wird, dass die spätere Altersrente durch die verpflichtende Inanspruchnahme durch die Abschläge gemindert wird. In einer solchen Fallgestaltung kann man von Unbilligkeit der Inanspruchnahme der vorzeitigen Altersrente ausgehen. Bis zum Erreichen der Regelaltersgrenze wären zudem ggf. Leistungen der Sozialhilfe nach dem Dritten Kapitel des SGB XII zu beantragen, bei denen deutlich geringere Vermögensfreibeträge als beim Bezug von Arbeitslosengeld II gelten. Zudem entsteht in einem solchen Fall ein erhebliches Maß an vermeidbarer Bürokratie, weil die Leistungen der Grundsicherung im Alter und bei Erwerbsminderung im Nachgang bis zum Lebensende jährlich neu beantragt werden müssen.

Die Arbeitsgruppe „Flexible Übergänge vom Erwerbsleben in den Ruhestand" der Fraktionen von CDU/CSU und SPD im Deutschen Bundestag hatte deshalb im Rahmen ihres Abschlussberichtes vorgeschlagen, die Unbilligkeitsverordnung um einen zusätzlichen Unbilligkeitsgrund zu ergänzen.

Bei der Umsetzung dieses Vorschlags war zudem zu berücksichtigen, den bei der Prüfung des neuen Unbilligkeitstatbestandes entstehenden Verwaltungsaufwand so gering wie möglich zu halten.

Während in § 6 Satz 1 Unbilligkeitsverordnung insbesondere das Ziel der Neuregelung, Hilfebedürftigkeit im Alter zu vermeiden, die allein durch die

---

5 Urteil vom 19. August 2015 B 14 AS 1/15 R

vorzeitige Inanspruchnahme der Altersrente und die damit verbundenen Abschläge in der Höhe der Altersrente resultiert, formuliert wird, ist in § 6 Satz 2 deshalb eine pauschalierte Prüfung vorgesehen.

Der Vergleichsbetrag in Höhe von 70 Prozent der bei Erreichen der Altersgrenze (§ 7a SGB II) zu erwartenden monatlichen Altersrente ist aus der letzten Renteninformation oder -auskunft leicht zu entnehmen; der Vergleich mit dem aktuellen Bedarf nach dem SGB II einfach möglich. Für Fälle, die durch diese vereinfachte Prüfung nicht erfasst werden, verdeutlicht das Wort „insbesondere", dass in weiteren Einzelfällen ebenfalls auf Unbilligkeit entschieden werden kann. Außerdem wird die Prüfung vereinfachend nur an Hand der voraussichtlichen Altersrente nach dem SGB VI vorgenommen; weitere mögliche Einnahmen im Alter bleiben außer Betracht.

Durch die pauschalierte Prüfung ist zudem dem vielfach erhobenen Vorwurf der „flächendeckenden Zwangsverrentung" Rechnung getragen worden: Liegt der aktuelle individuelle Bedarf nach dem SGB II über dem Rentenvergleichsbetrag, liegt Unbilligkeit auch dann vor, wenn selbst die ungeminderte Rente nicht zur Bedarfsdeckung ausreichen würde. Damit werden künftig nur noch Leistungsberechtigte zur Beantragung einer vorzeitigen Altersrente aufgefordert werden, bei denen auch nach der Minderung sicher von einer Überwindung der Hilfebedürftigkeit durch die Altersrente ausgegangen werden kann.

Gesetzesentwurf eines Gesetzes zur Regelung von Ansprüchen ausländischer Personen im SGB II und SGB XII

Dr. Hans-Joachim Sellnick, Richter am Sozialgericht Nordhausen

Ziel des Gesetzesentwurfes[1] ist es nach Aussage von Bundessozialministerin Andrea Nahles, die Zuwanderung in die sozialen Sicherungssysteme zu unterbinden. Kommentiert wurde das überwiegend positiv, z. B. in der Tageszeitung „Die Welt" wie folgt: „*Deutschland kann sich nicht um alle Bedürftigen Europas kümmern. EU-Bürger können sich nicht das Sozialsystem aussuchen, das ihnen am besten gefällt. Deshalb hat die SPD-Ministerin recht, Leistungen zu verweigern. Sonst würde man der AfD in die Karten spielen.*"[2]

Das Gesetzgebungsverfahren ist relativ weit fortgeschritten, der Bundesrat hat entsprechend den Empfehlungen der Ausschüsse auf seiner Sitzung am 4.11.2016 gemäß Artikel 76 Absatz 2 des Grundgesetzes beschlossen, gegen den Gesetzentwurf k e i n e Einwendungen zu erheben.[3]

A. Die Regelung

Kernpunkt der Regelung ist der Leistungsausschluss für (EU-)Ausländer in § 7 SGB II, § 23 SGB XII: Leistungen nach dem SGB II oder Sozialhilfe werden für Ausländer nicht erbracht, wenn:
1. sie weder in der Bundesrepublik Deutschland Arbeitnehmer oder Selbstständige noch aufgrund des § 2 Absatz 3 des Freizügigkeitsgesetzes/EU freizügigkeitsberechtigt sind, für die ersten drei Monate ihres Aufenthalts,
2. ihnen kein Aufenthaltsrecht zusteht,
3. oder sich ihr Aufenthaltsrecht allein aus dem Zweck der Arbeitssuche ergibt,
4. sie ihr Aufenthaltsrecht allein oder neben einem Aufenthaltsrecht nach Nummer 2 aus Artikel 10 der Verordnung (EU) Nummer 492/2011 ablei-

---

[1] BR-Drucks. 587/14.
[2] Deutschland kann sich nicht um alle Bedürftigen Europas kümmern, von *Dorothea Siems*, veröffentlicht am 28.4.2016 https://www.welt.de/debatte/kommentare/article154855578/Deutschland-kann-sich-nicht-um-alle-Beduerftigen-Europas-kuemmern.html.
[3] BR-Drucks. 587/14.

ten (dies betrifft erwerbsfähige Schüler oder Auszubildende und deren Eltern) oder
5. sie eingereist sind, um Sozialhilfe zu erlangen (nur § 23 SGB XII).

Ausgeschlossen werden Sozialleistungen also insbesondere für den Fall, dass sich das Aufenthaltsrecht des EU-Bürgers aus dem Zweck der Arbeitssuche ergibt, er also noch keine Beschäftigung gefunden hat und nicht als Selbstständiger tätig ist bzw. die Tätigkeit so lange zurückliegt, dass die Erwerbstätigeneigenschaft EU-rechtlich nicht mehr gegeben ist.

Stattdessen sind lediglich Überbrückungsleistungen im SGB XII für einen Zeitraum von vier Wochen vorgesehen, mit der Möglichkeit, darlehensweise die Kosten für ein Rückfahrtticket zu übernehmen.

Einen Leistungsanspruch im SGB II / SGB XII sieht das Gesetz nach fünf Jahren Aufenthalt in Deutschland vor (dann greift auch die unbeschränkte EU-Niederlassungsfreiheit).

I. Der EU-rechtliche Rahmen

Lange war zweifelhaft, ob ein so weitgehender Leistungsausschluss mit EU-Recht vereinbar ist. Hintergrund sind u. a. folgende Regelungen des EU-Vertrages:

Artikel 18 Absatz 1 EG sieht vor, dass jeder Unionsbürger das Recht hat, sich im Hoheitsgebiet der Mitgliedstaaten vorbehaltlich der in diesem Vertrag und in den Durchführungsvorschriften vorgesehenen Beschränkungen und Bedingungen frei zu bewegen und aufzuhalten.

Nach Artikel 39 Absatz 2 EG umfasst die Freizügigkeit der Arbeitnehmer die Abschaffung jeder auf der Staatsangehörigkeit beruhenden unterschiedlichen Behandlung der Arbeitnehmer der Mitgliedstaaten in Bezug auf Beschäftigung, Entlohnung und sonstige Arbeitsbedingungen.

Konkretisiert wird dies durch folgende sekundärrechtliche Regelungen:
Nach Artikel 7 Absatz 2 der Verordnung Nr. 1612/68 genießt ein Arbeitnehmer, der Staatsangehöriger eines Mitgliedstaats ist, im Hoheitsgebiet der anderen Mitgliedstaaten die gleichen sozialen und steuerlichen Vergünstigungen wie die inländischen Arbeitnehmer.

Abweichend von diesen Gleichbehandlungsgeboten ist nach Art. 24 Abs. 2 der Richtlinie 2004/38 der Aufnahmemitgliedstaat jedoch nicht verpflichtet, anderen Personen als Arbeitnehmern oder Selbstständigen, Personen, denen dieser Status erhalten bleibt, und ihren Familienangehörigen während der ersten drei Monate des Aufenthalts oder gegebenenfalls während des längeren Zeitraums nach Artikel 14 Absatz 4 Buchstabe b) einen Anspruch auf Sozialhilfe oder vor Erwerb des Rechts auf Daueraufenthalt Studienbeihilfen, einschließlich Beihilfen zur Berufsausbildung, in Form eines Stipendiums oder Studiendarlehens, zu gewähren.

II. Die Entscheidung des EuGH

Im vergangenen Jahr hatte der EuGH in der Rechtssache Alimanovic C 67/14 auf Vorlage des BSG die Möglichkeit des Leistungsausschlusses für arbeitssuchende EU-Bürger von den Leistungen nach dem SGB II und dem SGB XII wie folgt bestätigt: „[...] *dass Art. 24 der Richtlinie 2004/38 und Art. 4 der Verordnung Nr. 883/2004 dahin auszulegen sind, dass sie der Regelung eines Mitgliedstaats nicht entgegenstehen, nach der Staatsangehörige anderer Mitgliedstaaten, die sich in der von Art. 14 Abs. 4 Buchst. b der Richtlinie 2004/38 erfassten Situation befinden, vom Bezug bestimmter ‚besonderer beitragsunabhängiger Geldleistungen' im Sinne von Art. 70 Abs. 2 der Verordnung Nr. 883/2004, die auch eine Leistung der ‚Sozialhilfe' im Sinne von Art. 24 Abs. 2 der Richtlinie 2004/38 darstellen, ausgeschlossen werden, während Staatsangehörige des betreffenden Mitgliedstaats, die sich in der gleichen Situation befinden, diese Leistungen erhalten.*"[4]

Mit der Frage, ob SGB II-Leistungen den Zugang zum Arbeitsmarkt erleichtern, hat sich der EuGH nur in Form eines obiter dictum auseinandergesetzt, obwohl er in der Rechtssache C 138/02 – Collins wie folgt entschieden hatte[5]: „*... angesichts der Einführung der Unionsbürgerschaft und angesichts der Auslegung, die das Recht der Unionsbürger auf Gleichbehandlung in der Rechtsprechung erfahren hat, ist es nicht mehr möglich, vom Anwendungsbereich des Artikels 48 Absatz 2 EG-Vertrag, der eine Ausprägung des in Artikel 6 EG-Vertrag garantierten tragenden Grundsatzes der Gleichbehandlung ist, eine finanzielle Leistung auszunehmen, die den Zugang zum Arbeitsmarkt eines Mitgliedstaats erleichtern soll.*"[6]

Dieses Problem der Doppelnatur der SGB II-Leistungen hat der EuGH umgangen, indem er sich primär auf die Feststellungen der deutschen Gerichte gestützt hat, wonach es sich um „Sozialhilfe" und „beitragsunabhängige Leistungen" handele und nur festgestellt, es sei unschädlich, wenn sie **Teil eines Systems** sind, **das außerdem** Leistungen zur Erleichterung der Arbeitsuche vorsieht.[7] Dies kann man wohl so verstehen, dass die existenz-

---

[4] EuGH, Urteil vom 15.9.2015 – C-67/14 –, juris, vgl. hierzu auch z. B. die Anmerkungen von *Eichenhofer*, ZESAR 2016, 29–40 und *Padé*, jM 2015, 414–417.

[5] EuGH, Urteil vom 23.3.2004 – C-138/02 –, juris.

[6] EuGH, Urteil vom 23.3.2004 – C-138/02 –, Die genannten Entscheidungen markieren Anfangs und Endpunkte der Rechtsprechung des EuGH. Dazwischen lagen eine Reihe von Entscheidungen, die in der intensiven rechtswissenschaftlichen Diskussion herangezogen wurden: z. B. „Vatsouras und Koupatantze" EuGH, Urt. vom 5.6.2009 – C-22/08 und C-23/08 Rn. 45 und „Dano" EuGH, Urt. vom 11.11.2014 – C-333/13," EuGH, Urt. vom 19.9.2013 – C-140/12 „Brey" (bei den Fällen Dano und Brey handelte es sich allerdings nicht um arbeitsuchende, sondern sog. „wirtschaftlich inaktive" EU-Bürger.

[7] „Insoweit genügt jedoch die Feststellung, dass das vorlegende Gericht selbst die im Ausgangsverfahren streitigen Leistungen als „besondere beitragsunabhängige Geldleistungen" im Sinne von Art. 70 Abs. 2 der Verordnung Nr. 883/2004 eingestuft hat. Es führt insoweit aus, dass diese

sichernden Leistungen selbst nicht als Leistungen zur Erleichterung der Arbeitssuche angesehen werden, worüber man sich jedoch inhaltlich sehr wohl streiten kann.[8]

B. Das BSG und das Menschenrecht auf Gewährleistung eines Existenzminimums

Das BSG hat danach zwar zur Kenntnis genommen, dass ein freizügigkeitsberechtigter und erst Recht ein nicht freizügigkeitsberechtigter Unionsbürger von Leistungen des SGB II ausgeschlossen werden kann, zugleich hat es aber einen Anspruch auf Hilfe zum Lebensunterhalt nach dem Recht der Sozialhilfe als Ermessensleistung im Einzelfall festgestellt, wobei das Ermessen des Sozialhilfeträgers im Regelfall bei einem verfestigten Aufenthalt nach mindestens sechs Monaten auf null reduziert sei.[9]

Zu diesem Ergebnis kam das BSG in einer verfassungskonformen Auslegung der Ausschlussregelung des § 23 SGB XII, hierbei spielte auch das Menschenrecht auf existenzsicherndes Existenzminimum eine Rolle.[10] Das BSG hat dabei ausgeführt, eine pauschale Differenzierung nach dem Aufenthaltsstatus habe das BVerfG im Hinblick auf die konkrete Ausgestaltung der existenzsichernden Leistungen ausdrücklich abgelehnt.[11]

Als Menschenrecht – und dies sei hier entscheidend – stehe dieses Grundrecht deutschen und ausländischen Staatsangehörigen, die sich in der Bundesrepublik Deutschland aufhielten, gleichermaßen zu.

Leistungen der Sicherung des Lebensunterhalts von Personen dienten, die ihn nicht selbst bestreiten könnten, und beitragsunabhängig durch Steuermittel finanziert würden. Da die betreffenden Leistungen auch in Anhang X der Verordnung Nr. 883/2004 erwähnt werden, erfüllen sie die Voraussetzungen von Art. 70 Abs. 2 dieser Verordnung, selbst wenn sie Teil eines Systems sind, das außerdem Leistungen zur Erleichterung der Arbeitssuche vorsieht." (EuGH, Urteil vom 15.9.2015 – C-67/14 –, Rn. 43, juris).

8 Die Entscheidung des EuGH, Urteil vom 4.6.2009 – C-22/08, C-23/08 – Vatsouras, Koupatantze, juris, lässt sich wiederum genau entgegengesetzt lesen: vgl. hierzu insbes. Rn. 40 ff., juris; Gegenstand waren dabei u. a. aufstockende SGB II Leistungen.

9 U. a. BSG vom 3.12.2015 – B 4 AS 44/15 R (Rn. 44); BSG vom 20.1.2016 – B 14 AS 35/15 R, juris.

10 BSG vom 3.12.2015 – B 4 AS 44/15 Rn. 57, juris.

11 A. a. O. unter Bezug auf BVerfG vom 18.7.2012 – 1 BvL 10/10, 1 BvL 2/11 – BVerfGE 132, 134, 164.

C. Der Konflikt

Der Gesetzentwurf will dieses vom BSG gesehene Recht nun beseitigen und argumentiert: Wieso Recht auf Existenzminimum? Im Gegensatz etwa zu Flüchtlingen können EU-Bürger ja in ihr Heimatland zurückkehren und wir helfen ihnen ja auch noch dabei mit einem Darlehen für das Reiseticket. Die offene Frage ist, ob das Bundesverfassungsgericht das mitmacht.

Die unterschiedlichen Positionen lauten also einerseits: So lange sich jemand in der Bundesrepublik aufhält, hat er als Menschenrecht ein Recht auf existenzsichernde Leistungen – jedenfalls so lange eine Ausreisepflicht nicht vollzogen wird (so sieht es vielleicht das BSG, auf jeden Fall aber z. B. der Vorlageschluss des SG Mainz v. 18.4.2016).[12]

Oder anders ausgedrückt: Wer nicht zahlen will, muss den Aufenthalt beenden (können).

Das BMAS sieht andererseits offenbar einen mittelbaren Zwang zur Ausreise durch Leistungsverwehrung als zulässig an, auch wenn aus Gründen der Arbeitssuche ein Aufenthaltsrecht besteht.

Man kann es auch so formulieren: Steuert das Aufenthaltsrecht – unter Einschluss des Verwaltungsvollzuges – das Recht auf Sozialhilfe oder kann man mit der Verweigerung von Sozialhilfe den Aufenthalt steuern? Also (EU-)Ausländer raus durch Leistungsverweigerung?

Mir persönlich erscheint die erste Position aus dem Prinzip der anzustrebenden Wertungswiderspruchsfreiheit der Rechtsordnung überzeugender.

Auch halte ich es für merkwürdig, z. B. einen arbeitsuchenden Sizilianer auf das italienische Sozialsystem zu verweisen, dies einem per Boot in Sizilien angelandeten syrischen Flüchtling aber nicht zuzumuten, der wegen der Einreise über einen sicheren Drittstaat (Italien) weder ein Asylrecht noch aufgrund der Dublin-Regeln aus humanitären Gründen ein materielles Bleiberecht hat.[13] In diesem Fall steuert offenbar (m. E. richtigerweise) der tatsächliche – staatlich hingenommene – Aufenthalt das Recht auf Sozialleistungen.[14]

---

12 SG Mainz, Urteil vom 18.4.2016 – S 3 AS 149/16, juris. Allerdings bezieht sich dieser auf die rechtliche Situation, in der nach der Rechtsprechung des BSG im Wege der Ermessensausübung existenzsichernde Leistungen gewährt werden mussten bzw. konnten. Deshalb könnte das BVerG im Ergebnis die Vorlage als unzulässig zurückweisen, vgl. allerdings auch die Argumentation Rn. 315 ff. in dem angeführten Beschluss.

13 EU-rechtlich ist dies wohl zulässig, weil der EuGH auch entschieden hat, dass Art. 12 EG einer nationalen Regelung nicht entgegensteht, die die Staatsangehörigen der Mitgliedstaaten von Sozialhilfeleistungen ausschließt, die Drittstaatsangehörigen gewährt werden (EuGH, Urteil vom 4.6.2009 – C-22/08, C-23/08 –, Vatsouras, Koupatantze, juris).

14 Wahrscheinlich könnte man den Syrer nach den Dublin-Regeln zur Ausreise verpflichten, aber solange man dies nicht tut oder bis man dies tatsächlich vollziehbar getan hat, bleibt es bei der Leistungspflicht des deutschen Staates. § 1a Abs. 2 und 5 AsylbLG sehen zwar erhebliche Leistungseinschränkungen bis zum tatsächlichen Vollzug der Ausreiseverpflichtung vor, aber bis

Ich wage aber die Entscheidung des BVerfG nicht zu prognostizieren.[15]

D. Die lästige Empirie

Gibt es überhaupt eine Zuwanderung, um Sozialleistungen zu erlangen, oder handelt es sich um Folgen der (auch EU-rechtlich) zulässigen und z. T. gewollten Arbeitsmigration? Wegen der Furcht vor einer Armutsmigration hat man durch das Institut für Arbeitsmarkt- und Berufsforschung (IAB) gerade die Zuwanderung aus den Ländern Rumänien und Bulgarien genauer beobachtet.

Die Beschäftigungsquote für EU-Ausländer lag laut IAB-Zuwanderungsmonitor vom Oktober 2016[16] im August 2016 insgesamt bei 54,8 Prozent, die der bulgarischen und rumänischen Bevölkerung bei 62,1 Prozent, also über dem Durchschnitt.

Die Arbeitslosenquote der Personen aus den EU-28 lag im August 2016 bei 9,0 Prozent. Bei Personen aus Bulgarien und Rumänien lag sie bei 9,6 Prozent.

Ein überzeugender Beleg für die Befürchtung, dass die Migration erfolgt, um auf Kosten der hart arbeitenden deutschen Bevölkerung parasitär und faul in das Sozialsystem einzuwandern, ist dies nicht. Abgesehen von Einzelfällen, die man immer finden kann, handelt es sich offenbar nicht um ein Massenphänomen.

Vor diesem Hintergrunde erscheint das beabsichtigte Gesetz als symbolische Politik zur Bekämpfung eines Scheinproblems.

---

zur Ausreise oder der Durchführung der Abschiebung werden noch Leistungen zur Deckung ihres Bedarfs an Ernährung und Unterkunft einschließlich Heizung sowie Körper- und Gesundheitspflege gewährt.

15 Zwar hat das BVerfG eine pauschale Differenzierung nach dem Aufenthaltsstatus im Hinblick auf die konkrete Ausgestaltung der existenzsichernden Leistungen ausdrücklich abgelehnt (BVerfG vom 18.7.2012 – 1 BvL 10/10, 1 BvL 2/11 – BVerfGE 132, 134, 164). Konsequenterweise müsste diese Haltung in der zu Leistungen nach dem Asylbewerberleistungsgesetz ergangenen Entscheidung für den Leistungsausschluss für die die EU-Ausländer zum Problem werden. Fraglich ist dennoch wie sich das BVerfG in einem geänderten politischen und gesellschaftlichen Umfeld verhalten wird. Wie auch das BVerfG (wie das EuGH) eine mutig eingenommene Position auch wieder revidieren kann, ohne sie formell aufzugeben, lässt sich z. B. an den Regelsatzentscheidungen besichtigen: vgl. hierzu BVerfG, Urteil vom 9.2.2010 – 1 BvL 1/09, 1 BvL 3/09, 1 BvL 4/09 –, BVerfGE 125, 175–260 und BVerfG, Beschluss vom 23.7.2014 – 1 BvL 10/12, 1 BvL 12/12, 1 BvR 1691/13 –, BVerfGE 137, 34–103.

16 http://doku.iab.de/arbeitsmarktdaten/Zuwanderungsmonitor_1610.pdf

E. Die (mittelbare) Zuwanderung in das Sozialsystem

Dies bedeutet nicht, dass das Sozialsystem durch die Zuwanderung nicht belastet würde. Es erscheint aber eher die Folge von geringer Qualifikation und geringer Bezahlung oder Beschäftigung zu sein als dem primären Wunsch geschuldet, Sozialleistungen zu erlangen:

Im Juli 2016 bezogen rund 135.000 Bulgaren und Rumänen Leistungen nach dem SGB II. Damit betrug die SGB II-Hilfequote 18,4 Prozent (+2,3 Prozentpunkte im Vergleich zum Vorjahresmonat). Sie hat damit den Durchschnitt der ausländischen Bevölkerung überschritten (18,3 Prozent).[17]

Dabei ist ein hoher Anteil an „Aufstockern" bei Bulgaren und Rumänen zu verzeichnen. So waren im Juni 2016 41,9 Prozent der erwerbsfähigen Leistungsberechtigten aus Bulgarien und Rumänien erwerbstätig, im Vergleich zu 27,5 Prozent bei den Ausländern insgesamt.[18]

Die Zuwanderung von Arbeitnehmern (auch wenn die Arbeit nicht zur Existenzsicherung reicht) lässt sich EU-rechtlich nicht verhindern. Nach der Rechtsprechung des europäischen Gerichtshofes[19] ist der Begriff des Arbeitnehmers im Sinne von Artikel 48 EG-Vertrag und der Verordnung Nr. 1612/68 ein Begriff des Gemeinschaftsrechts, der nicht eng auszulegen ist. Arbeitnehmer ist jeder, der eine tatsächliche und echte Tätigkeit ausübt, wobei Tätigkeiten außer Betracht bleiben, die einen so geringen Umfang haben, dass sie sich als völlig untergeordnet und unwesentlich darstellen. Das wesentliche Merkmal des Arbeitsverhältnisses besteht nach dieser Rechtsprechung darin, dass jemand während einer bestimmten Zeit für einen anderen nach dessen Weisung Leistungen erbringt, für die er als Gegenleistung eine Vergütung erhält. Mit einem Stundenumfang von 5,5 Wochenstunden bzw. einem Monatseinkommen von rund 175 Euro kann der Arbeitnehmerstatus bereits gegeben sein (EuGH: Urteil „Genc" – C-14/09).[20] Vor dem Hintergrund der Dienstleistungsfreiheit in der EU wird man auch bei selbstständigen Tätigkeiten einen Anspruch als „Aufstocker" nicht versagen können, so z. B. das BSG im Urt. v 19.10.2010: „[...] *selbstständig Tätiger nach § 2 Abs. 1 Nr. 2 FreizügG/EU [...] setzt voraus, dass eine Tätigkeit als Selbstständiger im Aufnahmemitgliedstaat tatsächlich ausgeübt wird (vgl. Art. 7 Abs. 1 Buchst a Alt. 2 UBRL). Zwar ist auch insoweit nicht erforderlich, dass der Gewinn aus der selbstständigen Tätigkeit das notwendige Existenzminimum deckt.[...] Voraussetzung ist aber nach Art. 43 EGV, dass eine wirtschaftliche Tätigkeit auf unbestimmte Zeit mit-*

---

17 A. a. O.
18 A. a. O.
19 z. B. EuGH, Urteil vom 23.3.2004 – C-138/02 – Collins, EuGH, Urteil vom 4.6.2009 – C-22/08, C-23/08 –, Vatsouras, Koupantantze, juris.
20 EuGH, Urteil vom 4.2.2010 – C-14/09 –, juris.

tels einer festen Einrichtung in einem anderen Mitgliedstaat tatsächlich ausgeübt wird."[21] (Eine bloße Gewerbeanmeldung reicht also nicht). Allerdings wird man bei der Leistungsgewährung an Aufstocker keine strengeren Maßstäbe anlegen können als an deutsche SGB II-Selbstständige.

Für die Bekämpfung der Zuwanderung in das Sozialsystem als Nebenfolge der Arbeitsmigration dient das Gesetz aber nicht (und kann es auch gar nicht). Und wer es darauf anlegt, wird über eine geringfügige tatsächliche oder vorgetäuschte selbstständige oder unselbstständige Tätigkeit Zugang zu SGB II Leistungen erhalten können.

Insofern offeriert das Gesetz vor dem Hintergrund des eingangs propagierten Zieles offenbar auch nur eine (populistische) Scheinlösung.

---

21 BSG, Urteil vom 19.10.2010 – B 14 AS 23/10 R –, BSGE 107, 66–78, SozR 4–4200 § 7 Nr. 21, SozR 4–6025 Art. 1 Nr. 1, SozR 4–6092 Art. 24 Nr. 1, Rn. 19.

Bericht über die Arbeit und Empfehlungen der SGB III/XII-Kommissionen

Dr. Elke Roos, Vorsitzende Richterin am Bundessozialgericht, Kassel

Die Arbeit der Kommissionen SGB III und SGB XII des 6. Dt. Sozialgerichtstags war dem übergreifenden Thema „Inklusion, Arbeitswelt, Eingliederungshilfe" gewidmet, um einerseits dem Leitthema des diesjährigen Sozialgerichtstags und andererseits dem Umstand und den Bedürfnissen einer kommissionsübergreifenden Veranstaltung Rechnung zu tragen.

Anlass hierzu bestand in gesteigerten Maße, nachdem die Bundesregierung am 28. Juni 2016 den Nationalen Aktionsplan 2.0 zur Umsetzung der UN-Behindertenrechtskonvention (UN-BRK) verabschiedet hat, das Gesetz zur Weiterentwicklung des Behindertengleichstellungsrechts vom 19. Juli 2016 verkündet worden ist und nunmehr auch der Entwurf eines Bundesteilhabegesetzes (BTHG-E) mit Datum vom 5. September 2016 vorliegt[1].

Drei Referenten standen zur Verfügung, jeder mit einem anderen Focus:

Susanne Jaritz, von Haus aus Richterin am Hessischen Landessozialgericht und jetzt Referentin im Bundeskanzleramt für Arbeitsmarktfragen und Arbeitsförderung zuständig, mit dem Blickwinkel der Bundesregierung, die mit dem Nationalen Aktionsplan maßgeblich die Handlungsfelder der Inklusion bestimmt,

Dr. Leander Palleit, Wissenschaftlicher Mitarbeiter der Monitoringstelle zur UN-BRK des Instituts für Menschenrechte, mit der Sicht einer unabhängigen Stelle, deren Aufgabe es ist, den Finger in die Wunde zu legen und

Dr. Stephan Gutzler, Richter am Landessozialgericht Rheinland-Pfalz, mit der Perspektive der Richterschaft, die sich der Fundamentalkritik ausgesetzt sieht, die UN-BRK nicht umzusetzen.

Das erste Referat von Susanne Jaritz galt der „Inklusion im Arbeitsförderungsrecht" und befasste sich mit dem Verhältnis von Inklusion und Integration, dem Begriff der Behinderung als Anknüpfungspunkt für Inklusion, der Inklusion in Zahlen, den Hürden für Menschen mit Behinderung auf dem Arbeitsmarkt, den Fördermöglichkeiten und den Initiativen für die Integration von Menschen mit Behinderung in den Arbeitsmarkt. Jaritz fasste zusammen, Inklusion dürfe nicht zu Sondersystemen führen. Sonderarbeitsmärkte seien nach Möglichkeit zu vermeiden (z. B. Werkstätten für behinderte Menschen), vielmehr müssten Übergänge in den allgemeinen Arbeits-

---

1 Vgl. nunmehr Gesetz vom 23.12.2016, BGBl I 3234.

markt geschaffen werden (z. B. unterstützte Beschäftigung, Integrationsbetriebe, Budget für Arbeit, assistierte Ausbildung).

Dr. Stephan Gutzler nahm in seinem anschließenden Referat das SGB XII und die „Inklusion in der Eingliederungshilfe" in einer kritischen Bestandsaufnahme in den Blick. Neben der Klärung der Begrifflichkeiten waren die bedürftigkeits(un)abhängige Förderung, der Anschauungswandel im Leistungsrecht, die Wunsch- und Wahlrechte, die Selbstverantwortung und der neue BTHG-E Gegenstand seiner Betrachtung. Dr. Gutzler warb für einen schrittweisen Ausbau bedürftigkeitsunabhängiger Leistungen und für eine Stärkung geeigneter und zumutbarer Alternativmaßnahmen vor Kostenaspekten. Das persönliche Budget sei stärker als bisher praxistauglich zu machen, Budgetverwaltungskosten müssten übernommen werden. Kritisch hob Dr. Gutzler die Komplexität der Regeln zur Koordinierung der Leistungsträger hervor.

Dr. Leander Palleit rundete sodann das Bild mit seinem Referat „UN-BRK und berufliche Inklusion" zu Inhalten und künftigen Entwicklungen ab, indem er die UN-BRK zunächst in ihren internationalen und verfassungsrechtlichen Kontext stellte, die systemischen Herausforderungen für die Gesellschaft und deren Institutionen durch die Umsetzung der UN-BRK hervorhob und zum Schluss noch exemplarisch auf aktuelle Umsetzungsprobleme vis-à-vis Art. 27 UN- BRK (Arbeit und Beschäftigung) einging. Dr. Palleit resümierte, entscheidend für Inklusion sei „Jedermann-Teilhabe". Dabei sei zu vergegenwärtigen, dass die UN-BRK dauerhafte staatliche Transferleistungen nicht untersage, diese also nicht im Widerspruch zur Inklusion stünden. Insgesamt sei die UN-BRK nach wie vor unbekannter Boden. Dies sei u. a. durch Ergänzung der Richteraus- und -fortbildung zu ändern.

Die Kommission mit Teilnehmern aus Praxis und Wissenschaft empfahl im Anschluss an eine engagierte und fachkundige Diskussion:
- die im Entwurf eines BTHG vorgesehene Abweichung vom Prinzip der Leistung aus einer Hand von der Zustimmung des Betroffenen abhängig zu machen,
- das persönliche Budget auch bei behördlich verweigerten Bedarfsfeststellungen und Zielvereinbarungen einklagbar auszugestalten sowie eine Regelung für Budget-Assistenzkosten vorzusehen,
- ein Budget für Arbeit und Ausbildung einzurichten und sprach abschließend den Wunsch aus,
- die Rechtsanwendung möge die UN-BRK bei der Auslegung unbestimmter Rechtsbegriffe stärker – als bisher – berücksichtigen.

Inklusion im Arbeitsförderungsrecht

Susanne Jaritz, Richterin am Landessozialgericht Hessen, Darmstadt

Die „Inklusion" – die „Einbezogenheit" – von Menschen mit Behinderung erfordert Regelungen, die bestehende Einschränkungen ausgleichen. Zugleich beinhalten diese Regelungen die Gefahr eines Sondersystems, d. h. der „Ausschließung" (Exklusion).

> **These 1:** *Bei der Auslegung, Anwendung und Änderung der Regelungen zur Teilhabe behinderter Menschen am Arbeitsleben muss darauf geachtet werden, dass keine Sondersysteme geschaffen werden, die Ausgrenzung (Exklusion) begünstigen (Lock-in-Effekt). Exklusive „Sonderarbeitswelten" müssen – soweit möglich – vermieden werden.*

Der Begriff der „Behinderung" ist dynamisch und berücksichtigt gesellschaftliche Entwicklungen. Die Ergänzung des Art. 3 Abs. 3 GG um das Benachteiligungsverbot wegen einer Behinderung und die Ratifizierung des Übereinkommens der Vereinten Nationen über die Rechte von Menschen mit Behinderung (UN-Behindertenrechtskonvention) durch die Bundesrepublik Deutschland haben zu einem Paradigmenwechsel geführt, der auch in rechtlichen Rahmenbedingungen und Begriffsbestimmungen umgesetzt werden muss.

> **These 2:** *„Behinderung" ist kein festgefügtes Konzept, sondern dynamisch von den jeweiligen Wechselbeziehungen mit umwelt- und personenbezogenen Kontextfaktoren abhängig. Eine Beeinträchtigung ist Teil menschlicher Vielfalt. Eine Behinderung ist Folge einer nicht hinreichend inklusiven Gesellschaft. Das defizitorientierte Begriffsverständnis nach dem rein medizinischen Modell ist nicht mehr zeitgemäß, das Prinzip der paternalistischen Fürsorge überholt.*

Die sozialversicherungspflichtige Beschäftigung von Menschen mit Behinderung ist in den vergangenen Jahren kontinuierlich gestiegen. Gleichwohl ist die Quote der arbeitslosen Menschen mit einer Behinderung wesentlich höher als die Quote derjenigen ohne Behinderung.

> **These 3:** *Die Ausübung einer den Lebensunterhalt sichernden Tätigkeit ist der Schlüssel zur Eröffnung von Teilhabe. Die Arbeitsmarktlage hat sich für Menschen mit Behinderung verbessert. Gleichwohl haben diese noch immer eine geringe Erwerbsbeteiligung, das höhere Risiko der Arbeitslosigkeit und arbeiten häufiger in prekären Beschäftigungen sowie unterhalb ihres Qualifikationsniveaus. Die*

Arbeitslosigkeit von Menschen mit Behinderung ist weniger konjunkturreagibel und dafür stärker von passenden Rahmenbedingungen abhängig.

Die Werkstätten für behinderte Menschen (WfbM) schaffen einen Sonderarbeitsmarkt. Ziel der Maßnahmen in diesen Einrichtungen ist nicht die Eingliederung in den allgemeinen (ersten) Arbeitsmarkt. Die Ausgestaltung der maßgebenden Vorschriften für die WfbM muss mehr Anreize für den Übergang in den allgemeinen Arbeitsmarkt schaffen. Erste Ansätze bieten die „Unterstützte Beschäftigung" und die „Integrationsbetriebe".

These 4: *Werkstätten für behinderte Menschen haben weiterhin ihre Berechtigung. Allerdings müssen die Werkstätten stärker mit dem allgemeinen (ersten) Arbeitsmarkt vernetzt werden. Sie dürfen keinen Lock-in-Effekt begünstigen, sondern müssen eine Brückenfunktion erfüllen.*
Es müssen bessere Übergänge in den ersten Arbeitsmarkt und inklusive Beschäftigungsmodelle geschaffen werden. Lohnkostenzuschüsse für Arbeitgeber, die einen erwerbsgeminderten Menschen mit Anspruch auf Leistungen in der WfbM beschäftigen, können einen wichtigen Beitrag für einen inklusiven Arbeitsmarkt leisten (Budget für Arbeit).

Es gibt vielfältige Angebote und Fördermöglichkeiten, die eine Ausbildung und Beschäftigung von Menschen mit Behinderung unterstützen. Diese Angebote gelten für Menschen mit Behinderung, aber auch für Unternehmen, die Menschen mit Behinderung ausbilden oder beschäftigten. Zum Beispiel kann die Vorbereitung auf eine Ausbildung und ihr erfolgreicher Abschluss durch das neue Regelinstrument der Assistierten Ausbildung unterstützt werden. Arbeitgeber, die einen Menschen mit Behinderung beschäftigen, werden durch finanzielle Zuschüsse zum Ausgleich der Minderleistung und für die behindertengerechte und barrierefreie Ausgestaltung des Arbeitsplatzes unterstützt.

These 5: *Die rechtlichen Rahmenbedingungen für gelingende Inklusion am Arbeitsmarkt sind gut: Theoretisch ist die Inklusion bereits Realität. Defizite bestehen in der praktischen Umsetzung der Rahmenbedingungen: In der Praxis ist Inklusion noch eine Utopie.*

Menschen mit Behinderung sind häufig besser qualifiziert und in aller Regel hochmotiviert. Dieser Umstand und die Folgen des demografischen Wandels werden das Fachkräftepotenzial der Menschen mit Behinderung künftig mehr in den Fokus rücken und die Chancen für Menschen mit Behinderung am Arbeitsmarkt verbessern.

These 6: *Die künftige Herausforderung besteht darin, Inklusion in der Praxis mit Leben zu erfüllen. Arbeitgeberängste müssen abgebaut, Fördermöglichkeiten und*

Unterstützungsangebote besser bekannt gemacht und die Vorteile der Digitalisierung genutzt werden. Die Bewusstseinsbildung für das besondere Potenzial von Menschen mit Behinderung muss bei Unternehmen unterstützt werden. Der fähigkeitsorientierte Einsatz von Mitarbeitern muss gefördert werden. Frage darf nicht sein, was ein Mitarbeiter nicht kann, sondern welche Fähigkeiten vorhanden sind.

Inklusion in der Eingliederungshilfe – eine kritische Bestandsaufnahme

Dr. Stephan Gutzler, Richter am Landessozialgericht Rheinland-Pfalz, Mainz

A. Einleitung

Die bisher weitgehend im SGB XII geregelte Eingliederungshilfe kann einen erheblichen Beitrag zur Inklusion behinderter Menschen leisten, gerät aber sowohl in ihrer bisherigen Form als auch nach der beabsichtigten Modifizierung und Überleitung in das SGB IX häufig genug an Grenzen. Dies soll – aufgrund der hohen Komplexität des Betrachtungsobjekts allerdings nur schlaglichtartig – anhand von sechs Themenfeldern beleuchtet werden. Zunächst ist zu prüfen, ob der Begriff der Eingliederungshilfe im Hinblick auf das Inklusionsziel noch zeitgemäß ist (hierzu B.). Anschließend ist die eine Inklusion hemmende Wirkung der Bedürftigkeitsabhängigkeit einiger Eingliederungsleistungen kritisch zu hinterfragen (hierzu C.), um nach dem Aufzeigen eines in der Rechtsprechung zu beobachtenden Wandels der Anschauung hin zu einer stärker individuellen Betrachtungsweise (hierzu D.) das Spannungsverhältnis zwischen Kostenaspekten und den Wunsch- und Wahlrechten behinderter Menschen zu bewerten und teilweise aufzulösen (hierzu E.). Schließlich sollen noch die praktischen Schwierigkeiten des persönlichen Budgets betrachtet werden (hierzu F.), bevor abschließend ein Ausblick auf die Neuerungen durch das Bundesteilhabegesetz gegeben wird (hierzu G.).

B. Begrifflichkeiten

Sprache und die Verwendung bestimmter Begrifflichkeiten beeinflussen unsere Kommunikation, unsere Vorstellung von Lebenssachverhalten und letztlich unseren Umgang mit unseren Mitmenschen. Dies gilt auch hinsichtlich der Verwendung eingeführter und gewohnter rechtlicher Begriffe. Ein Wandel der Inhalte sollte daher regelmäßig mit einer Änderung der Begriffe einhergehen, um das Verharren in alten Mustern aufzubrechen. Der Begriff „Inklusion" wird in verschiedenen thematischen Kontexten unterschiedlich gehandhabt. So bedeutet er etwa in der Sozialen Systemtheorie innerhalb der evolutionären Gesellschaftsentwicklung die Einbeziehung bislang ausgeschlossener Akteure in Subsysteme[1]. Im für die vorliegende Betrachtung relevanten soziologischen Sinne der Ungleichheitsforschung bedeutet er jedoch im Ergebnis die vollständige gesellschaftliche Teilhabe[2]. Der Begriff „Integration" geht dagegen von einer vorgegebenen Gesellschaft aus, in die integriert werden kann und soll[3]. Der herkömmliche Begriff der „Eingliederungshilfe" deckt sich eher mit der Integration in eine vorgegebene Gesellschaft, in die eben „eingegliedert" werden soll, als mit der Inklusion, die eine gleichberechtigte Teilhabe und damit Veränderung der bestehenden Gesellschaft zum Ziel hat. Die (teilweise) Beibehaltung der bisherigen Terminologie im neuen Bundesteilhabegesetz[4] ist daher nur eingeschränkt sachgerecht.

> **These 1:** *Der Begriff der Eingliederungshilfe beschreibt den Wandel von einem verwahrenden und einrichtungszentrierten Umgang mit behinderten Menschen hin zur personenzentrierten Integration; um den Schritt zur Inklusion begrifflich zu begleiten, ist die Verwendung des Terminus „Teilhabe" jedoch besser geeignet.*

C. Bedürftigkeits(un)abhängige Förderung

Die Abschöpfung von Einkommen und Vermögen behinderter Menschen und auch ihrer Partner bis zur Sozialhilfegrenze oder geringfügig darüber bei der Erbringung einer Vielzahl von Eingliederungshilfeleistungen erschweren die Inklusion erheblich, weil wegen der Dauerhaftigkeit von Behinderungen damit anders als etwa bei Empfängern der Grundsicherung für Arbeitsuchende nach dem SGB II häufig keine Perspektive für ein Verlassen des Bereichs der bloßen Existenzsicherung besteht[5] und die Partnersuche über die bereits vorhandene Behinderung hinaus erschwert wird[6]. Das Bundessozialgericht (BSG) nimmt die Unterscheidung zwischen den bedürftigkeitsunabhängigen Leistungen (etwa Förderungen zum Besuch einer Schule) danach vor, ob die begehrte Maßnahme, etwa der Einbau eines behindertengerechten Aufzugs zum Verlassen der Wohnung, auf eine spezi-

---

1 Vgl. *Luhmann*, Die Gesellschaft der Gesellschaft, Teilband 2, 1998, S. 618 ff.; *ders.*, Gesellschaftsstruktur und Semantik: Studien zur Wissenssoziologie der modernen Gesellschaft, Teilband 4, 1999, S. 141, 148.
2 Vgl. auch *Kronauer*, in Kronauer (Hrsg.) Inklusion und Weiterbildung – Reflexionen zur gesellschaftlichen Teilhabe in der Gegenwart, 2010, S. 28 ff.
3 *Kronauer*, a. a. O., S. 56
4 BGBl. I 2016, 3234.
5 Vgl. zur Anreizwirkung höherer Freibeträge für die Altersvorsorge zum Zwecke der Arbeitsaufnahme im System des SGB II BSG, Urteil vom 20.9.2012 – B 8 SO 13/11 R – BSGE 112, 61.
6 Vgl. Plenarprotokoll 18/206, 20490.

fische Teilhabeleistung (bspw. den Schulbesuch) ausgerichtet ist, oder ob sie bereits der allgemeinen Teilhabe am Leben in der Gemeinschaft dient und somit nur bedürftigkeitsabhängig gewährt wird[7]. Damit nehmen die bedürftigkeitsabhängigen Leistungen einen vergleichsweise breiten Raum ein, der durch einen weniger eng definierten Zusammenhang hätte verringert werden können.

These 2: *Die bisherige starke Differenzierung der Eingliederungshilfe zwischen bedürftigkeitsunabhängigen Sonderbereichen (z. B. Schule, Arbeit) und dem bedürftigkeitsabhängigen allgemeinen Bereich der Teilhabe am Leben in der Gemeinschaft muss zur vollen Inklusion schrittweise hin zu einer von Bedürftigkeit des behinderten Menschen insgesamt unabhängigen Leistung ausgebaut werden*[8].

Das neue Bundesteilhabegesetz geht mit der Erhöhung der Einkommens- und Vermögensfreibeträge[9] und insbesondere der Beendigung der Anrechnung von Partnereinkommen und -vermögen (ab 01.01.2020)[10] insoweit bereits einen Schritt in die richtige Richtung.

D. Anschauungswandel im Leistungsrecht

Inklusion meint grundsätzlich die gleichberechtigte Teilhabe an allen Lebensbereichen, was zunehmend auch in der Rechtsprechung, z. B. durch die stärkere Berücksichtigung individueller Bedarfslagen, anerkannt wird. Dies lässt sich sehr anschaulich am Beispiel der als Eingliederungshilfe möglichen Kraftfahrzeughilfe aufzeigen. Das Bundesverwaltungsgericht (BVerwG) ist noch davon ausgegangen, dass ein Kraftfahrzeug außerhalb von beruflicher Betätigung nur dann förderungsfähig ist, wenn der Hilfebedürftige mit einer der Berufstätigkeit vergleichbaren Intensität darauf angewiesen ist, also ständig und nicht nur gelegentlich, und dass an die Notwendigkeit strenge Maßstäbe anzusetzen sind[11]. Demgegenüber hat das BSG ein ständiges Angewiesensein in diesem Sinne nicht mehr verlangt (es genügt nun ein regelmäßiges Nutzungserfordernis) und die Notwendigkeit der Nutzung ist auch nicht auf ein besonders enges Maß mit der Vergleichsgruppe der Sozialhilfeempfänger beschränkt, sondern den individuellen Wünschen

---

7 BSG, Urteil vom 20.9.2012 – B 8 SO 15/11 R – BSGE 112, 67.
8 Vgl. auch *Hofmann*, SozSich 2016, 261, 263; *Fuchs/Nakielski*, SozSich 2016, 268 ff.
9 Art. 11 Nr. 2 und 3 BTHG ab 1.1.2016 bzw. Art. 1 §§ 135 ff. BTHG ab 1.1.2020, BGBl. I 2016, 3314 und 3277 ff.
10 Art. 1 §§ 135 ff. BTHG, BGBl. I 2016, 3277 ff.
11 BVerwG, Urteil vom 27.10.1977 – V C 15.77 – BVerwGE 55, 31; vgl. im Anschluss daran auch noch Bay. VGH, Urteil vom 26.7.2004 – 12 B 03.2723 –, juris.

mehr Raum eingeräumt[12]. In welchem Maß und durch welche Aktivitäten ein behinderter Mensch am Leben in der Gemeinschaft teilnehme, sei abhängig von seinen individuellen Bedürfnissen unter Berücksichtigung seiner Wünsche, bei behinderten Kindern der Wünsche seiner Eltern, orientiert am Kindeswohl nach den Umständen des Einzelfalls[13]. Einschränkungen dieses Gedankens hat das BSG allerdings im Hinblick auf die praktische Umsetzung der Erfüllung der Eingliederungsziele gemacht. So sei zum einen bei fehlender Möglichkeit der Nutzung öffentlicher Verkehrsmittel auch die Nutzung eines Behindertenfahrdienstes als ausreichend anzusehen, zum anderen sei es dem behinderten Menschen zuzumuten, seine Termine so zu legen, dass ein ggf. an einzelnen Tagen in der Familie bereits vorhandenes Fahrzeug genutzt werden könne. Die Entscheidung geht zwar hinsichtlich der stärkeren Berücksichtigung des Ziels einer Inklusion in die richtige Richtung, überzeugt aber letztlich weder bei der großzügigen und nach der Formulierung nahezu schrankenlosen Berücksichtigung von Wünschen, noch bei der dann wieder sehr einschränkenden Verweisung auf alternative Beförderungsmöglichkeiten. Für den letztgenannten Aspekt erschließt sich dies bereits zwanglos aus dem Umstand, dass ein nicht behinderter Mensch in aller Regel mit den öffentlichen Verkehrsmitteln fahren kann, um eine Vielzahl von Zielen zu erreichen, und nur in Einzelfällen wirklich für bestimmte Zwecke auf die Möglichkeit zur Nutzung eines Fahrzeugs warten muss. Es stellt sich somit ein Problem der geeigneten Vergleichsgruppe. Gegen die unbeschränkte Berücksichtigung von Wünschen spricht hingegen, dass zum einen entsprechende Bedarfe leicht zu konstruieren sind, etwa der Wunsch nach regelmäßigen Fahrten zu bestimmten, nicht ohne Fahrzeug erreichbaren Orten, zum anderen, dass vor allem auch über den Bereich der Kraftfahrzeughilfe hinaus das alleinige Abstellen auf Wünsche die sozialen Sicherungssysteme überfordern würde. Denn wegen der heute bei entsprechender finanzieller Ausstattung beinahe unbegrenzten technischen Möglichkeiten kann eine Gewährleistung der Zielsetzung der Inklusion in sämtlichen Lebensbereichen nicht völlig schrankenlos sein[14]. Die wesentlichen Grenzziehungen sollte dabei jedoch, was bisher nicht immer der Fall ist, der demokratisch legitimierte Gesetzgeber vornehmen. Lediglich die Ausgestaltung im Einzelfall sollten dann die Gerichte übernehmen.

These 3: *Der in der Rechtsprechung zu beobachtende Wandel in Bezug auf die Berücksichtigung der individuellen Wünsche und Lebensentwürfe bei der Bemessung des Umfangs der Leistungen ist positiv zu bewerten, allerdings bedarf es eines*

---

12 Vgl. BSG, Urteil vom 12.12.2013 – B 8 SO 18/12 R –, juris.
13 BSG, Urteil vom 12.12.2013 – B 8 SO 18/12 R –, juris.
14 Z. B. als plastisches Beispiel die Berufswahl als Astronaut.

gesellschaftlichen Diskurses und daran anschließend klarer gesetzgeberischer Vorgaben zur Bestimmung von Grenzen der Leistungen.

Bei aller Ausweitung der Eingliederungshilfe mit dem Ziel einer Inklusion der behinderten Menschen darf darüber hinaus nicht übersehen werden, dass diese als personenzentrierte Leistung ganz überwiegend bei dem Betroffenen selbst ansetzt und insoweit Defizite ausgleicht. Dies kann allerdings nur ein Baustein sein auf dem Weg zu einer auf die Bedürfnisse behinderter Menschen ausgerichteten „inklusiven" Umwelt. Insoweit bedarf es auch einer Umgestaltung der äußeren Rahmenbedingungen[15], insbesondere der Erleichterung der Zugänglichkeit des öffentlichen Raums für Menschen mit Behinderung, denn je mehr dies gewährleistet ist, desto mehr wird das Instrument der Eingliederungshilfe entbehrlich.

E. Wunsch- und Wahlrechte

Die bereits im Rahmen des Anschauungswandels angesprochenen Wunsch- und Wahlrechte der behinderten Menschen bedürfen nicht nur unter dem dort genannten Aspekt, ob überhaupt Leistungen zu erbringen sind, einer näheren Betrachtung, sondern auch bei der Frage der Auswahl geeigneter Leistungen für den jeweiligen Bedarf. In gerichtlichen Verfahren werden durch die Sozialhilfeträger regelmäßig unverhältnismäßige Mehrkosten der durch den behinderten Menschen begehrten Teilhabeleitungen geltend gemacht und die Prüfung wird auf einen Kostenvergleich fokussiert. Welche Auswirkungen dies auf die Auswahl von Leistungen haben könnte, zeigt ein Vergleich mit dem Bereich der gesetzlichen Krankenversicherung, für den das BSG davon ausgeht, dass das Auswahlermessen der Krankenkasse bei der Bestimmung einer zugelassenen Rehabilitations-Vertragseinrichtung sich vorrangig nach den medizinischen Erfordernissen des Einzelfalls sowie dem Wirtschaftlichkeitsgebot richtet und erst nachrangig das Wunsch- und Wahlrecht des Versicherten berücksichtigt[16]. Versicherte hätten deshalb nur das Recht zur Wahl vertragsloser zertifizierter medizinisch geeigneter Einrichtungen für stationäre medizinische Rehabilitationsleistungen gegen Mehrkostenbeteiligung, nicht hingegen zur Wahl kostenaufwändigerer Vertragseinrichtungen[17]. Für den Bereich der Eingliederungshilfe wurde dies

---

15 Vorbildlich in dieser Hinsicht der „Americans with Disability Act" von 1990, hinter dem das deutsche Gesetz zur Gleichstellung von Menschen mit Behinderungen vom 27.4.2002 (BGBl. I S. 1467, 1468), zuletzt geändert durch Art. 2 des Gesetzes vom 19.7.2016 (BGBl. I S. 1757), noch immer deutlich zurückbleibt.
16 BSG, Urteil vom 7.5.2013 – B 1 KR 12/12 R –, BSGE 113, 231.
17 BSG, Urteil vom 7.5.2013 – B 1 KR 12/12 R –, BSGE 113, 231.

auch bereits nach der Rechtsprechung des BVerwG differenzierter betrachtet. Bei der Prüfung der Vertretbarkeit von Mehrkosten bei der Ausübung von Wunsch- und Wahlrechten sollten als Vergleichsmaßstab die durchschnittlichen Kosten geeigneter Einrichtungen im jeweiligen Bundesland heranzuziehen sein, weil der Vergleich weder auf den Bereich eines einzelnen Sozialhilfeträgers noch auf öffentliche Einrichtungen beschränkt sein sollte[18]. Man wollte also gerade ein Beschränken auf einzelne „Billigangebote" verhindern. Durch die Sozialgerichte ist teilweise auf einen kleineren Einzugsbereich abgestellt worden, wenn dies im Einzelfall sachgerecht erschien. Die Prüfung unverhältnismäßiger Kosten bei Ausübung des Wunschrechtes erfordere einen Vergleich mit den Kosten ansonsten in Betracht kommender Hilfen, wobei als Vergleichsraum in jedem Fall die Gebiete heranzuziehen seien, in denen sich Maßnahmeträger befinden können, welche für die Betroffenen in Betracht kommen[19]. Selbst bei gleicher Eignung wird teilweise ein Kostenzuschlag von 20 % bis 30 % über den Kosten der Vergleichsgruppe noch als angemessen angesehen[20]. Der Kostenvergleich mit einer Prüfung der Verhältnismäßigkeit ist allerdings nur bei gleicher Eignung zur Erreichung der Teilhabeziele wirklich streitentscheidend[21], was aber in einigen Entscheidungen nur sehr oberflächlich geprüft wird[22]. Diese berücksichtigen bei der Bewertung der Zumutbarkeit nicht hinreichend das auch durch das Übereinkommen der Vereinten Nationen über die Rechte von Menschen mit Behinderungen (UN-Behindertenrechtskonvention) abgesicherte Recht auf freie Wahl des Wohn- und Aufenthaltsorts[23]. Zwar kann dieses nicht völlig unbeschränkt gewährleistet wer-

---

18 BVerwG, Urteil vom 11.2.1982 – 5 C 85/80 –, BVerwGE 65, 52.
19 Vgl. etwa LSG Thüringen, Beschluss vom 29.3.2012 – L 8 SO 1830/11 B ER –, juris.
20 Siehe dazu SG Duisburg, SG Duisburg, Urteil vom 16.4.2012 – S 2 SO 55/11 –, juris.
21 Vgl. § 13 Abs. 1 Satz 4 SGB XII: zunächst Prüfung der Zumutbarkeit; siehe auch LSG Niedersachsen-Bremen, Urteil vom 28.1.2010 – L 8 SO 233/07 –, juris und Beschluss vom 2.2.2009 – L 8 SO 59/08 ER –, juris; *Waldhorst-Kahnau*, in jurisPK-SGB XII, 2. Aufl. 2014, § 13 Rn. 41; *Wahrendorf,* in Grube/Wahrendorf, SGB XII 5. Auflage 2014, § 13 Rn. 19 ff.; ähnlich auch SG Wiesbaden, Urteil vom 10.11.2010 – S 14 SO 29/08 –, juris, allerdings für den umgekehrten Fall einer begehrten stationären Leistung unter dem Gesichtspunkt des grundsätzlichen Vorrangs ambulanter Leistungen vor stationären.
22 Vgl. etwa die pauschale Behauptung, das Herausreißen aus dem vertrauten familiären Umfeld könne schon deshalb keine Unzumutbarkeit begründen, weil dies mit einer stationären Unterbringung zwangsläufig verbunden sei LSG NRW, Beschluss vom 6.2.2014 – L 20 SO 436/13 B ER –, juris; vgl. auch LSG Sachsen-Anhalt, Beschluss vom 3.3.2011 – L 8 SO 24/09 B ER –, juris: „die familiären Bindungen scheinen vom Aufenthaltsort bestimmt zu werden"; SG Lüneburg, Beschluss vom 4.10.2007 – S 22 SO 298/05 –, juris: „zumutbar, soweit Grundbedürfnis des Betroffenen nach Kontakt und Kommunikation nicht unzumutbar eingeschränkt. (...) eine wöchentlich halbstündige ambulante Betreuung und die Möglichkeit, uneingeschränkt Besuche zu empfangen und fernzusehen (...) ausreichend".
23 Art. 19 a) UN-Behindertenrechtskonvention: „Die Vertragsstaaten (...) gewährleisten, dass Menschen mit Behinderungen gleichberechtigt die Möglichkeit haben, ihren Aufenthaltsort

den[24], denn auch die Vorgaben der UN-Behindertenrechtskonvention schließen die Berücksichtigung finanzieller Aspekte nicht gänzlich aus[25]. Die Zumutbarkeitsprüfung muss allerdings die individuelle Lebenssituation des Betroffenen, insbesondere die Intensität der Bindung im ambulanten Bereich und das überhaupt erreichbare Maß eigenständiger Lebensgestaltung viel stärker als bisher in den Blick nehmen. Pauschale, allein an finanziellen Aspekten orientierte Ansätze, wie etwa die Annahme einer Unverhältnismäßigkeit bei einem Überschreiten des Doppelten der stationären Kosten durch die ambulanten Kosten[26], erweisen sich hingegen als ungeeignet. Diese dürften auf die psychologisch zu begründende Neigung zurückzuführen sein, komplexe Entscheidungen (wie die individuelle Frage der Zumutbarkeit), auf weniger komplexe Alternativentscheidungen (wie hier einen Kostenvergleich) zu verlagern[27], berücksichtigen die Interessen der behinderten Menschen allerdings nicht hinreichend.

> **These 4:** *Kostenaspekte bei Wunsch- und Wahlrechten können nur dann eine entscheidende Rolle spielen, wenn die Geeignetheit und Zumutbarkeit einer durch den Leistungsträger vorgeschlagenen Alternativmaßnahme zweifelsfrei festgestellt sind.*

F. Persönliches Budget

In der Praxis erfüllt das persönliche Budget die damit verknüpften hohen Erwartungen nicht, weil die gesetzlichen Reglungen an Mängeln leiden, die eine gerichtliche Durchsetzung teils erschweren, teils ausschließen. Dies wird auch durch das neue Bundesteilhabegesetz nicht hinreichend korrigiert. So wird zwar die bisher streitige Frage geklärt, ob ein persönliches

---

zu wählen und zu entscheiden, wo und mit wem sie leben, und nicht verpflichtet sind, in besonderen Wohnformen zu leben"; vgl. auch *Fuchs*, SozSich 2016, 271, 272; für eine unmittelbare Anwendbarkeit *Masuch*, Die UN-Behindertenrechtskonvention anwenden!, in: Festschrift für Renate Jaeger, 2011, 245 ff., 260.

24 So offenbar SG Düsseldorf, Beschluss vom 7.10.2013 – S 22 SO 319/13 ER –, juris.
25 Siehe etwa die Begriffsdefinition zu „angemessene Vorkehrungen" in Art. 2 UN-BRK: „angemessene Vorkehrungen": notwendige und geeignete Änderungen und Anpassungen, die keine unverhältnismäßige oder unbillige Belastung darstellen und die, wenn sie in einem bestimmten Fall erforderlich sind, vorgenommen werden, um zu gewährleisten, dass Menschen mit Behinderungen gleichberechtigt mit anderen alle Menschenrechte und Grundfreiheiten genießen oder ausüben können.
26 Vgl. noch *Krahmer*, in LPK-SGB XII, 9. Aufl. 2012, § 13 Rn. 11; *Piepenstock*, in jurisPK-SGB XII.
27 Vgl. hierzu *Kahnemann*, Schnelles Denken – langsames Denken, München 2012, S. 24 f., 127 ff.

Budget auch bei nicht trägerübergreifender Form in Betracht kommt. Nach der gesetzlichen Konzeption war das persönliche Budget vor der Änderung durch das Bundesteilhabegesetz grundsätzlich trägerübergreifend ausgestaltet[28]. Entgegen der Formulierung des § 57 Satz 1 SGB XII und des § 17 Abs. 2 Satz 3 SGB IX sollte die Gewährung in Ausnahmefällen auch nicht trägerübergreifend möglich sein, was als Umkehrschluss aus § 2 Satz 2 der BudgetVO[29] abgeleitet wurde, allerdings war hierfür erforderlich ein trägerübergreifendes Bedarfsfeststellungsverfahren gemäß § 10 SGB IX und § 3 BudgetVO[30]. Die geplante Neuregelung des § 29 Abs. 1 SGB IX sieht nun explizit auch eine nicht trägerübergreifende Erbringung vor.

Nicht gelöst wird hingegen das Problem, wie ein persönliches Budget eingeklagt werden soll, wenn der zuständige Leistungsträger ein Bedarfsfeststellungsverfahren nicht durchführt oder eine Zielvereinbarung nicht abschließt. Die höchstrichterliche Rechtsprechung führt insoweit aus, dass das persönliche Budget einen Bedarf an (Einzel-)Teilhabeleistungen als Naturalleistungen voraussetzt und dass alle gesetzlichen Bedingungen für eine „Leistungsausführung persönliches Budget" erfüllt sein müssen[31]. Einer Bedarfsfeststellung bedürfe es auch dann, wenn bereits vorher ein Naturalanspruch bewilligt worden war, denn die Höhe des Budgets knüpfe an den bestehenden Bedarf und nicht an die bewilligte Leistung an, weshalb ohne Bedarfsfeststellung die Gewährung eines persönlichen Budgets rechtswidrig sei[32]. Auch die Zielvereinbarung sei notwendige formelle Voraussetzung[33]. Damit wird eine unmittelbare Einklagbarkeit des persönlichen Budgets in der Praxis ausgeschlossen, wenn der Leistungsträger seine Mitwirkung an der Erfüllung der Voraussetzungen verweigert.

Schließlich löst das neue Bundesteilhabegesetz auch die Problematik der Übernahme von Budget-Assistenzkosten nicht, die entstehen, wenn der behinderte Mensch aufgrund seiner Beeinträchtigung bei der Verwaltung des Budgets kostenpflichtige Hilfe in Anspruch nehmen muss. Gesetzlich ist die Übernahme dieser Kosten im Normalfall schlicht nicht vorgesehen, denn schon der bisherige § 17 Abs. 3 SGB IX formuliert:

„Persönliche Budgets werden in der Regel als Geldleistung ausgeführt, bei laufenden Leistungen monatlich. In begründeten Fällen sind Gutscheine auszugeben. Persönliche Budgets werden auf der Grundlage der nach § 10 Abs. 1 getroffenen Feststellungen so bemessen, dass der individuell festgestellte Bedarf gedeckt wird und die erforderliche Beratung

---

28 Vgl. auch LSG Niedersachsen-Bremen, Beschluss vom 10.4.2014 – L 8 SO 506/13 B ER –, juris.
29 Verordnung zur Durchführung des § 17 Abs. 2 bis 4 des Neunten Buches Sozialgesetzbuch (Budgetverordnung – BudgetV) vom 27.5.2004, BGBl. I S. 1055.
30 LSG Niedersachsen-Bremen, a. a. O.
31 BSG, Urteil vom 31.1.2012 – B 2 U 1/11 R –, juris.
32 BSG, a. a. O.
33 BSG, a. a. O.

und Unterstützung erfolgen kann. Dabei soll die Höhe des Persönlichen Budgets die Kosten aller bisher individuell festgestellten, ohne das Persönliche Budget zu erbringenden Leistungen nicht überschreiten."
Weil die behinderten Menschen ohnehin schon aufgrund einer geringeren Marktmacht als die Leistungsträger Schwierigkeiten haben, die Vorgabe einer Nichtüberschreitung der Kosten der Einzelleistungen einzuhalten und die erforderliche Beratung und Unterstützung schon als Regelinhalt des Budgets genannt wird, so dass die Annahme einer Ausnahme von der Sollvorschrift für Budget-Assistenzkosten systematisch kaum zu begründen ist, dürfte ein persönliches Budget bei Fehlen hilfsbereiter und ohne Kosten arbeitender Dritter auch an diesem Gesichtspunkt scheitern.

These 5: *Das persönliche Budget als geeignetes Mittel zur Förderung eines selbstbestimmten Lebens bedarf über den Entwurf des Bundesteilhabegesetzes hinaus der gesetzgeberischen Anpassung: Einerseits muss eine Einklagbarkeit auch bei behördlich verweigerten Bedarfsfeststellungen und Zielvereinbarungen ermöglicht werden, zum anderen ist eine Regelung zur Übernahme von Budget-Assistenzkosten erforderlich.*

G. Ausblick Bundesteilhabegesetz

Das geplante neue Bundesteilhabegesetz will ausdrücklich die Inklusion behinderter Menschen stärker fördern, was punktuell auch durchaus gelingt. Eine wesentliche Schwierigkeit bei Erlangung der dem behinderten Menschen zustehenden Teilhabeleistungen ist jedoch das weiterhin gegliederte System der Leistungsträger und die nunmehr im neuen § 15 Abs. 3 SGB IX vorgesehene Abkehr vom Prinzip der „Leistung aus einer Hand", obwohl dieses Prinzips im Gesetzesentwurf gerade als Ziel des Bundesteilhabegesetzes definiert wird[34].

These 6: *Das neue Bundesteilhabegesetz ist grundsätzlich zu begrüßen, insbesondere die ab 2020 geplante Nichtberücksichtigung von Einkommen und Vermögen von Partnern des Leistungsberechtigten bei der Bemessung von Kostenbeiträgen. Es ergeben sich jedoch u. a. folgende Kritikpunkte:*
– Der Schritt zu einem für alle Leistungsbereiche einheitlichen Teilhaberecht gelingt (noch) nicht[35].

---

34 BR-Drs. 428/16 S. 2.
35 Vgl. *Hofmann*, SozSich 2016, 261, 262; *Fuchs*, SozSich 2016, 272 f.

- Die Regelungen zur Koordinierung der Leistungsträger sind zu komplex und verlassen das bewährte Prinzip der „Leistung aus einer Hand" ohne Not[36].

H. Empfehlungen der SGB III-/SGB XII-Kommissionen des Deutschen Sozialgerichtstages

Für den Bereich der Eingliederungshilfe haben die SGB III-/SGB XII-Kommissionen des Deutschen Sozialgerichtstages folgende Empfehlungen formuliert[37]:
- Die im Entwurf eines Bundesteilhabegesetzes vorgesehene Abweichung vom Prinzip der Leistung aus einer Hand soll von der Zustimmung des Betroffenen abhängig gemacht werden.
- Das persönliche Budget soll auch bei behördlich verweigerten Bedarfsfeststellungen und Zielvereinbarungen einklagbar ausgestaltet und es soll eine Regelung für die Übernahme von Budget-Assistenzkosten vorgesehen werden.

---

36 Vgl. *Hofmann*, SozSich 2016, 261, 263.
37 Vgl. auch den Tagungsbericht des 6. Deutschen Sozialgerichtstags (Dezember 2016), abrufbar unter www.sozialgerichtstag.de.

UN-BRK und berufliche Inklusion – Inhalte und künftige Entwicklungen

Dr. Leander Palleit, Wissenschaftlicher Mitarbeiter, Monitoring-Stelle zur UN-Behindertenrechtskonvention, Berlin

Ich bedanke mich herzlich für die Gelegenheit, heute mit Ihnen gemeinsam einige grundsätzliche Fragen zu diesem komplexen Themenbereich reflektieren und diskutieren zu können. Beide Vorredner_innen haben bereits wichtige Punkte genannt, denen ich nur zustimmen kann. Leider ist dieses Problembewusstsein nicht bei allen Richterkolleg_innen in gleicher Weise ausgeprägt. Auch in der Sozialgerichtsbarkeit werden die UN-Behindertenrechtskonvention (UN-BRK) und ihre Auswirkungen leider noch nicht immer angemessen rezipiert, auch wenn hier das Bild immerhin um einiges günstiger ausfällt als in den anderen Zweigen der deutschen Gerichtsbarkeit.

A. Die UN-BRK im internationalen und verfassungsrechtlichen Kontext

Zur Anwendbarkeit der UN-BRK an sich bedarf es heute in dieser Runde sicher keiner Einzelheiten – dass die Konvention im Rang eines Bundesgesetzes steht und bei der Auslegung und Anwendung einfachen Rechts zu beachten ist, dürfte hier ebenso bekannt sein, wie dass sie zur Auslegung der Grundrechte herangezogen werden kann. Lassen Sie mich stattdessen mit Ihnen einige unserer Beobachtungen dazu teilen, auf welche Weise die UN-BRK in den Urteilsbegründungen verarbeitet wird, das heißt inwiefern in der Praxis von den beiden grundsätzlichen Anwendungsvarianten – 1) unmittelbare Anwendung und 2) mittelbare Anwendung im Wege völkerrechtsfreundlicher Auslegung innerstaatlichen Rechts – Gebrauch gemacht wird.

Sofern die Konvention überhaupt Gegenstand einer Urteilsbegründung ist, wird meist die erste Variante thematisiert, um dann in aller Regel eine unmittelbare Anwendbarkeit der einschlägigen UN-BRK-Norm zu verneinen. Oft geschieht dies zu Recht, aber nicht immer. Das Potenzial dieser Anwendungsvariante wird von den Gerichten noch nicht ausgeschöpft, insbesondere in Bezug auf das vom BSG (Urteil vom 06.03.2012, B 1 KR 10/11 R) ausdrücklich – und richtigerweise – als unmittelbar anwendbar klassifizierte Diskriminierungsverbot in Artikel 5 Absatz 2 UN-BRK. Hier enthält die UN-BRK deutlich mehr justiziable Substanz, als in weiten Teilen der Richterschaft bekannt scheint. Im Kern ist die Konvention nämlich eine Antidiskriminierungs-Konvention, das macht ihr ganzes Wesen aus. Letztlich geht es bei ihr immer um **gleiche** Rechte.

In der Praxis viel einschlägiger ist dennoch die zweite Anwendungsvariante der UN-BRK, nämlich ihre mittelbare Anwendung im Wege völkerrechtsfreundlicher Auslegung innerstaatlichen Rechts. Merkwürdigerweise bleibt diese Variante oft gänzlich ungenutzt, und zwar auch in solchen Fällen, in denen Sachverhalt und Rechtslage durchaus Anhaltspunkte dafür böten, die Sache genauer zu beleuchten und nochmals im Sinne der UN-BRK zu hinterfragen. Dies gilt insbesondere im Zusammenhang mit unbestimmten Rechtsbegriffen und der Prüfung von Ermessensfehlern, oder wenn eine einschlägige ständige Rechtsprechung bereits vor Unterzeichnung und Ratifikation der UN-BRK entwickelt wurde und die Wertungen der Konvention daher noch nicht berücksichtigt. Bei genauerem Hinsehen ist Letzteres häufiger der Fall, als man zunächst vermutet.

Die Erklärung für dieses Nicht-Ausschöpfen des in der Konvention liegenden Potenzials ist nach unserer Einschätzung unter anderem darin zu suchen, dass die völkerrechtsfreundliche Auslegung innerstaatlichen Rechts für Richter_innen zwar ein verfassungsrechtliches Gebot, in der Praxis aber oft nicht nur unbekannter, sondern auch schwankender Boden ist. Hierzu tragen mehrere Faktoren bei, an denen zu arbeiten wäre: Die Methode der völkerrechtsfreundlichen Auslegung findet kaum Platz in der etablierten Richteraus- und fortbildung, die Spruchpraxis der zuständigen UN-Fachausschüsse ist teilweise uneinheitlich, es fehlen praxistaugliche Arbeitshilfen zum Umgang mit der Konvention und die üblichen Referenzpunkte juristischer Entscheidungsfindung – Rechtsprechung und (Kommentar-)Literatur – enthalten diesbezüglich noch zu wenig Substanz.

These 1: *Bedeutung, Methodik und Grenzen der völkerrechtsfreundlichen Auslegung deutschen Rechts sollten zum richterlichen Standardrepertoire gehören. Entsprechendes gilt für Verfasser und Herausgeber von Lehrmaterialien, Kommentarliteratur und anderer Arbeitshilfen.*

B. Die Umsetzung der UN-BRK als systemische Herausforderung für die Gesellschaft und deren Institutionen

Die große Herausforderung bei der Umsetzung der UN-BRK ist – im Bereich Arbeit und Beschäftigung ebenso wie in den anderen Lebensbereichen – dass sie einerseits einen anspruchsvollen Strukturauftrag zur Entwicklung einer inklusiven Gesellschaft formuliert und andererseits gleichzeitig die Sicherstellung von Einzelfallgerechtigkeit im Sinne von Nichtdiskriminierung auch in der Übergangsphase verlangt.

Gerade während der notwendigen Übergangszeiten können die finanziellen Auswirkungen einzelner Entscheidungen enorm sein. Umso wichtiger ist es, das Gebot der schrittweisen Verwirklichung nach Artikel 4 Absatz 2 UN-BRK weder zu weich noch zu hart auszulegen. Es bedeutet nicht, dass man in allen Politik- und Rechtsbereichen immer und überall gleich schnell vorankommen muss. Im Gegenteil: Wer die Konvention insgesamt schnellstmöglich Wirklichkeit werden lassen will, braucht einen klaren Plan, wann er wo welche Prioritäten setzt und wie er bei nachrangigen Strukturfragen sicherstellt, dass auch in diesen Bereichen das Gebot der Nichtdiskriminierung gleichwohl erfüllt wird. Hierzu gehört insbesondere die Gewährleistung angemessener Vorkehrungen.

> **These 2:** *Solange sich Legislative und Exekutive nicht zu einer klaren und transparenten, ressortübergreifenden Prioritätensetzung durchringen, bleibt die Umsetzung der UN-BRK eine nicht zu meisternde Herausforderung. Dies gilt auch und gerade im Zusammenspiel mit den anderen Menschenrechtsübereinkommen, etwa der Frauenrechts- und der Kinderrechtskonvention.*

Wenn man sich dem angesprochenen Strukturauftrag zuwendet, stellt sich die Frage nach der hier anzustrebenden und schließlich zu erreichenden Zielmarke. Im englischen Originalwortlaut der UN-BRK taucht in diesem Zusammenhang nicht ohne Grund das Begriffspaar „inclusion and participation" als Einheit auf, nämlich als die beiden nicht ohne Substanzverlust voneinander trennbaren Seiten einer Medaille, die wir in deutscher Sprache meist „Teilhabe" nennen. Bezogen auf das Nichtdiskriminierungsgebot lautet der Vergleichsmaßstab „on an equal basis with others" – das ist mehr als gleichberechtigte Teilhabe: gemeint ist eine „volle und wirksame", also im Endeffekt gleich**wertige** Teilhabe.

Sowohl beim Strukturauftrag als auch bei der Sicherstellung von Einzelfallgerechtigkeit bedeutet der von der UN-BRK eingeforderte Paradigmenwechsel also ein konsequentes Denken von der Teilhabe her. Dies betrifft nicht nur den persönlichen Anwendungsbereich (Behinderungsbegriff), sondern auch den Umfang von Leistungsansprüchen bzw. -angeboten. Der

Vergleichsmaßstab für das geforderte Maß an Teilhabe ist nicht absolut definierbar, sondern relativ und dabei stetig gesellschaftlichen Schwankungen unterworfen: Es ist nicht mehr und nicht weniger als das, was zu dem jeweiligen Zeitpunkt in einer Gesellschaft nicht als Privileg für Einzelne gilt, sondern was die Durchschnitts-Mehrheit für sich selbst als „normal", „üblich", „gesetzt" oder ähnlich ansieht.

These 3: *Die UN-BRK zwingt dazu, von der Teilhabe her zu denken – gemeint ist aber nicht ein abstrakt bezifferbares Mindestmaß an Teilhabe, sondern eine sozialadäquate „Jedermann-Teilhabe". Das zwingt zu ungeschönter Selbstreflexion.*

Warum ist es hier notwendig, ausdrücklich von „ungeschönter" Selbstreflexion zu sprechen? Weil die Erfahrung zeigt, dass man für sich selbst manchmal mehr als gesetzt ansieht als für andere. Und dass auch diejenigen, die das Sozialrecht in der Praxis anwenden, nicht völlig frei davon sind. Sonst wäre die Ablehnungspraxis mancher Behörden eine andere, und sonst gäbe es keine Urteile, die einen Aktionsradius von einigen hundert Metern als ausreichende soziale Teilhabe ansehen oder die die Möglichkeit, selbst einkaufen gehen zu können, als nicht teilhaberelevant erachten (so geschehen in Bezug auf Assistenzleistungen für taubblinden Menschen). Ein gutes anderes Beispiel ist die von Herrn Dr. Gutzler genannte Kfz-Entscheidung[1].

Hier ist deshalb die Aufgabe für jeden Rechtsanwender – in positiver Hinsicht –, von sich auf andere zu schließen und dabei ehrlich zu sein. Statt zu sagen: „Du darfst nur soundsoviel (je nachdem, was man von außen als angemessen erachtet) mitmachen" oder „Du hast doch schon (ausreichend) teil" oder „Das, was Du möchtest, wäre ein unangemessenes Maß an Teilhabe.", wäre die zutreffende Antwort oft eher eine solche: „Das, was Du möchtest, ist zwar nichts anderes als dieselbe Teilhabe an der Gesellschaft, wie sie alle anderen auch für sich in Anspruch nehmen, aber trotzdem können wir die Mittel, die dafür in Deinem Fall notwendig sind, nicht in zumutbarer Weise aufbringen." Dies würde mancherorts zu transparenteren, stringenteren Entscheidungsbegründungen verhelfen, die auch vis-à-vis der UN-BRK eher Bestand hätten, vgl. nur die Definition „angemessener Vorkehrungen" in Artikel 2 Unterabsatz 5 UN-BRK.

Bezogen auf den Arbeitsmarkt heißt das: Dieser muss sich für einen Menschen mit Behinderungen genauso präsentieren wie für andere Menschen, mit denselben Wahlmöglichkeiten und Grenzen. Anders formuliert: für den Zugang zum Arbeitsmarkt (das heißt den ersten Arbeitsmarkt, ohne Reduzierung auf soziale Ersatzsysteme oder Sonderarbeitswelten) soll es keinen Unterschied machen, ob die betreffende Person einer körperlichen oder geistigen Standardnorm entspricht. Das zu erreichen, ist eine komplexe Angelegenheit. Deshalb enthält der einschlägige Artikel 27 UN-BRK ein

---

1 Siehe vorheriger Beitrag unter D.

Spektrum an Förderpflichten (Buchstaben d), e), f), g), h), j), k)) ebenso wie Nichtdiskriminierungsvorschriften (Buchstaben a), b), c), i)).

Leider sind wir noch weit von einer Erfüllung all dieser Aspekte entfernt, dies ist schon mehrfach angesprochen worden. Man kann beim besten Willen nicht behaupten, dass der deutsche Arbeitsmarkt inklusiv und für Menschen mit Behinderungen gleichermaßen zugänglich ist. „Zugang" heißt heute oft noch Zugang in Sondersysteme als im Grunde einzig offen stehender Tür.

Wenn man dann versucht, an den – zugegebenermaßen nicht leichten – großen Strukturauftrag aus der Konvention zu erinnern, wird einem oft Naivität unterstellt. Die Forderung des Artikel 27 UN-BRK nach einem inklusiven und zugänglichen Arbeitsmarkt wird schnell als nicht erreichbare Utopie abgestempelt, um tiefgreifende strukturelle Veränderungen als illusorisch abzutun. Dabei wird davon ausgegangen, von der Konvention sei gemeint, dass sich ein inklusiver Arbeitsmarkt im Privatsektor selbst, aus eigener Kraft und ohne staatliche Förderung, tragen müsste. Das wäre jedoch ein (gewolltes oder ungewolltes) Missverständnis: Die UN-Behindertenrechtskonvention verbietet keine dauerhaften staatlichen Transferleistungen im Bereich der Privatwirtschaft, sondern setzt diese ausweislich Art. 27 Abs. 1 a–k geradezu voraus.

These 4: *Art. 27 Abs. 1 UN-BRK ist im Grunde wie folgt zu lesen: „… die in einem* **mit Hilfe staatlicher Leistungen** *offen, inklusiv und für Menschen mit Behinderungen zugänglich* **gestalteten** *Arbeitsmarkt und Arbeitsumfeld frei gewählt oder angenommen wird." Die Kriterien zur Beurteilung dessen, ob und inwiefern der Arbeitsmarkt bereits so ausgestaltet ist, ergeben sich aus den Buchstaben a) bis k).*

C. Fazit und Ausblick

Im Zusammenhang mit dem geplanten Bundesteilhabegesetz ist momentan zwar etwas Bewegung zu verzeichnen – etwa in Bezug auf die Einführung eines Budgets für Arbeit, verbunden mit der Möglichkeit, dauerhafte Minderleistungen auch dauerhaft ausgleichen zu können, oder auf die Stärkung von Integrationsbetrieben, Verbesserung der Beratung usw. Aber es muss sich erst noch zeigen, ob der Effekt, den sich die Bundesregierung hierdurch erhofft, in der Praxis tatsächlich eintritt, oder ob stattdessen die Befürchtung der Verbände wahr wird, dass Kostensparmöglichkeiten zu letztlicher Verschlechterung führen.

Jedenfalls wird es in der Rechtsanwendung entscheidend sein, nicht zu unterschätzen, welch wertvolles rechtliches Mittel man mit dem Instrument der „angemessenen Vorkehrungen" in der Hand hat. Darunter fallen laut

Artikel 2 Unterabsatz 5 UN-BRK „notwendige und geeignete Änderungen und Anpassungen, die keine unverhältnismäßige oder unbillige Belastung darstellen und die, wenn sie in einem bestimmten Fall erforderlich sind, vorgenommen werden, um zu gewährleisten, dass Menschen mit Behinderungen gleichberechtigt mit anderen alle Menschenrechte und Grundfreiheiten genießen oder ausüben können". Dieses auch mit „zumutbare Anpassungen" übersetzbare Instrument bietet einen hochflexiblen und gleichzeitig ausgewogenen Rahmen, um im konkreten Einzelfall der jeweiligen Situation beider Seiten gerecht werden zu können. Mit dem Erforderlichkeits-Kriterium sichert es zum einen gegen exzessive Forderungen ab und behält zum anderen mit der Zumutbarkeitsschranke auch die Leistungsfähigkeit des Verpflichteten im Blick. Es gibt keinen Grund, dieses Instrument in der Praxis nicht zu nutzen. Im Gegenteil: Nimmt man die UN-BRK als Rechtsnorm ernst, dann muss man es sogar nutzen. Denn tut man dies nicht, stellt ein Nicht-Gebrauch-Machen von dieser Möglichkeit einen Verstoß gegen das laut BSG unmittelbar anwendbare Diskriminierungsverbot des Artikel 5 Absatz 2 UN-BRK dar. Man hat hier also ein durchaus scharfes Schwert. Möglichst alle Richter_innen sollten darum wissen – und wo nötig beherzt zugreifen.

Insgesamt ist und bleibt es von zentraler Bedeutung, bei aller kritischen Begutachtung der einzelnen Instrumente nicht das große Ganze aus dem Blick zu verlieren. Wenn man die UN-Behindertenrechtskonvention ernst nimmt, ist auch in Sachen beruflicher Inklusion das große Rad zu drehen. Und das heißt eben auch, die Werkstätten und andere Sondersysteme – jedenfalls in deren heutiger Form – zu hinterfragen. Dass der herausforderungsvolle Strukturauftrag nicht morgen erledigt sein kann, ist klar. Dies darf aber auch kein Grund sein, komplexe Probleme und etablierte Besitzstände gar nicht erst anzugehen. In Artikel 4 Absatz 2 UN-BRK steht nicht umsonst, dass die Rechte „… nach und nach …" und nicht „… nach wie vor …" zu verwirklichen sind. Insofern ist das Motto dieses Sozialgerichtstages sehr treffend. Ja, wir müssen MEHR INKLUSION WAGEN. Auch morgen und übermorgen noch.

Scheinselbstständigkeit im Gesundheits- und Sozialwesen – typusbildende Merkmale aus Sicht der Rechtsprechung

Dr. Christian Mecke, Richter am Bundessozialgericht, Kassel

A. Einleitung

Die Frage der Selbstständigkeit von Honorarkräften im Gesundheitswesen hat in letzter Zeit für erheblichen Wirbel gesorgt. Aber auch die Tätigkeit von Honorarkräften im Sozialwesen, beispielsweise als Erziehungsbeistand oder Familienhelfer, hat in den letzten Jahren zu einer Fülle von Prozessen zwischen den Betriebsprüfdiensten und den Hilfeträgern geführt. Die Brisanz dieses Themas verdeutlicht eine Meldung aus der Ärzte Zeitung vom 11. November 2016[1]: Danach prüfe die Bundesregierung derzeit, welche Änderungen im Sozialversicherungsrecht nötig sind, um Honorarkräfte im Rettungsdienst von der Sozialversicherungspflicht auszunehmen.

Die gute Nachricht zuerst: Entgegen verschiedener Pressemeldungen[2] gibt es kein Urteil des BSG, wonach Ärzte im Rettungsdienst immer sozialversicherungspflichtig sind. Ebenso wenig gibt es ein solches Urteil, wonach beispielsweise Familienhelfer nicht selbstständig tätig sein können. Die entsprechenden Berichte zu Notärzten beruhen auf einer zumindest missverständlichen Pressemitteilung der Kanzlei BDOlegal[3], die das Deutsche Rote Kreuz vor dem LSG Mecklenburg-Vorpommern und in der Beschwerde gegen die Nichtzulassung der Revision im Urteil dieses Gerichts vor dem BSG vertreten hat. Diese Nichtzulassungsbeschwerde ist wie so viele andere auch bereits an formellen Mängeln gescheitert und als unzulässig verworfen worden. Zur inhaltlich streitigen Frage der Sozialversicherungspflicht eines Notarztes hat das BSG mit keinem Wort Stellung bezogen.[4] Die schlechte Nachricht aber ist die: Aller Voraussicht nach wird es niemals eine Ent-

---

1 Ärzte Zeitung, 11.11.2016: „Jetzt wird die Bundesregierung aktiv".
2 Z. B. NDR.de Stand 30.8.2016 19.26 Uhr: Urteil: Keine Honorar-Ärzte auf Rettungswagen, abgerufen unter http://www.ndr.de/nachrichten/mecklenburg-vorpommern/Urteil-Keine-Honorar-Aerzte-auf-Rettungswagen,notarzt140.html am 7.12.2016.
3 Entscheidung des Bundessozialgerichts: Notarztversorgung in Mecklenburg-Vorpommern und bundesweit in Gefahr, abgerufen unter https://www.bdo.de/de-de/news/2016/notarztversorgung-in-mecklenburg-vorpommern-und-bu#sthash.0tj93EvE.dpufhttps://www.bdo.de/de-de/news/2016/notarztversorgung-in-mecklenburg-vorpommern-und-bu am 7.12.2016.
4 BSG Beschluss vom 1.8.2016 – B 12 R 19/15 B – n.V.

scheidung des BSG geben, wonach alle Notärzte oder Familienhelfer selbstständig oder beschäftig sind. Warum dies so ist, soll im Folgenden erläutert werden.

B. Grundlagen der Versicherungs- und Beitragspflicht

Der hier im Fokus stehende Streitpunkt beim Einsatz von Honorarkräften sowohl im Gesundheits- als auch im Sozialwesen ist deren Sozialversicherungspflicht und insbesondere die hieraus folgende Verpflichtung, Beiträge auf ein aus dieser Tätigkeit erzieltes Entgelt zu zahlen. Versicherungspflicht in allen Zweigen der Sozialversicherung und nach dem Recht der Arbeitsförderung läge – ggf. unter weiteren Voraussetzungen – vor, wenn auch die Honorarkräfte in Wahrheit nicht selbstständig, sondern im Rechtssinne „beschäftigt" wären. „Beschäftigung" ist der die Versicherungspflicht auslösende Tatbestand.

Wann Beschäftigung vorliegt, ist für alle Sozialversicherungszweige und alle Berufe einheitlich in § 7 Abs. 1 SGB IV geregelt. Danach ist Beschäftigung die nichtselbstständige Arbeit, insbesondere in einem Arbeitsverhältnis. Anhaltspunkte für eine Beschäftigung sind eine Tätigkeit nach Weisungen und eine Eingliederung in die Arbeitsorganisation des Weisungsgebers. § 7 SGB IV sagt also nicht, „Notärzte sind beschäftigt!" oder „Familienhelfer sind beschäftigt!". Vielmehr nennt § 7 SGB IV nur einzelne Merkmale für eine Beschäftigung. Dies sind aber nicht einmal Tatbestandsmerkmale im engeren Sinne, sondern bloße „Anhaltspunkte", nämlich die „Tätigkeit nach Weisungen" und die „Eingliederung in die Arbeitsorganisation des Weisungsgebers".

Mit dieser Regelungstechnik zieht der Gesetzgeber die Konsequenz aus dem Umstand, dass Selbstständigkeit und Beschäftigung keine klar voneinander abgrenzbaren Erscheinungen der Wirtschafts- und Arbeitswelt sind. Vielmehr bestehen zwischen ihnen Überschneidungen und Grauzonen, in denen es schwerfällt, zu sagen, welche der beiden Tätigkeitsformen denn nun wirklich vorliegt. Für die Zwecke des Sozialversicherungsrechts müssen wir beide Tätigkeitsformen aber klar voneinander trennen: Entweder Selbstständigkeit oder Beschäftigung; die Mischform des Arbeitsrechts, den arbeitnehmerähnlichen Selbstständigen, kennt das Sozialversicherungsrecht grundsätzlich nicht.[5] Aus diesem Grunde sprechen wir von einer Zuordnung zum Typus der Selbstständigkeit oder zum Typus der Beschäftigung. Dies ermöglicht eine klare Entscheidung, auch wenn nicht alle Merk-

---

5 Vergleichbar ist allerdings die Rentenversicherungspflicht sog. Soloselbstständiger mit lediglich einem Auftraggeber nach § 2 Satz 1 Nr. 9 SGB VI.

male der einen oder der anderen Tätigkeitsform vollständig und ausschließlich vorliegen.

Gegenüber zivilrechtlich geprägten Vorstellungswelten muss jedoch Folgendes immer wieder betont werden: Die Zuordnung zu einer der Tätigkeitsformen ist ein Akt objektiver Rechtserkenntnis anhand bestimmter Tatbestandsmerkmale. Eine freie Statuswahl ist im Bereich des zwingenden öffentlichen Sozialrechts ausgeschlossen. Wollen die Beteiligten ihr Verhältnis der einen oder anderen Form zuordnen, so reicht nicht die bloße Willenserklärung hierüber. Vielmehr müssen sie die gesamten Umstände der Tätigkeit so ausgestalten, dass diese bei objektiver Betrachtung der gewünschten Form entspricht.

C. Praxis der Zuordnung zur Selbstständigkeit oder Beschäftigung

Das Vorgehen bei der Zuordnung einer konkreten Tätigkeit zur Selbstständigkeit oder Beschäftigung fasst der Leitsatz eines BSG-Urteils vom April 2012[6] zusammen, das zufällig den Status einer Familienhelferin betraf:

„Die Zuordnung einer Tätigkeit nach deren Gesamtbild zum rechtlichen Typus der Beschäftigung bzw. selbstständigen Tätigkeit setzt voraus, dass alle nach Lage des Einzelfalls als Indizien in Betracht kommenden Umstände festgestellt, in ihrer Tragweite zutreffend erkannt und gewichtet, in die Gesamtschau mit diesem Gewicht eingestellt und nachvollziehbar, d. h. den Gesetzen der Logik entsprechend und widerspruchsfrei gegeneinander abgewogen werden."

Die Statuszuordnung erfolgt also in drei Schritten:

Erstens sind alle in Betracht kommenden statusrelevanten Umstände des Einzelfalls vollständig zu ermitteln und zu sammeln. Zweitens ist jedem dieser Umstände ein vom konkreten Tätigkeitskontext abhängiges Gewicht zuzuweisen. So dürfte z. B. einer Tätigkeit außerhalb der Betriebsstätte des Auftraggebers bei einem Buchhalter größeres Gewicht im Hinblick auf eine mögliche Selbstständigkeit zukommen, als bei einem Außendienstmitarbeiter. Generalisierend lässt sich hier sagen: Je größer der Unterschied zum typischen Bild eines Angestellten oder zum typischen Bild eines Selbstständigen mit vergleichbaren Aufgaben, desto höher ist das Gewicht eines einzelnen Umstands zu bewerten. Ist die Gewichtung abgeschlossen, so sind drittens die einzelnen Umstände mit dem ermittelten Gewicht in eine wertende Gesamtbetrachtung einzustellen und gegeneinander abzuwägen.

---

6 BSG Urteil vom 25.4.2012 – B 12 KR 24/10 R – SozR 4–2400 § 7 Nr. 15 <Familienhelferin>.

Maßgeblich ist somit immer die vertragliche und praktische Ausgestaltung der Tätigkeit im Einzelfall; pauschale Aussagen für bestimmte Berufe wie „Alle Notärzte sind selbstständig!" oder „Alle Familienhelfer sind beschäftigt!" lassen sich daher regelmäßig nicht treffen.

Ausgangspunkt der beschriebenen Prüfung sind die von den Beteiligten getroffenen Vereinbarungen. Dazu haben Verwaltung und Gerichte zunächst deren Inhalt konkret festzustellen. Wie dies zu machen ist, hat der 12. Senat des BSG in einem Urteil vom Juli 2015[7] zusammengefasst. Dabei hat er erstmals das Schlagwort „Etikettenschwindel" verwandt, um den verbreiteten Unterschied zwischen Schein und Sein zu verdeutlichen, mit dem sich die Praxis häufig schwertut. Danach gilt Folgendes:

Liegen schriftliche Vereinbarungen vor, so ist zunächst deren Vereinbarkeit mit zwingendem Recht zu prüfen.[8] Zudem ist festzustellen, ob mündliche oder konkludente Änderungen erfolgt sind. Diese sind ebenfalls nur maßgeblich, soweit sie rechtlich zulässig sind. Schließlich ist auch die Ernsthaftigkeit der dokumentierten Vereinbarungen zu prüfen und auszuschließen, dass es sich hierbei um einen „Etikettenschwindel" handelt. Ein solcher könnte als Scheingeschäft (§ 117 BGB) zur Nichtigkeit der Vereinbarungen führen. In diesem Fall wäre dann der Inhalt eines hierdurch verdeckten Rechtsgeschäfts festzustellen. Erst auf Grundlage der so getroffenen Feststellungen über den „wahren" Inhalt der Vereinbarungen ist die Zuordnung zur Beschäftigung oder Selbstständigkeit vorzunehmen. In einem abschließenden Schritt bleibt dann noch zu prüfen, ob besondere Umstände vorliegen, die eine hiervon abweichende Beurteilung notwendig machen. In diesem Fall ging es um den Vertriebsleiter in einer Familiengesellschaft. Als besonderer Umstand wäre es hier zu berücksichtigen gewesen, wenn er Mehrheitsgesellschafter des „Arbeitgebers" gewesen wäre und dadurch unliebsame Weisungen hätte verhindern können. Dies war aber nicht der Fall.

D. Besonderheiten bei Honorarkräften im Gesundheits- und Sozialwesen

Gesundheits- und Sozialwesen unterscheiden sich von anderen Bereichen des Wirtschaftslebens zunächst dadurch, dass sie einer ausgeprägten rechtlichen Regulation unterliegen. Nicht zuletzt das Sozialrecht enthält zahlrei-

---

[7] BSG Urteil vom 29.7.2015 – B 12 KR 23/13 R – SozR 4–2400 § 7 Nr. 24 <Aufgabe Kopf und Seele Rechtsprechung>.

[8] Zu zwingenden Vorgaben des Gesellschaftsrechts vgl. z. B. BSG Urteil vom 25.1.2006 – B 12 KR 30/04 R – ZIP 2006, 678; BSG Urteil vom 11.11.2015 – B 12 KR 13/14 R – SozR 4–2400 § 7 Nr. 26, auch für BSGE vorgesehen.

che Vorgaben für die Auswahl und Zulassung von Leistungserbringern, die zulässigen Formen der Leistungserbringung und für die Art und Weise, wie Leistungen zu erbringen sind. Eine weitere Besonderheit liegt in der oft kurzen Dauer der jeweiligen Tätigkeit, soweit diese nicht unstreitig im Rahmen eines normalen Arbeitsverhältnisses ausgeübt wird. Dabei kommt es aber häufig vor, dass ein „Auftragnehmer" wiederholt oder gar regelmäßig für einen bestimmten „Auftraggeber" tätig wird. Zudem ist zu berücksichtigen, dass die in diesen Bereichen eingesetzten Kräfte regelmäßig über besondere Qualifikationen verfügen, so dass sie ihre Aufgaben mit einem hohen Maß an Eigenverantwortung und in großer Selbstständigkeit ausüben können. Schließlich ist der Einsatz von Honorarkräften regelmäßig dadurch gekennzeichnet, dass diese für die Tätigkeit im Wesentlichen allein ihre eigene Arbeitskraft und allenfalls in geringem Umfang auch eigene Betriebsmittel oder eigenes Kapital einsetzen.

I. Zwingende rechtliche Vorgaben für die Tätigkeitsform?

Zur Bedeutung von Regelungen außerhalb des Versicherungs- und Beitragsrechts für die Bestimmung der Tätigkeitsform und damit des sozialversicherungsrechtlichen Status seien hier zwei Beispiele aus der Rechtsprechung des BSG genannt:

Der zeitlich zweite Fall[9] betraf eine Physiotherapeutin ohne eigene Zulassung. Als vermeintlich Selbstständige führte sie für die Praxis einer zugelassenen Physiotherapeutin insbesondere die Hausbesuche durch. Das LSG hatte Beschäftigung angenommen und sein Urteil auch auf Vorgaben des Leistungsrechts der gesetzlichen Krankenversicherung, insbesondere § 124 SGB V gestützt. Danach dürfen Heilmittel, die als Dienstleistungen abgegeben werden – also auch Leistungen der physikalischen Therapie – an Versicherte nur von zugelassenen Leistungserbringern abgegeben werden. Daraus folge, so das LSG, dass Leistungen nur durch die zugelassene Person selbst oder durch eine bei ihr beschäftigte andere Person, nicht aber durch selbstständige „Subunternehmer" erbracht werden dürften. Deshalb sei zwingend davon auszugehen, dass die betreffende Therapeutin beschäftigt und nicht selbstständig sei.

Ähnlich argumentieren die Versicherungsträger in dem bereits oben angesprochenen Fall einer Familienhelferin im Bereich der Jugendhilfe[10]: Die Gesamtverantwortung des Jugendhilfeträgers (§ 79 SGB VIII) und insbesondere der besondere Schutzauftrag bei Kindeswohlgefährdung (§ 8a SGB VIII) erforderten ein weitgehendes Weisungsrecht des Jugendhilfeträgers

---

9 BSG Urteil vom 24.3.2016 – B 12 KR 20/14 – SozR 4–2400 § 7 Nr. 29.
10 BSG Urteil vom 25.4.2012 – B 12 KR 24/10 R – SozR 4–2400 § 7 Nr. 15 <Familienhelferin>.

beispielsweise gegenüber Erziehungsbeiständen und Familienhelfern. Als solchermaßen Weisungsunterworfene seien diese Kräfte stets als Beschäftigte zu qualifizieren.

Der 12. Senat des BSG ist diesem Vorbringen nicht gefolgt. Schon für den Fall der Familienhelferin hatte der Senat entschieden: Den Regelungen des SGB VIII kann kein für eine Beschäftigung sprechendes Weisungsrecht des Jugendhilfeträgers gegenüber einer Familienhelferin entnommen werden. Entscheidend ist insoweit, dass das SGB VIII schon von seinem Regelungsansatz her keine Aussagen über den arbeits- und sozialversicherungsrechtlichen Status von Familienhelfern treffen will und trifft, sondern allein die staatliche Verantwortung für die Aufgaben der Jugendhilfe im Verhältnis zu den Leistungsberechtigten im Blick hat. Zwar tragen nach § 79 Abs. 1 SGB VIII die Träger der öffentlichen Jugendhilfe für die Erfüllung der Aufgaben nach dem SGB VIII die Gesamtverantwortung einschließlich der Planungsverantwortung. Unmittelbar hieraus folgt jedoch keine Weisungsbefugnis. Vielmehr setzt diese eine entsprechende vertragliche Verankerung im Verhältnis zu demjenigen voraus, der zur Erfüllung der Aufgaben der Jugendhilfe herangezogen wird.[11] Dem hat sich die Deutsche Rentenversicherung Bund inzwischen angeschlossen.

Dieser Linie ist der Senat auch im Fall der Physiotherapeutin gefolgt. Allerdings hat er präzisiert, dass zwingende rechtliche Vorgaben bei der sozialversicherungsrechtlichen Statusbeurteilung nicht vollständig außer Acht gelassen werden dürfen, auch wenn hieraus nicht zwingend ein bestimmtes Ergebnis dieser Beurteilung folgt. Sie können aber beispielsweise als Indiz im Rahmen der Vertragsauslegung eine Rolle spielen.[12]

Darüber hinaus war in dieser Sache darauf hinzuweisen, dass – anders als vom LSG unterstellt – die Leistungserbringung durch Selbstständige nach der Rechtsprechung des für das Leistungserbringerrecht der gesetzlichen Krankenversicherung zuständigen 3. Senats des BSG sehr wohl zulässig ist.[13] Wäre es anders gewesen, hätte versicherungsrechtlich grundsätzlich dennoch eine selbstständige Tätigkeit vorliegen können; ob die erbrachten Leistungen allerdings gegenüber der Krankenkasse hätten abgerechnet werden können, ist eine andere Frage.

II. Wiederholt befristete Tätigkeit

Eine weitere Besonderheit der Verfahren über vermeintliche Honorarkräfte im Gesundheits- und Sozialwesen ist eine begrenzte zeitliche Dauer des

---

11 Ebd., RdNr. 18 ff.
12 Hierzu und zum Folgenden BSG Urteil vom 24.3.2016 – B 12 KR 20/14 – SozR 4–2400 § 7 Nr. 29 RdNr. 26 ff.
13 BSG Urteil vom 19.11.1995 – 3 RK 33/94 – SozR 3–2500 § 124 Nr. 1.

jeweiligen „Einsatzes": Familienhelfer werden mit der Betreuung einer einzelnen Familie für einen bestimmten Zeitraum beauftragt, Notärzte übernehmen bestimmte Dienste oder „freie" Anästhesisten werden für einzelne OP-Tage gebucht. Gleichzeitig ist die Zusammenarbeit häufig auf Dauer angelegt. Die Jugendämter und die Träger des Rettungswesens beauftragen häufig immer wieder dieselben Personen aus einem Pool von ausgebildeten und bewährten Helfern und Notärzten.

In dieser Situation stellt sich die Frage nach einer schriftlichen, mündlichen oder vielleicht auch nur konkludenten Vereinbarung, die einen Rahmen für die einzelne Einsätze bilden könnte. Und in der Tat findet man in der Praxis sowohl schriftliche Verträge, die gleichartige Bedingungen für eine Vielzahl von Einsätzen regeln, als auch stillschweigende Übereinkünfte oder bloße Erwartungen, dass derjenige, der bereits einmal als Honorarkraft eingesetzt wurde, auch zukünftig wieder berücksichtig wird. In der Praxis lautet die erste Frage daher häufig: „Was ist eigentlich Gegenstand der Prüfung – der einzelne Einsatz oder die Tätigkeit insgesamt?". Letztendlich ergibt sich auch die Antwort auf diese Frage jeweils aus den im Einzelfall getroffenen Vereinbarungen.

Entscheidend ist insoweit, ob die vertraglichen Hauptleistungspflichten, also die Verpflichtung zur Dienstleistung und Entgeltzahlung, auch unabhängig von den jeweiligen Einsätzen bestehen oder ob sie jeweils erst mit der Übernahme eines bestimmten Auftrags jeweils neu entstehen. Dies hat der 12. Senat des BSG zuletzt seinem Urteil im Fall eines Regalauffüllers zugrunde gelegt.[14] Nach dem tatsächlich gelebten Inhalt des Rahmenvertrags bestand dort eine Dienstverpflichtung nur in Bezug auf die übernommenen Aufträge zur Betreuung einzelner Fachmärkte, nicht jedoch darüber hinaus. Daher war für die Statusprüfung allein auf die Verhältnisse nach Übernahme des einzelnen Betreuungsverhältnisses abzustellen. Zu einem anderen Ergebnis gelangte der Senat hingegen im Fall von Gastkünstlern an einem Theater, bei denen bestimmte Dienstpflichten auch zwischen den einzelnen Auftritten bestanden.[15]

Kommt es bei der Statusprüfung nur auf die Verhältnisse nach Annahme des jeweiligen Auftrags an, hat dies insbesondere auch Konsequenzen für die Gewichtung einzelner Indizien im Rahmen der Gesamtabwägung. Allein die Tatsache, dass einzelne Aufträge abgelehnt werden können, spricht in diesem Kontext nicht mehr gegen Beschäftigung während der übernommenen Aufträge.[16]

Als Argument gegen das Vorliegen von Beschäftigung wird in diesem Zusammenhang gerne geltend gemacht, dass wiederholte kurzzeitige Befris-

---

14 BSG Urteil vom 18.11.2015 – B 12 KR 16/13 R – SozR 4–2400 § 7 Nr. 25 <Rackjobbing II>.
15 BSG Urteil vom 20.3.2013 – B 12 R 13/10 R <Gastkünstler>.
16 BSG Urteil vom 18.11.2015 – B 12 KR 16/13 R – SozR 4–2400 § 7 Nr. 25 <Rackjobbing II>.

tungen nach dem Teilzeit und Befristungsgesetz (TzBfG) unzulässig wären. Jedoch sind wiederholte Befristungen nach dem TzBfG keineswegs verboten. Im Gegenteil ist die Befristung grundsätzlich wirksam und bleibt es auch, wenn sie nicht innerhalb von drei Wochen nach dem vereinbarten Ende des befristeten Vertrages gerichtlich angefochten wird (§ 17 TzBfG).[17]

III. Großes Maß an Eigenverantwortung der Honorarkräfte

Ein Hauptproblem der Statusfeststellung bei Honorarkräften ist die Frage des Weisungsrechts, dessen Bestehen – wie oben dargestellt – einen gesetzlich hervorgehobenen Anhaltspunkt für Beschäftigung darstellt. Gerade im Gesundheits- und Sozialwesen müssen die als Honorarkräfte eingesetzten Personen in der Regel über eine hohe fachliche Qualifikation verfügen, die sie in die Lage versetzt, eigenverantwortlich und ohne Anleitung ihre Aufgaben zu versehen. Daher werden in Honorarverträgen ausdrückliche Vereinbarungen über ein Weisungsrecht regelmäßig ebenso fehlen wie tatsächliche Weisungen durch Führungskräfte während der Einsätze.

Allerdings war sich das BSG stets bewusst, dass das Weisungsrecht in Abhängigkeit von der Art der zu erbringenden Dienste unterschiedlich deutlich ausgeprägt sein kann. Insbesondere bei Diensten höherer Art kann es zu einer „funktionsgerecht dienenden Teilhabe am Arbeitsprozess" verfeinert sein. Trotz einer Lockerung des Weisungsrechts werden auch solche Dienste im Rahmen einer abhängigen Beschäftigung geleistet, wenn sie fremdbestimmt bleiben, weil sie in einer von anderer Seite vorgegebenen Ordnung des Betriebes aufgehen.[18]

Als Anzeichen für eine solche Einbindung in den Arbeitsprozess im Betrieb des Auftraggebers hat es der Senat u. a. angesehen, wenn eine Familienhelferin regelmäßig an Teambesprechungen oder Supervisionen teilnehmen muss.[19] Im bereits mehrfach erwähnten Fall einer Physiotherapeutin in fremder Praxis war es aus Sicht des Senates wichtig, dass die gesamte Patientenverwaltung vom Erstkontakt bis hin zur Abrechnung ausschließlich über die Praxis der vermeintlichen Auftraggeberin lief. Zugleich wurden ausschließlich deren Arbeitsmittel genutzt.[20] Zu denken wäre aber auch an die enge Zusammenarbeit in einem Team mit Angestellten des Auftraggebers. Als Indiz für Beschäftigung wird eine solche enge Zusammenar-

---

17 BSG Beschluss vom 27.4.2016 – B 12 KR 17/14 R <Synchronsprecher>.
18 Std. Rspr. z. B. BSG Urteil vom 17.12.2014 – B 12 R 13/13 R – SozR 4–2400 § 28p Nr. 4 RdNr. 30; BSG Urteil vom 30.4.2013 – B 12 KR 19/11 R – SozR 4–2400 § 7 Nr. 21 RdNr. 29–30, jeweils m. w. N.
19 BSG Urteil vom 25.4.2012 – B 12 KR 14/10 R – n.V., siehe hierzu Terminbericht des BSG Nr. 21/12 zu den Fällen 4) und 5).
20 BSG Urteil vom 24.3.2016 – B 12 KR 20/14 – SozR 4–2400 § 7 Nr. 29 RdNr. 20, 23.

beit auch nicht zwingend dadurch entwertet, dass sie unter Umständen aus der „Natur der Sache" heraus notwendig ist. Allerdings ist auch hier eine differenzierte Betrachtung anhand der konkreten Ausgestaltung der Tätigkeit notwendig.[21]

IV. Geringes unternehmerisches Risiko

Ein Gesichtspunkt, der für die Statuszuordnung bei den in Rede stehenden Honorartätigkeiten im Gesundheits- und Sozialwesen regelmäßig von großer Bedeutung sein dürfte, ist das meist allenfalls geringe Unternehmerrisiko:

Hierunter versteht man die Gefahr, für die Erwerbstätigkeit Arbeitskraft und Kapital mit dem Risiko des Verlustes einzusetzen, weil der Erfolg des Einsatzes der sächlichen oder persönlichen Mittel ungewiss ist. Allerdings ist ein unternehmerisches Risiko nur dann Hinweis auf eine selbstständige Tätigkeit, wenn diesem Risiko auch größere Freiheiten in der Gestaltung und der Bestimmung des Umfangs beim Einsatz der eigenen Arbeitskraft oder größere Verdienstchancen gegenüberstehen.[22]

Dieses Risiko dürfte bei den meisten Honorarkräften in den hier zu betrachtenden Bereichen schon deshalb relativ gering sein, weil ihnen eine für diese Tätigkeiten eingesetzte betriebliche Infrastruktur oder entsprechende berufsspezifische Arbeitsmitteln von größerem Wert fehlen. Entgegen manchem Urteil der Instanzgerichte hat der 12. Senat des BSG in Verwendung eines eigenen PKW, Telefons, Fax-Gerätes oder Computers kein starkes Indiz für Selbstständigkeit gesehen, weil solche Arbeitsmittel heute auch in den meisten Haushalten für private Zwecke vorhanden sind. Anders wäre es, wenn diese Gegenstände gerade im Hinblick auf die ausgeübte Tätigkeit angeschafft sowie hierfür eingesetzt würden und das hierfür aufgewandte Kapital bei Verlust des Auftrags und/oder ausbleibenden weiteren Aufträgen als verloren anzusehen wäre.[23]

Aus dem (allgemeinen) Risiko, außerhalb der Erledigung einzelner Aufträge zeitweise die eigene Arbeitskraft ggf. nicht verwerten zu können, folgt kein Unternehmerrisiko bzgl. der einzelnen Einsätze[24]. Ebenso besteht kein nennenswertes Risiko, die aufgewandte Arbeitskraft nicht vergütet zu bekommen, wenn ein reiner Zeitlohn vereinbart wurde, der einem unbedingten Anspruch auf die Vergütung der für die Erledigung des jeweiligen Einsat-

---

21 Vgl. z. B. BSG Urteil vom 9.12.1981 – 12 RK 4/81 – SozR 2400 § 2 Nr. 19 <Betriebsarzt>.
22 BSG Urteil vom 18.11.2015 – B 12 KR 16/13 R – SozR 4–2400 § 7 Nr 25 <Rackjobbing II> RdNr. 36 m. w. N.
23 Ebd., RdNr. 37.
24 Vgl. hierzu BSG Urteil vom 4.6.1998 – B 12 KR 5/97 R – SozR 3–2400 § 7 Nr. 13 S. 36 f <Ausbeiner>.

zes benötigten Arbeitszeit entspricht. Das verbleibende Risiko der Insolvenz des Auftrags- bzw. Arbeitgebers trifft Arbeitnehmer in gleicher Weise.[25]

Abschließend sei noch darauf hingewiesen, dass Vertragsklauseln, die darauf gerichtet sind, an den Arbeitnehmer- bzw. Beschäftigtenstatus anknüpfende arbeits-, steuer- und sozialrechtliche Regelungen abzubedingen bzw. zu vermeiden (z. B. Nichtgewährung von Entgeltfortzahlung im Krankheitsfall und Urlaub bzw. Urlaubsgeld; Verpflichtung, Einnahmen selbst zu versteuern; Obliegenheit, für mehrere Auftraggeber tätig zu werden oder für eine Sozial- und Krankenversicherung selbst zu sorgen), auch wenn sie in der Praxis tatsächlich umgesetzt werden, ausschließlich Rückschlüsse auf den Willen der Vertragsparteien, Beschäftigung auszuschließen, zulassen. Darüber hinaus kommt solchen Vertragsklauseln bei der Gesamtabwägung keine eigenständige Bedeutung zu. Vielmehr setzen diese Regelungen – insbesondere der Ausschluss ansonsten zwingender arbeits- und sozialrechtlicher Rechte und Pflichten – bereits das Fehlen des Status als Arbeitnehmer bzw. Beschäftigter voraus.

E. Zusammenfassung

Eine pauschale Aussage zum sozialversicherungsrechtlichen Status von Honorarkräften verbietet sich – wie gezeigt – bereits aufgrund der begrifflichen Unschärfen von Selbstständigkeit und Beschäftigung, die eine Typuszuordnung nur in wertender Betrachtung aller Umstände des jeweiligen Einzelfalls zulassen. Hierfür sind die von den Beteiligten jeweils – ggf. auch nur konkludent – getroffenen „wahren" Vereinbarungen über die jeweilige Tätigkeit und die Einzelheiten der Vertragsdurchführung festzustellen und die für Beschäftigung bzw. Selbstständigkeit sprechenden Indizien gegeneinander abzuwägen. Normen außerhalb des Versicherungs- und Beitragsrechts präjudizieren die Statusfrage nicht. Bedeutung hierfür erhalten sie regelmäßig nur als Indiz bei der Ermittlung des Willens der Betroffenen oder, wenn sie in die Vereinbarungen der Betroffenen aufgenommen worden sind. Gegenstand der Prüfung ist – soweit keine übergreifenden Dienstpflichten bestehen – auch bei wiederholten Tätigkeiten für einen „Auftraggeber" regelmäßig der einzelne Einsatz. Dies hat zugleich Konsequenzen für die Gewichtung bestimmter Indizien im Rahmen der Gesamtabwägung. Angesichts der für die fraglichen Tätigkeiten oft erforderlichen hohen Qualifikation kommt einer weitgehenden Weisungsfreiheit bei deren Ausübung keine entscheidende Bedeutung zu, soweit eine funktionsgerecht

---

25 BSG Urteil vom 18.11.2015 – B 12 KR 16/13 R – SozR 4–2400 § 7 Nr 25 <Rackjobbing II> RdNr. 37.

dienende Teilhabe am Arbeitsprozess des Auftraggebers erhalten bleibt. Zugleich wird ein relevantes unternehmerisches Risiko häufig fehlen.

Vor diesem Hintergrund mag es schwerfallen, sich eine selbstständige Ausübung mancher eng in ein Team und den organisatorischen Ablauf einer übergeordneten Organisation eingebundenen „Honorar"-Tätigkeit gerade im Gesundheitswesen vorzustellen. Dies schließt es jedoch nicht aus, dass andere Tätigkeiten im Gesundheits- und Sozialwesen, die eine geringere Einbindung in den Arbeitsablauf aufweisen, je nach vertraglicher Ausgestaltung sowohl in Beschäftigung als auch selbstständig ausgeübt werden können.

Beschäftigung oder Selbstständigkeit in der Pflege

Prof. Dr. Ekkehard Hofmann, Universität Trier

A. Problemstellung

Pflegekräfte, die in Heimen und Krankenhäusern arbeiten, sind ganz überwiegend Angestellte dieser Einrichtungen. Eine kleinere Zahl der dort tätigen Pflegekräfte ist ihrem Selbstverständnis und der vertraglichen Ausgestaltung nach jedoch nicht abhängig beschäftigt, sondern selbstständig tätig. Diese Form der Pflege hat in Deutschland eine jahrzehntelange Tradition.[1] Dass es eine selbstständige Form der Arbeit als Pflegekraft gibt, wird auch von § 2 Nr. 2 SGB VI vorausgesetzt, der eine Versicherungspflicht für bestimmte selbstständig tätige Pflegepersonen vorsieht.[2] Die überwiegende, wenn auch nicht einhellige Rechtsprechung der Sozialgerichte ist aber in der jüngsten Zeit auf eine Linie bei der Auslegung des Beschäftigungsbegriffs nach § 7 SGB IV eingeschwenkt, die eine selbstständige Pflege nahezu ausschließt, soweit es um die Tätigkeit in Heimen und Krankenhäusern geht.[3] Auch wenn stets eingeräumt wird, dass es auf den Einzelfall ankäme, werden die Kriterien zur Abgrenzung von selbstständiger und abhängiger Beschäftigung vielfach so angewendet, dass in der Konsequenz die selbstständige Tätigkeit als Pflegekraft als Unterstützung einer stationären Einrichtung kaum noch in Betracht kommen dürfte.[4]

Der Spitzenverband der Sozialversicherungsträger teilt seit geraumer Zeit diese Auffassung. In der Stellungnahme des GKV-Spitzenverbands, der Deutschen Rentenversicherung und der Bundesagentur für Arbeit zur versi-

---

[1] DfBK, Stellungnahme „Die freiberufliche Berufsausübung ist ein Grundrecht von Pflegefachpersonen!", August 2012, S. 1.
[2] In diesem Sinne bereits BayLSG v. 22.3.2011 – L 5 R 627/09, Rz. 18.
[3] S. etwa LSG Sachsen-Anhalt, Urteil v. 25.4.2013 – L 1 R 132/12; zuvor schon LSG Baden-Württemberg, Urteil v. 19.10.2012 – L 4 R 761/11, Rz. 39 f.; LSG Hamburg, Urteil v. 10.12.2012 – L 2 R 13/09; Bayerisches LSG, Urteil v. 28.5.1013 – L 5 R 863/12, Leitsatz und Rz. 43; entschieden a. A. für den Fall einer OP-Krankenschwester BayLSG v. 22.3.2011 – L 5 R 627/09, Rz. 18 ff.; Selbstständigkeit wird auch bejaht im Falle eines Einzelfallhelfers für Leistungen nach §§ 54 ff. SGB XII vom LSG Berlin v. 11.7.2014, L 1 KR 256/12, BeckRS 2014, 71939.
[4] Bei Honorarärzten stellt sich eine sehr ähnliche Problematik, s. LSG BadWürtt, Urteil vom 17.4.2013 – L 5 R 3755/11, NZS 2013, 501; SG Berlin, Urteil vom 10.2.2012 – S 208 KR 102/09 NZS 2012, 627; *K. Reiserer*, Honorarärzte in Kliniken: Sozialversicherungspflichtige Beschäftigung oder Selbstständigkeit?, MedR 2012, S. 102 ff.; auch die 24-Stunden-Haushaltshilfe kann zum Vergleich herangezogen werden, instruktiv zu Gemeinsamkeiten und Unterschieden *Kocher*, NZA 2013, 929, 934.

cherungsrechtlichen Beurteilung von zeitlich begrenzt eingesetzten Pflegepersonen in Krankenhäusern, Alten- oder Pflegeheimen vom 8./9. Mai 2012 heißt es, die für die Annahme einer selbstständigen Tätigkeit angeführten Gründe könnten nicht überzeugen.[5] Die Arbeitsleistung der freiberuflich tätigen Pflegekräfte unterscheide sich nicht von der der festangestellten; sie seien hinsichtlich Arbeitszeit, -ort, -dauer und -ausführung weisungsgebunden in das Krankenhaus oder das Alten- oder Pflegeheim eingegliedert. Sie müssten sich an die Gepflogenheiten der Einrichtung anpassen und den Weisungen der jeweiligen Leitung Folge leisten. Allein die Möglichkeit, einen Auftrag auch ablehnen zu können, oder die Pflicht, die Arbeitsbekleidung selbst zu beschaffen, mache die Pflegeperson noch nicht zur selbstständig Tätigen.[6]

Die Folgen dieser Sichtweise für die selbstständigen Pflegekräfte sind wirtschaftlich existenzgefährdend; der in den vergangenen zwei Jahren zu beobachtende massive Absatzeinbruch wird von den Betroffenen nicht mehr lange aufzufangen sein. Damit droht das Verschwinden eines anerkannten, schon jahrzehntelang in der Pflege tätigen Berufstands, ohne den die Bewältigung des wachsenden Pflegebedarfs in Zukunft noch schwieriger werden dürfte. Die zentrale Ursache für die wirtschaftlichen Schwierigkeiten der freiberuflich tätigen Pflegekräfte und der sie vermittelnden Agenturen liegt darin, dass bisherige und mögliche zukünftige Auftraggeber seit der skizzierten Entwicklung in den vergangenen zwei Jahren das Risiko scheuen, freiberufliche Pflegekräfte einzusetzen, da dies im Falle der „Entdeckung" als Scheinselbstständige erhebliche Nachzahlungen der für Angestellte zu leistenden Sozialversicherungsbeiträge nach sich zieht und im schlimmsten Fall auch zu Strafverfahren wegen Vorenthaltung von Sozialversicherungsbeiträgen nach § 266a StGB führt. Möglicherweise greift aber die Auffassung der Sozialversicherungsträger und weiten Teilen der Rechtsprechung, nach der eine Pflegetätigkeit in stationären Einrichtungen im Grunde nicht als selbstständige Tätigkeit erbracht werden kann, zu kurz.

Auf die gesetzliche Anerkennung der Möglichkeit, selbstständig Pflegeberufe auszuüben, ist bereits hingewiesen worden (§ 2 Nr. 2 SGB VI). Dass dies nur außerhalb der Räumlichkeiten von Krankenhäusern und Altenheimen rechtlich zulässig sein soll, ist auch angesichts der durch Art. 12 Abs. 1 GG geschützten Berufsfreiheit in erheblichem Maß rechtfertigungsbedürftig und kann nicht nur mit dem Hinweis auf den üblichen rechtlichen Rahmen einer solchen Tätigkeit begründet werden. Daher ist im Folgenden insbesondere zu klären, ob nicht dem Umstand der freien Vereinbarung von Arbeits-

---

5 GKV-Spitzenverband/Deutsche Rentenversicherung Bund/Bundesagentur für Arbeit, Besprechung über Fragen des gemeinsamen Beitragseinzugs vom 8./9.5.2012, S. 3.
6 GKV-Spitzenverband/Deutsche Rentenversicherung Bund/Bundesagentur für Arbeit, Besprechung über Fragen des gemeinsamen Beitragseinzugs vom 8./9.5.2012, S. 3 f.

zeit und -ort bei selbstständigen Pflegekräften und der Aufteilung der Verantwortung zwischen Auftraggeber und Auftragnehmer mehr Beachtung geschenkt werden müsste. Sie ist Ausdruck der (beruflichen) Selbstbestimmung, die auch dahingehen kann, eine Tätigkeit selbstständig auszuüben, die von anderen in aller Regel in Arbeitsverhältnissen erbracht wird.

Dies vorausgeschickt wird nachstehend untersucht, ob die Tätigkeit freiberuflicher Pflegekräfte unter den Rahmenbedingungen, wie sie in typischen Fällen der Fachpflegevermittlung praktiziert werden, eine Beschäftigung im Sinne von § 7 Abs. 1 S. 1 SGB IV darstellt, oder ob es sich um selbstständige Tätigkeiten handelt. Zu diesem Zweck soll zunächst erläutert werden, wie die vertraglichen Grundlagen ausgestaltet sind (II) und wie die Praxis des Zustandekommens der Pflegeverträge sowie ihrer tatsächlichen Durchführung aussieht (III). Um beides rechtlich würdigen zu können, ist im nächsten Schritt darzustellen, wie der Begriff der Beschäftigung in der Rechtsprechung verstanden wird (IV). Schließlich wird zu untersuchen sein, ob und inwieweit sich das zu prüfende Modell als sozialversicherungspflichtige Beschäftigung darstellt (V). Im Ergebnis wird das zu verneinen sein (VI).

B. Die vertragliche Ausgestaltung zwischen Pflegekräften und den Einrichtungen

Die rechtliche Grundlage für die Tätigkeit freiberuflicher Pflegekräfte wird regelmäßig als Vertrag ausgestaltet, nach welchem sich die Pflegekraft verpflichtet, für den Auftraggeber, also das Krankenhaus oder Pflegeheim, Aufgaben als freiberufliche Pflegefachkraft zu übernehmen. Die zu erbringende Leistung wird in den Verträgen als Dienstleistung bezeichnet. Eine Weisungsbefugnis des Auftraggebers wird zumeist ausdrücklich ausgeschlossen. So heißt es vielfach:

„Der Auftragnehmer unterliegt bei der Durchführung der übertragenen Aufgaben keinen Weisungen des Auftraggebers. In der Gestaltung seiner Tätigkeit ist er frei und übernimmt entsprechend seiner Qualifikation die fachliche Verantwortung für sein Handeln und seine Entscheidungen.

Betriebliche Belange im Zusammenhang mit seiner Tätigkeit sind vom dem Auftragnehmer zu berücksichtigen."

Die erforderliche Kompatibilität der Pflege mit den Arbeitsabläufen und Verfahren des Auftraggebers wird dadurch sichergestellt, dass der Auftragnehmer verpflichtet wird, sich bei seiner Planung und Durchführung der Pflege an den Standards und Rahmenbedingungen des Auftragsgebers zu orientieren. Es gehört darüber hinaus zu den vertraglichen Pflichten des Auftragnehmers, seine Tätigkeit selbst zu versteuern und für seine Ausstattung mit Arbeitsmitteln Sorge zu tragen. Des Weiteren bestätigt der Auftragnehmer, seine gesetzlichen Verpflichtungen gegenüber den Sozialversicherungen zu erfüllen, sich bei der Berufsgenossenschaft versichert und eine Berufshaftpflichtversicherung abgeschlossen zu haben. Die entsprechenden Belege sind dem Auftraggeber vor Vertragsbeginn vorzulegen.

C. Die Praxis der Fachkraftvermittlung und der freiberuflichen Pflege in Einrichtungen

Zum Abschluss derartiger Dienstverträge kommt es vielfach nach Vermittlung einer Agentur. Darin liegt ebenfalls ein für die Gesamtumstände bedeutsames Element der Würdigung dieser Verträge, da der Inhalt der Vereinbarungen zwischen Pflegekraft und Einrichtung unter Mitwirkung der Agenturen bestimmt wird. Anders als bei der Arbeitnehmerüberlassung tritt die Pflegefachkraftvermittlung aber nicht als Arbeitgeber auf, da kein Weisungsrecht der Agentur gegenüber den Pflegekräften besteht und auch nicht bestehen soll. Der Vermittlungsvertrag beschränkt sich auf die im Gegenseitigkeitsverhältnis stehenden Hauptpflichten zur Vermittlung der Beauftragung mit Pflegeaufgaben auf der einen Seite und der Vergütung der Vermittlungsleistung auf der anderen, die durch vertragliche Nebenpflichten wie etwa die Verschwiegenheit hinsichtlich der Vergütung oder der Identität der zu behandelnden Personen ergänzt werden.

In der Praxis der Pflegekraftvermittlung schließen die Pflegekräfte mit Hilfe der Agentur in der Regel drei, häufig auch mehr Verträge mit den Auftraggebern pro Kalenderjahr ab. Der Inhalt des Vertrags variiert nach der Vergütung, der Dauer der zu übernehmenden Schichten (6, 8, oder 12 Stunden pro Schicht), der Anzahl der Schichten, den Arbeitstagen und anderer Einzelheiten. Ein Anspruch auf Abschluss eines Anschlussvertrages besteht nicht.

Weitere Unterschiede der vermittelten freiberuflichen Tätigkeiten im Vergleich mit der Pflege durch angestellte Kräfte beziehen sich auf die rechtliche wie faktische Verfügung über die Arbeitszeit während der tatsächlichen Durchführung der vereinbarten Dienstleistung. Während Angestellten in nicht so seltenen Fällen die ihnen zustehenden Arbeitspausen nicht gewährt werden, der Arbeitgeber von den Arbeitnehmern die Bereitschaft erwartet, Überstunden zu leisten, Urlaubsansprüche unter dem Vorbehalt der Notwendigkeit, für erkrankte Kollegen einspringen zu müssen oder anderer betrieblicher Erfordernisse, stehen und Dienstpläne auch kurzfristig ohne Zustimmung der Arbeitnehmer geändert werden können, ist die freiberufliche Pflegetätigkeit in erheblich höherem Maß gegen solche Einflussnahmen geschützt, da es jeweils auf eine vertragliche, beiderseitig vereinbarte Änderung ankommt. Die daraus resultierende größere Planbarkeit der Arbeitszeiten dürfte eines der wesentlichen Motive eines Wechsels in die Selbstständigkeit darstellen. Dabei haben sich Modelle der Arbeitszeiteinteilung entwickelt, die von den bei Beschäftigten üblichen erheblich abweichen können, etwa ein Rhythmus von 10 Tagen Arbeit, an die sich fünf freie Tage anschließen. Tägliche Arbeitszeiten von 10 Stunden Arbeit sind keine Seltenheit, denen aber auch erheblich längere Zeiten von „Erholungsurlaub" im Vergleich mit Angestellten gegenüberstehen.

Auf einen kurzen Nenner gebracht, stehen sich zwei Modelle der Pflege in Krankenhäusern und Altenheimen gegenüber: das Angestelltenverhältnis und die freiberufliche Pflege. Während sich die dann ausgeführten Tätigkeiten weitgehend gleichen, ist das Angestelltenverhältnis durch ein Konzept der Fremdbestimmung gekennzeichnet, bei dem der Arbeitgeber die Haftung nach außen übernimmt, dafür aber auch die betrieblichen Abläufe durch sein Direktionsrecht selbst in Einzelheiten regeln darf. In diesem Modell erscheint der Angestellte als jemand, der durch arbeitsrechtliche Schutzvorschriften vor einer unzulässigen Ausnutzung des Direktionsrechts geschützt werden kann und muss. Das freiberufliche Konzept der Pflege besteht im Unterschied dazu im Kern darin, unter selbst gewählten Arbeitsbedingungen die Dienste im Verlauf eines Jahres bei verschiedenen Einrichtungen zu erbringen, Änderungen der Bedingungen nur bei neuer Vereinbarung zulassen zu müssen, dafür aber auch das wirtschaftliche Risiko des Ausbleibens weiterer Aufträge und die Last eigener Vorsorge für das Risiko der Krankheit und des Alters zu tragen.

Umstritten ist, ob das selbstbestimmte Konzept der Pflege in Einrichtungen faktisch wie rechtlich durchführbar ist, ohne dabei Beschäftigungsverhältnisse im sozialrechtlichen Sinne zu begründen.

D. Der Begriff der Beschäftigung

Beschäftigung ist nach § 7 Abs. 1 S. 1 SGB IV die nichtselbstständige Arbeit, insbesondere in einem Arbeitsverhältnis. Der Zweck der Norm liegt darin, schutzwürdige Beschäftigungsverhältnisse, personal betrachtet mithin die *abhängig arbeitende Bevölkerung,* also die unselbstständig Erwerbstätigen zwangsweise dem Schutz der Sozialversicherungen zu unterstellen.[7]

---

7 Allgemeine Ansicht, s. nur *S. Leitherer,* in: Kasseler Kommentar Sozialversicherungsrecht, Bd. I, 2013, § 7 SGB IV Rz. 2; *Berchtold,* Viertes Sozialgesetzbuch (SGB IV), in: Kreikebohm/ u. a. (Hg.), Beck'scher Kurz-Kommentar zum Sozialgesetzbuch, 2013, § 7 SGB IV Rz. 3.

Die Rechtsprechung des Bundessozialgerichts bejaht eine Beschäftigung in Auslegung der genannten Norm, wenn die Gesamtheit der insofern rechtlich relevanten Tatsachen eine zu persönlicher Abhängigkeit führende Beziehung zwischen den Beteiligten ergibt.[8] Damit sind drei begriffliche Elemente wesentlich:
- der Charakter als Typusbegriff (i),
- die Vielzahl der zu berücksichtigenden Umstände (ii) und
- die Maßgeblichkeit der persönlichen Abhängigkeit in der Beziehung der Beteiligten (iii).

(i) Der Charakter als Typusbegriff folgt aus dem Abstellen auf die Gesamtumstände,[9] in denen in der Regel die Prüfung notwendiger oder hinreichender Bedingungen nicht genügt, um feststellen zu können, ob eine Beschäftigung im Sinne von § 7 Abs. 1 S. 1 SGB IV vorliegt. Vielmehr sind die tatsächlichen Umstände auf Indizien hin zu untersuchen, die für oder gegen die Annahme einer Beschäftigung sprechen. Entscheidend ist letztlich, „welche Merkmale überwiegen".[10] Damit sind erhebliche methodische Fragen verbunden, auf deren Vertiefung vorliegend verzichtet werden muss.[11] Der Typus, der als Orientierung und Maßstab herangezogen wird, ist aus historischen Gründen der des vollzeitbeschäftigten Industriearbeiters.[12] Auch außerhalb gewerblicher Arbeitsplätze geht es demnach um die Schutzwürdigkeit einer bestimmten Gruppe und nicht um die Prüfung individueller Verhältnisse.[13] Entscheidend ist daher, was als die maßstabsgebende Gruppe angesehen wird.

(ii) Zu den zu berücksichtigenden Umständen zählen nach § 7 Abs. 1 S. 2 SGB IV die Anhaltspunkte der **Tätigkeit nach Weisungen** und der **Eingliederung in die Arbeitsorganisation des Weisungsgebers**. In der Rechtsprechung finden sich dementsprechend zahlreiche einzelne Elemente, aus

---

8 BSG v. 25.4.2012 – B 12 KR 24/10 R, SozR 4–2400 § 7 Nr. 15; *ders.*, Viertes Sozialgesetzbuch (SGB IV), in: Kreikebohm/u. a. (Hg.), Beck'scher Kurz-Kommentar zum Sozialgesetzbuch, 2013, § 7 SGB IV, Rz. 12 m. w. N.

9 BSG NJW 1994, 2974; *Rittweger*, in: Beck'scher Online-Kommentar Sozialrecht, Bd. SGB IV, 2013, § 7 SGB IV Rz. 4.; *S. Leitherer*, in: Kasseler Kommentar Sozialversicherungsrecht, Bd. I, 2013, § 7 SGB IV Rz. 47a.

10 *Rittweger*, in: Beck'scher Online-Kommentar Sozialrecht, Bd. SGB IV, 2013, § 7 SGB IV Rz. 4.3; ebenso *Berchtold*, Viertes Sozialgesetzbuch (SGB IV), in: Kreikebohm/u. a. (Hg.), Beck'scher Kurz-Kommentar zum Sozialgesetzbuch, 2013, § 7 SGB IV Rz. 19.

11 Näheres s. etwa *F. Schnapp*, Methodenprobleme des § 7 Abs. 1 SGB IV – Unmöglichkeit der Rechtssicherheit?, NZS 2014, S. 41, 44 ff.

12 In diesem Sinne BVerfG SozR 3 – 2400 § 7 Nr. 11 = NJW 1996, 2644 = NZA 1996, 1063; *Berchtold*, Viertes Sozialgesetzbuch (SGB IV), in: Kreikebohm/u. a. (Hg.), Beck'scher Kurz-Kommentar zum Sozialgesetzbuch, 2013, § 7 SGB IV Rz. 4; *S. Leitherer*, in: Kasseler Kommentar Sozialversicherungsrecht, Bd. I, 2013, § 7 SGB IV Rz. 46a m. w. N.

13 BSG v. 27.1.2000, B 12 KR 16/99 R, SozR 3–2500 § 8 Nr. 5.

denen auf das Vorliegen einer Beschäftigung geschlossen wird. Wird in einem fremden Betrieb gearbeitet, so spricht es für eine Eingliederung, wenn der Beschäftigte nicht selbst über Zeit, Dauer, Ort und Art der Ausführung der Leistung bestimmt, sondern in diesen Hinsichten über keine Spielräume verfügt. Das Fehlen der Verfügungsmöglichkeit über die eigene Arbeitskraft ist typisch für Arbeitsverhältnisse, auch wenn es in der Praxis sicher erhebliche graduelle Unterschiede gibt. Weitere Indizien sind insbesondere in dem Vorliegen eines unternehmerischen Risikos oder der eigenständigen Beschaffung der Arbeitsmittel gesehen worden.[14] Vertragliche Ausgestaltung einerseits und praktische Durchführung andererseits liefern Anhaltspunkte für die Anwendung des § 7 Abs. 1 S. 1 SGB IV im Einzelfall, deren Gewichtung schwierig zu bestimmen sein kann. Nach der Rechtsprechung des Bundessozialgerichts kommt den tatsächlichen Verhältnissen nicht voraussetzungslos ein Vorrang gegenüber den vertraglichen Abreden zu.[15] Ausgangspunkt der Prüfung sei deshalb der Anstellungsvertrag.

(iii) Liegt eindeutig ein Arbeitsverhältnis vor, erübrigt sich wegen § 7 Abs. 1 S. 1 SGB IV die weitere Prüfung des Beschäftigungsbegriffs. Nach der Rechtsprechung des Bundesarbeitsgerichts ist Arbeitnehmer, wer aufgrund eines privatrechtlichen Vertrags im Dienste eines anderen zur Leistung weisungsgebundener, fremdbestimmter Arbeit in persönlicher Abhängigkeit verpflichtet ist.[16] Damit ist sowohl nach der Vorgabe in § 7 Abs. 1 S. 1 SGB IV als auch nach der sozialgerichtlichen und der arbeitsgerichtlichen Judikatur die *rechtlich gefasste persönliche Abhängigkeit der Beteiligten* und damit die *Fremdbestimmung* der zu leistenden Arbeit ein zentrales Element des sozialversicherungsrechtlichen Beschäftigungsbegriffs.

E. Freiberufliche pflegerische Tätigkeit und der Begriff der Beschäftigung

Wendet man nun die umrissenen Kriterien auf die vorstehend unter II. skizzierten Dienstleistungsverträge und ihre tatsächliche Durchführung an, so ergibt sich Folgendes:

---

14 Zu diesen und weiteren Indizien s. im einzelnen *Rittweger*, in: Beck'scher Online-Kommentar Sozialrecht, Bd. SGB IV, 2013, § 7 SGB IV, Rz. 4 bis 6.
15 BSG, Urteil vom 29.8.2012 – B 12 KR 25/10 R, NZS 2013, 181, Rz. 16 f.
16 BAG, Urt. v. 20.5.2009 (BeckRS 2009, 67309).

I. Die vertragliche Ausgestaltung

1. Weisungsrecht und Eingliederung in die Arbeitsorganisation des Weisungsgebers

Die durch die Fachkraftvermittlung zustande gekommenen Verträge zwischen den Einrichtungen und den Fachkräften verpflichten die Fachkräfte zur Erbringung von Pflegeaufgaben. Damit sind sie unstreitig als Dienstverträge zu qualifizieren. Umstritten ist hingegen, ob die zu leistenden Dienste tatsächlich selbstständig wahrgenommen werden oder ob sie nicht vielmehr in Wirklichkeit Arbeitsverhältnisse darstellen. Was die vertragliche Ausgestaltung angeht, wäre es hierfür ein zentrales Indiz, wenn die Einrichtung über ein Weisungsrecht als Arbeitgeber gegenüber der Pflegekraft verfügen würde. Gerade das wird aber in den Fällen der freiberuflichen Pflege in aller Regel ausdrücklich ausgeschlossen. Soweit das geschieht, tragen die Verträge damit dem Umstand Rechnung, dass die freiberuflichen Pflegekräfte mit Rücksicht auf ihre staatliche Erlaubnis den gesetzlichen Anforderungen etwa an ihre Zuverlässigkeit nach § 2 Abs. 1 Nr. 2 KrPflG in eigener Verantwortung gerecht werden müssen und nicht im Sinne einer Exkulpation die Verantwortung für Fehlverhalten auf den Auftraggeber abwälzen können.

Ein Weisungsrecht wird auch nicht auf Umwegen eingeräumt, etwa über die Pflicht des Auftragnehmers, betriebliche Belange, insbesondere die in der jeweiligen Einrichtung geltenden Pflegestandards zu berücksichtigen.[17] Diese Pflicht zielt auf die Erfüllung der gesetzlichen Verpflichtungen der Krankenhäuser und Pflegeheime gegenüber den Versicherungsträgern und den Patienten bzw. Heimbewohnern. Ihr Zweck liegt damit nicht in der hierarchischen Unterordnung des Auftragnehmers, wie sie für ein Weisungsrecht typisch ist. Schon in der Wortwahl der „Berücksichtigung" – nicht der strikten Beachtung – liegt ein Hinweis auf die bestehenden, weil vertraglich intendierten Freiheiten des Auftragnehmers. Die Berücksichtigungspflicht soll vielmehr sicherstellen, dass der Auftragnehmer trotz seiner prinzipiellen Unabhängigkeit seine Tätigkeit so erbringt, wie es von den Einrichtungen gefordert ist. Ein Weisungsrecht der Einrichtungen im arbeitsrechtlichen Sinne ist damit aber nicht verbunden; wäre dem so, wäre die Verpflichtung auf Berücksichtigung der betrieblichen Belange redundant und zugleich nicht hinreichend.

Aus demselben Grund liegt in der Berücksichtigungspflicht auch keine Eingliederung in die Arbeitsorganisation des Weisungsgebers im Sinne von § 7 Abs. 1 S. 2 SGB IV. Die Berücksichtigungspflicht ist gerade deshalb vertraglich erforderlich, weil sich die Orientierung an den Pflegestandards des Auftragnehmers und die Rücksichtnahme auf betriebliche Belange anders

---

[17] Vgl. die vorstehend wiedergegebene Formulierung in den Verträgen.

als in einem Arbeitsverhältnis nicht von selbst versteht und gegebenenfalls mit Hilfe des Weisungsrechts durchgesetzt werden kann.

2. Weitere Indizien hinsichtlich des Zustandekommens der Verträge

Blickt man nicht nur auf den einzelnen Vertrag, sondern auf das Gesamtgeschehen, dann ist auch der Umstand von Bedeutung, dass die von den Fachkraftpflegevermittlungsagenturen vermittelten Aufträge pro Kalenderjahr regelmäßig bei drei oder mehr Einrichtungen erbracht werden. Zwar ist das ebenfalls keine hinreichende Bedingung für die Ablehnung von Arbeitsverhältnissen – auch diese können bei mehreren Arbeitgebern im Verlaufe eines Jahres oder auch gleichzeitig erbracht werden. Es ist aber ein Indiz für die selbstbestimmte Gestaltung des Berufes: Bei welchen und wie vielen Einrichtungen die Pflegedienste geleistet werden, hängt von den individuellen Präferenzen der Pflegekräfte, deren individueller Entscheidung über die angestrebte Höhe ihres Verdienstes oder den Umfang ihrer freien Zeit ab. So variieren die geschlossenen Verträge im Vergleich der einzelnen Pflegepersonen und der einzelnen Einrichtungen hinsichtlich der Entlohnung, der zu leistenden Gesamtstundenzahl und der Dauer der zu übernehmenden Schichten.

Mit den vorstehenden Überlegungen liegen nach der vertraglichen Gestaltung der vermittelten Dienstverträge eindeutig keine Arbeitsverhältnisse vor. Das Hauptargument der Spitzenverbände der deutschen Sozialversicherungen geht jedoch dahin, dass sich die für die versicherungsrechtliche Beurteilung maßgebenden tatsächlichen Gegebenheiten in ihrer Wertung im Regelfall anders darstellten, als von den Antragstellern angeführt.[18]

II. Die Praxis der vermittelten Tätigkeiten und ihre rechtliche Würdigung

Zunächst könnte das so zu verstehen sein, dass das von den selbstständig Tätigen vorgetragene tatsächliche Geschehen der Vertragsentstehung und -abwicklung nicht der Wirklichkeit entspräche. Das träfe aber nicht zu und stellt bei näherer Untersuchung auch nicht den Kern der Argumentation der Spitzenverbände dar. Vielmehr scheinen diese damit sagen zu wollen, dass es auf andere Umstände ankomme als die zugunsten der Selbstständigkeit angeführten, und vor allem, dass sie anders zu bewerten seien.

---

18 GKV-Spitzenverband/Deutsche Rentenversicherung Bund/Bundesagentur für Arbeit, Besprechung über Fragen des gemeinsamen Beitragseinzugs vom 8./9.5.2012, S. 3.

1. Weisungsbefugnis des Auftraggebers?

Zum einen argumentieren die Spitzenverbände mit Blick auf den in § 7 Abs. 1 S. 2 SGB IV genannten Anhaltspunkt der Weisung, die Pflegekräfte müssten in der Praxis den Weisungen der jeweiligen Leitung Folge leisten. Belege werden dafür allerdings nicht angeführt. Aber selbst wenn es in der Praxis Anordnungen über die Arbeitszeit, den Arbeitsort oder die Art der Ausführung geben sollte, wären sie nicht als Weisungen im (arbeits-)rechtlichen Sinne zu verstehen, da dies durch den Dienstvertrag ausgeschlossen ist. Die Einordnung in einen Dienstplan ist jedenfalls keine hinreichende Bedingung für die Annahme einer Beschäftigung im Sinne von § 7 Abs. 1 S. 1 SGB IV.[19] Eine rein wirtschaftliche Abhängigkeit kann zwar eine ähnliche faktische Wirkungsmacht entfalten wie eine rechtlich eingeräumte, so dass sich im Erscheinungsbild hinsichtlich der Befolgung derartiger Anordnungen nicht unbedingt Unterschiede feststellen lassen würden. Einem faktischen Zwang allein, soweit er in den Fällen der selbstständigen Pflege überhaupt besteht, kommt aber nicht ohne Weiteres die Rechtswirkung einer Weisungsbefugnis zu. Dass Rechtswirkungen in diesem Sinne vertraglich gerade ausgeschlossen sind, stünde einer solchen Deutung ganz erheblich entgegen.

Wie unterschiedlich die Folgen der beiden Gestaltungsmöglichkeiten sein können, lässt sich mit Hilfe der sogenannten „*Whistleblower*"-Problematik verdeutlichen. Während ein Arbeitnehmer seinem Arbeitgeber zur Loyalität verpflichtet ist und bei Missständen in der Pflege regelmäßig nur unter Inkaufnahme schwerer arbeitsrechtlicher Konsequenzen die Öffentlichkeit informieren darf,[20] ist die selbstständige, Weisungen im Rechtssinne nicht unterliegende Pflegeperson nicht in diesem Maß zur Rücksichtnahme verpflichtet. Von den größeren Freiheiten wird auch Gebrauch gemacht, etwa vereinzelt durch Anzeigen gegenüber der Heimaufsicht und dem Medizinischen Dienst der Krankenversicherung. Auch darin liegt ein gewisses, durch das vertragliche Arrangement gesichertes Maß an Selbstbestimmung.

---

19 So auch SG Stuttgart, Urteil v. 26.4.2012 – S 19 R 2067/08, 2. LS, Rz. 28 (nicht rechtskräftig; anhängig beim LSG Baden-Württemberg, Az. L 11 R 2599/12).

20 EGMR (V. Sektion), Urt. v. 21.7.2011 – 28274/08 (Heinisch/Deutschland), NJW 2011, 3501 (Kündigung einer Altenpflegerin nach Strafanzeige gegen Arbeitgeber – *Whistleblowing*); zuvor BAG v. 6.6.2007 – BAG v. 6.6.2007, Az. 4 AZN 487/06; LAG Berlin v. 28.3.2006 – Az. 7 Sa 1884/05; s. dazu *M. Schlachter*, Kündigung wegen „Whistleblowing"? – Der Schutz der Meinungsfreiheit vor dem EGMR; Besprechung des Urteils EGMR v. 21.7.2011 – EGMR 21.7.2011 Aktenzeichen 28274/08, RdA 2012, S. 108 ff.; *L. Rudkowski*, Kernprobleme einer gesetzlichen Regelung zum Schutz von Whistleblowern, CCZ 2013, S. 204 ff; *M. Simonet*, Notwendigkeit eines Gesetzes zum Schutz von Whistleblowern?, RdA 2013, S. 236 ff.

2. Freiberufliche Pflegetätigkeit als Scheinselbstständigkeit?

Zum anderen, so das weitere Argument der Spitzenverbände, sei es unbeachtlich, dass die freiberuflichen Pflegekräfte ihre Arbeitsbekleidung selbst beschaffen müssten, Einkommensteuer abführten und eine Berufshaftpflichtversicherung abschließen würden. Damit werde nur der äußere Rahmen der Tätigkeit gestaltet, während die maßgeblichen tatsächlichen Verhältnisse für das Bestehen abhängiger Beschäftigungsverhältnisse sprächen.[21] Dieses Argument läuft im Kern darauf hinaus, dass die vertragliche Gestaltung unter Einschluss der steuerrechtlichen wie versicherungsrechtlichen Konsequenzen nur verschleiern soll, dass es sich in Wirklichkeit um eine Beschäftigung im sozialversicherungsrechtlichen Sinne handele. Dem ist Folgendes entgegenzuhalten:

a. Der (Fehl-)Schluss von dem Erscheinungsbild der Vertragsabwicklung auf die (fehlende) Verfügung über die eigene Arbeitskraft

Für die Annahme von Scheinselbstständigkeit fehlt es im Bereich der freiberuflichen Pflege an durchgreifenden Indizien. Zwar unterscheidet sich das Berufsbild, also die zu erbringenden Tätigkeiten freiberuflicher Pflegepersonen hinsichtlich der Vertragsabwicklung, in der Tat kaum von dem der angestellten Pflegekräfte. Auch haben selbstständige Pflegekräfte in der Regel keine größeren Investitionen zu tätigen, wie sie bei anderen freien Berufen erforderlich sind. Das unternehmerische Risiko beschränkt sich daher im Wesentlichen auf den Verdienstausfall.

Die bestehenden Ähnlichkeiten der geschuldeten Dienstleistung als (hinreichendes) Indiz für das Vorliegen eines Arbeitsverhältnisses zu nehmen, würde jedoch bei den selbstständig tätigen Pflegekräften in die Irre führen. Zu berücksichtigen sind mit grundsätzlich gleichem Gewicht auch die Unterschiede zwischen den beiden Modi der Pflegetätigkeit: Zum einen verbindet die freiberuflichen Pflegekräfte mit anderen Gewerbetreibenden im Unterschied zu festangestellten Pflegekräften, dass die Akquise ihrer Aufträge, die Werbung und die Buchhaltung zu ihrem Berufsbild gehören.[22] Für angestellte Pfleger und Pflegerinnen wäre ein solches Verhalten nicht nur illoyal gegenüber ihrem Arbeitgeber, sondern wohl auch wettbewerbswidrig. Auch das regelmäßig zu beobachtende Gewinnen weiterer Auftraggeber und die dem Auftragnehmer in einigen Fällen eingeräumte Befugnis, die Tätigkeit durch Dritte vornehmen zu lassen, sind als Indizien für eine

---
21 GKV-Spitzenverband/Deutsche Rentenversicherung Bund/Bundesagentur für Arbeit, Besprechung über Fragen des gemeinsamen Beitragseinzugs vom 8./9.5.2012, S. 4.
22 Zu diesen Merkmalen *Rittweger*, in: Beck'scher Online-Kommentar Sozialrecht, Bd. SGB IV, 2013, § 7 SGB IV Rz. 6.

Freiberuflichkeit zu werten.[23] Schließlich muss die freiberufliche Pflegekraft selbst für ihre Arbeitsmittel sorgen, was ebenfalls typisch für Selbstständige ist.

Zum anderen – vor allem – übersieht die Argumentation der Spitzenverbände aber Folgendes: Nur weil eine bestimmte Tätigkeit in der überwiegenden Zahl der Fälle in Arbeitsverhältnissen erbracht wird, bedeutet das nicht, dass dieselbe Tätigkeit nicht gleichzeitig in Form einer freiberuflichen Dienstleistung durchgeführt werden könnte. Wäre dem so, erschiene die jahrzehntelang geübte Praxis in Deutschland und anderen europäischen Ländern, das festangestellte Personal mit freiberuflich tätigen Kräften zu ergänzen, als eine erst in jüngster Zeit bemerkte Konzeption zur systematischen Täuschung der Sozialversicherungsträger. Ausgeschlossen werden könnte das zwar auf den ersten Blick nicht, da sich die zu beobachtende tatsächliche Ausgestaltung der Pflegetätigkeit nur in Einzelheiten von einer in einem Arbeitsverhältnis erbrachten unterscheidet und in diesem Umstand grundsätzlich Anhaltspunkte für eine Beschäftigung liegen können. Was der Betrachtung der Spitzenverbände aber entgeht, ist, dass – wie vorstehend unter III. beschrieben – aus der freiberuflichen, vom Direktionsrecht eines Arbeitgebers unabhängigen Stellung der Pflegekräfte eine größere Unabhängigkeit von einseitig festgelegten betrieblichen Erfordernissen resultiert. Aus Sicht der Pflegekräfte erhöht dies die Verlässlichkeit und Planbarkeit der gewählten Arbeitszeiten erheblich und ermöglicht andere Modelle der Arbeitszeitgestaltung. Davon wird in der Praxis auch vielfach Gebrauch gemacht.

Denkt man das erwähnte Täuschungsargument zu Ende, so müsste schließlich auch das Vorliegen eines subjektiven Tatbestands, eines Vorsatzes, zumindest plausibel erscheinen. Spezifische Anhaltspunkte dafür, dass gerade diese Berufsgruppe die typusbezogene Absicht hat, die Sozialversicherungspflicht zu vermeiden, sind bislang nicht vorgetragen worden und sind auch im Übrigen nicht ersichtlich.

Im Gegenteil müssen die Pflegekräfte in aller Regel vertraglich bestätigen, ihren sozialversicherungsrechtlichen Verpflichtungen, insbesondere zur Beitragszahlung, nachgekommen zu sein. Dass dies generell nur zum Schein geschieht, ist nicht erkennbar. Auf die Zugehörigkeit zur Gruppe der Pflegepersonen alleine kann es zur Bestimmung des anwendbaren Typus nämlich nicht ankommen, auch wenn für die Frage der Beschäftigung im Sinne von § 7 Abs. 1 S. 1 SGB IV die Schutzwürdigkeit der fraglichen Berufsgruppe entscheidend ist und eine gesonderte Prüfung der Verhältnisse im Einzelfall nicht stattfindet.[24] Diese Betrachtung muss aber zwischen der Berufsgruppe

---

23 So auch BayLSG v. 22.3.2011, Az. L 5 R 627/09, Rz. 19 (zitiert nach juris.)
24 *Berchtold*, Viertes Sozialgesetzbuch (SGB IV), in: Kreikebohm/u. a. (Hg.), Beck'scher Kurz-Kommentar zum Sozialgesetzbuch, 2013, § 7 SGB IV Rz. 4.

der angestellten Pflegekräfte einerseits und der Berufsgruppe der freiberuflichen Pflegekräfte andererseits differenzieren. Für Letztere ist eine generelle (!) Schutzwürdigkeit jedenfalls dann nicht anzunehmen, wenn und soweit die erforderlichen Sozialversicherungsverhältnisse bestehen. Insoweit kann es keinen Unterschied machen, ob die Tätigkeit ambulant oder in Altenheimen und Krankenhäusern ausgeübt wird.

b. Die Aufteilung der Verantwortlichkeiten bei Arbeitsverhältnissen und freiberuflicher Tätigkeit als maßgebliche Differenzierung

Die Spitzenverbände der Sozialversicherungen machen es sich daher zu einfach, indem sie die angezeigte typisierende Betrachtung auf das in Einrichtungen tätige Pflegepersonal *insgesamt* anwenden. Das kann schon deshalb nicht verfangen, weil es sich bei selbstständig Tätigen und festangestellten Pflegepersonen bei verständiger Würdigung der Unterschiede **nicht um dieselbe Berufsgruppe** im Sinne des SGB IV handelt und die gebotene gruppenbezogene Schutzwürdigkeit der Betroffenen[25] daher differenziert zu betrachten ist. Während die festangestellten Pflegekräfte in erster Linie ihrem Arbeitgeber gegenüber verpflichtet sind, handeln die freiberuflichen Pflegekräfte auf eigene Verantwortung. Während der angestellte Pfleger nur im Innenverhältnis gegenüber seinem Arbeitgeber haftet, sind die freiberuflichen Pflegepersonen für ihre Dienstleistung selbst verantwortlich, weshalb sie eine Berufshaftpflichtversicherung abschließen.[26]

Bezogen auf das in der Rechtsprechung des Bundessozialgerichts[27] wie des Bundesarbeitsgerichts[28] zentrale Merkmal der rechtlich gefassten persönlichen Abhängigkeit der Beteiligten bei unselbstständiger Erwerbstätigkeit muss daher festgehalten werden, dass die darin zum Ausdruck kommende Fremdbestimmung ausweislich der vertraglichen Gestaltung gerade nicht gewollt ist. Diesem Umstand kommt besondere Bedeutung zu, wenn man wie das Bundessozialgericht der vertraglichen Gestaltung die Funktion eines Ausgangspunktes für die Prüfung des Beschäftigungsbegriffs zuweist.[29] Dem entspricht auch das tatsächliche Bedürfnis der Auftragnehmer nach einem größeren Maß an Selbstbestimmung über die Ausübung des Berufes, als es im Rahmen festangestellter Arbeitsverhältnisse möglich

---

25 BSG v. 27.1.2000, B 12 KR 16/99 R, SozR 3–2500 § 8 Nr. 5; s. vorstehend Abschnitt.
26 Auch darin ist ein Indiz für eine selbstständige Tätigkeit zu sehen, vgl. BayLSG v. 22.3.2011, Az. L 5 R 627/09, Rz. 21 (zitiert nach juris).
27 BSG v. 25.4.2012 – B 12 KR 24/10 R, SozR 4–2400 § 7 Nr. 15; *Berchtold*, Viertes Sozialgesetzbuch (SGB IV), in: Kreikebohm/u. a. (Hg.), Beck'scher Kurz-Kommentar zum Sozialgesetzbuch, 2013, § 7 SGB IV, Rz. 12 m. w. N.
28 BAG, Urt. v. 20.5.2009 (BeckRS 2009, 67309).
29 BSG, Urteil vom 29.8.2012 – B 12 KR 25/10 R, NZS 2013, 181, Rz. 17.

wäre. Damit nehmen die freiberuflichen Pflegekräfte auch die Nachteile und Risiken der Selbstständigkeit – Vergütungsausfall im Falle von Krankheit, Unsicherheit über die zu erzielenden Einkünfte – bewusst in Kauf.[30]

3. Schutzwürdigkeit der Berufsgruppe der „Pflegepersonen" als Rechtfertigung eines Eingriffs in Art. 12 Abs. 1 GG

Auch wäre die Schutzwürdigkeit einer Berufsgruppe, die den staatlichen Schutz ausdrücklich nicht wünscht, angesichts des grundsätzlichen Schutzes der beruflichen Willensfreiheit aus Art. 12 Abs. 1 GG nur schwer zu begründen. Soweit man dieser Argumentation nicht folgt und eine Schutzwürdigkeit der selbstständigen Pflegepersonen auch gegen deren Willen annimmt, verbietet sich die Praxis der Sozialversicherungsträger aus Gründen der Verhältnismäßigkeit, was sich aus folgender Überlegung ergibt:

Die Annahme einer Beschäftigung im Sinne des § 7 SGB IV wegen der andernfalls eintretenden Versicherungslosigkeit der Betroffenen wäre wegen des damit für sie verbundenen Zwangs, den Beruf aufzugeben oder als Arbeitnehmer auszuüben, ein nicht zu rechtfertigender Eingriff in deren Berufsfreiheit nach Art. 12 Abs. 1 GG. Die freiberufliche Betätigung gehört zum Grundtatbestand des Schutzbereichs dieses Grundrechts und schließt die autonome Bestimmung darüber ein, welche Tätigkeit zur Erzielung eines Lebensunterhalts in welcher Form ausgeübt wird.[31]

Eine Auslegung des Beschäftigungsbegriffs, wie sie von der derzeit (noch) überwiegend vertretenen Ansicht zur Wahrnehmung pflegerischer Aufgaben in Krankenhäusern und Alten- und Pflegeheimen vertreten wird, läuft von ihren Wirkungen her auf ein Berufsverbot für freiberufliche Pflegepersonen, die in diesen Einrichtungen arbeiten, hinaus und wäre daher nur durch überragend wichtige Gemeinschaftsgüter zu rechtfertigen.[32] Nimmt man zugunsten der gegenwärtig herrschenden Auffassung an, es läge nur eine Berufsausübungsregelung für freiberufliche Pflegekräfte im Allgemeinen, also ohne weitere Bezugnahme auf den Arbeitsort, vor, so würde dieser wegen der Bedeutung der Krankenhäuser und Pflegeheime im Bereich der Pflege ein erhebliches Gewicht zukommen und die selbstständig tätigen Pflegepersonen auf die ambulante Pflege verweisen. Dieser Ausweg ist zurzeit versperrt, da die vom Verband der Ersatzkassen (VDEK) geschlossenen Versorgungsverträge mit den ambulanten Pflegediensten eine Dienstleis-

---

30 DfBK, Stellungnahme „Die freiberufliche Berufsausübung ist ein Grundrecht von Pflegefachpersonen!", August 2012, S. 3.
31 BVerfGE 7, 377 (398 f.); 50, 290 (363 ff.); BVerwGE 1, 54 f.; *R. Scholz*, in: Maunz/Dürig, GG, 47. Erg. Lfg. 2006 (Stand 2013), Art. 12 Rz. 18.
32 St. Rspr. seit BVerfG v. 8.3.1983, E 63, S. 266 (286); v. 27.1.1982, E 59, S. 302 (315); v. 29.10.1997, E 97, S. 12 (26).

tungserbringung durch Freiberufler untersagen. Aber selbst wenn sich das in Zukunft ändern würde, wären die Anforderungen an eine gelingende Rechtfertigung einer so erheblich die beruflichen Wahlmöglichkeiten einschränkenden Berufsausübungsregelung hoch.

Zur Rechtfertigung genügt die Erhöhung der finanziellen Stabilität der Sozialversicherungen nicht. Zwar dürfen finanzielle Erwägungen – insbesondere die Begründung einer leistungsfähigen Solidargemeinschaft – durchaus bei der Bestimmung des Kreises der Versicherungspflichtigen berücksichtigt werden.[33] Für eine Erweiterung des versicherten Personenkreises wäre es aber nicht erforderlich, die freiberufliche Wahrnehmung von Pflegetätigkeiten durch die in Rede stehende Auslegung des Beschäftigungsbegriffs zu erschweren. Daher kann auch eine denkbare Rechtfertigung solcher Grundrechtseingriffe unter Verweis darauf, die Betroffenen bedürften des Schutzes durch eine Pflichtversicherung, den skizzierten verfassungsrechtlichen Maßstäben nicht genügen. Ob es sich bei der Schutzbedürftigkeit einer bestimmten Berufsgruppe um ein „überragend wichtiges Gemeinschaftsgut" handelt, wäre zwar mit Bemühung der Gestaltungsspielräume des Gesetzgebers unter Umständen zu bejahen, kann aber selbst dann dahinstehen, wenn man die finanzielle Stabilität der Sozialversicherungen ebenfalls als legitim und als ein unterstützendes Argument anerkennt. Denn sie kann jedenfalls nicht über den Umweg einer unter Ansehung des verfassungsrechtlichen Schutzes gewerblicher Tätigkeit nicht angezeigten Auslegung des Beschäftigungsbegriffs gelingen:

Ob eine Berufsgruppe schutzwürdig ist oder nicht, entscheidet nach den Vorgaben des Grundgesetzes über die Gewaltenteilung der Gesetzgeber. Das hat er mit verschiedenen Vorschriften getan, neben dem hier in Rede stehenden § 7 SGB IV[34] auch mit § 2 SGB VI, wonach bestimmte freie Berufe in der gesetzlichen Rentenversicherung pflichtversichert sind. Im Pflegebereich sind danach Pflegepersonen, die in der Kranken-, Wochen-, Säuglings- oder Kinderpflege tätig sind, pflichtversichert (§ 2 Nr. 2 SGB VI). Auch Entbindungspfleger sind pflichtversichert (§ 2 Nr. 3 2. Alt. SGB VI). Dagegen sind es die Altenpfleger nicht. Auch freiberuflich tätige Masseure, die in Einrichtungen arbeiten, tun das in Form der selbstständigen Tätigkeit, ohne dass sie gesetzlich pflichtversichert wären. Offenbar geht der Gesetzgeber von einer geringeren Schutzbedürftigkeit der Masseure aus.

Daran lässt sich sehen, dass es für die Herstellung eines Schutzes durch die gesetzliche Sozialversicherung – sollte er gegenwärtig für die Altenpfle-

---

33 Zur Krankenversicherung st. Rspr., BVerfGE 10, 354 (363 ff.); 12, 319 (323 ff.); 29, 221 (235 ff.); 44, 70 (90); 48, 227 (234); 103, 197 (221 ff.); 103, 271 (288); s. a. den Nichtannahmebeschluss v. 4.2.2004, – 1 BvR 1103/03 – Rz. 25.

34 Zur Funktion des § 7 Abs. 1 SGB IV, den Betroffenen den Schutz zwangsweise (!) zukommen zu lassen, ausdrücklich S. Leitherer, in: Kasseler Kommentar Sozialversicherungsrecht, Bd. I, 2013, § 7 SGB IV Rz. 2.

ger nicht festzustellen sein, obwohl sie schutzbedürftig sind – nicht einer Verneinung der Selbstständigkeit dieser Berufsgruppe bedürfte. Es würde ausreichen, den Schutz über die Schaffung einer gesetzlichen Versicherungspflicht zu bewirken, wie er für Krankenpfleger bereits besteht (§ 2 Nr. 2 SGB VI). Dabei hätte der Gesetzgeber die Wahl zwischen einer Versicherungspflicht bei der gesetzlichen Rentenversicherung oder alternativ in Form einer privaten Rentenversicherung. Das Verbot, einen Beruf in einer bestimmten Art und Weise auszuüben, um zu einer Versicherungspflicht der Betroffenen zu gelangen, verstieße mit den vorstehenden Überlegungen jedoch gegen das Gebot der Erforderlichkeit. Was aber dem Gesetzgeber wegen der ihm durch den Verhältnismäßigkeitsgrundsatz gesetzten Grenzen verboten wäre, kann den Sozialversicherungsträgern bei der Anwendung des geltenden Rechts nicht erlaubt sein.

Im Übrigen wäre die mit der Schutzwürdigkeit begründete Annahme einer sozialversicherungsrechtlichen Beschäftigung für die Krankenpfleger und -pflegerinnen jedenfalls für den Bereich der gesetzlichen Rentenversicherung eine Verletzung des Übermaßverbots, da für diese Berufsgruppe eine gesetzliche Pflichtversicherung besteht. Soweit dies der Fall ist, etwa im Bereich der gesetzlichen Krankenversicherung, bei der keine Versicherungspflicht für Selbstständige vorgesehen ist (§ 5 Abs. 5 SGB V), gilt das vorstehend Ausgeführte mit der Maßgabe, dass dann, wenn der Gesetzgeber entschieden hat, dass eine Versicherungspflicht für bestimmte Personengruppen nicht besteht, dies von der Verwaltung und den Gerichten aus verfassungsrechtlichen Gründen nicht über den Umweg einer Auslegung von § 7 Abs. 1 S. 1 SGB IV „korrigiert" werden darf.

F. Zusammenfassung und Ausblick

Die vorstehenden Überlegungen lassen sich folgendermaßen bilanzieren: Seit etwas mehr als zwei Jahren ist es die Praxis der Sozialversicherungsträger, im Ansatz ohne ergebnisoffene Einzelfallprüfung anzunehmen, dass Pflegekräfte in Einrichtungen wie Krankenhäusern, Pflege- oder Altenheimen nicht selbstständig tätig sein können. Werden die Vertragsverhältnisse als Dienstverträge ohne Weisungsbefugnis der Einrichtungen ausgestaltet, so wird dies im Ergebnis als Verschleierung einer sozialversicherungspflichtigen Beschäftigung im Sinne von § 7 Abs. 1 S. 1 SGB IV gewertet.

Der Sichtweise ist zuzugeben, dass sich die Vertragsabwicklung in ihrem tatsächlichen Erscheinungsbild in beiden Modi der Erbringung von Pflegetätigkeiten weitgehend gleicht. Dennoch gibt es wesentliche – rechtliche wie tatsächliche – Unterschiede zwischen festangestellten und freiberuflichen Pflegekräften, die einer rechtlichen Gleichsetzung der beiden Gruppen entgegenstehen (vorstehend II. und III.). Für manche Pflegekräfte sind die Arbeitsbedingungen angestellter Pfleger und Pflegerinnen ein Grund, bestimmte Risiken und Nachteile in Kauf zu nehmen, die mit einer gewerblichen Tätigkeit verbunden sind. In der Folge versichern sie sich hinsichtlich der Risiken einer Berufshaftpflicht, der Krankheit und der Altersvorsorge selbst. Im Kern verfolgen freiberufliche Pflegekräfte damit ein Konzept der autonomen Verantwortlichkeit gegenüber dem Auftraggeber und den Betreuten, während angestellte Pflegepersonen in erster Linie für ihren Auftraggeber tätig sind und damit den Grundsätzen der Fremdbestimmung, der Heteronomie, folgen. Diese Wahl der selbstständigen Pflegekräfte wird von der Verfassung, insbesondere von Art. 12 Abs. 1 GG, geschützt.

Die entgegenstehende Argumentation der Spitzenverbände der Sozialversicherungen wird den aufgezeigten notwendigen Differenzierungen nicht gerecht. Belastbare Anzeichen dafür, dass die gewählten vertraglichen Vereinbarungen und ihre tatsächliche Durchführung generell zum Zweck der Täuschung der Sozialversicherungsträger durchgeführt würden und nicht zur Verfolgung eines Konzepts der selbstbestimmten Arbeit, sind nicht ersichtlich.

Darüber hinaus könnte das zwar nicht ausdrücklich vorgetragene, aber prinzipiell denkbare und im Ansatz auch nachvollziehbare Argument, die Pflegekräfte bedürften dennoch eines Schutzes durch die gesetzliche Sozialversicherung, in seiner Pauschalität nicht verfangen.

Erstens würde so fälschlicherweise von der überwiegenden Ausgestaltung einer bestimmten Tätigkeit im Rahmen von Arbeitsverträgen darauf geschlossen, dass diese Tätigkeit nur und ausschließlich in angestellter Form erfolgen könne. Das käme einem naturalistischen Fehlschluss nahe und könnte schon deshalb nicht überzeugen, weil es sich bei selbstständigen Pflegekräften und angestellten Pflegekräften nicht um dieselbe Berufsgruppe handelt, sondern um wesentlich verschiedene Modelle der Verwirklichung pflegerischer Tätigkeiten.

Zweitens wäre selbst dann, wenn man die Schutzwürdigkeit auch der selbstständigen Pflegekräfte bejahen und die ausdrückliche Einlassung der Betroffenen, sie bedürften dieses Schutzes nicht, als irrelevant beiseiteschieben würde, der mit der in Rede stehenden Auslegung von § 7 Abs. 1 S. 1 SGB IV verbundene Eingriff in Art. 12 Abs. 1 GG nicht zu rechtfertigen. Je nachdem, wie man die Berufsgruppen definiert, handelt es sich um ein Berufsverbot für selbstständige Pflegekräfte, die in Einrichtungen arbeiten, oder zumindest um eine erheblich einschränkende Berufsausübungsregelung, die die freiberuflichen Pflegepersonen auf den ambulanten Bereich verweisen würde. Der letztgenannte Ausweg ist derzeit praktisch versperrt, da die aktuell geltenden Versorgungsverträge eine Leistungserbringung durch Freiberufler ausschließen. In beiden Fällen wäre die Subsumtion unter den Beschäftigungsbegriff des § 7 Abs. 1 SGB IV nicht erforderlich und damit unverhältnismäßig.

Der Schutz über eine Sozialversicherung, sollte er dem Gesetzgeber zur Erhöhung der sozialen Sicherheit der Pflegekräfte oder zur Sicherung der Leistungsfähigkeit der Solidargemeinschaft nötig erscheinen, könnte auch über eine Versicherungspflicht nach dem Vorbild des § 2 Nr. 2 SGB VI hergestellt werden. Wäre es aber dem Gesetzgeber verboten, die selbstständige Pflege in Einrichtungen unter Berufung auf die Notwendigkeit eines sozialversicherungsrechtlichen Schutzes abzuschaffen oder erheblich in ihrem Betätigungsfeld zu beschränken, so gilt das erst recht für die Sozialversicherungsträger bei der Auslegung von § 7 Abs. 1 S. 1 SGB IV, die die Entscheidung des Gesetzgebers nicht überspielen dürfen, die freiberufliche Pflege grundsätzlich zuzulassen (vgl. § 2 Nr. 2 SGB VI) und für die Betroffenen dabei zum Teil keine gesetzliche Versicherungspflicht vorzusehen. Abhilfe könnte der Gesetzgeber dadurch schaffen, indem er die gesetzliche Rentenpflichtversicherung auf andere, bisher nicht einbezogene Pflegeberufe wie dem der Altenpfleger ausdehnen könnte. Das ließe das Berufsbild der freiberuflichen Pflege intakt und würde ihr trotzdem sozialversicherungsrechtlichen Schutz gewähren.

Der Honorararzt – abhängig beschäftigt oder selbstständig?

Dr. Sören Langner, LL.M., Fachanwalt für Arbeitsrecht und Partner bei CMS Hasche Sigle, Berlin

A. Einleitung

Der Einsatz von Honorarärzten gehört inzwischen zur Versorgungsrealität im deutschen Gesundheitswesen und betrifft nahezu sämtliche Bereiche ärztlichen Wirkens, von ambulant bis stationär. Fast 60 % aller deutschen Krankenhäuser setzen Honorarärzte ein.[1] Dies entspricht in etwa der Anzahl der Krankenhäuser, die freie Arztstellen nicht besetzen können.[2] Laut Erhebungen des Bundesverbandes der Honorarärzte waren 2016 folgende Fachrichtungen besonders häufig auf Honorarbasis tätig: Anästhesie (46 %), Allgemeinmedizin und Innere Medizin (22 %) sowie Chirurgie bzw. operierende Fächer (13 %).[3] Stellenbesetzungsprobleme sind aber nicht immer der Grund für den Einsatz von Honorarärzten. Kooperationen mit niedergelassenen Ärzten sind für viele Krankenhäuser auch ein Mittel zur Qualitätssteigerung durch den Einsatz von Spezialisten und freilich auch als Instrument des aktiven Zuweisermanagements. Dabei ist der sozialversicherungsrechtliche Status von Honorarärzten seit Jahren ein Thema, sowohl in der Rechtsprechung[4] als auch in der (strengen) Prüfpraxis der Deutschen Rentenversicherung Bund[5]. Die Schnittstellen zu anderen Rechtsgebieten sind vielfältig; die meisten Wechselwirkungen bestehen zum Vertragsarzt- und Krankenhausrecht (dort insbesondere Vereinbarkeit mit vertragsärztlicher Tätigkeit, Vergütung für allgemeine Krankenhausleistungen und Wahlleistungen), aber auch zum Arbeits- und Strafrecht. Dies erfordert einen inter-

---

[1] DKI Krankenhausbarometer 2016, S 27 ff., abrufbar unter https://www.dki.de/service/downloads/forschung.
[2] DKI Krankenhausbarometer 2016, S. 17.
[3] Bundesverband der Honorarärzte (BV-H), abrufbar unter https://bv-honoraraerzte.de/info/presse.html.
[4] Zuletzt SG Kassel v. 11.1.2017 – S 12 KR 448/15, S 12 KR 299/16, S 12 KR 341/16; LSG Baden-Württemberg v. 21.2.2017 – L 11 R 2433/16; Schleswig-Holsteinisches LSG v. 22.11.2016 – L 5 KR 176/16 B ER; besonders restriktiv: LSG Baden-Württemberg v. 27.4.2016 – L 5 R 852/14 und v. 17.4.2013 – L 5 R 3755/11. Zum Sonderfall der Honorar-Notärzte im Rettungsdienst zuletzt BSG v. 1.8.2016 – B 12 R 19/15 B; LSG Mecklenburg-Vorpommern v. 28.4.2015 – L 7 R 60/12; *Reiserer/Weiss-Bölz*, DStR 2016, 2335.
[5] Hierzu *Diepenbrock*, NZS 2016, 127; vgl. auch *Ritter*, Sozialversicherungspflicht von Notärzten, 2016.

disziplinären Blick auf die Materie, und auch einen Blick zurück auf die wechselvolle Geschichte des Honorararztwesens, mit all seinen Ausprägungen, von Lösungs- und Umgehungsversuchen bis hin zu verschiedenen Gesetzesinitiativen. Inzwischen gibt es sogar Monographien[6] und Doktorarbeiten[7] zu diesem Thema.

An sich ist das Phänomen der Honorarärzte nicht neu, wie eine ältere Entscheidung zum Krankenhausplanungsrecht zeigt.[8] Allerdings werden erst mit den Änderungen durch das Vertragsarztrechtsänderungsgesetz (VÄndG) im Jahre 2007 Honorarärzte in nennenswerten Dimensionen eingesetzt. Dies lag insbesondere an der Neufassung von § 20 Abs. 2 S. 2 Ärzte-ZV, wonach die Tätigkeit in oder die Zusammenarbeit mit einem zugelassenen Krankenhaus nach § 108 SGB V oder einer Vorsorge- oder Rehabilitationseinrichtung nach § 111 SGB V mit der Tätigkeit des Vertragsarztes vereinbar ist.

B. Erscheinungsformen

Eine gesetzliche Definition des Honorararztes existiert – bis auf den in der Praxis bislang nur wenig genutzten Sonderfall[9] des Belegarztes mit Honorarvertrag (§ 121 Abs. 5 SGB V) – bislang nicht. Es gibt Definitionen der Bundesärztekammer, des Bundesverbandes der Honorarärzte e. V. und – für den Krankenhausbereich – des BGH,[10] dort zu Honorarärzten in der Wahlarztkette nach § 17 Abs. 3 KHEntgG[11]. Gemein ist allen Definitionen, dass es sich um einen Facharzt handelt, der zeitlich befristet und freiberuflich auf Honorarbasis (also nicht als Arbeitnehmer) tätig wird.

Aus Sicht der Praxis ist darüber hinaus zwischen Honorarärzten mit eigener Niederlassung oder anderweitigem Beschäftigungsverhältnis (z. T. auch Honorarkooperationsarzt[12] oder Honorarärzte im weiteren Sinne[13] genannt) und Honorarärzten ohne eigene Niederlassung oder anderweitigem Beschäftigungsverhältnis (z. T. auch „echte" Honorarärzte genannt) zu unterschei-

---

6 *Schäfer*, Honorararzt – Flexibilität und Freiberuflichkeit, 2. Auflage 2014; *Porten*, Handbuch Honorararztrecht, 2014.
7 *Goetzke*, Die Rechtsstellung des Honorararztes, 2014; *Porten*, Grundlagen und Grenzen der Leistungserbringung durch Honorarärzte, 2013.
8 OVG Berlin v. 26.6.1996 – 7 S 144.96.
9 Wegen des 20 %-Abschlages bei der Fallpauschale (Hauptabteilungs-DRG) gilt diese Kooperationsform als wirtschaftlich unattraktiv, vgl. § 18 Abs. 3 KHEntgG.
10 Zum Ganzen *Ufer*, ZMGR 2017, 3 m. w. N.
11 BGH v. 16.10.2014 – III ZR 85/14.
12 OVG Lüneburg v. 12.6.2013 – 13 LC 173/10; *Goetzke*, Kap. 1 A I 3; *Schneider/Ebermann*, HRRS 2013, 219; *Ufer*, a. a. O.
13 *Goetzke*, S. 24 ff.

den.[14] Teilweise wird für typische Vertretungssituationen auch der Begriff des Honorarvertretungsarztes gebraucht.[15] Zur Vermittlung von Honorarärzten hat sich eine ganze Branche von Vermittlungsagenturen entwickelt, die teils Arbeitnehmerüberlassung nach dem Arbeitnehmerüberlassungsgesetz (AÜG) anbieten und teils „selbstständige" Honorarärzte vermitteln.[16] Neuerdings werden von Honorarärzten zur „Vermeidung von Scheinselbstständigkeit" auch juristische Personen gebildet, auf die als Vertragspartner die Erbringung der ärztlichen Leistung ausgelagert wird.[17] Freilich gibt es daneben noch den klassischen Konsiliararzt, der lediglich unterstützende oder begleitende Leistungen, aber nicht die Hauptbehandlungsleistung auf Honorarbasis erbringt und nur in Einzelfällen – also weder regelmäßig noch in größerem Umfang – hinzugezogen werden kann, wenn und soweit der jeweilige Leistungserbringer die entsprechende Kapazität bzw. das Knowhow der jeweiligen Fachdisziplin nicht selbst vorhält. Abzugrenzen ist der Honorararzt vom gesetzlich geregelten Fall des Belegarztes (mit oder ohne Honorarvertrag), § 121 Abs. 2 und Abs. 5 SGB V, der einer gesonderten Zulassung durch die zuständige Kassenärztliche Vereinigung bedarf, § 121 Abs. 2 SGB V i. V. m. § 40 BMV-Ä.

C. Rechtliche Grenzen, zusätzlich zur Statusfrage

I. Historie

Insbesondere im Vergütungsrecht war lange – d. h. vor Inkrafttreten der Neufassung von § 20 Abs. 2 Ärzte-ZV durch das Vertragsarztrechtsänderungsgesetz zum 1.1.2007 und des § 2 KHEntgG durch das PsychEntgeltgesetz zum 1.1.2013 – umstritten, ob vom Krankenhaus veranlasste Leistungen Dritter als allgemeine Krankenhausleistung abrechenbar waren.[18] Auch wenn es zur alten Rechtslage bereits Rechtsprechung[19] gab, die diese Frage bejahte, hat das BSG nun ausdrücklich darauf hingewiesen, dass die Erbringung der Hauptbehandlungsleistung durch einen nicht fest beim Krankenhausträger angestellten Arzt – jedenfalls vor dem 1.1.2007 – nicht abrech-

---

14 Siehe auch die Positionsbestimmung der Bundesärztekammer (BÄK) und der Kassenärztlichen Bundesvereinigung (KBV), Honorarärztliche Tätigkeit in Deutschland, 2011, S. 14.
15 *Bender*, GesR 2013, 449; *Möller/Makoski*, GesR 2012, 647; *Goetzke*, S. 25; *Ufer*, a. a. O.
16 Typische Vertreter sind Stegdoc, hire a hoctor, doctari, rent a doc, Notarzt-Börse, FAA Facharztagentur usw.
17 Ärztegenossenschaft (z. B. Locumcert), Ärzte-AG (Clinica.Arzt AG).
18 Bejahend *Seiler*, NZS 2011, 410 m. w. N. zu den Gegenauffassungen.
19 OVG Lüneburg v. 12.6.2013 – 13 LC 173/10 (zur Berücksichtigungsfähigkeit im Erlösbudget); OVG Berlin v. 26.6.1996 – 7 S 144.96.

nungsfähig war, sondern eigenes Personal voraussetzte.[20] Eine zulässige „vom Krankenhaus veranlasste Leistung Dritter" könne nur dann bestehen, wenn die durchgeführte Operation nicht die Hauptleistung ist.[21] Diese Entscheidung ist außerordentlich lesenswert, um die unterschiedlichen Rechtsrahmen und die hierzu vertretenen Auffassungen in dieser Frage besser nachvollziehen zu können. Das BSG hob zur Rechtslage vor dem 1.1.2007 hervor, dass – „als Ausnahme von der Regel" – die vom Krankenhaus veranlassten Leistungen Dritter nur Leistungen seien, die im Verhältnis zu der vom Krankenhaus zu erbringenden Hauptbehandlungsleistung lediglich ergänzende oder unterstützende Funktion haben.[22] Dies sei ab dem 1.1.2007 durch § 20 Abs. 2 Ärzte-ZV und spätestens seit dem 1.1.2013 durch § 2 Abs. 1 S. 1 KHEntgG und die Ergänzung um § 2 Abs. 3 KHEntgG anders geworden. Insgesamt sollte mit der Neuregelung im KHEntgG ausdrücklich gesetzlich verankert werden, dass Krankenhäuser ihre allgemeinen Krankenhausleistungen auch durch nicht fest im Krankenhaus angestellte Ärztinnen und Ärzte erbringen können, wobei für eine Rückwirkung dieser Regelung nichts – weder Wortlaut noch Entstehungsgeschichte, Regelungssystem und Regelungszweck – spreche.[23]

II. Aktuelle Fallstricke

1. Krankenhausdefinition

Die Entscheidung des BSG vom 17.11.2015 scheint eine Klärung für die Rechtslage vor 2007 herbeigeführt zu haben, wirft aber aufgrund seiner Ausführungen zu § 107 SGB V neue Fragen für den derzeit geltenden Rechtsrahmen auf. Nun scheint wieder offen zu sein, ob der Einsatz von Honorarärzten – ggf. ab einem gewissen Umfang, der wohl Einzelfallfrage ist – der gesetzlichen Definition eines Krankenhauses gemäß § 107 Abs. 1 Nr. 3 SGB V entgegensteht, die „jederzeit verfügbares Personal" verlange. Dies bedeute zwar nicht zwingend, dass unter Personal ausschließlich der Personenkreis fällt, der in einem Angestelltenverhältnis steht. Die jederzeitige Verfügbarkeit des Personals setze aber ein Direktionsrecht des Krankenhausträgers gegenüber dem ärztlichen Personal voraus.[24] Ob ein solches Direktionsrecht – ohne die Kriterien einer abhängigen Beschäftigung zu erfüllen – vermittelt werden kann, ist sehr fraglich. Das könnte (mal wieder) ein „Todesurteil" für manche Honorararztkonstellation sein.

---

20 BSG v. 17.11.2015 – B 1 KR 12/15 R; so bereits LSG Sachsen v. 30.4.2008 – L 1 KR 103/07 zu ambulanten Operationen.
21 BSG, a. a. O.
22 BSG v. 17.11.2015 – B 1 KR 12/15 R; so bereits BSG v. 28.2.2007 – B 3 KR 17/06 R.
23 BSG v. 17.11.2015 – B 1 KR 12/15.
24 BSG, a. a. O.

2. Vertragsarztrechtliche Grenzen

Gleiches gilt nach Auffassung des BSG, wenn der Honorararzt als niedergelassener Vertragsarzt „wegen eines Beschäftigungsverhältnisses (...) für die Versorgung der Versicherten persönlich nicht in erforderlichem Maße zur Verfügung" stehe, was zur Ausbildung der sog. 13-Wochenstunden-Grenze führte.[25] Zwar hält es das BSG für sachgerechter, das Zur-Verfügung-Stehen in erforderlichem Umfang i. S. des § 20 Abs. 1 Ärzte-ZV typisierend vom höchstmöglichen Rahmen des Beschäftigungsverhältnisses her zu bestimmen.[26] Dem hält jedoch das LSG Bayern entgegen, dass die typisierende Auslegung des Bundessozialgerichts mit einer festen Zeitgrenze von 13 Wochenstunden bei einem vollen Versorgungsauftrag bzw. von 26 Stunden bei einem halben Versorgungsauftrag mit der vom Gesetzgeber mit dem GKV-Versorgungsstrukturgesetz intendierten Flexibilisierung nicht mehr vereinbar sei. Nunmehr sei jeweils im konkreten Fall zu prüfen, ob ein Beschäftigungs- oder Dienstverhältnis der Eignung für die Ausübung der vertragsärztlichen Versorgung entgegensteht, weil der Arzt unter Berücksichtigung der Dauer und der zeitlichen Lage der anderweitigen Tätigkeit den Versicherten nicht in dem seinem Versorgungsauftrag entsprechenden Umfang persönlich zur Verfügung steht.[27]

3. Unerlaubte Zuweisung gegen Entgelt, Antikorruptionsgesetz

Kooperationen zwischen Krankenhäusern und niedergelassenen Ärzten, die dann auf Honorarbasis im Krankenhaus entsprechende (ambulante oder stationäre) Leistungen erbringen, sind auch unter dem Gesichtspunkt der unerlaubten Zuweisung gegen Entgelt zu betrachten, § 73 Abs. 7 SGB V, § 128 Abs. 2 SGB V, § 31 MBO-Ä, § 31a KHGG NRW. Denn oft steckt in der einem niedergelassenen Kooperationshonorararzt durch das Krankenhaus gezahlten Vergütung bereits eine „Gegenleistung" für die Zuweisung von Patienten, da die niedergelassenen Ärzte im Regelfall „ihre" Patienten im Krankenhaus behandeln.[28] Besondere Brisanz hat das Thema durch die Neuregelung der §§ 299a, 299b, 300 StGB (Bestechung und Bestechlichkeit im Gesundheitswesen) durch das Antikorruptionsgesetz[29] bekommen. Die Beweggründe des Gesetzgebers sind zwar im Nachgang zum BGH-Urteil vom 29.03.2012 nachvollziehbar, führen aber zu einem „Generalverdacht"

---

25 BSG v. 30.1.2002 B 6 KA 20/01 R.
26 BSG v. 13.10.2010 – B 6 KA 40/09 R; a. A. LSG Bayern v. 14.1.2015 – L 12 KA 44/14.
27 LSG Bayern v. 14.1.2015 – L 12 KA 44/14.
28 *Ufer,* ZMGR 2017, 3, 6 ff. m. w. N.
29 BGBl 2016 Teil 1 Nr. 25, S. 1254 ff.

gegenüber jeder (an sich vom Gesetzgeber erwünschten sektorenübergreifenden) Kooperationsform.[30]

4. Wahlleistungen

Die Erbringung von Wahlleistungen gemäß § 17 Abs. 3 KHEntgG durch Honorarärzte war lange umstritten[31], wurde aber kürzlich vom BGH abgelehnt.[32] Dieser begründete seine Entscheidung mit dem klaren Wortlaut von § 17 Abs. 3 KHEntgG, der insoweit von „angestellten oder verbeamteten Ärzten" des Krankenhauses spricht (interne Liquidationskette) und für die Einbindung externer Ärzte die Veranlassung durch einen angestellten oder verbeamteten Arzt verlangt (externe Liquidationskette). Indem der Kreis der liquidationsberechtigten Ärzte positiv beschrieben wird, werde zugleich negativ geregelt, dass anderen Ärzten ein Liquidationsrecht nicht zustehe. Die Gegenauffassung verkenne, dass sonst die Anzahl der liquidationsberechtigten Ärzte durch bloße Vereinbarung über eine Behandlung gegen Privatrechnung frei bestimmt werden könnte. Damit würde die vom Gesetzgeber im Normtext eindeutig zum Ausdruck gebrachte Begrenzung auf angestellte oder beamtete Ärzte leer laufen.[33] Die gegen das Urteil eingelegte Verfassungsbeschwerde wurde zwar nicht angenommen, der Nichtannahmebeschluss des BVerfG[34] enthielt jedoch Aussagen, die einige Stimmen in der Literatur zum Anlass nahmen, das BGH-Urteil infrage zu stellen und die Einbindung von Honorarärzten in die Wahlarztkette zu bejahen.[35] Die Praxis wird sich aber auf das rechtskräftige BGH-Urteil einzustellen haben.

5. Versorgungsauftrag

Schließlich darf durch den Einsatz von Honorarärzten nicht der Versorgungsauftrag des jeweiligen Krankenhauses ausgedehnt werden.[36] Das beispielsweise mit einem allgemein-chirurgischen Versorgungsauftrag ausgestattete Krankenhaus darf deshalb nicht unter Hinzuziehung eines ent-

---

30 Zum Ganzen *Halbe*, MedR 2015, 168; *Ufer*, a. a. O. (Fn. 28).
31 Dafür: LG Kempten v. 30.4.2014 – 51 S 1227/13; LG Würzburg v. 22.5.2012 – 42 S 409/12; LG Heidelberg v. 21.12.2012 – 3 S 16/12; LG Nürnberg-Fürth v. 5.3.2012 – 11 S 9701/11; dagegen: LG Düsseldorf v. 6.3.2014 – 21 S 187/12; LG Kiel v. 31.5.2013 – 1 S 75/12.
32 BGH v. 16.10.2014 – III ZR 85/14; im Anschluss daran LG Stuttgart v. 4.5.2016 – 13 S 123/15.
33 BGH, a. a. O.
34 BVerfG v. 3.3.2015 – 1 BvR 3226/14.
35 *Theodiridis*, ZMGR 2015, 121; kritisch *Bäune*, MedR 2014, 76; *Bonvie*, jurisPR-MedizinR 5/2015 Anm. 4 (Anmerkung); *Clausen*, ZMGR 2016, 82; *Ufer*, a. a. O. (Fn. 28).
36 VG Frankfurt v. 9.2.2010 – 5 K 1985/08; VG Hannover v. 22.7.2010 – 7 A 1052/09; *Clemens*, MedR 2011, 770; *Möller/Makoski*, GesR 2012, 647; *Quaas*, GesR 2009, 459.

sprechenden Facharztes am Herzen operieren oder transplantieren.[37] Gleiches dürfte – und dies kam und kommt in der Praxis nicht selten vor – bei der Umwidmung von Beleg- in Hauptabteilungsbetten gelten.[38] Der Krankenhausplan 2016 für das Land Berlin weist beispielswiese ausdrücklich darauf hin, dass „die Umwidmung von Belegbetten in hauptamtlich geführte Betten planerisch wie eine Neuaufnahme von Betten in den Krankenhausplan betrachtet" werde.[39]

6. Zwischenfazit

Die hier angerissenen Fallstricke beim Einsatz von Honorarärzten zeigen, dass es sich um ein juristisches Minenfeld erster Güte handelt; wohlgemerkt in der Regel außerhalb der im Übrigen noch im Einzelfall zu prüfenden (oft streitigen) Statusfrage.

D. Status von Honorarärzten

Der sozialversicherungsrechtliche Status von Honorarärzten ist seit Jahren umstritten, geprägt durch eine strenge Prüfpraxis der Deutschen Rentenversicherung Bund und Gegenstand vieler (sich zum Teil widersprechender) Entscheidungen der Sozialgerichte. Eine Grundsatzentscheidung des BSG fehlt bislang.

Ausgangspunkt der Statusbeurteilung ist § 7 Abs. 1 SGB IV, wonach Beschäftigung die nichtselbstständige Arbeit ist, insbesondere in einem Arbeitsverhältnis. Anhaltspunkte für eine (sozialversicherungspflichtige) Beschäftigung sind eine Tätigkeit nach Weisungen und eine Eingliederung in die Arbeitsorganisation des Weisungsgebers. Zur Abgrenzung abhängiger Beschäftigung und Selbstständigkeit kann man von einer gefestigten Rechtsprechung des BSG sprechen.[40] Daran dürfte auch die Neuregelung des Arbeitnehmerbegriffs in § 611a BGB nichts ändern, zumal der Gesetzgeber auf die ursprünglich geplante Wechselwirkung zwischen Statusfeststellung im Sozialversicherungsrecht und Arbeitsrecht letztlich verzichtet hat.[41]

---

37 *Quaas/Zuck*, Medizinrecht, 3. Auflage 2014, § 16 Ärzte und Krankenhaus Rn. 146–161 m. w. N.
38 Häufig verbunden mit dem Ziel, mit den (ehemaligen) Belegärzten nunmehr auf Honorarbasis entsprechende Hauptabteilungsleistungen zu erbringen und abzurechnen; vgl. LSG Bayern v. 9.8.2006 – L 12 KA 268/04.
39 Abrufbar unter https://www.berlin.de/sen/gesundheit/themen/stationaere-versorgung/krankenhausplan/
40 Zuletzt BSG v. 24.3.2016 – B 12 KR 20/14 R.
41 Vgl. § 611a Abs. 3 BGB-E, Referentenentwurf des BMAS v. 16.11.2015.

Die allgemeinen Abgrenzungskriterien des BSG orientieren sich stets an den Begriffen Eingliederung, Weisungsgebundenheit, Unternehmerrisiko sowie an einer Gesamtschau der tatsächlichen Verhältnisse, ausgehend von den getroffenen Vereinbarungen, wobei stets die Maßgeblichkeit der tatsächlichen Verhältnisse bei Widerspruch zu den getroffenen Vereinbarungen hervorgehoben wird.[42] Bei Honorarärzten besteht zudem die Besonderheit, dass die Weisungsgebundenheit als „*Dienst höherer Art*" eingeschränkt und zur „*funktionsgerecht dienenden Teilhabe am Arbeitsprozess*" verfeinert sein kann.

Ob jemand abhängig beschäftigt oder selbstständig tätig ist, richtet sich, ausgehend von den genannten Umständen, nach dem Gesamtbild der Arbeitsleistung und hängt davon ab, welche Merkmale überwiegen. Die Zuordnung einer Tätigkeit nach deren Gesamtbild zum rechtlichen Typus der Beschäftigung bzw. der selbstständigen Tätigkeit setzt dabei voraus, dass alle nach Lage des Einzelfalls als Indizien in Betracht kommenden Umstände festgestellt, in ihrer Tragweite zutreffend erkannt und gewichtet, in die Gesamtschau mit diesem Gewicht eingestellt und nachvollziehbar, d. h. den Gesetzen der Logik entsprechend und widerspruchsfrei gegeneinander abgewogen werden.[43] Das sind hohe Anforderungen. Bei der Analyse der einschlägigen Rechtsprechung der Sozial- und Landessozialgerichte ist auffällig, dass die einzelnen Arbeitsschritte (Feststellen der Indizien, zutreffendes Erkennen der Tragweite der Indizien, zutreffende Gewichtung der Indizien, Einstellen dieser Indizien mit der jeweiligen Gewichtung in eine Gesamtschau, nachvollziehbare wie logische und widerspruchsfreie Abwägung dieser Indizien) nicht immer eingehalten werden. Aus Sicht der Praxis drängt sich sogar der Verdacht einer gewissen Beliebigkeit auf.

I. Die Rechtsprechung der Sozialgerichte

Die uneinheitliche Rechtsprechung der Sozial- und Landessozialgerichte scheint angesichts der Vielschichtigkeit der unterschiedlichen Sachverhalte beim Einsatz von Honorarärzten zunächst nicht verwunderlich. Auffällig ist jedoch die unterschiedliche Betonung und Gewichtung verschiedener Kriterien, was für die Praxis ein unbefriedigendes Ergebnis ist. Eine rechtskonforme Gestaltung von Honorararzteinsätzen wird auf diese Weise für die Praxis zu einem kaum beherrschbaren Risikospiel.

---

42 BSG v. 29.8.2012 – B 12 KR 25/10 R; BSG v. 18.11.2015 – B 12 KR 16/13 R („*maßgeblich ist die Rechtsbeziehung so wie sie praktiziert wird und die praktische Beziehung so wie sie rechtlich zulässig ist.*")

43 St. Rspr., zuletzt BSG v. 24.3.2016 – B 12 KR 20/14 R.

Die meisten Sozial- und Landessozialgerichte bejahten im konkreten Einzelfall zwar eine abhängige Beschäftigung.[44] Es gibt aber auch etliche Sozial- und Landessozialgerichte, die zu einem gegenteiligen Ergebnis gelangen.[45] Mit anderen Worten: Ein roter Faden ist kaum erkennbar.

II. Die Rechtsprechung der Arbeitsgerichte

Die Verwirrung komplettiert die Rechtsprechung der Arbeitsgerichte, die nahezu einhellig die Arbeitnehmereigenschaft von Honorarärzten im jeweiligen Einzelfall abgelehnt hatten.[46] Dies mag an der Darlegungs- und Beweislast bei Statusklagen bzw. am Beibringungsgrundsatz im Zivil- bzw. Arbeitsgerichtsprozess liegen. Die Vergleichbarkeit und unterschiedliche Gewichtung der Kriterien sind dennoch bemerkenswert und stärken nicht gerade das Vertrauen in eine nachvollziehbare und kohärente Rechtsprechung. Soweit ersichtlich, nahm lediglich das LAG Hamm die Arbeitnehmereigenschaft eines Honorararztes auf einem Kreuzfahrtschiff an.[47]

---

44 SG Kassel v. 11.1.2017 – S 12 KR 341/16 und S 12 KR 448/15; LSG Schleswig-Holstein v. 22.11.2016 – L 5 KR 176/16 B ER; HessLSG v. 7.7.2016 – L 8 KR 297/15; LSG Baden-Württemberg v. 27.4.2016 – L 5 R 852/14; LSG Nordrhein-Westfalen v. 26.4.2016 – L 8 R 744/15 B ER; SG München v. 10.3.2016 – S 15 R 1782/15; LSG Niedersachsen-Bremen v. 16.12.2015 – L 2 R 515/14 und v. 16.12.2015 – L 2 R 516/14; SG Darmstadt v. 16.11.2015 – S 8 KR 54/14; LSG Nordrhein-Westfalen v. 30.9.2015 – L 8 R 584/11; LSG Baden-Württemberg v. 20.8.2015 – L 4 R 1001/15; LSG Mecklenburg-Vorpommern v. 28.4.2015 – L 7 R 60/12; SG Dortmund v. 20.2.2015 – S 34 R 2153/13; LSG Niedersachsen-Bremen v. 18.12.2013 – L 2 R 64/10; LSG Baden-Württemberg v. 17.4.2013 – L 5 R 3755/11; SG Kassel v. 20.2.2013 – S 12 KR 69/12; SG Mannheim v. 16.6.2011 – S 15 R 2545/09.

45 LSG Baden-Württemberg v. 21.2.2017 – L 11 R 2433/16; SG Augsburg v. 13.5.2016 – S 2 R 954/14 (anhängig beim BSG: L 14 R 5089/16); LSG Rheinland-Pfalz v. 20.4.2016 – L 4 R 318/14; LSG Baden-Württemberg v. 19.4.2016 – L 11 R 2428/15; SG Berlin v. 3.11.2015 – S 122 KR 2119/12; LSG Brandenburg v. 20.3.2015 – L 1 KR 105/13; SG Braunschweig v. 25.7.2014 – S 64 KR 206/12; SG Braunschweig v. 25.7.2014 – S 64 KR 412/13; SG Berlin v. 26.2.2014 – S 208 KR 2118/12; LSG Niedersachsen-Bremen v. 29.8.2013 – L 10 R 519/09 (nicht veröffentlicht); SG Duisburg v. 22.3.2013 – S 21 R 1532/12 ER; SG Berlin v. 10.2.2012 – S 208 KR 102/09.

46 HessLAG v. 30.11.2015 – 16 Sa 583/15 und v. 14.1.2013 – 16 Sa 1213/12; ThürLAG v. 22.8.2011 – 6 Ta 73/11; LAG Rheinland-Pfalz v. 28.6.2011 – 11 Ta 123/11; LAG Hamm v. 7.2.2011 – 2 Ta 505/10.

47 LAG Hamm v. 2.7.2012 – 2 Ta 71/12.

III. Die typischen Argumente für und gegen abhängige Beschäftigung

1. Vorfrage: Aus rechtlichen Gründen unzulässig?

Einige Sozialgerichte halten den Einsatz von Honorarärzten aus rechtlichen Gründen für unzulässig. Berufs- und vergütungsrechtlich sei die ärztliche Tätigkeit nur als Anstellung oder als niedergelassener Arzt möglich; die Zuziehung Dritter gemäß § 2 KHEntgG bleibe die Ausnahme.[48] Insbesondere das Urteil des LSG Baden-Württemberg vom 17.4.2013[49] schlug hohe Wellen und wurde (zu Recht) heftig kritisiert.[50] Denn aus § 2 KHEntgG folgt keine gesetzgeberische Wertung zur Statusbestimmung.[51] Das KHEntgG regelt lediglich die Vergütungsansprüche von Krankenhäusern, enthält aber keine Aussagen zum sozialversicherungsrechtlichen Status von im Krankenhaus tätigen Personen.[52] Gleiches gilt für berufsrechtliche Fragen.[53] Es ist also davon auszugehen, dass der Gesetzgeber eine Honorararzttätigkeit im Krankenhaus nicht ausschließen wollte; es hat daher eine konkrete Prüfung des Einzelfalles zu erfolgen.[54]

Dem ist zuzustimmen, die entsprechenden Aussagen des Gesetzgebers sind eindeutig: *„Mit der Regelung wird ausdrücklich gesetzlich verankert, dass Krankenhäuser ihre allgemeinen Krankenhausleistungen auch durch nicht fest im Krankenhaus angestellte Ärztinnen und Ärzte erbringen können (...) Es ist deshalb auch nicht geboten, die Tätigkeit z. B. von niedergelassenen Ärzten in Krankenhäusern nur über ein Anstellungsverhältnis zu gestatten. Hinzu kommt, dass die Versorgungsrealität insbesondere in strukturell benachteiligten Räumen von Flächenländern flexible Möglichkeiten der Zusammenarbeit von Krankenhäusern mit niedergelassenen Ärztinnen und Ärzten erfordert, um eine ordnungsgemäße Patientenversorgung sicherzustellen. Zudem entspricht der Einsatz von im Krankenhaus nicht fest angestellten Honorarärzten bei der Erbringung allgemeiner Krankenhaus-*

---

48 LSG Baden-Württemberg v. 27.4.2016 – L 5 R 852/14 und 17.4.2013 – L 5 R 3755/11; iE auch SG München v. 10.3.2016 – S 15 R 1782/15.
49 Urteil v. 17.4.2013 – L 5 R 3755/11.
50 *Makoski*, AMK 2013, Nr. 7, 3; *ders.*, GuP 2013, 238–239; *Osmialowski*, ArztR 2013, 313; *Korthus*, KH 2013, 1165; *Clausen*, MedR 2014, 201; *Szabados*, ZMGR 2013, 299.
51 LSG Nordrhein-Westfalen v. 26.4.2016 – L 8 R 744/15 B ER und v. 30.9.2015 – L 8 R 584/11; LSG Baden-Württemberg v. 20.8.2015 – L 4 R 1001/15; SG Augsburg v. 13.5.2016 – S 2 R 954/14 n.rk.
52 Zutreffend LSG Baden-Württemberg v. 20.8.2015 – L 4 R 1001/15; SG Kassel v. 11.1.2017 – S 12 KR 341/16.
53 LSG Baden-Württemberg v. 19.4.2016 – L 11 R 2428/15.
54 LSG Baden-Württemberg, a. a. O.; SG Augsburg v. 13.5.2016 – S 2 R 954/14; SG Braunschweig v. 25.7.2014 – S 64 KR 412/13; SG Berlin v. 26.2.2014 – S 208 KR 2118/12 und v. 3.11.2015 – S 122 KR 2119/12.

leistungen einer bereits weit verbreiteten Praxis. Hierzu bewirkt die gesetzliche Regelung mehr Rechtssicherheit." [55]

2. Übernahme interner Funktionen

Die Übernahme interner Funktionen (z. B. Interims-Chefarzt, Ärztlicher Direktor, leitender Arzt, betrieblicher Beauftragter etc.) ist ein Indiz für die Eingliederung und führt in der Regel zur Annahme einer abhängigen Beschäftigung. Dies ist oft bei klassischen Vertretungssituationen der Fall (siehe nachfolgend). Die Wahrnehmung der internen Funktion macht in der Regel das arbeitsteilige Zusammenwirken, mindestens aber direkte Abstimmungen und Absprachen mit fest angestellten Mitarbeitern des Auftraggebers erforderlich.[56] Dies führt nahezu zwangsläufig zur Einbindung in die betriebliche Infrastruktur und bei (leitenden) Ärzten in bestehende Hierarchien. Dies ist insbesondere beim (Interims-) Chefarzt der Fall. Die systematische Integration ist insbesondere deshalb unverzichtbar, weil der umfassende Wissenstransfer zwischen allen für die medizinische Betreuung der Patienten Verantwortlichen maßgeblicher Teil des Qualitätssicherungsprozesses ist. Dies ist Standard eines jeden Qualitätsmanagements in diesem Bereich.[57] Typische Eingliederungsgesichtspunkte sind regelmäßige Fallkonferenzen mit Supervision, Erreichbarkeit für Rückfragen und für Krisensituationen, Aufbau tragfähiger Klinikstrukturen, Dokumentationssysteme und Abläufe sowie Fortbildungseinheiten für Studenten und Ärzte in der Facharztausbildung.[58]

3. Echte Vertretungsfälle

Gleiches gilt für Vertretungssituationen, in denen Honorarärzte dieselben Aufgaben übernehmen, die (zuvor) fest angestellte Ärztinnen und Ärzte übernommen haben. Dies ist die typische Situation des Vertretungshonorararztes, der arbeitsteilig mit anderen fest angestellten Ärzten (z. B. auf Station) tätig wird und im normalen Tagesgeschäft, also im regelhaften Krankenhausbetrieb eingegliedert ist.[59] Auf diese Weise werden in vielen Krankenhäusern akute Personalengpässe (entstanden durch Krankheit, Urlaub, Mutterschutz etc.) gelöst bzw. echte Vakanzen (vorübergehend)

---

55 BT-Drucks. 17/9992, S. 29 f.
56 LSG Nordrhein-Westfalen v. 26.4.2016 – L 8 R 744/15 B ER.
57 LSG Nordrhein-Westfalen v. 30.9.2015 – L 8 R 584/11.
58 LSG Nordrhein-Westfalen v. 26.4.2016 – L 8 R 744/15 B ER.
59 SG Kassel v. 11.1.2017 – S 12 KR 448/15, S 12 KR 299/16, S 12 KR 341/16; LSG Niedersachsen-Bremen v. 16.12.2015 – L 2 R 516/14; SG Dortmund v. 20.2.2015 – S 34 R 2153/13; SG Kassel, 20.2.2013 – S 12 KR 69/12.

besetzt. Hier eine Eingliederung zu verneinen, dürfte faktisch kaum gelingen.

4. Tätigkeit in fremd vorgegebener Arbeitsorganisation

Hingegen kann bei Tätigkeit im Rahmen einer fremd vorgegebenen Arbeitsorganisation nicht stets Eingliederung angenommen werden.[60] Nicht jeder Selbstständige erbringt seine Dienstleistung in einer eigenen Arbeitsorganisation. Die Vorgabe des Arbeitsortes, der Arbeitsbeginn nach Annahme eines Auftrages und der Arbeitsorganisation im Krankenhaus liegt – wie bei Dozenten[61] und Piloten[62] – „in der Natur der Sache" und führt nicht automatisch zu Eingliederung in die bestehende Arbeitsorganisation.[63] Dies scheidet daher als valides Abgrenzungskriterium aus. Es hängt vielmehr von der Ausgestaltung im Einzelfall ab, ob eine abhängige Beschäftigung vorliegt oder nicht. Aufgrund dessen kann auch die Einbindung in die Organisation eines Krankenhauses allein nicht ausschlaggebend dafür sein, nachdem auch innerhalb der betrieblichen Abläufe die Leistung des Honorararztes auf die eine oder andere Weise erbracht werden kann.[64]

5. Übernahme von Ruf- und/oder Bereitschaftsdiensten

Teilweise wird vertreten, dass bereits die Übernahme von Rufbereitschaft und/oder Bereitschaftsdiensten zu einer Eingliederung führe.[65] Dies ist aber unzutreffend. Allein die Vorgabe der zeitlichen Lage eines Bereitschaftsdienstes und die Abstimmung mit dem Pflegepersonal im Rahmen des Dienstes bewirken noch keine Eingliederung in die Betriebsabläufe oder eine Weisungsgebundenheit.[66] Denn die Abläufe während eines Dienstes unterscheiden sich ganz wesentlich vom regulären Tagesbetrieb eines Krankenhauses. Dies gelte umso mehr, wenn es sich um einen anderweitig zwingend vorgegebenen Dienst (wie z. B. des kassenärztlich vorgegebenen Erfor-

---

60 A. A. aber SG Darmstadt v. 16.11.2015 – S 8 KR 54/14 mit Verweis auf HessLSG v. 23.5.2013 – L 8 KR 162/11 und v. 14.3.2013 – L 8 KR 102/12.
61 BSG v. 12.2.2004 – B 12 KR 26/02 R.
62 BSG v. 28.5.2008 – B 12 KR 13/07 R.
63 LSG Baden-Württemberg v. 19.4.2016 – L 11 R 2428/15; SG Augsburg v. 13.5.2016 – S 2 R 954/14 n.rk.; SG Braunschweig v. 25.7.2014 – S 64 KR 206/12; SG Duisburg v. 22.3.2013 – S 21 R 1532/12 ER; SG Berlin v. 26.2.2014 – S 208 KR 2118/12; vgl. auch BSG v. 12.2.2004 – B 12 KR 26/02 R (Dozent) und v. 28.5.2008 – B 12 KR 13/07 R (Pilot); *Powietzka/Bölz*, KrV 2012, 137, 139.
64 Zutreffend SG Augsburg v. 13.5.2016 – S 2 R 954/14.
65 LSG Baden-Württemberg v. 27.4.2016 – L 5 R 852/14.
66 LSG Rheinland-Pfalz v. 20.4.2016 – L 4 R 318/14; LSG Baden-Württemberg v. 19.4.2016 – L 11 R 2428/15.

dernisses eines nächtlichen Not- bzw. Bereitschaftsdienstes) handelt, der keine Eingliederung in die Betriebsabläufe des Auftraggebers bewirkt.[67] Ferner sind Konstellationen denkbar, in denen bei der Durchführung des Bereitschaftsdienstes der Honorararzt keiner Kontrolle durch das Krankenhaus im Sinne von Einzelanordnungen unterliegt und lediglich Übergaben von der vorhergehenden bzw. zur nächsten Schicht erfolgen, die Teilnahme an Teambesprechungen freiwillig ist usw.[68] Dies unterscheidet sich ganz wesentlich von der täglichen routinemäßigen Versorgung der Patienten außerhalb des Bereitschaftsdienstes oder einer Rufbereitschaft (Akut- oder Notfallversorgung) und führt nicht zur Eingliederung in die Betriebsstruktur. Diese Fallgestaltungen zeigen, dass es auch insoweit auf eine sorgfältige Prüfung und Gewichtung der tatsächlichen Umstände ankommt.

6. Kein oder kaum unternehmerisches Risiko

Viele Entscheidungen kommen zu dem Ergebnis, dass Honorarärzte im Grunde kein oder nur ein geringes unternehmerisches Risiko tragen, da sie weder eigene Betriebsmittel noch eigenes Kapital einsetzen würden.[69] Unternehmerisches Risiko erfordere mehr als das Risiko, für den Arbeitseinsatz kein Entgelt zu erhalten; das Insolvenzrisiko trägt insoweit auch jeder Arbeitnehmer. Ein unternehmerisches Risiko ergebe sich außerdem auch nicht daraus, dass Honorarärzte nicht die Sicherheit haben, (weitere) Aufträge zu erhalten. Das Risiko, nicht durchgehend und kontinuierlich arbeiten zu können, sei auch das Risiko jedes Arbeitnehmers, der auf Abruf tätig wird.[70] Die Bestimmung des Umfangs und damit verbundene Chancen auf höheren Verdienst seien erforderlich, z. B. durch Steuerung der Patientenströme. Ein echtes Unternehmerrisiko bestünde erst dann, wenn bei Arbeitsmangel nicht nur kein Einkommen erzielt wird, sondern zusätzlich auch Kosten für betriebliche Investitionen oder Arbeitnehmer anfallen oder früher getätigte Investitionen brachliegen.[71] In der Regel werden das wesentliche Equipment, insbesondere die behandlungsrelevanten medizintechnischen Instrumente und Geräte, das Verbrauchsmaterial sowie die erforderlichen Medikamente vom Krankenhaus gestellt. Die wenigen selbst

---

67 LSG Rheinland-Pfalz v. 20.4.2016 – L 4 R 318/14.
68 LSG Baden-Württemberg v. 19.4.2016 – L 11 R 2428/15.
69 LSG Nordrhein-Westfalen v. 30.9.2015 – L 8 R 584/11; SG Darmstadt v. 16.11.2015 S 8 KR 54/14; vgl. auch BSG, 30.10.2013 – B 12 KR 17/11 R; LSG Baden-Württemberg v. 19.12.2012 – L 4 R 761/11.
70 LSG Baden-Württemberg v. 15.12.2015 – L 11 R 2083/15.
71 SG Darmstadt, a. a. O.

beschafften Arbeitsmittel rechtfertigten nicht die Annahme eines Unternehmerrisikos von wesentlichem Gewicht.[72]

Dem muss allerdings entgegengehalten werden, dass dies auf sämtliche geistige, also betriebsmittelarme Tätigkeiten zutrifft, bei denen in der Regel mehr Können und Erfahrung eingebracht werden und weniger bestimmte Geräte oder Betriebsmittel. Es liegt in der Natur der Sache, dass die Tätigkeit (oft aus hygiene- und haftungsrechtlichen Gesichtspunkten) an und mit den (teilweise sterilisierten) Geräten des Krankenhauses durchgeführt wird. Bei Groß- und (bildgebenden) Diagnostikgeräten ist dies offensichtlich. Es ist gerade typisch für geistige Tätigkeiten, dass die Vorhaltung von Betriebsmitteln in größerem Umfang nicht erforderlich ist.[73] Dies ergibt sich schon daraus, weil ansonsten geistige oder andere betriebsmittelarme Tätigkeiten nie selbstständig ausgeübt werden könnten.[74] Dieses Kriterium ist daher bei Honorarärzten von untergeordneter Bedeutung.[75]

Gleiches gilt für das Argument, dass Honorarärzte nicht über eine eigene Betriebsstätte (Krankenhaus, OP-Zentrum, Behandlungszimmer etc.) verfügen. Auch dies liegt in der Natur der Sache. Der selbstständige Honorararzt unterscheidet sich insofern nicht wesentlich vom Piloten, der ein fremdes Flugzeug fliegt, vom selbstständigen IT-Spezialisten, der im Fremdunternehmen eine Computeranlage einrichtet oder vom selbstständigen Eventkoch, der in fremder Küche kocht. Deshalb ist es auch unerheblich, ob die für die Tätigkeit erforderlichen Arbeitsmittel vom Auftraggeber kostenlos zur Verfügung gestellt werden und eine eigene Betriebsstätte nicht vorhanden ist.[76]

Honorarärzte sind in der Regel Fachärzte und müssen – je nach Fachgebiet – nach den Weiterbildungsordnungen der Landesärztekammern für die Aufrechterhaltung des Facharztstandards regelmäßig Fortbildungen absolvieren. Dies ist für die Abrechenbarkeit der honorarärztlichen Leistungen als allgemeine Krankenhausleistung i. S. d. § 2 KHEntgG zwingend (vgl. § 2 Abs. 3 KHEntgG) und verursacht Kosten.[77] Diese Investitionen amortisieren sich nicht, wenn der Honorararzt keine weiteren Aufträge erhält. Gleiches gilt für den Erwerb von Arbeitsmaterial (Stethoskop, Diktiergerät, Mobiltelefon, ggf. auch ein beruflich genutzter PKW etc.) und den Bezug von Fachliteratur zum Zwecke des Selbststudiums im Rahmen der notwendigen Fortbildung. Ferner ist als Unternehmerrisiko auch das persönliche

---

72 LSG Nordrhein-Westfalen v. 30.9.2015 – L 8 R 584/11; SG Darmstadt v. 16.11.2015 – S 8 KR 54/14; vgl. auch BSG, 30.10.2013 – B 12 KR 17/11 R; LSG Baden-Württemberg v. 19.12.2012 – L 4 R 761/11.
73 LSG Rheinland-Pfalz v. 20.4.2016 – L 4 R 318/14.
74 Vgl. BSG v. 30.10.2013 – B 12 KR 3/12 R.
75 SG Augsburg v. 13.5.2016 – S 2 R 954/14.
76 SG Braunschweig, 25.7.2014 – S 64 KR 412/13.
77 Fahrtkosten, Teilnahmegebühren und Verpflegung (soweit nicht durch Sponsoring anderweitig getragen).

Haftungsrisikos für Behandlungsfehler zu berücksichtigen.[78] Dass der Honorararzt dieses Risiko durch den Abschluss einer Berufshaftpflichtversicherung verringert, spielt für die Betrachtung keine Rolle, da hierdurch die grundsätzliche Verpflichtung zur Haftung nicht entfällt und er zudem die Haftungsübernahme aufgrund eigener wirtschaftlicher Entscheidung durch Prämienzahlung erkauft.[79]

7. Parteiwillen

Zur Abgrenzung von Beschäftigung und Selbstständigkeit ist regelmäßig vom Inhalt der zwischen den Beteiligten getroffenen Vereinbarungen auszugehen.[80] Denn der Wille der Vertragsparteien zu „freier" Mitarbeit ist ein Indiz für eine selbstständige Tätigkeit.[81] Dazu haben Verwaltung und Gerichte zunächst deren Inhalt konkret festzustellen. Liegen schriftliche Vereinbarungen vor, so ist neben deren Vereinbarkeit mit zwingendem Recht auch zu prüfen, ob mündliche oder konkludente Änderungen erfolgt sind. Diese sind ebenfalls nur maßgebend, soweit sie rechtlich zulässig sind.[82] Freilich haben der besondere Schutzzweck der Sozialversicherung und ihre Natur als eine Einrichtung des öffentlichen Rechts für die Beschäftigung insofern Bedeutung, als sie es ausschließen, über die rechtliche Einordnung allein nach dem Willen der Vertragsparteien und ihren Vereinbarungen zu entscheiden.[83] Einem im Vertrag dokumentierten Willen der Vertragsparteien, kein sozialversicherungspflichtiges Beschäftigungsverhältnis zu wollen, kommt jedenfalls dann indizielle Bedeutung zu, wenn dieser dem festgestellten sonstigen tatsächlichen Verhältnis nicht offensichtlich widerspricht und er durch weitere Aspekte gestützt wird.[84] Eine im Widerspruch zu ursprünglich getroffenen Vereinbarungen stehende tatsächliche Beziehung und die sich hieraus ergebende Schlussfolgerung auf die tatsächlich gewollte Natur der Rechtsbeziehung geht der formellen Vereinbarung regelmäßig vor. In diesem Sinne gilt, dass die tatsächlichen Verhältnisse den Ausschlag geben, wenn sie von den Vereinbarungen abweichen.[85]

---

78 LSG Rheinland-Pfalz v. 20.04.2016 – L 4 R 318/14.
79 LSG Rheinland-Pfalz, a. a. O.
80 BSG v. 24.3.2016 – B 12 KR 20/14 R und v. 29.8.2012 – B 12 KR 25/10 R; SG Braunschweig v. 25.7.2014 – S 64 KR 206/12; vgl. auch BSG v. 28.5.2008 – B 12 KR 13/07 R.
81 LSG Baden-Württemberg v. 27.4.2016 – L 5 R 852/14 mit Verweis auf BSG v. 29.3.2016 – B 12 KR 20/14 R.
82 Zum Ganzen: BSG v. 24.3.2016 – B 12 KR 20/14 R und v. 29.8.2012 – B 12 KR 25/10 R.
83 SG Kassel v. 11.1.2017 – S 12 KR 341/16 mit Verweis auf BSG v. 25.1.2001 – B 12 KR 17/00 R.
84 BSG v. 28.5.2008 – B 12 KR 13/07 R; BSG v. 13.7.1978 – 12 RK 14/78; SG Berlin v. 26.2.2014 – S 208 KR 2118.
85 BSG v. 28.5.2008 – B 12 KR 13/07 R; BSG v. 13.7.1978 – 12 RK 14/78; jetzt auch § 611a S. 6 BGB.

Unter Zugrundelegung dieser Grundsätze ist bei der Entscheidung, ob bei einem für einen Krankenhausträger tätigen Honorararzt eine abhängige Beschäftigung oder eine selbstständige Tätigkeit anzunehmen ist, also zunächst von dem erklärten Willen der Vertragsparteien auszugehen. Haben diese ausdrücklich ein abhängiges Beschäftigungsverhältnis nicht gewollt, so ist von dessen Vorliegen nur dann auszugehen, wenn die Merkmale für eine abhängige Beschäftigung eindeutig überwiegen.[86] Soweit also der Wille der Vertragsparteien überhaupt nicht oder nur mit untergeordneter Bedeutung gewertet und gewichtet wird, steht dies nicht im Einklang mit den Vorgaben der BSG-Rechtsprechung.[87]

8. Neu: Höhe der Vergütung

In einer aktuellen Entscheidung vom 31.3.2017 betont der für Statusfragen zuständige 12. Senat des BSG die Bedeutung eines hohen Honorars für die Einstufung als Selbstständiger.[88] Ermögliche ein relativ hohes Honorar einer Honorarkraft Eigenvorsorge, sei dies ein gewichtiges Indiz für ihre Selbstständigkeit. Das BSG spricht sogar von einem „gewichtigen Indiz" für Selbstständigkeit, wenn bei weitgehend weisungsfreier Tätigkeit das Honorar deutlich über der üblichen Vergütung Festangestellter liege. Darüber hinaus sei im konkreten Fall zu berücksichtigen gewesen, dass die Verträge so, wie sie schriftlich vereinbart waren, auch in der Praxis durchgeführt, also „gelebt" wurden.

E. Alternativen

Es gibt Alternativen, die aber oft an den Kosten (Arbeitnehmerüberlassung), am Willen der Vertragsparteien (Anstellung) oder an den rechtlichen Risiken (Genossenschaft) scheitern. Rechtssicherheit gibt es leider nicht zum Nulltarif. Auch dies gehört zum Unternehmerrisiko, allerdings primär auf Seiten des Auftraggebers.

I. Arbeitnehmerüberlassung

Arbeitnehmerüberlassung nach dem Arbeitnehmerüberlassungsgesetz gehört heute zum Branchenstandard, auch wenn diese Art der Personalver-

---

86 Zutreffend SG Braunschweig v. 25.7.2014 – S 64 KR 206/12.
87 In diese Richtung aber SG Kassel v. 11.1.2017 – S 12 KR 341/16, LSG Baden-Württemberg v. 24.2.2015 –L 11 R 5195/13.
88 BSG v. 31.3.2017 – B 12 R 7/15 R.

mittlung früher verpönt war.[89] Viele Vermittlungsagenturen bieten diese Form an und verfügen über eine entsprechende Arbeitnehmerüberlassungserlaubnis der Bundesagentur für Arbeit (z. B. Stegdoc). Allerdings eignet sich diese Kooperationsform nicht für dauerhafte Gestaltungen, da die Höchstüberlassungsdauer grundsätzlich 18 Monate beträgt (§ 1 Abs. 1 S. 4 AÜG)[90] und tarifvertragliche Ausnahmen im Gesundheitswesen bislang nicht abgeschlossen wurden. In Konzernstrukturen können Ärzte auch untereinander überlassen werden, soweit die Voraussetzungen des sog. Konzernprivilegs gemäß § 1 Abs. 3 Nr. 2 AÜG erfüllt sind (*„nicht zum Zwecke der Überlassung eingestellt und überlassen"*). Allerdings ist diese Ausnahme nach einhelliger Auffassung europarechtswidrig und Strukturüberlegungen auf dieser Basis sind mit Vorsicht zu genießen.[91]

Arbeitnehmerüberlassung ist (auch wenn Ärzte zur Erbringung ärztlicher Leistungen überlassen werden) grundsätzlich umsatzsteuerpflichtig, § 1 Abs. 1 Nr. 1 i. V. m. Abs. 9 UStG.[92] Dies macht den Einsatz von Ärzten als Leiharbeitnehmer (im Gegensatz zum Einsatz von Honorarärzten) über diese Fallgestaltung zwar weitgehend rechtssicher (soweit alle Vorgaben des AÜG eingehalten werden), aber schlicht um 19 % teurer.

II. Anstellung

Die Anstellung als Arbeitnehmer ist freilich der Königsweg, scheitert aber oft an der bewussten Entscheidung vieler Honorarärzte, die Bindungen eines Arbeitsverhältnisses gerade nicht eingehen zu wollen. Die Verdienstmöglichkeiten sind – im Verhältnis zu den Honorarerwartungen eines Honorararztes – meist auch begrenzt. Ferner gibt es nicht selten Konflikte mit den festangestellten Ärzten der jeweiligen Einrichtung hinsichtlich Vergütung (Ungleichbehandlung), Liquidationserlösen (z. B. Wahlleistungen) und Weisungsrechten. Viele Honorarärzte wollen sich auch nicht dem jeweiligen Chefarzt unterordnen. Sachgrundlose Befristungen (innerhalb der ersten zwei Jahre bis zu drei Verlängerungen) sind gemäß § 14 Abs. 2 TzBfG zwar möglich, werden in der Praxis aber selten genutzt. Auch hier gilt: Rechtssicherheit ist teuer (Lohnnebenkosten).

---

89 Die Zeit v. 4.11.2010, S. 33: *„Doktor, die Leiharbeitnehmer kommen."*
90 Der Entleiherbegriff ist rechtsträgerbezogen (str.) und hinsichtlich der Höchstüberlassungsdauer wird auf den Leiharbeitnehmer und nicht auf den Arbeitsplatz beim Entleiher abgestellt; zum Ganzen: *Lembke*, NZA 2017, 1; *Bissels/Falter*, ArbRAktuell 2017, 4; *Hamann/Rudnik*, NZA 2017, 209.
91 Statt aller ErfK/*Wank*, 17. Auflage 2017, § 1 AÜG Rn. 57 m. w. N.
92 Die Ausnahme in § 4 Nr. 14 UStG für ärztliche Heilbehandlungen gilt dann nicht.

III. Auslagerung der ärztlichen Leistung auf eine juristische Person

Die Praxis ist bekanntlich kreativ, wenn das Gesetz und die Rechtsprechung enge Grenzen bei bestimmten Umsetzungsvarianten setzen. In jüngerer Zeit wird die Auslagerung der ärztlichen Leistung auf eine juristische Person genutzt, um die Risiken einer etwaigen Scheinselbstständigkeit oder unerlaubten Arbeitnehmerüberlassung zu minimieren. Zu diesem Zweck haben Honorarärzte sich beispielsweise in einer Genossenschaft zusammengeschlossen.[93] Diese Genossenschaft fungiert als Auftragnehmerin gegenüber der jeweiligen Gesundheitseinrichtung (Auftraggeber) und erbringt die Leistung (umsatzsteuerfrei!) durch ihren Gesellschafter, den einzelnen Arzt. Der einzelne Arzt erhält die Vergütung und den jeweiligen Auftrag direkt von der Genossenschaft.

Der Grundgedanke dieser Konstruktion ist, dass aufgrund des Gesellschafterstatus' eine abhängige Beschäftigung, sowohl zur Genossenschaft selbst, als auch zum Auftragnehmer ausgeschlossen werden soll. Dabei ist die abhängige Beschäftigung zu einem anderen Unternehmer (Auftraggeber) – trotz gleicher oder gar höherer Qualifikation – nicht per se ausgeschlossen, sondern ausdrücklich möglich,[94] z. B. bei entsprechender Eingliederung in den Krankenhausbetrieb. Auch Unternehmer können trotz ihrer selbstständigen Stellung im eigenen Unternehmen in einem fremden Betrieb als Arbeitnehmer beschäftigt sein. Auf ihre wirtschaftliche und soziale Stellung kommt es nicht an. Entscheidend ist, ob sie nach dem Gesamtbild ihrer Verrichtungen in einem persönlichen Abhängigkeitsverhältnis zu einem anderen Unternehmer stehen.[95] Bekannt sind die Gestaltungen bei der Einmann-GmbH, handelnd durch ihren Gesellschafter-Geschäftsführer, oder der „Personalgestellung" durch einen Verein an Dritte (Arbeitnehmerüberlassung der DRK-Schwestern); dort hat die Rechtsprechung aber entweder eine Umgehungsgestaltung oder eben (unerlaubte) Arbeitnehmerüberlassung festgestellt.[96]

Auch das Risiko einer (verdeckten) Arbeitnehmerüberlassung ist nicht ausgeschlossen, da durchaus auch ein (verdecktes) Arbeitsverhältnis zur Genossenschaft bestehen könnte, solange die Tätigkeit nicht als echter (d. h. durch Satzung/Gesellschaftsbetrag belegter) Gesellschafterbeitrag ein-

---

93 Das Modell der ärztlichen Genossenschaft wird insbesondere von Locumcert e. G. mit Sitz in Berlin praktiziert.
94 Vgl. BSG, 30.1.2007 – B 2 U 6/06 R; HessLSG, 13.3.2007 – L 3 U 131/05; LSG Hamburg v. 10.12.2012 – L 2 R 13/09; vgl. auch Rundschreiben der Spitzenverbände der SozVersTr zur Statusfeststellung von Erwerbstätigen v. 13.4.2010, S. 9 und Anlage 5, S. 2.
95 HessLSG, 13.3.2007 – L 3 U 131/05.
96 LSG Bayern v. 25.6.2003 – L 17 U 203/02 (Ein-Mann-GmbH); DRK-Schwesternschaft: BAG v. 21.2.2017 – 1 ABR 62/12; EuGH v. 17.11.2016 – C-216/15; zum Ganzen auch *Mestwerdt*, NZA 2014, 281.

zustufen ist. Denn ein Gesellschafter kann eben auch in einem Arbeitsverhältnis zur eigenen Gesellschaft stehen; Gesellschafterstellung schließt die Arbeitnehmereigenschaft nicht aus.[97]

Die Abgrenzung erfolgt danach, ob die Tätigkeit des Gesellschafters für die Gesellschaft auf Basis einer gesellschaftsvertraglichen Pflicht erfolgt oder ob sie unter den typischen Bedingungen eines Arbeitsverhältnisses stattfindet, insbesondere eine persönliche Abhängigkeit des Gesellschafters zur Gesellschaft vorliegt. Entscheidend ist dabei, ob die für die Arbeitnehmereigenschaft maßgebliche abhängige Arbeit geschuldet wird oder nicht, ob also die Gesellschaft das Weisungsrecht gegenüber den Beschäftigten ausübt und daher auch der mitarbeitende Gesellschafter weisungsgebunden ist. Maßgeblich ist ferner, ob die Vergütung an den Arzt durch die Genossenschaft direkt (also faktisches „Durchreichen" des Honorars oder monatliche Zahlung) oder erst im Wege einer jährlichen Gewinnausschüttung der Genossenschaft gezahlt wird.

Modelle zur Vermeidung von abhängiger Beschäftigung stehen naturgemäß im Verdacht, als Umgehung angesehen zu werden.[98] Der BGH[99] hat dies in einer Entscheidung schon im Leitsatz deutlich zum Ausdruck gebracht: *„Für die Beurteilung, ob ein sozialversicherungs- und lohnsteuerpflichtiges Arbeitsverhältnis vorliegt, sind allein die tatsächlichen Gegebenheiten maßgeblich, nicht eine zur Verschleierung gewählte Rechtsform. Dementsprechend können die Vertragsparteien die sich aus einem Arbeitsverhältnis ergebenden Beitragspflichten nicht durch eine abweichende vertragliche Gestaltung beseitigen."* Zwar wird man nicht jede ernsthafte Nutzung von Gestaltungsmöglichkeiten von vornherein als „Umgehungsgeschäft" werten[100]. Vielmehr ist es zulässig, rechtliche Gestaltungsräume zu nutzen. Es muss nicht – wenn es anders geht – eine für die Parteien ungünstigere sozialversicherungsrechtliche oder steuerliche Gestaltung gewählt werden.

Die Rechtsprechung kommt bei der Beurteilung von Umgehungstatbeständen teilweise zu unterschiedlichen Ergebnissen, wobei die Annahme einer abhängigen Beschäftigung deutlich überwiegt.[101] Um es mit den Worten von

---

97 So für den Gesellschafter einer GmbH ausdrücklich BAG v. 9.1.1990 – 3 AZR 617/88. Vgl. auch die Rechtsprechung des BSG zu Gesellschaftern einer GmbH ohne Stimmenmehrheit oder Sperrminorität, zuletzt BSG v. 11.11.2015 – B 12 KR 10/14 R.
98 *Lembke*, NZA 2013, 1312 m. w. N.
99 BGH v. 27.9. 2011 – 1 StR 399/11.
100 *Berchtold*, in: Knickrehm/Kreikebohm/Waltermann, Kommentar zum Sozialrecht, 4. Auflage 2014, § 7 SGB IV Rn. 7.
101 Abhängige Beschäftigung bei „Zwischenschaltung" einer GmbH, KG und als Einzelunternehmer bejaht: LSG Bayern v. 25.6.2003 – L 17 U 203/02; LSG Niedersachsen v. 25.9.2013 – L 2 R 597/10; LSG NRW v. 20.9.2007 – L 16 (14) R 40/05; abhängige Beschäftigung bei „Zwischenschaltung" einer Limited verneint: LSG Hessen v. 21.4.2008 – L 1 KR 153/04.

Mestwerdt[102] zu sagen: *"Ein Arbeitgeber kann sich dem Arbeitsrecht deshalb nicht dadurch entziehen, dass er die Beschäftigung über einen „Beschäftigungsverein" körperschaftlich ausgestaltet."* Diesen Befund musste zuletzt das Deutsche Rote Kreuz hinnehmen, als dessen Vereinsmitglieder (DRK-Schwestern) sowohl vom EuGH als auch vom BAG als Leiharbeitnehmer eingestuft wurden.[103] Solche Kontrollüberlegungen stellt auch das BSG[104] an und prüft, ob die gewählte Rechtsform nicht als (wörtlich) „Etikettenschwindel" einzustufen ist: *„Schließlich ist auch die Ernsthaftigkeit der dokumentierten Vereinbarungen zu prüfen und auszuschließen, dass es sich hierbei um einen bloßen „Etikettenschwindel" handelt, der u. U. als Scheingeschäft i. S. des § 117 BGB zur Nichtigkeit dieser Vereinbarungen und der Notwendigkeit führen kann, ggf. den Inhalt eines hierdurch verdeckten Rechtsgeschäfts festzustellen. Erst auf Grundlage der so getroffenen Feststellungen über den (wahren) Inhalt der Vereinbarungen ist eine wertende Zuordnung des Rechtsverhältnisses zum Typus der Beschäftigung oder selbstständigen Tätigkeit vorzunehmen und in einem weiteren Schritt zu prüfen, ob besondere Umstände vorliegen, die eine hiervon abweichende Beurteilung notwendig machen."*

F. Zusammenfassung, oder: 10 Thesen zum Status von Honorarärzten

1. Der Einsatz von Honorarärzten (im Krankenhaus) ist sowohl in Form der abhängigen Beschäftigung als auch in Form selbstständiger Tätigkeit möglich und nicht per se, d. h. aus rechtlichen Gründen unzulässig. Dies gilt auch beim Einsatz von Honorarärzten ohne Niederlassung.
2. Maßgeblich ist nach der Rechtsprechung des BSG die Rechtsbeziehung, so wie sie praktiziert wird, und die praktische Beziehung, so wie sie rechtlich zulässig ist. Maßgeblich sind im Rahmen der Statusbeurteilung aber nur solche Vorschriften, die einen entsprechenden Status verlangen (z. B. § 17 Abs. 3 KHEntgG, nicht aber § 2 KHEntgG, § 107 Abs. 1 SGB V). Darüber hinaus sind berufs- oder vergütungsrechtliche Vorschriften bei der Beurteilung des sozialversicherungsrechtlichen Status' von Honorarärzten nicht von Bedeutung.
3. Es ist zunächst vom (vertraglich dokumentierten) Parteiwillen auszugehen. Haben die Vertragsparteien ein abhängiges Beschäftigungsverhältnis ausdrücklich nicht gewollt, so ist von dessen Vorliegen nur bei Über-

---
102 Mestwerdt, NZA 2014, 281.
103 BAG v. 21.2.2017 – 1 ABR 62/12; EuGH v. 17.11.2016 – C-216/15.
104 BSG v. 18.11.2015 – B 12 KR 16/13 R; BSG v. 24.3.2016 – B 12 KR 20/14 R.

wiegen der entsprechenden Kriterien auszugehen. Dies bedeutet, dass der Wille der Vertragsparteien dann nicht ausschlaggebend ist, wenn die tatsächlichen Umstände für das Vorliegen einer abhängigen Beschäftigung sprechen.
4. Weisungsgebundenheit tritt als Abgrenzungskriterium zurück, da die Tätigkeit von Honorarärzten (im Krankenhaus) als Dienst höherer Art einzustufen ist. In diesen Fällen verfeinert sich das Weisungsrecht zur funktionsgerechten Teilhabe am Arbeitsprozess. Maßgeblich bleiben nur disziplinarische Weisungsrechte, die selten bestehen.
5. Die Tätigkeit von Honorarärzten ist ohne eine gewisse Eingliederung in den Krankenhausbetrieb kaum vorstellbar. Bei Honorarvertretungsärzten ist diese deshalb sehr häufig gegeben, bei Honorarkooperationsärzten hingegen nicht. Dennoch führt die Vorgabe des äußeren Rahmens der Tätigkeit nicht zwangsläufig zur Annahme einer abhängigen Beschäftigung. Die Tätigkeit im Krankenhaus liegt in der Natur der Sache, der Grad der Eingliederung entscheidet.
6. Die fehlende eigene Betriebsstätte und die Nutzung der Betriebsmittel des Krankenhauses sind als Indiz ungeeignet. Dies liegt beim Einsatz von Honorarärzten (im Krankenhaus) ebenfalls in der Natur der Sache.[105]
7. Honorarärzte wenden eigenes Kapital für notwendige Weiterbildungen und die Aufrechterhaltung der Facharztqualifikation auf. Diese Investitionen amortisieren sich nicht, wenn der Honorararzt keine weiteren Aufträge erhält. Gleiches gilt für den Erwerb von Arbeitsmaterial (Stethoskop, Diktiergerät, Mobiltelefon etc.), den Bezug von Fachliteratur zum Zwecke des Selbststudiums im Rahmen der notwendigen Fortbildung sowie etwaigen Versicherungsprämien für eine Berufshaftpflichtversicherung.
8. In der Regel erhalten Honorarärzte eine im Vergleich zu festangestellten Ärzten deutlich höhere Vergütung, die eine Eigenvorsorge ermöglicht. Dies ist nach aktueller Rechtsprechung des BSG als gewichtiges Indiz für Selbstständigkeit zu werten.
9. Die „Zwischenschaltung" juristischer Personen löst das Statusproblem per se nicht, kann aber im Einzelfall zur Verneinung einer abhängigen Beschäftigung führen. Dies gilt insbesondere dann, wenn die Tätigkeit (Erbringung ärztlicher Leistung) beim Auftragnehmer als echter Gesellschafterbeitrag ausgestaltet ist.
10. Eine gesetzliche oder höchstrichterliche Klarstellung wäre wünschenswert. Vorbild: Die Bereichsausnahme für Notärzte in Österreich (§ 49 Abs. 3 lit. 26a des Allgemeinen Sozialversicherungsgesetzes (ASVG)

---

105 So auch die Rechtsprechung zu „betriebsmittelarmen Dienstleistungen": BSG 28.5.2008 – B 12 KR 13/07 R (Pilot); BSG v. 28.9.2011 – B 12 R 17/09 R (Familienbetreuer); BSG v. 12.2.2004 – B 12 KR 26/02 R (Lehrtätigkeit).

sowie § 2 Abs. 2 lit. 2 des Freiberuflichen Sozialversicherungsgesetzes (FSVG)) und nun auch in Deutschland für Honorar-Notärzte im Rettungsdienst[106] (§§ 23c Abs. 2, 118 SGB IV; §§ 2 Abs. 1 Nr. 13 lit. d), 135 Abs. 4a SGB VII).

---

[106] Hierzu *Langner* DStR 2017, 789.

(Schein-)Selbstständigkeit in der Sozialen Arbeit

Dr. Anne Klüser, Lehrbeauftragte, Kath. Hochschule NRW, Köln

A. Allgemeine Vorbemerkungen

Gründung und Selbstständigkeit sind für die Soziale Arbeit keine neuen Phänomene.

Neugründungen, meist als Reaktion auf neue oder veränderte Notlagen in traditionellen Kernbereichen Sozialer Arbeit, vor allem in der Kinder- und Jugendhilfe und in verschiedenen Bereichen der Sozialhilfe, begleiten die Soziale Arbeit von Beginn an, waren jedoch früher stets begrenzt auf das sog. „duale System" von öffentlicher und freier Wohlfahrtspflege. Hierbei ging es also vor allem um die Gründung neuer Dienste oder Träger, um eine bestimmte Notlage besser oder überhaupt bearbeiten zu können.[1]

Es gibt auch eine lange Tradition von Solo-Selbstständigkeit in der Sozialen Arbeit, insbesondere in Rand-, Meta- und Zulieferbereichen wie Supervision, Aus-, Fort- und Weiterbildung etc. Diese Form der Selbstständigkeit wurde oft im Nebenerwerb erbracht.

Schließlich kann man auch schon früh von einer echten Selbstständigkeit in der Sozialen Arbeit sprechen, die in dieser selbst gar nicht als solche registriert und aufgegriffen wurde. Hier wäre beispielsweise ein Urteil des Bundesverfassungsgerichts vom 1.7.1980 zu nennen[2]. Danach waren einem Staatsbürger Zeitaufwand und anteilige Bürokosten aus der Staatskasse zu erstatten, wenn er in einem Ausmaß Vormundschaften und Pflegschaften für mittellose Menschen führte, dass dies nur im Rahmen der Berufsausübung möglich war. Auf dieser Finanzierungsbasis führten AnwältInnen Vormundschaften und Pflegschaften in großer Zahl, ohne dass dies auf die Soziale Arbeit, die auch zu dieser Zeit gesetzliche Vertretungen dieser Art zu ihren wesentlichen Aufgaben zählte, ausgestrahlt hätte.

---

[1] Repräsentant des „dualen Systems" ist der Deutsche Verein für öffentliche und private Fürsorge, der 1880 als Deutscher Verein für Armenpflege und Wohltätigkeit gegründet wurde und insbesondere in der Weimarer Republik auch politisch Einfluss gewann im Hinblick auf die Ausgestaltung von Hilfen und deren Organisation.

[2] BVerfG, Urteil vom 1.7.1980 – 1 BvR 349/75, 378/76 – BVerfGE 54, 251 ff. = NJW 1980, 2179 ff.

B. Bedingungen von Selbstständigkeit in der Sozialen Arbeit

In den letzten 15 bis 20 Jahren hat sich vermehrt Selbstständigkeit in der Sozialen Arbeit entwickelt und etabliert und wird auch als solche wahrgenommen und registriert. Grundlage dafür sind veränderte Rahmenbedingungen, die allgemein auf Wirkungen weitergehender gesellschaftlicher Modernisierung fußen und z. B. von Ulrich Beck (1944–2015) beschrieben wurden.[3] Die Gesellschaft verarbeitet einen Modernisierungsschub, der vor über 30 Jahren mit der „Erfindung" und Verbreitung des Mikrochips eingeläutet wurde und rapide ineinandergreifende und weitreichende Globalisierungs- und Individualisierungsprozesse ausgelöst hat. Im Rahmen dessen haben sich traditionelle Grundmuster und Grundorientierungen verändert und müssen neu verhandelt werden. Sie werden dabei nicht einfach durch andere Formen abgelöst, sondern bleiben bestehen; sie werden durch Variationen und andere Formen ergänzt. Es erfolgt also eine Entgrenzung; neue Grenzziehungen sind zu beobachten, die sodann mit der Zeit legitimiert und legalisiert werden. Auf einen Begriff gebracht: tendenziell wird ein früheres Entweder-Oder-Prinzip durch ein Sowohl-Als-Auch-Prinzip ersetzt[4]. Diese Entwicklung betrifft natürlich viele gesellschaftliche Bereiche. Für die hiesige Thematik interessant sind die Auswirkungen auf die Arbeitswelt. Hier sind deutliche Flexibilisierungstendenzen zu beobachten. Es existiert ein Nebeneinander von sog. „Normalarbeitsverhältnissen"[5] und sog. „atypischen Beschäftigungsverhältnissen". Letztere sind vor allem gekennzeichnet durch externe Flexibilisierung, z. B. (teils erzwungene) befristete und Teilzeitverträge, geringfügige Beschäftigung, (teils erzwungene) (Schein-)Selbstständigkeit u. Ä. Diese atypischen Beschäftigungsverhältnisse können auch parallel bestehen, in verschiedener Hinsicht kombiniert sein und durch Selbstständigkeit im Zu- und Nebenerwerb ergänzt werden. Neben

---

3 *Beck* (1986): Risikogesellschaft, Frankfurt a.M.; ders. (1999): Schöne neue Arbeitswelt, Frankfurt a.M., New York.

4 *Beck/Bonß/Lau* (2004): Entgrenzung erzwingt Entscheidung: Was ist neu an der Theorie reflexiver Modernisierung?, in: Beck/Lau (Hrsg.) (2004): Entgrenzung und Entscheidung, Frankfurt a. M., S. 13–62.

5 Das „Normalarbeitsverhältnis" als bisheriges Grundmuster ist wie folgt gekennzeichnet: 1. Arbeit ist abhängige Lohnarbeit., 2. Der Arbeitgeber bestimmt über Zeit, Ort, Inhalt und Arbeitsbedingungen und ist dem Arbeitnehmer hierarchisch übergeordnet., 3. Arbeit ist Vollzeitarbeit., 4. Arbeit ist in größere betriebliche Zusammenhänge eingebunden, die die Anwendung von Arbeitnehmerschutzrechten sichert., 5. Arbeit ist mindestens existenzsichernd bezahlt., 6. Erwerbsbiographien weisen tendenziell Stabilität auf, die z. B. durch Kündigungsschutz gestützt wird., 7. Das Normalarbeitsverhältnis ist so angelegt, dass es mit dem Modell des „Familienernährers" korrespondiert. Dies wird sozial- und steuerrechtlich gesichert, vgl. *Galuske* (2002): Flexible Sozialpädagogik, Weinheim, München, S. 70.

sog. Normal(erwerbs)biographien treten vielfach gebrochene oder – neutral ausgedrückt – von Neukombinationen geprägte (Erwerbs-)Biographien. Aber auch innerhalb traditioneller Normalarbeitsverhältnisse, die immer noch verbreitet sind, gibt es Veränderungen: Unter dem Begriff „Arbeitskraftunternehmer" haben Pongratz/Voß[6] z. B. bereits vor ca. 15 Jahren den traditionell Beschäftigten als Unternehmer seiner selbst identifiziert, der sich durch Selbst-Kontrolle[7], Selbst-Ökonomisierung[8] und Selbst-Rationalisierung[9] diszipliniert. Es zeigt sich dabei auch, dass Erwerbsarbeit im Rahmen von abhängiger Beschäftigung einerseits und beruflicher Selbstständigkeit andererseits sich in mancher Hinsicht angleichen. Interne Flexibilisierung, die gekennzeichnet ist u. a. durch Arbeit auf Abruf, Arbeitszeitkonten, Gleitzeit, Wochenend- und Feiertagsarbeit sowie Arbeit früh am Morgen, nachts oder spät abends im Sinne verschiedener Schichtmodelle oder Teildienstregelungen, nimmt in Arbeitsvollzügen generell zu. Die traditionelle Grenze zwischen „Arbeit" und „Freizeit" ist zwar noch präsent; sie verschwimmt aber insbesondere in Dienstleistungsbereichen.[10]

Von diesen Entwicklungen in der Arbeitswelt ist die Soziale Arbeit -mit einiger Verzögerung[11] – auch erfasst worden. In Folge wurden neue Arrangements legalisiert, die das bisherige klar geordnete Verhältnis zwischen öffentlicher und freier Wohlfahrtspflege verändert bzw. erweitert haben. So werden im SGB XI vom 26.5.1994 erstmals privatwirtschaftliche Träger und Träger der freien Wohlfahrtspflege unter dem Klammerbegriff „Leistungserbringer" einander gleichgestellt. Dies wurde auf die Bereiche der Kinder- und Jugendhilfe (SGB VIII) und der Sozialhilfe (SGB XII) ausgedehnt. Kor-

---

6 Pongratz/Voß (2003): Arbeitskraftunternehmer, Berlin.
7 „verstärkte Planung, Steuerung und Überwachung der eigenen Tätigkeit" (ebd., S. 24–25).
8 „zunehmende Produktion und Vermarktung der eigenen Fähigkeiten und Leistungen" (ebd., S. 24–25).
9 „wachsende bewusste Durchorganisation des Alltags und Lebensverlaufs; Tendenz zur Verbetrieblichung der Lebensführung" (ebd., S. 24–25).
10 Mitunter werden als Folgen dieser Entwicklungen auch Stress, persönliche und Beziehungsstörungen, somatische Erkrankungen u. a. thematisiert. In letzter Zeit ist daher auch bereits wieder eine „Gegenbewegung" auszumachen, indem Unternehmen sich verpflichten und auch damit werben, ab einer bestimmten Uhrzeit oder zur Urlaubszeit keine dienstlichen E-Mails mehr an Beschäftigte weiterzuleiten u. Ä. (Beispiel: Der Volkswagen-Konzern stoppte schon 2012 den Versand von dienstlichen E-Mails an MitarbeiterInnen nach Feierabend, vgl. Handelsblatt, 23.12.2011). Diese neuere Tendenz hat ihren Platz aber eben auch nur *neben* anderen Regelungen.
11 Befristete Beschäftigungsverhältnisse waren in der Sozialen Arbeit noch vor 15–20 Jahren eher selten und meistens begrenzt auf sog. Schwangerschaftsvertretungen u. Ä. Anders als z. B. in der Autoindustrie war *Effizienz* (im Unterschied zu Effektivität) wenig im Focus der durch die Träger der freien Wohlfahrtspflege dominierten Sozialen Arbeit. Zum Aktionsmodus der freien Wohlfahrtspflege äußerte sich bereits früh Seibel (1994) unter dem programmatischen Begriff des „Funktionalen Dilettantismus", Baden-Baden. In der freien Wohlfahrtspflege hatte man offenbar und glücklicherweise immer noch Ressourcen aus Kirchensteuern und Spenden.

respondierend wurde die Finanzierung von Kostenerstattung auf Angebotssteuerung durch Kontrakt in Form von Leistungsvereinbarungen und Fallpauschalen umgestellt. In der Sozialen Arbeit haben wir heute Leistungserbringer der öffentlichen Wohlfahrtspflege, Leistungserbringer der freien Wohlfahrtspflege und privatwirtschaftliche Leistungserbringer.

C. Zur Ausprägung von Selbstständigkeit in der Sozialen Arbeit

Auf der Grundlage dieser veränderten Struktur sind viele neue Dienste und Einrichtungen entstanden, die sich in Bezug auf Rechtsform, Größe, Vergütung, Organisation, inhaltliche Aktivität etc. sehr heterogen darstellen. Die Entwicklung zu mehr selbstständigen Existenzen in der Sozialen Arbeit hat stark an Dynamik gewonnen. Diese selbstständigen Existenzen lassen sich vorläufig inhaltlich wie folgt einteilen:[12]

Weiterhin verbreitet sind die bereits oben erwähnten **ehemaligen Rand-, Zuliefer- und Metabereiche und ihre Weiterentwicklungen**, z. B. Coaching, Supervision, Mediation, Aus-, Fort- und Weiterbildung, externe Beratungsfirmen aller Art, etwa im Bereich der ehemaligen Betriebssozialarbeit, Personaldienstleistungen, Dienste für Schnittstellenmanagement, z. B. bei Krankenhausentlassung, Institutions-, Organisations- und Unternehmensberatung etc. Die Finanzierung erfolgt zumeist eher auf privater Basis. Es werden also Kontrakte über die Honorierung geschlossen, die sich an einem mehr oder weniger transparenten „Markt" konturieren.

Daneben findet man nennenswerte Selbstständigkeit in den **ehemaligen „Kernbereichen" der Sozialen Arbeit**. Hierbei handelt es sich um die **Weiterentwicklung öffentlicher und wohlfahrtsverbandlicher Organisationen**. Beispiele: sog. ambulant betreutes Wohnen, rechtliche Betreuung, Vormundschaft/Pflegschaft für Minderjährige, Verfahrensvertretungen, ambulante flexible Kinder- und Jugendhilfe, teilweise Bewährungshilfe, Heime etc. Die Finanzierung erfolgt eher öffentlich, sofern die AdressatInnen mittellos sind. Teilweise sind Vergütungsordnungen oder zumindest Vereinbarungen über Fachleistungsstundensätze vorhanden.

Zum Bereich der Selbstständigkeit in der Sozialen Arbeit kann man ferner **innovative zivilgesellschaftliche Projekte zählen**, z. B. Genossenschaften, Stiftungen, innovative Vereine u.ä. Die Finanzierung ist meist komplex, da es sich oft um konzernartige Gebilde handelt. So können etwa unter dem erweiterten Dach einer Genossenschaft oder eines Vereins auch Wirtschafts-

---

12 s. dazu auch *Klüser/Maier* (Hrsg.) (2009): Selbstständige in der Sozialen Arbeit. Grundlagen und Projekte, Baden-Baden, S. 9.

betriebe gegründet und geführt werden, die profitorientiert tätig sind. Einzelbereiche können nach SGB II oder SGB XII betrieben werden etc.[13]

In der Sozialen Arbeit gibt es weiterhin auch **Bereiche mit gering ausgeprägter Selbstständigkeit**, z. B. Suchthilfe oder Schuldnerberatung. Als Grund dafür kann man u. a. annehmen, dass die Finanzierung problematisch oder bisher noch nicht bedacht oder geregelt wurde.

Selbstständige Soziale Arbeit wird in unterschiedlichen Rechts- und Organisationsformen erbracht.[14] Auch in Bezug auf die Professionsangehörigkeit bzw. die Grundberufe ist eine Entgrenzung eingetreten, indem zwar immer noch „klassische" SozialarbeiterInnen/SozialpädagogInnen in den genannten Bereichen aktiv sind, aber nicht ausschließlich. Man findet auch Angehörige anderer Berufsgruppen, insbesondere aus den Sozial- und Wirtschaftswissenschaften sowie SozialarbeiterInnen/SozialpädagogInnen mit verschiedenen Weiterbildungen und/oder zusätzlichen Studienabschlüssen. Zusatzqualifikationen führen die Selbstständigen teilweise in andere angrenzende Systeme, z. B. das Gesundheitssystem, mit dort üblichen Vergütungsregelungen. Beispiele hierfür sind Kinder- und Jugendlichen-PsychotherapeutInnen, SoziotherapeutInnen und HeilpraktikerInnen. Viele Selbstständige sind in mehr als einem Berufsfeld tätig, um ihre Existenz ggf. unabhängiger von öffentlicher Finanzierung zu machen.

Die quantitative Ausprägung von Gründung und Selbstständigkeit in der Sozialen Arbeit ist unklar. Aussagekräftige Statistiken fehlen.[15] Nach eigenen Berechnungen des Berufsverbandes für Soziale Arbeit DBSH, die auf Zahlen der Arbeitsverwaltung, des Mikrozensus und des Instituts für Freie Berufe basieren, sind in etwa 5 % der SozialarbeiterInnen/SozialpädagogInnen selbstständig. Inwieweit sich dies auf Selbstständige im Haupterwerb bezieht oder ob auch Selbstständigkeit im Neben- und Zuerwerb einbezogen

---

13 Ein gutes Beispiel für einen solchen Betrieb oder „Träger" ist die Initiative BauenWohnenArbeiten in Köln, ein zu Gründungszeiten europaweit einzigartiges innovatives Projekt. Es handelt sich um einen gemeinnützigen Verein für und mit u. a. Wohnungslose(n), der Mitglied im Paritätischen Wohlfahrtsverband ist. Die Initiative BauenWohnenArbeiten hält einen kommerziellen Baubetrieb, welcher auch extern, teils im Ausland, tätig ist, andererseits aber auch Menschen anstellt, deren Ausbildungsgelder oder Löhne über die Arbeitsagentur oder die Jobcenter gefördert werden. Es wird ambulant betreutes Wohnen zu Lasten des überörtlichen Sozialhilfeträgers oder der betreuten Person selbst angeboten; es werden Lebensmittel produziert und veräußert. Der Verein finanziert sich des Weiteren aus Mitgliedsbeiträgen, Mieteinnahmen, öffentlichen Wohnungsbaufördermitteln, Eigenkapitalverzinsung, Patenschaften für Hühner und Sach- und Geldspenden; s. www.bauenwohnenarbeiten.de.

14 s. dazu *Schaub/Trappe* (2014): Unternehmerische Selbstständigkeit in der Sozialen Arbeit. Ein Handbuch für die Praxis, Baden-Baden.

15 Seit Jahrzehnten wird kritisiert, dass auch die Zahl der tätigen SozialarbeiterInnen/SozialpädagogInnen insgesamt nirgends erfasst wird, s. dazu i. E. *Klüser* (2009): Selbstständige in der Sozialen Arbeit: Bedingungen, Chancen, Probleme, in Klüser/Maier (2009) (Hrsg.): Selbstständige in der Sozialen Arbeit. Grundlagen und Projekte, Baden-Baden, S. 89–92.

wurde, muss unbeantwortet bleiben. Plausibel erscheint, dass sich Selbstständigkeit und auch komplementäre Infrastruktur in den Tätigkeitsfeldern am ehesten entwickelt, in denen klare Vergütungsregelungen existieren.[16] Im Bereich der rechtlichen Betreuung, Vormundschaft/Pflegschaft für Minderjährige und Verfahrensvertretung ist die Vergütung im VBVG geregelt. Hier lässt sich anhand der Justizstatistik belegen, dass beispielsweise die berufliche rechtliche Betreuung fast vollständig in der Hand Selbstständiger liegt. Auch die Eingliederungshilfe (vor allem sog. ambulant betreutes Wohnen) und die ambulante flexible Jugendhilfe verfügen über Vergütungsregelungen, meist in Form von Leistungsvereinbarungen, und weisen nennenswerte Selbstständigkeitsraten auf.

D. Zu möglichen Auswirkungen

Mit welchen Auswirkungen der Veränderungen in der Arbeitswelt hat sich die Soziale Arbeit auseinanderzusetzen?

Aspekte interner Flexibilisierung sind der Sozialen Arbeit schon immer zu eigen. Die Soziale Arbeit entspricht dem professionellen Handlungstyp nach Stichweh[17], denn sie bearbeitet erstens Probleme, die für die Gesellschaft bestandswichtig sind, sie hat sich, zweitens, stets an der individuellen Situation ihrer AdressatInnen auszurichten und individuell richtige Lösungen zu finden – meist unter Verwendung des uno-actu-Prinzips – und sie wahrt, drittens, die Intimität des Kontakts. Die Soziale Arbeit benötigte hierfür immer schon Freiheit und Flexibilität in verschiedener Hinsicht: zeitlich, räumlich, inhaltlich, methodisch etc. Insofern kann man auch sagen, dass wachsende interne Flexibilisierung der Arbeitswelt für die Soziale Arbeit keine grundsätzliche Veränderung darstellt und von SozialarbeiterInnen/SozialpädagogInnen eher im Sinne größeren Gestaltungsraums begrüßt wird.[18] Ganz anders sieht es dagegen mit Aspekten sich ausweitender externer Flexibilisierung aus. Befristung, nicht freiwillig

---

16 Hierbei muss man von einer Interdependenz ausgehen betreffend der Entstehung von Vergütungsregelungen, Infrastrukturentwicklung und Berufsentwicklung bzw. auch Konturierung neuer Berufe per Längsspaltung (1. Neukombination von Bestandteilen verschiedener bereits institutionalisierter Berufe, 2. Anreicherung eines Berufs um bislang berufsfremde Fähigkeiten, 3. Verselbstständigung bzw. Abspaltung von Teilbereichen bereits institutionalisierter Berufe), vgl. *Voges* (2002): Pflege alter Menschen als Beruf, Opladen, S. 26–38.
17 *Stichweh* (1996): Professionen in einer funktional differenzierten Gesellschaft, in: Combe/Helsper (Hrsg.) (1996): Pädagogische Professionalität, Frankfurt a. M., S. 49–69.
18 s. dazu auch *Dahme* (2004): Die sozialwirtschaftliche Modernisierung der bundesdeutschen Wohlfahrtspflege – ein weiterer Schritt auf dem „Holzweg in die Dienstleistungsgesellschaft", in: Neue Praxis 5/2004, S. 317–334.

gewählte Teilzeitarbeit, nicht freiwillig gewählte geringfügige Beschäftigung, ggf. mehrere Beschäftigungsverhältnisse bei unterschiedlichen Diensten und Trägern parallel: Das alles ist dem Wesen der Sozialen Arbeit traditionell fremd. Mit den Veränderungen korrespondiert eine Ausrichtung der Sozialen Arbeit als „Dienstleistung" bzw. „personenbezogene soziale Dienstleistung"[19]; und sicher gibt es auch Tätigkeitsfelder der Sozialen Arbeit, die einen Dienstleistungscharakter haben. In den meisten Beratungs- und Interventionsbereichen der Sozialen Arbeit steht jedoch weiterhin langfristiges Agieren unter der Verwendung der „helfenden Beziehung" als Methode im Vordergrund. Die „helfende Beziehung" ist Ressource; flexibles Handeln unter Einsatz der eigenen Person als Instrument ist normal.[20] Hierfür sind stabile, sichere und langfristig angelegte Rahmenbedingungen erforderlich. Diese sind in Angestelltenverhältnissen nun seltener zu finden. Auch hat sich die Entlohnung von abhängig beschäftigten SozialarbeiterInnen/SozialpädagogInnen verändert. Seltener beziehen sie Gehälter nach Tarifen der Kommunen oder Länder. Vielmehr liegen Haustarife oder frei verhandelte Gehälter zugrunde, die die SozialarbeiterInnen/SozialpädagogInnen im Vergleich zu den Tarifen der Kommunen oder Länder sowie zu an diese Tarife angelehnte Vergütungsordnungen, z. B. kirchlicher Organisationen, schlechter stellen.[21] Wenn externe Flexibilisierung aus Trägersicht vor allem auch mit betriebswirtschaftlichem Kalkül aufgrund der oben beschriebenen Umstellung der Finanzierung auf Kontrakt – „fallbezogene" Vergütung – geschuldet sein wird, so wird diese andererseits jedoch auch inhaltlich begründet bzw. mit inhaltlichen Fragen verknüpft: Man möchte stets für jede Adressatin die bestgeeignete Mitarbeiterin „on time" und „passgenau" einsetzen und die Hilfe flexibel gestalten. Das gelingt weniger gut, wenn man langfristig Personal beschäftigt und bezahlt, damit Ressourcen bindet und Flexibilität im Einzelfall einschränkt. Trube[22] kritisiert die schon seit langem korporatistisch organisierten, trägen und etablierten Wohlfahrtsverbände als möglicherweise inkompatibel mit wesentlichen Zielsetzungen und tradierten Interaktionsmodi Sozialer Arbeit. Es lassen sich demnach auch Aspekte externer Flexibilisierung ausmachen, die die Soziale Arbeit möglicherweise in ihrem eigentlichen Proprium stützen

---

19 s. dazu z. B. *Bauer* (2001): Personenbezogene Soziale Dienstleistungen. Begriff, Qualität und Zukunft, Wiesbaden.
20 Dies setzt selbstredend verschiedene selbstreflexive Techniken und Methoden voraus, die Bestandteil des Studiums Sozialer Arbeit sind und seitens der Berufsangehörigen mehr oder weniger gut beherrscht werden.
21 Das betrifft nicht nur die Höhe des Gehalts an sich, sondern u. a. Ansprüche auf Urlaubs- und Weihnachtsgeld, betriebliche Zusatzversorgung, Urlaubsanspruch, Übernahme von Fortbildungs- und Supervisionskosten etc.
22 *Trube* (2000): Freiheit oder Sicherheit. Die neue Selbstständigkeit und die neue Sozialarbeit, in: Sozial Extra 3/2000, S. 26–32.

oder dieses zumindest wieder sichtbarer machen. Ausweislich einer bereits älteren Untersuchung tragen diese Aspekte bei einer Gruppe von SozialarbeiterInnen/SozialpädagogInnen dazu bei, eine eigene Existenz zu gründen.[23] [24]

---

23 s. dazu *Engel* (2000): Selbstständige Soziale Arbeit, in: Blätter der Wohlfahrtspflege 7+8/2000, S. 166–169: Es werden drei Gruppen von Selbstständigen in der Sozialen Arbeit benannt. Eine erste Gruppe entscheidet sich diffus für Selbstständigkeit nach dem formalen Studienabschluss und scheitert. SozialarbeiterInnen/SozialpädagogInnen einer zweiten Gruppe wählen die Selbstständigkeit, um es zu „etwas Besserem" zu bringen, mehr zu verdienen und einen höheren sozialen Status zu erreichen als ihre herkömmlich angestellten BerufskollegInnen. Sie pflegen einen „ökonomischen Umgang" mit ihrem Studienabschluss, absolvieren möglicherweise ein weiteres Studium, entscheiden sich jedoch nicht für eine wissenschaftliche Karriere. Sie sind überwiegend im strukturellen Bereich Sozialer Arbeit tätig. Zugehörige der dritten Gruppe von Selbstständigen blicken auf eine langjährige Tätigkeit in der freien Wohlfahrtspflege zurück und nehmen mit wachsender Berufserfahrung Defizite wahr. Diese betreffen sowohl den eigenen Status und die Honorierung der eigenen Arbeit als auch inhaltliche und Entwicklungsfragen. Sie sehen sich durch die Organisation eher eingeschränkt in ihrem Gestaltungspotenzial, wollen Arbeitsroutinen nicht unterliegen und erfahren, dass selbstinitiierte Weiterbildung und Zusatzausbildung nicht nur nicht honoriert werden, sondern zusätzlich erworbene Kompetenzen sogar Probleme aufwerfen. Selbstständigkeit ist für sie keine Alternative zu Arbeitslosigkeit, sondern ein Versuch, Defizite der bisherigen Arbeitssituation auf verschiedenen Ebenen zu überwinden. „Erfolgreiche" selbstständige SozialarbeiterInnen/ SozialpädagogInnen zeichnen sich dadurch aus, dass bestimmte Fähigkeiten besonders ausgeprägt sind: Sie besitzen sehr gute Fach- und Organisationskenntnisse und sehr viel Kreativität bei der Lösung von Problemen. Sie sind besonders vorausschauend und agieren schon, bevor sie zu Reaktionen in Bezug auf Existenz gefährdende Situationen gezwungen sind. Sie verfügen über eine realistische Selbsteinschätzung und eine sehr ausgeprägte Selbstreflexion. Auf dieser Basis arbeiten sie konsequent an eventuell wahrgenommenen eigenen Defiziten. Die berufliche Selbstständigkeit wird darüber hinaus so angelegt, dass die Abhängigkeit von unbeeinflussbaren Rahmenbedingungen relativ geringgehalten wird: Das Tätigkeitsspektrum wird eher breit gefächert, ohne dass das spezifische Profil abhandenkommt. Es werden vermehrt Leistungen in das Tätigkeitsspektrum einbezogen, an denen die Privatwirtschaft Interesse zeigt und die nicht aus öffentlichen Mitteln bezahlt werden.

24 Weitere Auswirkungen sind noch nicht abschließend abschätzbar und bewertbar, s. i. E. auch *Klüser/Maier* (s. o. Fn. 12, S. 7 ff.). Man sollte jedoch vor allem der Entwicklung des Gegenstandes Sozialer Arbeit Beachtung schenken. Dieser war bislang beschreibbar als „der sich in Not befindliche Mensch in seinen kontextuellen Bezügen" (*Maier*), wobei der Begriff der Not immer schon der näheren Bestimmung bedurfte. Mit einer Sozialen Arbeit, die sich als „personenbezogene soziale Dienstleistung" versteht, mit Selbstständigen, die sich mit sozialarbeiterischen Methoden und Kenntnissen „neue" oder entlegenere privat bezahlte Bereiche erschließen, kommt es möglicherweise zur Erweiterung oder „Ausfransung" des Gegenstandes Sozialer Arbeit und zur Relativierung des Begriffs von Not. Jedoch ist im Gegenzug auch eine schärfere Abgrenzung und Konturierung dessen, was „wirklich" einen sich in Not befindlichen Menschen ausmacht, möglich. Selbstständigkeit in der Sozialen Arbeit hat auch bereits der Professionalisierungsdebatte neuen Schub gegeben. So verlieren wesentliche Professionalisierungshindernisse einerseits an Wirkkraft. Andererseits wird seitens des Berufsverbandes Soziale Arbeit DBSH neben einer Entsolidarisierung der Berufsangehörigen auch Deprofessio-

E. Probleme und Aufgaben

Mit der geschilderten Situation verbundene zu lösende Probleme betreffen natürlich nicht nur die Soziale Arbeit. Vielmehr hat sich die Soziale Arbeit mit zeitlicher Verzögerung im Vergleich zu anderen Branchen mit Aufgaben rund um die Selbstständigkeit von Berufsangehörigen, aber auch vermehrt in Bezug auf Berufsangehörige, die zwischen abhängiger Beschäftigung und Selbstständigkeit wechseln oder parallel selbstständig und abhängig beschäftigt sind, zu befassen.

I. Absicherung existenzieller Risiken

Unabhängig von verschiedenen freiwilligen (Sach-) Versicherungen, z. B. Hausrat-Versicherung, und ggf. Pflichtversicherungen, z. B. KFZ-Versicherung, besteht allgemein Einigkeit, dass Krankenversicherung, Unfallversicherung, Altersvorsorge, Vorsorge für den Fall von Arbeitslosigkeit, Berufs- und/oder Erwerbsminderung oder -unfähigkeit und Berufshaftpflichtversicherung unbedingt zu den erforderlichen Absicherungen Selbstständiger gehören.

Für viele freie Berufe, in denen Selbstständigkeit verbreitet ist, bedarf eine solche Absicherung keiner besonderen Erwähnung, da sie traditionell im Rahmen von Kammern oder sonstigen Versorgungswerken geregelt ist. Derartige Versorgungsstrukturen sind in der Sozialen Arbeit nicht vorhanden, sodass aktuell jedeR Selbstständige individuelle Vorkehrungen trifft, oder eben **nicht** trifft: Denn die Honorare und Vergütungen in der Sozialen Arbeit erlauben vielen Selbstständigen keine ausreichende Absicherung[25].

---

nalisierung aufgrund mangelnder Kontrolle und Standardisierung der Selbstständigen befürchtet.

25 Im Bereich der rechtlichen Betreuung kann eine Betreuerin mit „nutzbarem Hochschulabschluss", z. B. Sozialarbeiterin/Sozialpädagogin oder Juristin, einen Stundensatz von € 44,00 abrechnen. Dieser beinhaltet sämtliche Auslagen, u. a. auch Fahrtkosten, Porto, Kopien, Telekommunikationskosten etc., und besteht seit 2005 unverändert. Die abzurechnenden Stunden sind gestaffelt gedeckelt. Für eine mittellose betreute Person im Heim, deren Betreuung länger als ein Jahr besteht, können 2 Stunden monatlich abgerechnet werden; für eine begüterte Person, die in der eigenen Wohnung lebt und deren Betreuung neu eingerichtet ist (1.–3. Monat), können 8,5 Stunden monatlich abgerechnet werden. VerfahrenspflegerInnen können in der höchsten Vergütungsgruppe € 33,50 pro Stunde plus Auslagen und Umsatzsteuer abrechnen, vgl. § 4 VBVG. Auf der Homepage des Interessenverbandes freier Anbieter ambulant betreuten Wohnens FABA finden sich Stellenangebote zu € 15,00 bis € 20,00 für qualifizierte SozialarbeiterInnen/SozialpädagogInnen, vgl. www.faba-ev.de/jobs, Zugriff 15.11.2016.

II. Qualität und Kontrolle

Im Rahmen abhängiger Beschäftigung ist der Arbeitgeber auch für die Qualität und Kontrolle der beruflichen Tätigkeit im Sinne einer umfassenden Fürsorgepflicht verantwortlich, die er u. a. in Form von Fort- und Weiterbildungsangeboten oder -pflichten sowie hierarchischer Kontrollstruktur erfüllt. Selbstständige in der Sozialen Arbeit verfügen nur sehr vereinzelt über eine berufsständische Infrastruktur; sie haben Berufsverbänden, Berufsregistern o. Ä., sofern vorhanden, derzeit nicht verpflichtend beizutreten und sich deren Unterstützungs-, Kontroll- und Sanktionsinstrumenten nicht zu unterwerfen.[26]

III. Scheinselbstständigkeit

Das Problem der Scheinselbstständigkeit wird vor allem im Bereich der ambulanten flexiblen Kinder- und Jugendhilfe sowie im Bereich der Eingliederungshilfe zum selbstständigen Wohnen für Menschen mit Behinderung, sog. ambulant betreutes Wohnen („BeWo"), diskutiert. In beiden Bereichen werden Diensten (Leistungserbringern), die sich im Übrigen meist als innovativ gegründet haben und verstehen, von den jeweiligen Kostenträgern in Bezug auf jeden einzelnen Adressaten eine Anzahl von Fachleistungsstunden, meist heruntergebrochen auf eine wöchentliche Durchschnittsstundenzahl, z. B. drei Stunden pro Woche, für einen begrenzten Zeitraum, z. B. ein Jahr, bewilligt.[27] Sowohl größere als auch kleinere Leistungserbringer, die Hilfen für einzelne Kinder und Jugendliche bzw. Menschen mit Behinderung anbieten, beauftragen als *Auftraggeber* Selbstständige bzw. Honorarkräfte als *Auftragnehmer* mit der Unterstützung einer oder mehrerer Personen. Die Auftragnehmer in diesem Sinne schließen wiederum mit ihren Auftraggebern Verträge unterschiedlichen Inhalts ab, in welchen aber zumindest die Honorierung geregelt ist. Diese macht meist einen Bruchteil dessen aus, was der Auftraggeber selbst mit dem Kostenträger vereinbart hat.[28] Die Auftragnehmer haben selbstredend keinerlei Beschäftigungsgaran-

---

26 s. dazu z. B. illustrierend www.bdb-ev.de: Der Bundesverband der Berufsbetreuer/innen hat entsprechende Instrumente installiert, die derzeit nur für Mitglieder gelten, und tritt für eine Zwangsmitgliedschaft aller beruflich tätigen BetreuerInnen ein bzw. arbeitet inzwischen an einer Verkammerung des Bereichs der rechtlichen Betreuung. Ob gerade das teils auch als überkommen und träge kritisierte Modell der Kammer heute zukunftsfähig ist oder ob auch andere Lösungen denkbar sind, steht zur Debatte.
27 Streng genommen erfolgt die Bewilligung gegenüber dem Adressaten, während der Dienst die Leistung nur erbringt.
28 Vereinbart der Leistungserbringer beispielsweise einen Fachleistungsstundensatz von € 65,00, so wird möglicherweise an den Auftragnehmer davon ein Stundensatz von – je nach den Umständen und z. B. dem Qualifikationserfordernis – € 10,00 bis € 30,00 weitergegeben, da

tie in Bezug auf den Auftraggeber. Dieser stellt mitunter mündlich in den Raum, dem Auftragnehmer zukünftig auch weitere Aufträge erteilen zu wollen. Dazu besteht aber keine Verpflichtung. Die Auftraggeber begründen dies vor allem inhaltlich und mit qualitativen Argumenten. Sie sichern gegenüber dem Kostenträger zu, stets die individuell geeignete Fachkraft für ein Kind oder einen Jugendlichen oder einen Menschen mit Behinderung einsetzen zu können. Daher arbeiten viele Leistungserbringer lieber maximal flexibel mit Selbstständigen bzw. Honorarkräften als mit abhängig Beschäftigten, die erhebliche finanzielle Ressourcen binden.

Im Rahmen der beschriebenen Konstruktion kann es leicht zu Scheinselbstständigkeit kommen, insbesondere, wenn ein Selbstständiger bzw. eine Honorarkraft immer wieder oder ganz überwiegend Aufträge eines bestimmten Leistungserbringers übernimmt. Manche Leistungserbringer fordern daher „ihre" Selbstständigen bzw. Honorarkräfte explizit auf, auch Aufträge der „Konkurrenz" anzunehmen, um den „Anschein von Scheinselbstständigkeit" zu vermeiden. Ein weiterer Aspekt kann genau diesen Anschein erwecken: Die Leistungserbringer sind letztlich gegenüber dem Kostenträger verantwortlich. Zwar arbeiten die Auftragnehmer formal eigenverantwortlich; der Leistungserbringer muss aber eine gewisse formelle oder informelle Kontrolle ausüben; er muss wissen, was in einer bestimmten Unterstützungskonstellation passiert. Die Frage der Weisungsbefugnis ist damit aufgeworfen. Zwar kann der Leistungserbringer dem Auftragnehmer gegenüber keine direkte Weisung erteilen[29], in der Regel verpflichten sich die Auftragnehmer jedoch zu regelmäßigen Fallgesprächen, zu Supervision u. Ä. Die Grenze zur Weisung kann unter Umständen fließend sein, z. B., wenn sich in Fallgesprächen oder Supervisionen ergibt, dass der Auftragnehmer aus der Sicht des Leistungserbringers Fehler macht und daher selbst sog. „kollegiale Unterstützungsangebote" des Leistungserbringers in Anspruch nimmt. Fraglich ist vor allem, wie verfahren wird, wenn der Auftragnehmer derartige „kollegiale Unterstützungsangebote" verweigert, d. h. nicht tut, was der Leistungserbringer in einer bestimmten Situation für richtig oder angebracht hält. Allgemein kann man festhalten, dass in den oben beschriebenen Auftraggeber-Auftragnehmer-Konstellationen in jedem Einzelfall zu prüfen wäre, ob Selbstständigkeit oder Scheinselbstständigkeit vorliegt, und zwar auch unabhängig davon, was in einem Vertragswerk schriftlich festgelegt ist.

---

der Leistungserbringer sich selbst als Overhead finanzieren muss und ggf. – wenn er privatwirtschaftlich organisiert ist – Gewinn machen will.
29 s. z. B. entsprechende Formulierungen auf http://www.outback-stiftung.de/os/outback/Auftragnehmer.php (Zugriff: 31.1.2017).

F. Schlussbemerkungen

Selbstständigkeit in der Sozialen Arbeit bietet viele Chancen und Gestaltungsraum sowohl für die weitere Professionalisierung des Berufs als auch für die Berufsausübenden; mittelbar auch für die AdressatInnen und die Gesellschaft im Sinne freien Engagements. Die Soziale Arbeit sollte verbindliche Selbstkontrollinstrumente und berufliche Infrastruktur entwickeln.

Viele Selbstständige nehmen geringe Honorare in Kauf und wollen – konfrontiert mit dem Aspekt der Scheinselbstständigkeit, der ja nicht nur auf der Ebene entgangener Sozialversicherungsbeiträge u. Ä., sondern auch hinsichtlich prekärer Verhältnisse der Selbstständigen zu diskutieren ist – nicht abhängig beschäftigt sein.

Die Honorargestaltung in der Sozialen Arbeit ist teilweise skandalös. Auch im Sinne eines funktionierenden Generationenvertrags müssen verbindliche Honorarordnungen diskutiert werden, die eine seriöse soziale Sicherung erlauben.

Die Bedeutung psychischer und psychosomatischer Erkrankungen bei Erwerbsminderungsrenten

Dr. Ulrich Eggens, Ltd. Arzt, Abteilung Rehabilitation und Gesundheitsförderung, Deutsche Rentenversicherung Berlin-Brandenburg

A. Einführung

Bei insgesamt 172.921 Erwerbsminderungsrentenzugängen im Jahr 2015 erfolgten für 30 % des männlichen Anteils Berentungen wegen psychischer Erkrankungen, bei weiblichen Versicherten waren dies sogar 47 %.

Bedeutsam ist ferner ein um gut zwei Jahre früheres Renteneintrittsalter bei psychischen Störungen.

Bemerkenswert ist auch, dass die Anzahl der Rentenzugänge wegen Erwerbsminderung im letzten Jahrzehnt relativ konstant um 170.000 pro Jahr lag, innerhalb dieser Größenordnung jedoch ein kontinuierlicher etwa 50 %er Anstieg der Zugänge wegen psychischer Erkrankungen auf zuletzt 74.234 zu beobachten war.

B. Analyse

Unabhängig von dieser Entwicklung hinsichtlich der Zunahme eines berentungspflichtigen Schweregrades psychischer Erkrankungen stellt sich die Frage nach der Zunahme psychischer Erkrankungen an sich. Hierzu ist festzustellen:

Die Diskussion um eine mögliche Zunahme psychischer Erkrankungen ist weiterhin kontrovers. Während vermehrte Stressoren aus Gesellschaft und Arbeitswelt beispielsweise durch diskontinuierliche Erwerbskarrieren, zunehmende psychomentale Belastungen in der modernen Informations- und Mediengesellschaft, Vereinzelung und Wertekrise sowie Zunahme von Arzneimittelverordnungen einen Anstieg psychischer Störungen andeuten könnten, scheinen andererseits eine kontinuierlich abnehmende Suizidrate, veränderte diagnostische Kriterien und eine höhere gesellschaftliche Akzeptanz für einen nur scheinbaren Anstieg psychischer Störungen zu sprechen.

Ungeachtet dieser Diskussion besteht für die Deutsche Rentenversicherung weiterhin prioritärer Handlungsbedarf im Umgang mit psychischen Erkrankungen, zumal bei frühzeitiger Diagnosestellung, angemessener Behandlung und ggf. rechtzeitig eingeleiteter psychosomatisch-psychotherapeutischer Rehabilitation Teilhabestörungen oder gar eine Berentung in vielen Fällen vermieden werden könnten.

Aus dem sozialmedizinischen Zweijahresverlauf nach psychosomatisch-psychotherapeutischer Rehabilitation wissen wir, dass es durch derartige Leistungen in einer hohen Anzahl von Fällen gelingt, Versicherte im Erwerbsleben zu halten.

Entscheidend dafür ist jedoch, dass dieser Rehabilitation nicht eine längere Arbeitsunfähigkeit der Betroffenen vorausgegangen ist. Lange Arbeitsunfähigkeitszeiten, die anders als in der somatischen Medizin häufig keinen Genesungsprozess begleiten, scheinen zu zusätzlicher Verunsicherung und Ängsten zu führen. Im aus Routinedaten erhobenen zweijährigen Verlauf nach psychosomatisch-psychotherapeutischer Rehabilitation stellt sich das Berentungsrisiko als sechsfach erhöht heraus, wenn die Dauer der Arbeitsunfähigkeit vor der Rehabilitation mehr als 6 Monate betrug im Vergleich zu einer kürzeren Arbeitsunfähigkeitszeit von bis zu 3 Monaten.

Daher ist es bereits seit einigen Jahren ein zentrales Anliegen der Deutschen Rentenversicherung, auf eine frühzeitige Diagnostik und auf eine angemessene Behandlung im System der gesetzlichen Krankenversicherung hinzuwirken, um einen ggf. bestehenden Rehabilitationsbedarf zeitnah mit entsprechenden Rehabilitationsleistungen aufzufangen. Die dafür notwendigen Ressourcen, das heißt die erforderlichen Behandlungskapazitäten in rehabilitativen Fachabteilungen und die dafür einzusetzenden finanziellen Mittel, stehen zur Verfügung und fänden hier einen sachlich gebotenen Einsatz, zumal sich nach den einschlägigen sozio-ökonomischen Gutachten jeder Euro für Rehabilitationsleistungen mehrfach bezahlt macht.

Dem zuwider erhielten von den wegen psychischer Störungen in die Erwerbsminderungsrente gelangten Versicherten in dem Fünfjahreszeitraum vor Berentung leider deutlich weniger als 50 % frühzeitigen Zugang zu einer Rehabilitationsleistung durch entsprechend rechtzeitige Weichenstellung in Richtung auf Teilhabeleistungen der gesetzlichen Rentenversicherung, sodass für die Deutsche Rentenversicherung gar keine Möglichkeit bestand, durch diese anerkannt wirksamen Rehabilitationsleistungen einer drohenden Erwerbsminderung entgegenzuwirken.

Die Deutsche Rentenversicherung hat daher die Initiative ergriffen und in ihrem Positionspapier zur Bedeutung psychischer Erkrankungen in der Rehabilitation und bei Erwerbsminderung die einschlägigen Handlungsfelder beschrieben.

So gilt es, mit dem vergleichsweise neuen Angebot der Deutschen Rentenversicherung (BETSI = **Be**schäftigung **t**eilhabeorientiert **si**chern) für besonders belastete Arbeitnehmer Verhaltensprävention im Umgang mit gesundheitlichen Risiken zu trainieren (Bewegung, Ernährung, Stressbewältigung, Umgang mit Suchtmitteln).

Ferner müssen Versicherte effektiver und frühzeitiger auf Leistungen der Rehabilitation vorbereitet werden sowie die Nachsorgeangebote bis hin zur Fallbegleitung und stufenweiser Wiedereingliederung weiterentwickelt werden.

Zudem hat sich die Deutsche Rentenversicherung auf eine stärkere medizinisch-berufliche Orientierung in der Rehabilitation fokussiert, um konkret an den Anforderungen des Arbeitsplatzes die Rückkehr in die bisherige Tätigkeit zu unterstützen.

Im Wissen um eine bis zu einem Anteil von 30 % bestehende, im Vorfeld unbekannte psychische Komorbidität somatischer Rehabilitanden werden die psychischen Störungen in der somatischen Rehabilitation inzwischen systematisch erfasst und Weichen für die Behandlung gestellt.

Schließlich gilt es, qualitative Unterschiede zwischen den Rehabilitationseinrichtungen abzubauen und Angebote für Leistungen zur Teilhabe am Arbeitsleben bedarfsgerecht zuzuschneiden.

Dabei sind wir uns als Rentenversicherung darüber im Klaren, dass dies nur in Kooperation mit Arbeitgebern, mit niedergelassenen Ärzten, mit Krankenkassen und den Rehabilitationseinrichtungen weiterentwickelt werden kann.

Nicht aus dem Blickfeld verlieren dürfen wir auch jene Versicherten, die bereits wegen psychischer Störungen das Stadium des Rentenbezuges erreicht haben. Die jüngst in Bremen veröffentlichte Berater-Studie[1] (**befristete Erwerbsminderungsrente und Rückkehr in das Erwerbsleben – Themen und Erwartungen von Erwerbsminderungsrentnerinnen**) deutet an, dass sich gut die Hälfte der wegen psychischer Störungen befristet berenteten Versicherten gedanklich mit der Rückkehr ins Erwerbsleben beschäftigen. Dies scheint weniger vom Schweregrad der zur Berentung führenden Störungen abzuhängen, vielmehr scheint der Verlust an Teilhabemöglichkeiten den Wunsch nach Wiedereingliederung ins Erwerbsleben zu fördern.

C. Handlungsbedarfe

Trotz günstiger Entwicklung der Beschäftigungszahlen und bei bestehendem Fachkräftemangel guten Chancen auf Wiedereintritt ins Erwerbsleben kehren bisher nur sehr wenige Versicherte aus der befristeten Erwerbsminderungsrente wieder ins Arbeitsleben zurück.

Hier gilt es anzusetzen, um den Versicherten eine möglichst weitreichende Teilhabe am Leben in der Gemeinschaft zu ermöglichen und so

---

1 Zschucke E et al. Befristete Erwerbsminderungsrente aus Sicht ... Rehabilitation 2016; 55: 223–229

auch den von Altersarmut in besonderer Weise gefährdeten Versicherungsgruppen ein gesichertes Auskommen zu ermöglichen.
Daraus ergeben sich folgende Handlungsbedarfe bzw. Empfehlungen:
- für die GKV: Frühdiagnostik und leitliniengerechte Behandlung sowie frühzeitige Feststellung eines ggf. bestehenden Rehabilitationsbedarfs und hierzu Vorhalten einer Versorgungsstruktur mit zugelassenen Fachärzten und Vertretern einschlägiger Professionen (Psychotherapeuten / Psychologen usw.) in dem dafür gebotenen Umfang mit der Folge eines zeitnahen Zugangs Behandlungsbedürftiger
- für die Träger der gesetzlichen Rentenversicherung: Schaffung weiterer Präventionsangebote in der Fläche und stärkere Einbeziehung der Hausärzte in den Rehabilitationsprozess.
- für die Arbeitgeber: die richtigen Schlüsse aus den Gefährdungsanalysen wegen psychischer Belastungen ziehen und sich vergegenwärtigen, dass etwa 20 % der Beschäftigten an relevanten psychischen Störungen leiden und dennoch häufig besonders wertvolle Arbeit in den Betrieben leisten, jedoch bei Veränderungsprozessen größerer Unterstützung bedürfen
- Für die Gesellschaft: Stärkung der Salutogenese mit Fokussierung auf das, was uns als Einzelne und als Teile der Gesellschaft gesund zu erhalten vermag und durch Stärkung der Resilienz das „Immunsystem der Psyche" widerstandsfähiger machen.

Herausforderungen psychosomatischer Belastungen für die betriebliche Personalpolitik

Prof. Dr. Ursula Engelen-Kefer, Mitglied im Bundesvorstand des Sozialverbandes Deutschland, Berlin

A. Neue Herausforderungen in der Arbeitswelt

„Nichts ist so beständig wie der Wandel", so wird es von dem griechischen Philosophen Heraklit überliefert. Selbst wenn diese Weisheit aus einem halben Jahrtausend vor der christlichen Zeitrechnung stammt, gewinnt sie gerade heute im Zeitalter von Globalisierung und Digitalisierung zunehmend an Bedeutung. Dies gilt auch für die betriebliche Personalpolitik. Seit Beginn der Industriegesellschaft im 18. Jahrhundert hat der technisch-organisatorische Wandel die Arbeitsprozesse, die Erwerbsarbeit und die Gesellschaft insgesamt mehrfach grundlegend gewandelt. Der große russische Ökonom Nikolai Kondratieff unterscheidet hierfür seit 1780 sechs große Phasen, die sog. langen Wellen: von Bekleidung über Massentransport und Massenkonsum bis zur ganzheitlichen Gesundheit. Im Vordergrund stehen heute und in absehbarer Zukunft die Digitalisierung, bekannt als Industrie 4.0, und die Gesundheit vor allem im Rahmen der demografisch bedingten Alterung in Bevölkerung und Beschäftigung. Nach Massenproduktion mit tayloristischer Arbeitsteilung seit Ende des 19. Jahrhunderts und dem Beginn des Einsatzes von Informationstechnologien hundert Jahre später geht es jetzt um eine weitere Stufe, die „Industriearbeit neuen Typs" oder die „Revolution des Digitalen" durch die Vernetzung digitaler Produktion, Dienstleistungen und menschlicher Arbeit. Es entstehen neue Wertschöpfungsketten und gemischte Produkte z. B. aus materiellen Gütern, Dienstleistungen und Wissensarbeit – in vertikaler Vernetzung von Produktion, Dienstleistungen und Vertrieb sowie horizontal insbesondere zwischen Produzent, Zulieferer, Dienstleister, Kunde.

Dies stellt an Wirtschaft und Beschäftigte, Betriebs- und Personalräte sowie Gewerkschaften auch im Rahmen der betrieblichen Personalpolitik neue Anforderungen. Erstmals sind durch diese neue technische Revolution auch geistig/psychische Arbeitsprozesse betroffen, mit allen Risiken und Chancen. Auf der einen Seite fallen physisch hoch belastende oder sich wiederholende Tätigkeiten weg. Auf der anderen Seite nehmen die Anforderungen an den Ein- und Überblick hochkomplexer digitaler Prozesse und Verfahren zu. Zudem ermöglichen die neuen digitalen Arbeitsformen für die Beschäftigten größere Spielräume bei der Wahl von Raum und Zeit. Gleichzeitig kann dies jedoch auch mit höherer bzw. unzumutbarer Belastung bei Erreichbarkeit, Verfügbarkeit, Überwachung und Kontrolle verbunden sein. Darüber hinaus kann diese „Revolution des Digitalen" den humanen Rahmen der Arbeit weitgehend sprengen, wie z. B. in prekären Arbeitsformen von Befristung, Leiharbeit, Werkverträgen, Selbstständigkeit und, als vorläufigem Höhepunkt im digitalen Wettbewerb um einzelne Arbeitsaufträge, dem sog. Crowd Working. Dabei ist noch nicht absehbar, ob und wieweit Arbeitsplätze wegfallen, welche Qualifikationsanforderungen und Arbeitsbedingungen damit verbunden sind und vor allem, ob und mit welchen Belastungen die betroffenen Beschäftigten dies überhaupt bewältigen können. Vor allem entstehen neue Gefährdungen, die zu psychosomatischen gesundheitlichen Schäden führen.

Gleichzeitig bieten die neuen digitalen Techniken auch erhebliche Chancen in der Entlastung von großen körperlichen Anforderungen sowie der Ermöglichung beruflicher Tätigkeiten auch für Menschen mit Behinderungen. Zu nennen sind hier nur die Exo-Skelette, die das Heben größerer Lasten erleichtern, z. B. auch bei den gesundheitlich belastenden Pflegetätigkeiten. Für Menschen mit Behinderungen können sie die Bewegungs-, Arbeits- und Berufsfähigkeit überhaupt erst ermöglichen.

Begonnen wurde ein gesellschaftlicher Diskurs über die Chancen durch die technische Entwicklung auf Initiative des Bundesministeriums für Arbeit und Soziales für die „Arbeit 4.0" – sozusagen als Gegenstück zur „Industrie 4.0". Erklärte Absicht ist, die „digitale Revolution" möglichst frühzeitig im Sinne „Guter Arbeit" zu gestalten. Dazu gehören: Nutzung der räumlichen und zeitlichen Disponibilität zu mehr Autonomie und damit auch Work-Life Balance; Eingrenzung der Belastungen, insbesondere der ständigen Verfügbarkeit; Vermittlung der notwendige Qualifikationen und Kompetenzen und damit Verhinderung von digitaler Spaltung; Sicherstellung der erforderlichen Zugangs-, Kommunikations- und Teilhaberechte im Netz; Schutz der Daten und Persönlichkeitsrechte; Anpassung der Sozialen Sicherheit vor allem für Selbstständige und Freiberufler (Bundesministerium für Arbeit und Soziales, Grünbuch Arbeiten 4.0, April 2015; Weißbuch Arbeiten 4.0, November 2016).

B. Entwicklung in Demographie und Beschäftigung

Demographisch bedingt erfolgt bereits seit Jahren eine Schrumpfung in Bevölkerung und Erwerbstätigkeit verbunden mit einer Verschiebung der Altersstrukturen nach oben. Ein weiterer Trend ist die zunehmende Erwerbstätigkeit von Frauen und damit verbunden auch veränderte Anforderungen an die Vereinbarkeit von Familie und Beruf. Gleichzeitig ist ein

Paradigmenwechsel in der Arbeitsmarktpolitik erfolgt, mit der sozial- und arbeitsrechtlichen Deregulierung in einem europaweit besonders großen Ausmaß. Hinzu kommen die Einschränkung der vorherigen großzügigen gesetzlichen Möglichkeiten zur Frühverrentung und die Heraufsetzung der gesetzlichen Altersgrenze von 65 auf 67 Jahre seit Anfang 2012 bis 2029. Die Folgewirkungen sind positiv und negativ: Auf der einen Seite konnten die Beschäftigung erheblich gesteigert und die Arbeitslosigkeit verringert werden. Inzwischen gibt es in verschiedenen Berufsbereichen einen Mangel an Arbeits- und Fachkräften sowie Auszubildenden. Auf der anderen Seite hat die Ausweitung von prekärer Beschäftigung und Niedriglohnsektoren den Beschäftigten erhebliche Belastungen bis zu Armut bei Arbeit und im Alter aufgebürdet. Eine der beherrschenden Herausforderungen in Wirtschaft und Politik ist der Mangel an Arbeits- und Fachkräften. Auf dem Arbeitsmarkt ist seit einigen Jahren ein Umschwung festzustellen: Zunehmenden Vorrang erhält die Ausschöpfung der Beschäftigungs- und Qualifikationsreserven bei den sog. schwerer vermittelbaren Arbeitskräften. Dies betrifft vor allem gering qualifizierte Jugendliche, Frauen, Menschen in höherem Lebensalter, mit Behinderungen oder mit Migrationshintergrund. Entscheidend wird immer mehr eine betriebliche Personalpolitik, die auf den Lebenszyklus und die persönlichen Bedingungen und Anforderungen ihrer Beschäftigten Rücksicht nimmt. Dazu müssen die Arbeitsbedingungen – vor allem Arbeitszeit, einschließlich der Schichtzeiten und Qualifikationen –, aber immer mehr auch Gesundheitssicherung und Arbeitsschutz angepasst und umgesetzt werden. So ist es ausgesprochen bemerkenswert, dass z. B. eine Firma wie Conti dabei ist, ihre 20.000 Produktionsarbeitsplätze demographiefest zu gestalten. Ein solcher Wandel in der betrieblichen Personalpolitik wäre in den 1970er Jahren – der Hochphase der Politik der „Humanisierung der Arbeit" (HdA) – noch reine Utopie gewesen. Damals suchten die Unternehmen vor allem „olympiareife Belegschaften" und der Betriebsratsvorsitzende, der Betriebsarzt sowie der Sicherheitsingenieur waren oft die letzten verbliebenen älteren Beschäftigten.

C. Zunahme psychosomatischer Belastungen

Die stark anwachsende Zahl psychischer Erkrankungen verursacht hohe Arbeitsunfähigkeitsausfälle, und überdurchschnittlich lange Ausfallzeiten. Diese steigen mit zunehmendem Lebensalter der Beschäftigten und sind in den Bereichen von Banken/Versicherungen, Verwaltung und Dienstleistungen, vor allem aber in den Gesundheits- und Pflegeberufen besonders ausgeprägt. Psychische Erkrankungen sind die häufigste Ursache für die erstmalige Beziehung einer staatlichen Erwerbsminderungsrente und führen zu steigenden volkswirtschaftlichen und sozialen Kosten. Ausschlaggebend hierfür sind übersteigerte Arbeitsanforderungen, ständige Arbeitsunterbrechungen sowie Termin- und Zeitdruck, aber auch unzureichendes Führungsverhalten durch Vorgesetzte. Betriebliche Prävention kann einen wichtigen Beitrag zur Verringerung dieser psychischen Belastungen der Beschäftigten führen und sowohl für die Betroffenen wie die Arbeitgeber erhebliche Vorteile bringen (insbesondere Senkung des Krankenstandes, höhere Produkt- und Dienstleistungsqualität, bessere Arbeitsmotivation, Imageförderung nach innen und außen, besseres Betriebsklima, mehr Arbeitszufriedenheit).

Eine besonders ausgeprägte Erscheinungsform psychischer Erkrankungen ist das Burn-Out-Syndrom, mithin Ausgebrannt sein, Schwierigkeiten bei der Lebensbewältigung bis zur Personalisierung. Besonders ausgeprägt ist dies in den Tätigkeiten der Kranken- und Altenpflege. Gründe hierfür sind die zunehmende Arbeitsverdichtung, die mangelnde Planbarkeit der Schichtzeiten, unbewältigte Konflikte, mangelndes Beschwerde- und Konfliktmanagement, unzureichende Entlohnung, mangelnde Wertschätzung, Diskriminierungen aller Art sowie mangelnde persönliche Fähigkeiten, mit den verschiedenartigen Stress-, Konflikt- und Frustrationssituationen umzugehen.

Auch hieraus ergeben sich erhebliche Anforderungen an die betriebliche Personalpolitik: insbesondere regelmäßige Mitarbeitergespräche, familiengerechte Arbeitsgestaltung, verlässliche Schichtpläne, ausreichende Pausenregelungen und Ruhezeiten, Konfliktbewältigungsmechanismen, Schutz gegen Mobbing und Diskriminierung, bessere Entlohnung und Wertschätzung der schwierigen Arbeit sind erforderlich. Besonders große Defizite bestehen beim alternsgerechten Personalmanagement. In der betrieblichen Realität herrschen immer noch die alten Rollenbilder von Alterslob, Altersschelte und Altersspott vor, wobei sich die Vorurteile alternsbedingter genereller Defizite trotz anderslautender Untersuchungsergebnisse und Erfahrungen hartnäckig halten. Erforderlich sind hier Information, Aufklärung und Qualifizierung des mittleren Personalmanagements und die Einrichtung nachhaltiger diskreter Konfliktlösungsmechanismen, um die vielfach erkannten Defizite und Mängel eines alternsgerechten Personalmanagements zu beheben und damit den Theorie-Praxis-Transfer zu ermöglichen.

D. Lehrforschungsprojekt der Alice Salomon Hochschule

Die Frage, ob – und wenn ja in welcher Form – die Maßnahmen zur Erhaltung der Beschäftigungsfähigkeit, die aus dem verarbeitenden Gewerbe und dem Dienstleistungssektor bekannt sind, auf andere Branchen übertragbar sind, ist bisher nicht zu beantworten. Leider lassen sich für alle Branchen erhebliche Forschungsdefizite konstatieren, weil die Themen „altersgerechte Arbeitsgestaltung" und „alternsgerechte Arbeitswelt" bisher meist praxisnah und weniger theoretisch-wissenschaftlich angegangen werden. Deshalb finden sich in den einschlägigen Studien nur wenige Anhaltspunkte. Für die vor allem betroffenen personenbezogenen Dienstleistungen und dabei vor allem den Gesundheits- und Sozialsektor gilt dies in besonderem Maße. Es mangelt an verlässlichen Daten zu den Rahmenbedingungen dieses Sektors und an der Verknüpfung mit differenzierten Befunden zur subjektiven Wahrnehmung der Bedingungen durch die überwiegend weiblichen Fachkräfte. In dieser Forschungsglücke war ein Lehr-Forschungsprojekt der Alice Salomon Hochschule Berlin angesiedelt, dessen Ergebnisse im Folgenden vorgestellt werden:

Die demographisch bedingte „Alterung der Gesellschaft" hat erhebliche Auswirkungen auf Arbeitsmarkt und Beschäftigung: Nach Prognosen des Statistischen Bundesamtes wird sich die Zahl der Pflegebedürftigen bis 2050 auf 4,5 Millionen verdoppeln. Zwar ist bei derartigen „Status Quo"-Prognosen zu beachten, dass sich der Pflegebedarf durch vielerlei Faktoren verändern und dabei auch verringern kann, z. B. durch Fortschritte in Gesundheitsversorgung und Gesundheitsverhalten. Gleichwohl ist davon auszugehen, dass der bereits jetzt vorhandene Mangel an Pflegekräften in den nächsten Jahren weiter ansteigen wird. Dies gilt für Krankenhäuser, Pflegeheime und ambulante Dienste gleichermaßen.

Für die Pflegekräfte selbst gibt es eine kumulative Wirkung. Einerseits erhöhen sich die Erwartungen an ihre Pflegeleistungen; andererseits unterliegen auch sie selbst dem demographisch bedingten Alterungsprozess. Während die Anzahl der unter 35-jährigen Fachkräfte im letzten Jahrzehnt um 15 % gesunken ist, hat sich diejenige der über 50-Jährigen verdoppelt. Hinzu kommt die vor allem fiskalisch und betriebswirtschaftlich begründete Begrenzung der Personalstellen in den Pflegeberufen. Dies alles trägt dazu bei, dass die Anforderungen und Belastungen für die in der Pflege Beschäftigten steigen. Zudem sind mehr als 80 % dieser Menschen Frauen, die häufig die Doppelbelastung ihres Pflegeberufes sowie der Familientätigkeit tragen müssen. In der Folge sind sowohl die krankheitsbedingten Fehlzeiten sowie die Fluktuation außergewöhnlich hoch.

Unter dem Titel „Age Management im Sozial- und Gesundheitswesen" führten elf Studierende der Bachelorausbildung im Gesundheits- und Pflegemanagement an der Alice Salomon Hochschule Berlin unter der Leitung der Autorinnen der Studie im Laufe von drei Semestern in den Jahren 2011 bis 2012 insgesamt fünf Teilprojekte durch: zwei quantitative Studien zu den Teilthemen „Generationengerechtes Personalmanagement im Krankenhaus" und „Kenntnisse zur Personalentwicklung 50+ unter Studierenden des Gesundheits- und Pflegemanagements" sowie drei qualitative Studien zu den Themen „Altersdiskriminierung", „Alter(n)sgerechte Personalarbeit zur Förderung der Employabilty" und „Burnout in der Krankenpflege".

„Arbeitszufriedenheit und Unternehmensbindung von Pflegekräften": Ausgangspunkt dieses Teilprojekts war eine generationsspezifische Personalentwicklung in Unternehmen des verarbeitenden Gewerbes, die als Chance für die Steigerung von Arbeitszufriedenheit und Unternehmensbindung betrachtet wird. Es stellte sich die Frage, ob eine generationsspezifische Betrachtung der Bedürfnisse der Beschäftigten für die Personalentwicklungsstrategie in der Pflege sinnvoll wäre. Die Erhebung unter den Beschäftigten eines Krankenhauses der Maximalversorgung bestätigte den Zusammenhang zwischen Arbeitszufriedenheit und Bindung an das Unternehmen, die wiederum erheblich von der Art des Personalmanagements im Unternehmen beeinflusst wird. Es zeigte sich, dass jüngere und ältere Beschäftigte unterschiedliche Anforderungen an ihre Arbeitsbedingungen stellen, die jedoch nicht generationen-, sondern alter(n)s- bzw. lebensphasenspezifisch sind.

Alter(n)sgerechte Personalarbeit: Im Rahmen einer qualitativen Studie wurden eine Mitarbeitervertreterin und eine Personalverantwortliche in einem Berliner Krankenhaus interviewt. Ziel war, herauszufinden, ob alters- und alternsgerechte Personalentwicklungskonzepte umgesetzt werden. In der Praxis des ausgewählten Unternehmens gibt es offensichtlich ein Bewusstsein über die Notwendigkeit solcher Konzepte und erste Maßnahmen zur unternehmensspezifischen Umsetzung. Zugleich zeigten sich viele Widersprüche und Hindernisse auf dem Weg hin zu einer konsistenten alter(n)sgerechten Personalarbeit, die auf ganz verschiedenen Ebenen liegen.

Altersdiskriminierung am Arbeitsplatz: Anstoß für das dritte Teilprojekt war die Beschäftigung mit dem Allgemeinen Gleichbehandlungsgesetz (AGG). Es ergab sich die Frage nach der Perspektive der Beschäftigten auf das Thema. Zwei Interviews mit Fachkräften im Alter von über 40 Jahren deuten darauf hin, dass Altersdiskriminierung im Arbeitsalltag erlebt und ausgeübt wird. Negative Konnotationen von Alter finden sich im Pflegeberuf wie auch in der Gesellschaft allgemein. Die konkreten Wirkungen der defizitären Altersbilder im Pflegeberuf scheinen deutlich mit den oft ausgesprochen ungünstigen Arbeitsbedingungen für (ältere) Pflegefachkräfte zu korrespondieren.

Burn-Out im Pflege- und Gesundheitssektor: Das vierte Teilprojekt stellte das sog. Burn-Out-Syndrom in den Kontext des Pflege- und Gesundheitssektors. In allen Berufen, die professionelle Sorgearbeit leisten, gibt es eine Vielzahl von Belastungen. Hier kommen die alltägliche Konfrontation mit Krankheit, Sterben und Tod hinzu, aber auch die Bedingungen quasi-marktförmiger Pflege: der allgegenwärtige Personalabbau und der damit verbundene Zeitdruck. Aus bio-psychosozialer Perspektive auf „Burn-Out" überrascht es nicht, dass die beiden Interviews mit (ehemals) betroffenen Pflegekräften sehr deutlich machen, dass die Ökonomisierung des Sektors zu anhaltendem und potenziell krankmachendem Stress am Arbeitsplatz führt. Zugleich zeigen die Interviews, dass die Fachkräfte selbst eine große Verbundenheit mit ihrem Beruf spüren und der immaterielle Gewinn, den sie aus der Interaktion mit den Patientinnen ziehen, sehr hoch sein kann.

Alternsgerechtes Personalmanagement: Der fünfte Teilbericht wollte in Erfahrung bringen, welche einschlägigen Wissensbestände und Best-Practice-Modelle für den Bereich des Gesundheitswesens zukünftigen Gesundheits- und PflegemanagerInnen, die aktuell in einem solchen Studiengang studieren, bekannt sind. Anhand einer exemplarischen Befragung von Studierenden der Alice Salomon Hochschule Berlin wurden Fragen des altersgerechten Personalmanagements mit Lehr- und Lerninhalten in Beziehung gesetzt und daraus Lösungsvorschläge für die Hochschul-Ausbildung abgeleitet, ohne dabei Grenzen zu ignorieren, die aus gesellschaftlichen Rahmungen, wie z. B. defizitären Altersbildern, resultieren.

E. Ergebnisse des Projekts

Die unabhängig voneinander mit verschiedenen, je gegenstandsangemessenen Methoden erhobenen Daten kamen insgesamt zu validen Ergebnissen. Erwartungsgemäß deuten die Ergebnisse des Projekts übereinstimmend darauf hin, dass sich die uralten Diskurse von Alterslob, Altersschelte und Altersspott weiterhin halten. Sie werden allenfalls modernisiert und auf das Erwerbsleben bezogen, wobei die Defizitorientierung überwiegt.

Hierzu wird in dem Bericht zu dem Lehrforschungsprojekt festgestellt: „Die konkreten Analysen zeigen, dass sowohl auf der mittleren Managementebene als auch bei Studierenden ein Bewusstsein über die Herausforderungen vorhanden ist, die sich aus der demografischen Entwicklung, der Anhebung des Rentenalters und dem damit einhergehend steigenden Altersdurchschnitt der Beschäftigten, die die Sorgearbeit im Gesundheits- und Pflegesektor verrichten, ergeben. Diesem grundsätzlichen Bewusstsein stehen eine weitgehende Passivität der Verantwortlichen in den Diensten und Einrichtungen und wenig konkretes Wissen über Lösungsmöglichkeiten bei den Studierenden gegenüber. Personalverantwortliche auf mittlerer Ebene einschließlich der Mitarbeitervertreterinnen hegen den Wunsch nach Veränderung, ergreifen jedoch – möglicherweise aus ihrer Sandwichposition heraus – keine Initiativen. In der Folge unterbleibt hier der Theorie-Praxis-Transfer. Leitungskräfte auf unterer Ebene wie die Mitarbeiterinnen selbst verfügen kaum über konkrete Vorstellungen zu möglichen Lösungen. Neben der „Sandwichposition", die auch die Pflegedienstleitungen innehaben, fehlt es hier oft an einschlägiger Ausbildung oder Fortbildung. Gemeinsam ist diesen beiden Beschäftigtengruppen eine Unzufriedenheit mit dem Status Quo. Für die Beschäftigten führen die Arbeitsbedingungen in der Pflege zu hohen Belastungen von Körper und Seele, systematische Präventionsmaßnahmen fehlen. Jüngere Mitarbeiterinnen sind offenbar in der Lage, den allgegenwärtigen Personalmangel zu kompensieren, bei den älteren haben sich die Belastungen möglicherweise aufgeschichtet. Insbesondere geraten bei ihnen die eigenen Ansprüche an eine gute Pflege in einen starken Widerspruch zu den dafür vorhandenen Möglichkeiten. Vor dem Hintergrund der objektiven Arbeitsbelastungen und der subjektiv zwischen den Altersgruppen differierenden Wahrnehmungen ihrer Intensität entstehen Konflikte zwischen einzelnen Mitarbeiterinnen und Hierarchieebenen aber auch zwischen Jung und Alt. Ein systematisches Konfliktmanagement fehlt offensichtlich, manchmal sogar Kommunikation überhaupt. Insbesondere bereits an Burn-Out erkrankte Fachkräfte lernen im besten Fall, mit dieser Situation umzugehen, indem sie eigene Bedürfnisse kennenlernen, sie beachten und sich vornehmen, sich ggf. rechtzeitig „Hilfe" zu suchen. Diese nützliche Strategie wie auch ähnliche Ansätze, etwa ein zuverlässiger Schichtdienst, bleiben auf der individuellen Ebene und bringen deshalb eher punktuell „Linderung" als an den grundsätzlichen Arbeitsbedingungen etwas zu ändern oder gar an den defizitären Altersbildern, nach denen bei älteren Mitarbeiterinnen Leistungsminderung und Krankheit zu erwarten sind. Die defizitären Zuschreibungen potenzieren die Belastungen für ältere Arbeitnehmerinnen, weil sie sozusagen „aufsetzen" auf einem weiteren Phänomen, das zu den hervorstechenden Projektergebnissen gehört: Die Beschäftigten klagen unabhängig vom Alter über die mangelnde Anerkennung ihrer professionellen Sorgearbeit und meinen damit weniger finanzielle als immaterielle Aspekte. Aus den verschiedensten Blickwinkeln und mit diversen Methoden deutet das Projekt darauf hin, dass mangelnde Wertschätzung der (Sorge-)Arbeit und der Personen, die sie leisten, unter den herrschenden Erwerbs- und gesellschaftlichen Bedingungen ein zentrales Problem ist.

Gleichwohl finden sich auch und gerade in diesem Kontext Ressourcen. An erster Stelle steht ein bisher in der Fachöffentlichkeit wenig bekanntes und/oder beachtetes Ergebnis: Die Fachkräfte haben sich oft bewusst für ihren Beruf entschieden und üben ihn grundsätzlich gern aus. Sie sind engagiert und bereit, viele Mühen und Nachteile wie den unvermeidlichen Schichtdienst in Kauf zu nehmen. Dies gilt unabhängig von der Zugehörigkeit zu der einen oder anderen Generationen. Die referierten Ergebnisse zeigen insgesamt Folgendes: Im Interesse der – ggf. auch branchenübergreifenden – Akquise von Fachkräften wie auch mit dem Ziel von deren längerem Verbleib im Beruf wäre an mehreren Stellschrauben gleichzeitig zu drehen: an der Entlohnung, an Arbeitsbedingungen (die Physis und Psyche nicht überfordern), wie auch am Image der Berufe."

F. Schlussfolgerungen für eine alternsgerechte betriebliche Personalpolitik

In den letzten Jahren wurden eine Fülle von Untersuchungen für die gewerblich-technischen Tätigkeitsfelder durchgeführt und auf deren Grundlage Handlungsempfehlungen für die betriebliche Personalpolitik entwickelt. In einigen Branchen haben die Tarifparteien sog. Demographie-Tarifverträge vereinbart und umgesetzt. Dabei kommt dem Arbeits- und Gesundheitsschutz zunehmende Bedeutung zu. Zu verweisen ist hierbei auf das Projekt „INQA" (Initiative „Neue Qualität der Arbeit") beim Bundesministerium für Arbeit und Soziales mit Beteiligung der Tarif- und Betriebsparteien sowie der Wissenschaft. Entwickelt werden hierbei Konzepte für eine Demographie feste betriebliche Personalpolitik. Organisiert werden aber auch praktischer Erfahrungsaustausch, Kooperationen zwischen großen, mittleren und kleineren Betrieben bis zu personellen Beratungshilfen. Hierzu gibt es eine Fülle praktischer betrieblicher Beispiele. In dem Projekt PINA („Gesund und qualifiziert älter werden in der Automobilindustrie – Partizipation und Inklusion von Anfang an") wird in Kooperation von Wissenschaft und verschiedenen Automobilfirmen ein alter(n)sgerechtes Personalmanagement am Beispiel der Automobilindustrie entwickelt. Dabei geht es nicht nur um die Vernetzung der betrieblichen Abläufe und der dabei beteiligten Akteure, sondern auch derjenigen mit Trägern von Prävention und Rehabilitation, insbesondere mit Krankenkassen, Unfall- und Rentenversicherung.

Aus Erfahrungen, Beispielen und der verfügbaren empirischen Forschung geht hervor, dass ein enger Zusammenhang zwischen Arbeitsbedingungen und psychosomatischen Belastungen festzustellen ist. Besonders betroffen sind die Berufe im direkten intensiven und emotionalen Umgang mit Menschen, vor allem bei der Betreuung, Erziehung, Pflege und sonstigen sozialen Tätigkeiten. Dies gilt jedoch auch für Tätigkeiten im Bereich von Management und Führung.

Besonders stark ausgeprägt sind diese gesundheitlichen Belastungen bis zum Burn-Out für die Tätigkeiten in der Kranken- und Altenpflege. Hierbei spielen die unmittelbaren Beziehungen zu den zu pflegenden Personen eine entscheidende Rolle. Dabei geht es vor allem um

- die zunehmende Arbeitsverdichtung infolge der ständigen Personalverknappung bei demographisch bedingtem Anstieg der Pflegeanforderungen;
- die mangelnde Planbarkeit der Schichtzeiten, die zu Stress nicht nur bei der Arbeit, sondern auch im privaten und familiären Bereich führt;
- die unbewältigten Konflikte im unmittelbaren Team der Arbeitskolleginnen bis zum Mobbing der betroffenen Personen und die mangelnde Unterstützung durch die Betriebsleitung;

- die Unmöglichkeit, bei der Betreuung und Pflege die eigenen Leistungsstandards zu erfüllen bis zu einem erhöhten Risiko von Fehlern;
- unzureichende Entlohnung im Verhältnis zu den hohen physischen und psychischen Anforderungen;
- die mangelnde Wertschätzung der eigenen Arbeit durch die Vorgesetzten;
- die Diskriminierung wegen Migrationshintergrund auch durch die Patienten;
- die mangelnde persönliche Fähigkeit, mit diesen verschiedenen Stress- und Frustrationssituationen zurechtzukommen und die Beschwerdemöglichkeiten gegenüber den Vorgesetzten und sonstigen Stellen auszuschöpfen bzw. in eine andere Tätigkeit zu wechseln.

Bereits hieraus ergeben sich folgende Anforderungen an die Arbeitgeber, um die steigenden betrieblichen Kosten der psychisch-somatischen Erkrankungen zu verringern und zu verhindern:

Die Team- und Betriebsleitungen sind über die damit verbundenen Probleme ausreichend und regelmäßig zu informieren und für den notwendigen sowie geeigneten Umgang mit den Beschäftigten zu qualifizieren. Hierbei geht es insbesondere um die Zusammenarbeit mit den Beschäftigten bei regelmäßigen Mitarbeitergesprächen, familiengerechter Arbeitszeitgestaltung, die Zuverlässigkeit der Schichtpläne, ausreichende Pausenregelungen, Konfliktbewältigung, Schutz gegen Mobbing und Diskriminierung, bessere Entlohnung und Sicherstellung der Wertschätzung. Dabei sind sie vom mittleren und oberen Management zu unterstützen, sowohl hinsichtlich einer offenen Kommunikationskultur als auch den erforderlichen personellen und finanziellen Ressourcen. Die Wissenschaft könnte hierzu betriebliche und soziale „Bilanzen" erarbeiten, die zeigen, dass sich ein derartiges präventives Personalmanagement auch unter Kosten-/Ertragsrechnungen auszahlt. Dies gilt auch vor dem Hintergrund der Demographie und des sich bereits abzeichnenden Fachkräftemangels in einzelnen Berufsbereichen, der sich in Zukunft noch erheblich verschärfen wird.

Aber auch Arbeitnehmer haben Verantwortung zu übernehmen. In Rahmen empirischer Untersuchungen wird deutlich von den Betroffenen selbst festgestellt, dass sie nicht rechtzeitig und ausreichend gegen ihre eigene Krankheit angegangen sind (z. B. durch Beschwerden bei den Vorgesetzten bis zur Beantragung der Versetzung auf eine andere Tätigkeit). Ebenfalls lässt sich feststellen, dass psychische Erkrankungen ihre Ursachen nicht nur in der Arbeitswelt haben. So sind psychosomatische Erkrankungen sowohl bei nichtberufstätigen Frauen als auch bei arbeitslosen Menschen erheblich häufiger festzustellen als bei als Erwerbstätigen. Während gesetzlich Krankenversicherte durchschnittlich 11 Tage je 1000 Versichertenjahre aufgrund psychischer Erkrankungen stationär behandelt werden, sind es bei Arbeitslosen sechsmal so viele Tage. Dabei ist allerdings zu berücksichtigen, dass gerade Arbeitslosigkeit als ein Teil des Arbeitslebens zu bewerten ist und bei längerer Dauer in überdurchschnittlichem Maße mit gesundheitlichen Gefährdungen verbunden ist.

Eine wesentliche Verantwortung zur Bekämpfung psychosomatischer Erkrankungen liegt auch beim Staat. Er hat durch geeignete gesetzliche und praktische Rahmenregelungen dafür zu sorgen, dass in den Betrieben der Arbeits- und Gesundheitsschutz auch auf derartige psychische Erkrankungen ausgedehnt wird. Das seit 16 Jahren in der Bundesrepublik bestehende umfassende Arbeitsschutzgesetz zur Umsetzung der entsprechenden EU-Richtlinie enthält zwar die Verpflichtung zu „Gefährdungsbeurteilungen". Allerdings sind diese bisher nur unzureichend umgesetzt, kaum auf typische psychische Gesundheitsgefährdungen ausgeweitet sowie die notwendigen Gegenmaßnahmen nicht eingeleitet worden. Wie die Hans-Böckler-Stiftung in einer Betriebsrätebefragung festgestellt hat, führen nicht einmal die Hälfte der Unternehmen überhaupt derartige Gefährdungsbeurteilungen durch und nur ein Drittel erfasst dabei psychische Belastungen am Arbeitsplatz. Hier ist mithin ein wichtiger Tätigkeitsbereich für staatliche Stellen – vor allem bei der Überwachung der Einhaltung diesbezüglicher Vorschriften im Arbeitsschutzgesetz – gegeben. Dabei müssen besondere Maßnahmen für Klein- und Mittelbetriebe erarbeitet und angeboten werden. Hier gibt es häufig weder ausreichende Kenntnisse noch die personellen und finanziellen Mittel. Notwendig sind daher Aufbau und Unterhaltung geeigneter Beratungsstrukturen mit den regionalen und lokalen Netzwerken. Vor allem ist die Politik gefordert, dafür zu sorgen, dass die ständige Personalverknappung in den Gesundheits- und Pflegebereichen bei gleichzeitig steigenden Anforderungen auch infolge der Demographie beendet wird. Ein großer Teil des Personalnotstandes ist auch durch gravierende Mängel bei den finanziellen und organisatorischen Rahmenregelungen der gesetzlichen Krankenversicherung sowie der Ausbildung verursacht. Diese müssen dringend behoben werden.

G. Weiterführende Literatur

Afentakis, A./Maier, T.: Projektionen des Personalbedarfs und -angebots in Pflegeberufen bis 2025. In: Statistisches Bundesamt. Wirtschaft und Statistik 11/2010, S. 990–1002. Online: http://www.paritaet-alsopfleg.de/index.php?option=com_content&view=article&id=966%3Astatistisches-bundesamt-demografischer-wandel-engpaesse-beim-pflegepersonal-werden-zunehmen&catid=1%3Aarbeitshilfen&Itemid=2&lang=de [abgerufen am 20.8.2014].

Aner, K./Engelen-Kefer, U. u. a.: Age-Management im Gesundheits- und Sozialwesen. Projektbericht. Alice Salomon Hochschule. Berlin 2012. Online: https://www.uni-kassel.de/fb01/fileadmin/datas/fb01/Institut_fuer_ Sozialwesen/Lebenslagen_Altern/AgeManagement_Bericht_05Nov2012.pdf [abgerufen am 27.8.2014].

Barmer GEK: Gesundheitsreport 2009. Psychische Gesundheit und psychische Belastungen. Wuppertal 2009.

Bosbach, G.: Entwicklung der Lebenserwartung: Wie seriös sind die Prognosen? In: Soziale Sicherheit 5/2014, S. 177–183.

Güntert, B./Thiele, G.: Gibt es eine Unterfinanzierung in der Pflege? In: Bauer, U./Büscher, A. (Hrsg.): Soziale Ungleichheit und Pflege. Wiesbaden 2008, S. 154 ff.

Hall, A.: Kranken- und Altenpflege – Was ist dran am Mythos vom Ausstiegs- und Sackgassenberuf?". In: Berufsbildung in Wissenschaft und Praxis. 6/2012, S. 16–20.

Hasselhorn, H.-M./Müller, B. H. u. a.: Auswertung der ersten Befragung der NEXT-Studie in Deutschland. Universität Wuppertal 2005. Online: http://www.next.uni-wuppertal.de [abgerufen am 20.8.2014].

Isfort, M./Weidner, F. u. a.: Pflege-Thermometer 2009. Eine bundesweite Befragung von Pflegekräften zur Situation der Pflege und Patientenversorgung im Krankenhaus. Herausgegeben von: Deutsches Institut für angewandte Pflegeforschung e. V. (dip). Köln 2010. Online: http://www.dip.de/ fileadmin/data/pdf/material/dip_Pflege-Thermometer_2009pdf [abgerufen am 20.8.2014].

Joost, A.: Berufsverbleib und Fluktuation von Altenpflegerinnen und Altenpflegern. Institut für Wirtschaft, Arbeit und Kultur, Zentrum an der Goethe-Universität Frankfurt am Main 2007. Online: http://www.iwak-frank furt.de/documents/Berufsverbleib.pdf [abgerufen am 20.8.2014].

Kistler, E./Ebert, A./Guggemos, P.: Altersgerechte Arbeitsbedingungen. Machbarkeitsstudie (Sachverständigengutachten) für die Bundesanstalt für Arbeitsschutz und Arbeitsmedizin. Dortmund, Berlin/Dresden 2006. Online: http://www.baua.de/cae/servlet/contentblob/680664/publication File/47103/Gd49.pdf [abgerufen am 27.8.2014].

Statistisches Bundesamt Deutschland: Pressemitteilung Nr. 429 vom 22.11.2010. Demografischer Wandel führt zu 50 % mehr Pflegebedürftigen im Jahr 2050. 2010. Online: http://www.destatis.de/jetspeed/portal/cms/ Sites/destatis/Internet/DE/Presse/pm/2010/11/PD10__429__224,template Id=renderPrint.psml [abgerufen am 24.2.2012].

Simon, M./Hasselhorn, H.-M./Kümmerling A.: Arbeit und Familie-Konflikt bei europäischem Pflegepersonal. Universität Wuppertal 2004. Online: http://www.next.uni-wuppertal.de/index.php?artikel-und-berichte-1 [abgerufen am 20.8.2014].

Aktuelle Rechtsänderungen aus Sicht der gesetzlichen Rentenversicherung

Gundula Roßbach, Direktion, Deutsche Rentenversicherung Bund, Berlin

A. Das Gesetz zur Flexibilisierung des Übergangs vom Erwerbsleben in den Ruhestand und zur Stärkung von Prävention und Rehabilitation im Erwerbsleben (Flexirentengesetz)

Die gesetzliche Rentenversicherung ist das größte Sozialversicherungssystem in der Bundesrepublik Deutschland. Derzeit sind mehr als 53 Millionen[1] Personen gesetzlich rentenversichert. Es werden über 25 Millionen Renten[2] gezahlt.

Die gesetzliche Rentenversicherung unterstützt ihre Versicherten bei Gefährdung oder Minderung der Erwerbsfähigkeit, im Alter sowie deren Hinterbliebene. Neben Renten erbringt sie Leistungen zur Teilhabe, zahlt Beiträge bzw. Zuschüsse zur Krankenversicherung der Rentner und gewährleistet kostenfrei eine umfassende Aufklärung, Auskunft und Beratung der Versicherten und Rentner sowie – im Rahmen des Firmenservice – auch der Arbeitgeber und der anderen Akteure in den Betrieben (z. B. der Betriebsräte und Schwerbehindertenvertretungen).

Mit der demografischen Entwicklung und der damit einhergehenden Änderung des Arbeitsmarkts einerseits und steigender Lebenserwartung und medizinischem Fortschritt andererseits ist schon in der vergangenen Legislaturperiode eine Diskussion um die Flexibilisierung des Rentenzugangs entbrannt. Im Koalitionsvertrag[3] „Deutschlands Zukunft gestalten", der zwischen CDU, CSU und SPD ausgehandelt wurde, wird hierzu ausgeführt: „Deswegen wollen wir lebenslaufbezogenes Arbeiten unterstützen. Wir werden den rechtlichen Rahmen für flexiblere Übergänge vom Erwerbsleben in den Ruhestand verbessern." Im Zuge des RV-Leistungsverbesse-

---

1 Versicherte am 31.12.2014: 53.330.319; vgl. Rentenversicherung in Zeitreihen 2016, Stand Oktober 2016, S. 14.
2 Rentenbestand am 31.12.2015: 25.519.737; vgl. Rentenversicherung in Zeitreihen 2016, Stand Oktober 2016, S. 168.
3 Der Koalitionsvertrag für die 18. Legislaturperiode wurde zwischen CDU, CSU und SPD am 27. November 2013 geschlossen.

rungsgesetzes vom 23. Juni 2014[4] haben die Bundestagsfraktionen von CDU/CSU und SPD dann einen Entschließungsantrag[5] auf den Weg gebracht, der Verbesserungen des rechtlichen Rahmens für flexiblere Übergänge vom Erwerbsleben in den Ruhestand skizziert. Eine Arbeitsgruppe derselben Fraktionen hat anschließend Vorschläge für entsprechende Maßnahmen erarbeitet[6], die letztlich in den Erlass des Gesetzes zur Flexibilisierung des Übergangs vom Erwerbsleben in den Ruhestand und zur Stärkung von Prävention und Rehabilitation im Erwerbsleben[7] mündeten. Ziel dieses Gesetzes ist es, flexibles Arbeiten bis zum Erreichen der Regelaltersgrenze bei besserer Gesundheit zu erleichtern und zu fördern sowie das Weiterarbeiten über die Regelaltersgrenze hinaus attraktiver zu machen.

I. Einführung der Rentenversicherungspflicht für berufstätige Altersvollrentner vor Erreichen der Regelaltersgrenze

Ab dem 1. Januar 2017 besteht zukünftig vor Erreichen der Regelaltersgrenze für alle beschäftigten Altersrentner Rentenversicherungspflicht. Dabei ist unerheblich, ob die Altersrente als Vollrente oder Teilrente gezahlt wird. Geringfügig entlohnte beschäftigte Altersrentner können sich von der Rentenversicherungspflicht befreien lassen. Die Rentenversicherungsfreiheit von Altersvollrentnern tritt künftig erst nach Ablauf des Monats ein, in dem die Regelaltersgrenze erreicht wird.

Für Bezieher einer vorzeitigen Altersvollrente, die am 31. Dezember 2016 nach dem bisherigen Recht in einer ausgeübten Beschäftigung oder selbstständigen Tätigkeit rentenversicherungsfrei waren, gilt aus Vertrauensschutzgründen eine Übergangsregelung. Nach dieser verbleibt es bei der bisherigen Rentenversicherungsfreiheit, solange die Voraussetzungen derselben nach den am 31. Dezember 2016 geltenden Regelungen erfüllt werden. Auf die Versicherungsfreiheit kann jedoch verzichtet werden. In diesem Fall tritt Versicherungspflicht mit der Folge ein, dass Rentenversicherungsbeiträge zu entrichten sind.

Aus den Pflichtbeiträgen für rentenversicherungspflichtig beschäftigte Altersrentner und den Pauschalbeiträgen für von der Rentenversicherungspflicht befreite geringfügig entlohnt beschäftigte sowie selbstständige Alters-

---

4 BGBl. I S. 787.
5 BT-Drs. 18/1507.
6 Vgl. Abschlussbericht der Koalitionsarbeitsgruppe „Flexible Übergänge vom Erwerbsleben in den Ruhestand" vom 10. November 2015, http://docs.dpaq.de/9919-abschlussbericht_koalitionsarbeitsgruppe_zu_flexible__berg_nge.pdf.
7 Das sogenannte Flexirentengesetz wurde am 13. Dezember 2016 im Bundesgesetzblatt verkündet (BGBl. I S. 2838).

rentner erwachsen zusätzliche Rentenanwartschaften[8]. Diese Rentenanwartschaften erhöhen die Altersrente ab dem Folgemonat des Erreichens der Regelaltersgrenze.

II. Möglichkeit des Verzichts auf die Rentenversicherungsfreiheit für jenseits der Regelaltersgrenze berufstätige Rentner

Neu ist, dass sich die Weiterarbeit nach Erreichen der Regelaltersgrenze künftig rentenrechtlich positiv auswirken kann. Hierzu muss der Rentner auf seine Rentenversicherungsfreiheit verzichten (Opt-in) und aus seinem Hinzuverdienst Rentenversicherungsbeiträge zahlen. Seine Rente wird dann zum jeweils folgenden 1. Juli erhöht, wobei aus Gründen der Verwaltungsvereinfachung jeweils die Beiträge rentenwirksam werden, die im vergangenen Kalenderjahr gezahlt wurden. In diesen Fällen wirkt nicht nur der Arbeitnehmerbeitragsanteil, sondern auch der Arbeitgeberbeitragsanteil rentensteigernd. Durch seinen Verzicht auf die Rentenversicherungsfreiheit kann der Rentner den Arbeitgeberbeitragsanteil also rentenwirksam „aktivieren". Die Verzichtserklärung muss schriftlich gegenüber dem Arbeitgeber abgegeben werden und ist von diesem zu den Entgeltunterlagen zu nehmen. Der Verzicht auf die Versicherungsfreiheit kann nur mit Wirkung für die Zukunft erklärt werden und ist für die Dauer des Beschäftigungsverhältnisses bindend. Die Möglichkeit, auf die Versicherungsfreiheit in der Rentenversicherung zu verzichten, haben auch selbstständig Tätige. Nicht erwerbsmäßig tätige Pflegepersonen und Kindererziehende können hingegen nicht auf die Rentenversicherungsfreiheit verzichten. Wer sich in einer geringfügigen Beschäftigung von der Versicherungspflicht in der gesetzlichen Rentenversicherung hat befreien lassen, kann wegen der Bindungswirkung der Antragsbefreiung in derselben Beschäftigung nicht auf die Versicherungsfreiheit verzichten.

III. Befristeter Wegfall der Arbeitgeberbeiträge zur Arbeitsförderung bei Beschäftigten, die die Regelaltersgrenze erreicht haben

Mit Wirkung vom 1. Januar 2017 entfällt auch der bislang für Beschäftigte ab Erreichen der Regelaltersgrenze zu zahlende Arbeitgeberbeitrag zur Arbeitslosenversicherung, und zwar für fünf Jahre (1. Januar 2017 bis zum

---

8 Bei Hinzuverdiensten bis 6.300 Euro/Jahr erhöht sich die Monatsrente – unter Berücksichtigung der aktuellen Rechengrößen – maximal um ca. 5,30 Euro Plus, wenn auf die Versicherungsfreiheit des Minijobs verzichtet wird und eigene Beitragsleistung erfolgt.

31. Dezember 2021). Für die Arbeitgeber wird damit die Beschäftigung von Arbeitnehmern, die die Regelaltersgrenze überschritten haben, insgesamt attraktiver. Die Regelung soll in fünf Jahren evaluiert werden.

IV. Ausweitung der Möglichkeit, Rentenabschläge auszugleichen, die durch die vorgezogene Inanspruchnahme der Rente bedingt sind

Ein vorzeitiger Rentenbezug – auch als Teilrente – ist mit Abschlägen in Höhe von 0,3 Prozent je Monat der früheren Inanspruchnahme verbunden. Die Abschläge gleichen die Kosten des längeren Rentenbezugs aus und fallen nicht nur bis zum Erreichen der Regelaltersgrenze an, sondern für die gesamte Laufzeit der Rente. Sie können jedoch durch zusätzliche Beitragszahlungen ausgeglichen werden:

Seit dem 1. August 1996[9] besteht die Möglichkeit, die Abschläge, die bei Bezug einer vorgezogenen Altersrente anfallen, durch zusätzliche Beiträge „zurückzukaufen". Basis für die Berechnung ist die Rentenauskunft, die Versicherte auf Antrag bisher in der Regel nach Vollendung des 55. Lebensjahres bzw. bei Vorliegen eines berechtigten Interesses auch schon früher erhielten. Künftig wird davon ausgegangen, dass bereits nach Vollendung des 50. Lebensjahres ein berechtigtes Interesse für die zum Abschlagsabkauf erforderliche Rentenauskunft besteht. Durch diese Streckung des möglichen Zahlungszeitraums werden die bestehenden Regelungen weiter flexibilisiert. Die Ausgleichsbeträge können – wie bislang – über mehrere Jahre und bis zu zweimal im Kalenderjahr gezahlt werden, eine monatliche Zahlung ist nicht zulässig. Die Berechnung der aus den Beiträgen resultierenden Entgeltpunkte richtet sich wie üblich nach dem Einzahlungsjahr.

V. Neugestaltung des Teilrenten- und Hinzuverdienstrechts bei vorgezogenen Altersrenten und Renten wegen verminderter Erwerbsfähigkeit

Kernelement des Flexirentengesetzes ist jedoch die Neuregelung des Hinzuverdienstes neben einer vorgezogenen Altersrente beziehungsweise neben einer Rente wegen verminderter Erwerbsfähigkeit. Nach Erreichen der Regelaltersgrenze ist ein unbegrenzter Hinzuverdienst nach wie vor neben

---

[9] § 187a wurde eingefügt durch Art. 2 des Gesetzes zur Förderung eines gleitenden Übergangs in den Ruhestand vom 23. Juli 1996 (BGBl. I, S. 1078); Inkrafttreten: 1. August 1996.

einer Altersvollrente möglich. Das neue Hinzuverdienstrecht wird zum 1. Juli 2017 in Kraft treten. Schon seit 1992 besteht die Möglichkeit, neben einer Rente Erwerbseinkommen zu erzielen, um gleitend vom Erwerbsleben in den Ruhestand überzugehen. Die Altersrente kann dazu stufenweise als Teilrente in Anspruch genommen werden. Von dieser Option haben aber – was die Altersrenten angeht – nur wenige Versicherte Gebrauch gemacht.

1. Systematik des neuen Hinzuverdienstrechts

Mit dem Flexirentengesetz ändert sich nun die Systematik des Hinzuverdienstrechts grundlegend. Änderungen gibt es bei der Höhe der Hinzuverdienstgrenzen und der Art und Weise, wie der Hinzuverdienst berücksichtigt wird. Unverändert bleibt dagegen, welche Einkommen als Hinzuverdienst zu berücksichtigen sind.

Ab dem 1. Juli 2017 werden die bisherigen monatlichen Hinzuverdienstgrenzen durch eine jährliche Hinzuverdienstgrenze abgelöst. Das heißt, statt der monatlichen Hinzuverdienstgrenze von 450 Euro für die Altersvollrente beziehungsweise für die Rente wegen voller Erwerbsminderung gilt dann die einheitliche[10] Jahreshinzuverdienstgrenze von 6.300 Euro. Bei der Rente wegen teilweiser Erwerbsminderung und der Rente für Bergleute wird die kalenderjährliche Hinzuverdienstgrenze individuell[11] errechnet. In welchen Monaten der Hinzuverdienst erzielt wurde, spielt keine Rolle mehr. Der Betrag kann grundsätzlich auch in einem Monat des Jahres anrechnungsfrei hinzuverdient werden. Beim Bezug einer Rente wegen verminderter Erwerbsfähigkeit ist allerdings zu beachten, dass der Hinzuverdienst nur im Rahmen des für die Erwerbsminderungsrente geltenden Restleistungsvermögens von unter drei Stunden bei Renten wegen voller Erwerbsminderung und unter sechs Stunden bei Renten wegen teilweiser Erwerbsminderung erzielt werden kann, um den Rentenanspruch nicht zu gefährden.

Übersteigt der Hinzuverdienst 6.300 Euro im Kalenderjahr, wird er stufenlos zu 40 Prozent auf die Vollrente angerechnet. Das System der drei festen Teilrentenstufen wird damit – nach dem Vorbild der Einkommensanrechnung bei den Hinterbliebenenrenten – durch ein System mit stufenloser bzw. gleitender Anrechnung ersetzt.

Damit aufgrund von Rente und Hinzuverdienst kein höheres Einkommen als vor dem Rentenbezug erzielt wird, gibt es ab Juli 2017 eine Höchstgrenze: den sogenannten Hinzuverdienstdeckel. Für die Berechnung des

---

10 Die neue Hinzuverdienstgrenze gilt einheitlich in den alten und neuen Bundesländern.
11 Sie beträgt – vereinfacht gesagt – 81 Prozent des höchsten beitragspflichtigen Jahreseinkommens der letzten 15 Jahre. Mindestens liegt sie jedoch bei 81 Prozent des halben Jahresverdienstes eines Durchschnittsverdieners. Für 2017 sind das 14.458,50 Euro.

Hinzuverdienstdeckels werden die Einkommensverhältnisse in den letzten 15 Kalenderjahren vor dem Eintritt der Erwerbsminderung beziehungsweise vor Beginn der Altersrenten betrachtet. Das Kalenderjahr mit den meisten Entgeltpunkten ist für den Hinzuverdienstdeckel maßgebend. Sind die verminderte Monatsrente und ein Zwölftel des Hinzuverdienstes zusammen höher als der Hinzuverdienstdeckel, wird der darüber liegende Betrag vollständig von der Monatsrente abgezogen. Die Anrechnung von 100 Prozent des Hinzuverdienstes oberhalb des Hinzuverdienstdeckels greift also erst, wenn die bereits um 40 Prozent des Hinzuverdienstes gekürzte Teilrente zusammen mit dem Hinzuverdienst den Hinzuverdienstdeckel übersteigt. Der Hinzuverdienstdeckel ist an der monatlichen Bezugsgröße ausgerichtet und somit dynamisch. Er wird jedes Jahr zum 1. Juli mit den aktuellen Rechengrößen neu bestimmt.

2. Prognose des Hinzuverdienstes

Ob eine Vollrente gezahlt werden kann oder in welcher Höhe die Teilrente zu leisten ist, wird zu Beginn einer Rente und anschließend jeweils zum 1. Juli des Folgejahres anhand einer Prognose des Hinzuverdienstes bestimmt. Die Prognose gilt grundsätzlich bis zum 30. Juni des Folgejahres, d. h. kalenderjahrübergreifend. Jeweils zum 1. Juli der folgenden Kalenderjahre wird der voraussichtliche kalenderjährliche Hinzuverdienst erneut prognostiziert, sofern sich eine Änderung ergibt, die den Rentenanspruch betrifft.

Die Bestimmung der (vorläufigen) Rentenhöhe erfolgt somit in folgenden Schritten:

- Prognose des voraussichtlichen Hinzuverdienstes im laufenden und folgenden Kalenderjahr bis zum 30. Juni,
- Gegenüberstellung von prognostiziertem Hinzuverdienst und kalenderjährlicher Hinzuverdienstgrenze,
- gleitende Anrechnung von $1/12$ des die Hinzuverdienstgrenze übersteigenden Hinzuverdienstes zu 40 Prozent auf die Rente,
- Vergleich der Summe aus errechnetem Betrag und Hinzuverdienst mit dem höchsten Einkommen der letzten 15 Jahre (Hinzuverdienstdeckel),
- Minderung des Betrages um 100 Prozent des den Hinzuverdienstdeckel übersteigenden Hinzuverdienstes,
- vorläufige Festsetzung der (Teil-)Rente für die Zeit ab 1. Juli und ab kommenden 1. Januar.

Die Prognose des voraussichtlichen Hinzuverdienstes erfolgt in der Regel anhand der Angaben des Versicherten. Grundlage können beispielsweise Arbeitsverträge, Arbeitgeberbescheinigungen, Bescheinigungen des Steuerberaters oder der letzte Einkommensteuerbescheid sein.

In der Regel wird die Teilrente anhand der Prognose nur einmal jährlich zum 1. Juli berechnet. Der Rentner oder die Rentnerin kann jedoch, wenn der voraussichtliche kalenderjährliche Hinzuverdienst um mindestens 10 Prozent vom prognostizierten Hinzuverdienst abweicht und sich dadurch eine Änderung ergibt, die den Rentenanspruch betrifft, eine neue Prognose des Hinzuverdienstes beantragen.

3. Rückwirkende Überprüfung des prognostizierten Hinzuverdienstes

Zum 1. Juli des Folgejahres[12] wird die Prognose für das vorherige Kalenderjahr überprüft. Die Einkommensprognose wird dabei mit dem tatsächlich erzielten Hinzuverdienst verglichen, die (Teil-)Rente unter Berücksichtigung des tatsächlichen Hinzuverdienstes neu berechnet, der auf der Prognose beruhende Bescheid aufgehoben und gegebenenfalls entstehende Überzahlungen oder Nachzahlungen zurückgefordert beziehungsweise ausgezahlt. Die endgültige Höhe der Rente steht also zur Mitte des Kalenderjahres fest, das auf die Prognose folgt. Indem das tatsächlich erzielte Einkommen zugrunde gelegt wird, wird der Zustand hergestellt, der bestanden hätte, wenn das tatsächlich zu berücksichtigende Einkommen bereits bei der Erteilung des ersten Bescheids bekannt gewesen wäre.

Bei vielen Teilrenten werden durch das neue Hinzuverdienstrecht nachträgliche Korrekturen erforderlich sein, weil das tatsächlich erzielte Arbeitsentgelt – zum Beispiel aufgrund von Tariferhöhungen, Überstunden, Zuschlägen oder Änderungen der Arbeitszeit – nicht dem prognostizierten Entgelt entspricht. Die Rentenversicherungsträger können auf die Rückforderung der überzahlten Beträge mangels Ermessensspielraum auch nicht verzichten. Um die Rückforderungsverfahren möglichst verwaltungsarm zu gestalten, können Überzahlungen von bis zu 200 Euro bis zur Hälfte der laufenden Rente mit Einverständnis der Betroffenen[13] bei der laufenden Rente einbehalten werden. Wenn die Tilgung nicht in einem Monat möglich ist, erstreckt sich der Einbehalt über mehrere Monate. Der Einbehalt wird immer in maximal zulässiger Höhe vorgenommen werden.

Neben der Höhe der Rente sind im Rahmen der Spitzabrechnung zum Beispiel auch die Beiträge zur Kranken- und Pflegeversicherung beziehungsweise die Zahlung eines Beitragszuschusses zu den Aufwendungen

---

12 Eine Spitzabrechnung erfolgt auch bei Erreichen der Regelaltersgrenze. In diesem Fall werden nicht nur das vorangegangene Kalenderjahr, sondern auch die Monate bis zum Ablauf des Monats des Erreichens der Regelaltersgrenze in die Abrechnung einbezogen.

13 Die Einverständniserklärung wird für Bestandsrentner im Rahmen der Prognose zum 1. Juli 2017, für Neurentner im Rahmen der Rentenantragstellung eingeholt. Sie bleibt so lange gültig, bis sie – für die Zukunft – durch schriftliche Erklärung widerrufen wird.

für eine freiwillige gesetzliche oder private Krankenversicherung zu berichtigen.

Die rückwirkende Überprüfung und die sich daran anschließende Korrektur der Rentenbescheide sind im Gesetzgebungsverfahren außerordentlich kritisch[14] diskutiert worden, weil sie schwer zu vermitteln sind und die Leistungsbezieher sowie die Rentenversicherungsträger mit hohem Aufwand belasten.

4. Freie Wahl einer Teilrente

Auch wenn ein Versicherter keinen oder nur einen geringen Hinzuverdienst erzielt, kann er sich dafür entscheiden, seine Rente nur als Teilrente in Anspruch zu nehmen. Dabei kann, anders als nach bisherigem Recht, die Teilrentenhöhe nicht mehr nur in drei Stufen, sondern frei gewählt werden. Allerdings muss die frei gewählte Teilrente mindestens zehn Prozent der Vollrente betragen und sie darf nicht höher sein, als ihr Bezug nach Anrechnung des Hinzuverdienstes zulässig wäre. Der Rentner kann die Höhe der gewünschten Teilrente für die Zukunft auch ändern.

5. Übergangsregelung

Das neue Hinzuverdiensrecht ist nicht in jedem Einzelfall günstiger als das bisherige Recht[15]. Daher sind Vertrauensschutz- bzw. Übergangsregelungen für die Rentner und Rentnerinnen vorgesehen, die bereits bislang eine Teilrente beziehen. Für die bisherigen Teilrentner gilt das alte Hinzuverdienstrecht weiter, solange das neue Recht zum Hinzuverdienst ungünstiger ist. Wird die am 30. Juni 2017 im Einzelfall geltende Hinzuverdienstgrenze überschritten beziehungsweise ergibt sich nach dem neuen Recht eine mindestens gleich hohe Rente, erfolgt der Wechsel in das neue Hinzuverdienstsystem. Welches Hinzuverdienstrecht angewandt werden muss, prüft der Rentenversicherungsträger von Amts wegen zu jedem 1. Juli eines jeden Jahres. Altes und neues Hinzuverdienstrecht sind also in den nächsten Jahren beziehungsweise bei den Renten wegen verminderter Erwerbsfähigkeit gegebenenfalls noch in den nächsten Jahrzehnten relevant.

---

14 Vergleiche zum Beispiel die schriftlichen Stellungnahmen der Deutschen Rentenversicherung Bund, der Bundesvereinigung der Deutschen Arbeitgeberverbände und des Deutschen Gewerkschaftsbundes zur öffentlichen Anhörung des Ausschusses für Arbeit und Soziales des Deutschen Bundestags in Berlin am 17. Oktober 2016; Drs. 18(11)762; S. 45–52; S. 59–63 und S. 26–34.

15 Vgl. schriftliche Stellungnahme von Heinz Landwehr zur öffentlichen Anhörung des Ausschusses für Arbeit und Soziales des Deutschen Bundestags in Berlin am 17. Oktober 2016; Drs. 18(11)762; S. 42–44.

VI. Stärkung von Prävention und Rehabilitation

Auch im Bereich der Rehabilitation ergaben sich durch das Flexirentengesetz Änderungen.
So werden die Leistungen zur Prävention, Kinderrehabilitation und Nachsorge, die bislang in § 31 Abs. 1 Satz 1 SGB VI als Ermessensleistungen geregelt waren, aus § 31 SGB VI herausgelöst und nunmehr in §§ 14, 15a und 17 SGB VI als Pflichtleistungen normiert. Wie bisher wird der Selbstverwaltung das Recht eingeräumt, Näheres hierzu über Richtlinien – insbesondere die Ziele, persönliche Voraussetzungen für den Erhalt der Leistungen sowie Art und Umfang der Leistungen – zu regeln. Diese Richtlinien werden im Benehmen mit dem Bundesministerium für Arbeit und Soziales von der Deutschen Rentenversicherung Bund erlassen. Die Deutsche Rentenversicherung Bund ist gehalten, diese Richtlinien bis zum 1. Juli 2018 zu erlassen.

Die Leistungen zur Kinder- und Jugendlichenrehabilitation werden im Bereich der gesetzlichen Rentenversicherung um ambulante Leistungen und um Nachsorgeleistungen erweitert. Präventionsleistungen sollen künftig auch Versicherte erhalten, „... die erste gesundheitliche Beeinträchtigungen aufweisen, die die ausgeübte Beschäftigung gefährden". In Modellprojekten soll es zudem den Rentenversicherungsträgern ermöglicht werden, auszuprobieren, Versicherten – gegebenenfalls gemeinsam mit anderen Rehabilitationsträgern – ab Vollendung des 45. Lebensjahres eine umfassende berufsbezogene Gesundheitsuntersuchung anzubieten. Teilweise erwerbsgeminderte Versicherte, die ihre bisherige Tätigkeit selbst dann nicht mehr ausüben könnten, wenn sie Leistungen der Rentenversicherung zur Teilhabe am Arbeitsleben erhielten, können nun solche Leistungen erhalten, um einen leidensgerechten anderen Arbeitsplatz zu erlangen. Die gesonderte Begrenzung der Ausgaben für die Leistungen zur Prävention, zur Kinder- und Jugendlichenrehabilitation und Nachsorge entfällt („kleiner Reha-Deckel"). Auch die Ausgaben für die „sonstigen Leistungen" werden nicht mehr gesondert begrenzt.

B. Das Bundesteilhabegesetz

Der Gesetzgeber setzt mit dem Entwurf eines Gesetzes zur Stärkung der Teilhabe und Selbstbestimmung von Menschen mit Behinderungen (Bundesteilhabegesetz – BTHG) einen weiteren Auftrag aus dem Koalitionsvertrag „Deutschlands Zukunft gestalten" für die 18. Legislaturperiode zwischen CDU, CSU und SPD um. Ohne neue Ausgabendynamik bei den Trägern der Eingliederungshilfe soll die Eingliederungshilfe aus dem bisherigen Fürsorgesystem herausgeführt und zu einem modernen Teilhaberecht entwickelt werden. Das Ziel wird verbunden mit einer „Kernsanierung" des SGB IX.

Ein breit angelegtes Beteiligungsverfahren bildete die Grundlage für den Entwurf, den der Deutsche Bundestag am 22. September 2016 in erster Lesung beraten hat und zu dem am 7. November 2016 die öffentliche Anhörung im Ausschuss für Arbeit und Soziales stattfand. Aus Sicht der Menschen mit Behinderungen erfüllt der Entwurf mit seinen Neuregelungen zur Eingliederungshilfe bis jetzt nicht alle in ihn gesetzten Erwartungen.

Für alle Rehabilitationsträger sind insbesondere die zahlreichen inhaltlichen Änderungen im verfahrensrechtlichen Teil des SGB IX von Bedeutung, die gesetzgeberisch eingebettet sind in eine neue formale Struktur. Der Gedanke „Leistungen wie aus einer Hand" gewinnt weiter an Gewicht. Dem sogenannten Leistenden Träger kommt dabei besondere Bedeutung zu. Er ist dem Antragsteller gegenüber verantwortlich, dass dieser alle notwendigen Leistungen von allen beteiligten Rehabilitationsträgern innerhalb fester Fristen erhält. Der Leistende Träger erhält dazu die Kompetenz, unter Umständen Leistungen für andere Rehabilitationsträger festzustellen und zu erbringen.

Zur Stärkung der Selbstbestimmung von Menschen mit Behinderungen wird eine von Leistungsträgern und Leistungserbringern unabhängige ergänzende Teilhabeberatung eingeführt. Sie soll schon vor einem Leistungsantrag und neben dem Anspruch auf Beratung durch die Rehabilitationsträger zur Verfügung stehen. Wichtig ist dem Gesetzgeber dabei das sogenannte „Peer Counseling", d. h. die Beratung von Betroffenen für Betroffene.

Mit dem BTHG entfällt die Rechtsgrundlage für die Gemeinsamen Servicestellen für Rehabilitation. Deren Funktion für die vernetzte Arbeit der Leistungsträger sollen neue, bei jedem Rehabilitationsträger einzurichtende Ansprechstellen übernehmen.

Die für die Rehabilitationsträger maßgeblichen neuen Verfahrensvorschriften werden zum 1. Januar 2018 in Kraft treten[16].

---

16 Das Gesetz zur Stärkung der Teilhabe und Selbstbestimmung von Menschen mit Behinderungen (Bundesteilhabegesetz – BTHG) wurde am 23. Dezember 2016 vom Bundespräsidenten unterzeichnet und am 29. Dezember 2016 im Bundesgesetzblatt veröffentlicht (BGBL, 3234).

Die Vorschläge zur Reform des Berufskrankheitenrechts aus Sicht der Verwaltung

Dr. Wolfgang Römer, Mitglied der Geschäftsführung der Berufsgenossenschaft Holz und Metall, Mainz

A. Gegenstand des Vortrages

Ich beziehe mich in meinem Vortrag auf die in der Deutschen Gesetzlichen Unfallversicherung (DGUV) erarbeiteten Vorschläge zur Reform des Berufskrankheitenrechts. Auslöser und damit Gegenstand der Diskussion in der DGUV war die in den letzten Jahren zunehmend aufkommende Kritik an der Entschädigungspraxis der Unfallversicherungsträger, z. B. die im Schwarzbuch der IG-Metall aus dem Jahr 2013 aufgezeigten Schwachpunkte. Allerdings war bereits zuvor die für Versicherte und Betriebe, aber auch für die Verwaltungen schwierige Situation im Berufskrankheitenrecht regelmäßig Beratungsgegenstand in der DGUV.

Im Mittelpunkt der Diskussion in der DGUV stehen daher:
- die Überprüfung der Anerkennungsquoten, insbesondere wenn die Ablehnung als Folge des schwierigen Nachweises der Exposition bzw. der Kausalität oder durch bestehende versicherungsrechtliche Hürden (Aufgabezwang) erfolgt und
- der langwierige und intransparente Prozess zur Schaffung neuer Berufskrankheiten.

In Anbetracht der knappen Zeit bitte ich um Verständnis, dass hier nur Schwerpunkte der Diskussion und diese auch nur in ihren groben Zügen aufgegriffen werden können. Ich werde jedoch versuchen, auch die verwaltungspraktischen Auswirkungen der Reformvorschläge aufzuzeigen.

Zunächst möchte ich einige Fakten zum BK-Geschehen in Erinnerung rufen, so dass die Reformvorschläge besser einzuordnen sind.

B. Fakten zum Berufskrankheiten-Geschehen

In den letzten Jahren wurden durchschnittlich jährlich rund 77.000 Berufskrankheiten angezeigt. Davon wurden weniger als die Hälfte (37.000) als beruflich verursacht eingestuft, ca. 16.600 als Versicherungsfall anerkannt (etwa $1/5$), rund 5.000 davon mit einer rentenberechtigenden Minderung der Erwerbsfähigkeit. Dies führte zu über 1,5 Mrd. Euro an Leistungen. Nicht verschwiegen werden sollen aber auch die etwa 2.400 an den Folgen ihrer Berufskrankheit Verstorbenen. Bei den etwa 20.000 als beruflich verursachten Erkrankungen, die nicht zu einer Anerkennung führten, scheiterte deren Entschädigung an dem Fehlen besonderer versicherungsrechtlicher Voraussetzungen. Dies war in den meisten Fällen das Fehlen des Zwangs zur Aufgabe der schädigenden Tätigkeit bzw. der Nichtvollzug der Aufgabe trotz vorliegendem objektiven medizinischen Zwang zur Aufgabe.

Am Beispiel der BK 4301 möchte ich aufzeigen, wie sich gegenwärtig das Merkmal „Unterlassungszwang" auswirkt:

BK-Nr. 4301 Atemwegserkrankung allergisch

Berufskrankheiten Dokumentation (BK-DOK) – Gewerbliche Wirtschaft und Öffentlicher Dienst* –	
1. versicherungsrechtliche Entscheidung 2005–2009	
Bestätigte Fälle	2.703
darunter: anerkannte Fälle	1.399
darunter: bestätigt, kein Versicherungsfall	1.304
darunter: Tätigkeit kann fortgeführt werden	970
darunter: später anerkannt	87
darunter: gefährdende Tätigkeit nicht unterlassen	334
darunter: später anerkannt	105

Die Tabelle aus dem BK-Monitoring Bericht 2014 der DGUV zeigt auf, was aus 2.703 Fällen wurde, in denen in den Jahren 2005 bis 2009 eine erste versicherungsrechtliche Entscheidung (Anerkennung, Ablehnung) getroffen wurde. Sie lässt erkennen, dass von den 2.703 Versicherten, bei denen ein beruflicher Zusammenhang bestand, 1.304 nicht anerkannt wurden. 334 wurden abgelehnt, weil sie zunächst weitergearbeitet haben, obwohl ein Aufgabezwang bestand. Im Verlauf der folgenden Jahre haben dann 105 Betroffene aufgegeben. 970 Versicherte konnten mit Hilfe von Präventionsmaßnahmen die Tätigkeit fortsetzen, von diesen mussten aber später 87 doch aufgeben mit der Folge der BK-Anerkennung. In all diesen Fällen wurden regelmäßig auch Leistungen der UV nach § 3 BKV erbracht.

Dies zeigt zum einen, dass Prävention – also Leistungen nach § 3 BKV – auch bei allergischen Atemwegserkrankungen Erfolg haben kann und zum anderen, dass nur ein kleiner Teil der Versicherten (< 10 %) auf längere Sicht trotz objektivem Aufgabezwang die Tätigkeit fortsetzt und deswegen von einer BK-Anerkennung ausgeschlossen ist.

C. Stand der Beratungen in der DGUV

Bei den verschiedenen Initiativen zur BK-Reform geht es i. d. R. nicht um eine grundlegende Systemänderung. Die Ziele der Reformüberlegungen der DGUV liegen daher einerseits in der Optimierung der Verwaltungspraxis, andererseits in der Weiterentwicklung und Verbesserung des bewährten BK-Rechts unter Beibehaltung der die UV-tragenden Grundsätze, insbesondere der Kausalität zwischen Exposition und Erkrankung als unverzichtbare Anerkennungsvoraussetzung.

In der AG Reform des BK-Rechts wurde dementsprechend ein Papier „Probleme – Herausforderungen – Lösungen im Berufskrankheitenrecht: Wo steht die gesetzliche Unfallversicherung?" erarbeitet.

Der Vorstand der DGUV sah in seiner Sitzung am 22.9.2016 hierin eine thematisch abschließende und argumentativ umfassende Darstellung, der sich inzwischen die Selbstverwaltung in der Mitgliederversammlung der DGUV 2/16 am 1.12.2016 anschloss.

Handlungsbedarf wird in fünf Themenfeldern gesehen:
1. Transparenz und Beschleunigung bei der Einführung neuer Berufskrankheiten
2. Forschung zu Berufskrankheiten
3. Nachweis krankmachender Arbeitsbedingungen (Expositionsermittlung)
4. Unterlassungszwang
5. Rückwirkung

Im Folgenden möchte ich diese fünf Felder näher – allerdings nur schlaglichtartig – beleuchten.

I. Transparenz und Beschleunigung bei der Einführung neuer Berufskrankheiten

Hier sollen im Wesentlichen zwei erkannte Schwachstellen angegangen werden:
1. Die Stärkung der Arbeitsfähigkeit des Ärztlichen Sachverständigenbeirats des BMAS (ÄSVB) und eine Erhöhung der Transparenz seiner Arbeitsergebnisse.

Hierzu soll dem Gesetzgeber vorgeschlagen werden:
- die Zusammensetzung und Arbeitsweise des ÄSVB künftig durch eine Verordnung des BMAS zu regeln,
- die Zusammensetzung und Arbeit transparent zu machen,
- den ÄSVB durch eine Geschäftsstelle und Hilfspersonal zu unterstützen.

2. Die Erhöhung (oder Verbesserung) der Handhabbarkeit und Rechtssicherheit der BK-Tatbestände durch möglichst konkrete Beschreibungen, und soweit machbar, durch die Nutzung von Dosiswerten.

Beide Punkte dürften die Arbeit der Verwaltung künftig deutlich erleichtern. Eine Liste mit den Mitgliedern des ÄSVB ist inzwischen auf der Homepage des BMAS einzusehen.

II. Forschung zu Berufskrankheiten

Um die Transparenz der Forschung und Forschungsförderung der gesetzlichen Unfallversicherung und den Stellenwert von Forschung mit BK-Relevanz in der öffentlichen Wahrnehmung weiter zu erhöhen, wird die Einführung einer gesetzlichen Berichtspflicht vorgeschlagen.

III. Nachweis krankmachender Arbeitsbedingungen (Expositionsermittlung)

Unberührt bleiben sollen die Grundsätze des UV-Rechts, der Vollbeweis der Exposition und der Nachweis der haftungsbegründenden Kausalität mit Wahrscheinlichkeit. Diese Grundsätze folgen aus der Ablösung der Haftpflicht des Unternehmers mit der Folge, dass dieser alleine die Kosten trägt und dem Wunsch, die Opfer von Berufskrankheiten besserzustellen. Beides setzt voraus, dass Berufserkrankte mit hinreichender Sicherheit identifiziert werden. Deutliche Verbesserungen der Situation bei einzelnen Berufskrankheiten ließen sich erzielen, wenn deren Tatbestände genauer gefasst, insbesondere mit Dosiswerten unterlegt würden. Darüber hinaus sind auch die stärkere Nutzung anderer Beweiszeichen durch den Verordnungsgeber denkbar, wie er es z. B. bei den Infektionskrankheiten getan hat. Bei der BK-Nr. 3101 tritt ja bekanntlich aufgrund der Nachweisschwierigkeit eines konkreten Infektionsvorgangs die besondere Infektionsgefahr an die Stelle der Einwirkung[1]. Gestärkt werden sollen aber die Möglichkeiten der UVT, im Rahmen ihrer Amtsermittlung auch in schwierigen Fällen den Nachweis der Exposition führen zu können. Hierzu sollen der Aufbau und die gemeinsame Nutzung von Gefährdungskatastern durch gesetzliche Regelungen erleichtert werden.

Zusätzlich sollen durch die Verwaltungen der UVT einheitliche Qualitätsmaßstäbe und Werkzeuge für die Expositionsermittlung erarbeitet sowie künftig verstärkt in schwierigen Fällen auf Experten einzelner UVT oder

---

1 BSG, 2.4.2009, B 2 U 30/07 Rz. 19, SGb 2010, S. 289 mit Anm. von Lindner

der DGUV zurückgegriffen werden. In diesem Zusammenhang wurde bereits ein Beschluss gefasst, künftig bei allen UVT den Versicherten schriftlich über das Ergebnis der Expositionsermittlungen zu informieren. Damit hat dieser die Möglichkeit, die Ermittlungen ggf. zu ergänzen.

IV. Unterlassungszwang

Der Unterlassungszwang als Tatbestandsmerkmal bestimmter BK-Tatbestände wird regelmäßig mit folgenden Zielsetzungen verknüpft:
- Anhaltspunkt für Kausalität
- Ausschluss von Bagatellfällen
- Gesundheitsschutz / Prävention (Besserung der Beschwerden / Verhütung einer Verschlimmerung)

Allerdings gibt zu denken, dass der Verordnungsgeber den Unterlassungszwang nicht konsequent bei vergleichbaren BK-Tatbeständen nutzt (Gleichbehandlung?) und die Rechtsprechung sich in bestimmten Fällen zu Korrekturen genötigt sah[2].

Die Grundfrage der Diskussion in der DGUV lautete daher:
- werden diese Ziele bisher erreicht und
- könnten sie ohne wesentliche Einbußen auch auf anderem Weg verfolgt werden?

Ersteres konnte zwar anhand einer Analyse der Fälle im Wesentlichen bestätigt werden, allerdings zeigten die Zahlen, dass gute Aussichten bestehen, die gewünschten Ziele auch mit milderen Mitteln zu erreichen.

Hier gilt zunächst, dass der Unterlassungszwang als Kausalitätszeichen durch z. B. die Bewertung belastungsfreier Zeiten wie etwa im Urlaub, verzichtbar erscheint. Hinzu kommt, dass nach § 9 Abs. 4 SGB VII bereits vor der Aufgabe über den Versicherungsfall dem Grunde nach und damit über die Kausalität zu entscheiden ist. Weitere Erleichterungen zur Prüfung der Kausalität können sich aus der stärkeren Nutzung von Dosiswerten ergeben.

Wichtiger scheint dagegen der Ausschluss von Bagatellerkrankungen zu sein, für die „nicht mit Kanonen auf Spatzen geschossen werden sollte", so z. B. bei den Wirbelsäulenerkrankungen. Der Unterlassungszwang ist allerdings kein zuverlässiger Indikator für den Schweregrad der Erkrankung. Letztlich hängt es immer von den Gegebenheiten des Einzelfalls ab, ob ein Verbleib im Job auch durch eine Veränderung der Tätigkeit oder der Arbeitsbedingungen am bestehenden Arbeitsplatz möglich ist. Daher könnte dieses Ziel ggf. sogar besser durch Klarstellungen im Krankheitsbild, z. B. durch die Forderung nach chronischen Erkrankungsbildern oder schweren Verläu-

---

[2] BSG, 9.12.2003, B 2 U 5/03, SozR 4–5671 Anl. 1 Nr. 1

fen wie z. B. funktionalen Ausfällen bei den Wirbelsäulenerkrankungen, erreicht werden. Dementsprechend findet sich im Reformvorschlag der DGUV die Forderung, bei denjenigen BK-Tatbeständen, bei denen es vorrangig nicht um Prävention, sondern um den Ausschluss von Bagatellerkrankungen geht, die Tatbestände zu präzisieren, insbesondere zum Ausmaß / Schweregrad der Erkrankung.

Am schwersten dürfte aber das Argument des Gesundheitsschutzes wiegen. Zumindest bei potentiell lebensbedrohlichen Erkrankungen, wie z. B. dem allergischen Asthma, kann die Aufgabe der schädigenden Tätigkeit nicht nur eine Verschlimmerung verhüten, sondern vielfach auch eine deutliche Besserung der Beschwerden ermöglichen und ggf. sogar das Leben retten. Hier kommt es aber regelmäßig zu einer Überlagerung mit Maßnahmen nach § 3 BKV, so dass zumindest in vielen Fällen eine Weiterarbeit akzeptabel erscheint. Allerdings ist hier ein Verzicht auf den Unterlassungszwang nur dann vertretbar, wenn die im SGB I angelegten Pflichten zur Mitwirkung bei der Heilbehandlung ausdrücklich auch auf präventive Maßnahmen erstreckt wird.

Fazit: Die mit dem Unterlassungszwang verfolgten Zwecke können mit anderen Regelungen auch und teilweise sogar zielgenauer erreicht werden. Vorrangiges Ziel muss die Vermeidung der Verschlimmerung von Erkrankungen im Einzelfall sein. Unerlässlich ist dafür die Intensivierung der Präventionsaktivitäten und die aktive Mitwirkung der Betroffenen bei allen Berufskrankheiten. Dementsprechende gesetzliche Regelungen unterstützen die Eigenverantwortung und Selbstbestimmung der Versicherten. Für die Abgrenzung von Bagatellerkrankungen ist eine Präzisierung der bestehenden BK-Tatbestände unverzichtbar.

Dementsprechend lautet der **Reformvorschlag der DGUV an den Gesetzgeber:**

§ 9 Abs. 4 SGB VII wird neu gefasst:
Satz 1: Besteht für Versicherte, bei denen eine Berufskrankheit anerkannt wurde, die Gefahr, dass bei der Fortsetzung der versicherten Tätigkeit die Krankheit wiederauflebt oder sich verschlimmert und lässt sich diese Gefahr nicht durch andere geeignete Mittel beseitigen, haben die Unfallversicherungsträger darauf hinzuwirken, dass die Versicherten die gefährdende Tätigkeit unterlassen.
Satz 2: Die Versicherten sind über die mit der Tätigkeit verbundenen Gefahren und mögliche Schutzmaßnahmen umfassend aufzuklären.
Satz 3: Bei Berufskrankheiten werden von der Pflicht zur Mitwirkung i. S. d. §§ 60 ff. des ersten Buches dieses Gesetzes (SGB I) auch die Teilnahme an angebotenen individualpräventiven Maßnahmen und die dauerhafte Mitwirkung an Verhaltensprävention umfasst.

Die bisher bestehenden BK-Tatbestände mit Unterlassungszwang sind bezüglich der Zielrichtung zuvor durch den Verordnungsgeber zu überprüfen.
Sofern der Unterlassungszwang bei einem BK-Tatbestand vorrangig die Zielsetzung Prävention verfolgt, ist dieses versicherungsrechtliche Merkmal ersatzlos zu streichen. In allen übrigen Fällen sind die Tatbestände bis zum ... zu präzisieren, insbesondere zum Ausmaß / Schweregrad der Erkrankung.

Allerdings hat die Mitgliederversammlung der DGUV auch beschlossen, dass fünf Jahre nach Wegfall des Unterlassungszwangs die Auswirkungen zu evaluieren sind.

Aus Sicht der Praxis kann durch die Erweiterung der bereits für die Mitwirkung an der Heilbehandlung bestehenden Mitwirkungspflichten auf Maßnahmen der Prävention, wie z. B. die Nutzung von Schutzmaßnahmen oder die Teilnahme an Seminaren zur Verhaltensprävention im Interesse der Solidargemeinschaft, aber vor allem auch im eigenen Interesse des Versicherten ein Druck in Richtung einer Minderung der Gefährdung aufgebaut werden. Allerding sind Mitwirkungspflichten eher schwer durchzusetzen. Weiterhin bleiben noch offene Fragen, z. B. wie ist die MdE festzusetzen, wenn es bei einer allergischen Haut- oder Atemwegserkrankung bei Fortbestehen der Exposition weiterhin zu akuten Beschwerden kommt und der Versicherte eigentlich arbeitsunfähig ist.

V. Rückwirkung

Hier bestehen die folgenden Probleme:

Im SGB VII gibt es bisher keine gesetzliche Grundlage für eine Rückwirkung bei Einführung neuer BK-Tatbestände. Die bisherigen Regelungen in der BKV sind unklar gefasst (z. B. Begriff des Versicherungsfalles) und werfen in der praktischen Anwendung zahlreiche Fragen auf.

Ziel ist es, die Anerkennung von Erkrankungen als Berufskrankheit nicht vom Fortschritt des wissenschaftlichen Erkenntnisstandes abhängig zu machen, d. h. alle Erkrankungen unabhängig vom Zeitpunkt ihres erstmaligen Auftretens anerkennen zu können, sobald ausreichende wissenschaftliche Erkenntnisse für die „BK-Reife" vorliegen. Andererseits soll durch diese tatbestandliche Rückanknüpfung nicht vom allgemeinen Grundsatz abgewichen werden, dass Normen grundsätzlich Rechtswirkungen nur für die Zukunft entfalten. Leistungen sollen daher erst ab dem Zeitpunkt des Vorliegens der wissenschaftlichen Erkenntnisse (§ 9 Abs. 2 SGB VII) bzw. nach Einführung des neuen BK-Tatbestandes gewährt werden. Soweit Vorschriften über Leistungen auf den Zeitpunkt des Versicherungsfalls abstellen, soll allerdings bei Berufskrankheiten auf den Beginn der Arbeitsunfähigkeit oder der Behandlungsbedürftigkeit oder, wenn dies für den Versicherten günstiger ist, auf den Beginn der rentenberechtigenden Minderung der Erwerbsfähigkeit abgestellt werden.

Daher wurde folgender Vorschlag an den Gesetzgeber gerichtet:

Einführung einer einheitlichen Rückwirkungsregelung:
§ 9 Abs. 5 wird durch neue Sätze 1 bis 4 ergänzt und damit wie folgt neu gefasst:
1. *Der Versicherungsfall kann in den Fällen des Abs. 1 frühestens ab dem Tag des Inkrafttretens der Rechtsverordnung vorliegen.*
2. *Der Versicherungsfall kann in den Fällen des Abs. 2 frühestens ab dem Zeitpunkt vorliegen, zu dem die Erkenntnisse der medizinischen Wissenschaft im Sinne des Abs. 2 vorlagen.*
3. *Leistungen nach dem dritten Kapitel werden nicht für Zeiträume vor dem Tag des Versicherungsfalls im Sinne der Sätze 1 und 2 erbracht.*
4. *Krankheiten, die vor dem Tag der Bezeichnung in der Rechtsverordnung eingetreten sind, sind auf Antrag als Berufskrankheit nach Abs. 1 anzuerkennen, soweit zu diesem Zeitpunkt noch ein Gesundheitsschaden infolge der Erkrankung vorgelegen hat.*
5. *Soweit Vorschriften über Leistungen auf den Zeitpunkt des Versicherungsfalls abstellen, ist bei Berufskrankheiten auf den Beginn der Arbeitsunfähigkeit oder der Behandlungsbedürftigkeit oder, wenn dies für den Versicherten günstiger ist, auf den Beginn der rentenberechtigenden Minderung der Erwerbsfähigkeit abzustellen.*

Beispiel:
Die Erkrankung beginnt am 1.2.2013. Die wissenschaftlichen Erkenntnisse liegen am 1.2.2015 vor. Die Anzeige erfolgt am 1.12.2013. Die BK ist mit Leistungsbeginn (Versicherungsfall) vom 1.2.2015 nach § 9 Abs. 2 SGB VII (Wie-BK) anzuerkennen. Für die Bemessung der Rentenleistungen wird auf den Beginn der Erkrankung am 1.2.2013 abgestellt. Erfolgt die BK-Anzeige erst nach der Einführung der neuen BK-Nr., ist der Fall nach § 9 Abs. 1 SGB VII zu entschädigen. Leistungen beginnen mit dem Versicherungsfall (= Einführung der neuen BK-Nr. in die BK-Liste) am 1.1.2016. Für die Bemessung der Rentenleistungen wird wieder auf den Beginn der Erkrankung am 1.2.2013 abgestellt.

Dieser Regelungsvorschlag löst eine Reihe von rechtlichen Unsicherheiten der Verwaltungen auf.

Im seltenen Einzelfall könnte es aus Sicht der Verwaltung jedoch angebracht sein, bei der Einführung neuer Berufskrankheiten nicht zu weit in die Vergangenheit hinein ermitteln zu müssen, wenn das Erkrankungsbild und / oder die auslösende Einwirkung keinen Erfolg erwarten lassen.

Der Reformbedarf des Berufskrankheitenrechts aus Sicht des nordrhein-westfälischen Sozialministeriums

Isabelle Steinhauser, Referatsleiterin im Ministerium für Arbeit, Integration und Soziales NRW, Düsseldorf

A. Einleitung

Die Staatssekretäre von Bund und Ländern haben sich bereits im Jahr 2006 auf Eckpunkte zur Reform der gesetzlichen Unfallversicherung verständigt. Die Länder fassten danach mehrere Beschlüsse zu einer Reform des Berufskrankheitenrechts. Zuletzt forderten die Ministerinnen und Minister, Senatorinnen und Senatoren für Arbeit und Soziales der Länder in der 91. Arbeits- und Sozialministerkonferenz 2014 die Bundesregierung auf, eine Reform des Berufskrankheitenrechts einzuleiten. Das nordrhein-westfälische Arbeits- und Sozialministerium hat den Reformbedarf in den letzten Monaten weiter konkretisiert und für die 93. Arbeits-und Sozialministerkonferenz am 1./2. Dezember 2016 in Lübeck mit dem ASMK-Vorsitzland Schleswig-Holstein einen darauf aufbauenden Antrag vorbereitet. Zu diesem Zweck fanden u. a. mehrere Expertengespräche mit Vertreterinnen und Vertretern der Träger, der Arbeitgeber- und Arbeitnehmerseite sowie der Länder im nordrhein-westfälischen Sozialministerium in Düsseldorf statt: Workshop „Krankt's beim Berufskrankheitenrecht?" am 21. September 2015 und Diskussionsrunde zum Berufskrankheitenrecht am 3. Februar 2016.

Einzelne Inhalte hat Herr Minister Schmeltzer bereits in seiner Pressemitteilung zum „Welttag für Sicherheit und Gesundheit am Arbeitsplatz" (28. April 2016), in der er Reformen im Berufskrankheitenrecht forderte, öffentlich gemacht.

Auch in seinem Interview in der Zeitschrift „Gute Arbeit" mit dem Titel „Kritik am BK-Recht ist begründet"; Ausgabe 7–8/2016 bekräftigte Herr Minister, dass es in den letzten Jahren zu Recht vielfach Kritik am Berufskrankheitenrecht und dessen Umsetzung gab.

B. Forderungen des nordrhein-westfälischen Sozialministeriums

I. Präzisierung der Berufskrankheitenverordnung

Neue Berufskrankheiten sollten vor der Aufnahme in die Berufskrankheitenverordnung möglichst präzise bezeichnet sowie bestehende Berufskrankheiten konkretisiert werden. Hierbei sollte die schädigende Einwirkung definiert und – soweit wissenschaftliche Erkenntnisse vorliegen – eine Dosis-Wirkungs-Beziehung festgelegt werden. Dies könnte die Rechtsanwendung sicherer gestalten.

II. Beweisführung

Für Fälle, in denen vom Arbeitgeber aufzubewahrende Dokumente nicht mehr vorgelegt werden können, wie zum Beispiel bei der Insolvenz von Unternehmen, sollten Erleichterungen bei der Beweisführung geregelt werden (Glaubhaftmachung, Versicherung an Eides Statt).

III. Unterlassungszwang

Die Regelung des Unterlassungszwangs sollte überprüft werden. Die Ziele könnten mit weniger einschneidenden Mitteln erreicht werden. So könnten Bagatellerkrankungen besser über vom Ärztlichen Sachverständigenbeirat präzisierte und konkret bezeichnete Berufskrankheiten ausgeschlossen werden. Insbesondere sollten präventive Maßnahmen zum Arbeitsschutz zur Vorbeugung von Berufskrankheiten und zur gezielten Rehabilitation verstärkt werden.

IV. Härtefallregelung

Es sollte eine Härtefallregelung im Sinne von mehr Einzelfallgerechtigkeit eingeführt werden für die Fälle seltener Gefährdungen oder zu kleiner Personengruppen, bei denen Studien zur Verdichtung medizinisch-wissenschaftlicher Erkenntnisse fehlen, wie beispielsweise bei einem Halswirbelsäulensyndrom einer Geigerin, verursacht durch ständige Fehlhaltung. Auch Fälle der Synkanzerogenese könnten mit einbezogen werden.

V. Rückwirkung

Die rückwirkende Anerkennung von Berufskrankheiten sollte einheitlich geregelt werden. Leistungen sollten einheitlich, längstens vier Jahre rückwirkend, von dem Zeitpunkt an gewährt werden, an dem die Berufskrankheit dem Unfallversicherungsträger erstmalig bekannt geworden ist. Die Rentenzahlung sollte der im Sozialrecht üblichen Rückwirkung von vier Jahren unterliegen.

VI. Ärztlicher Sachverständigenbeirat

Der Ärztliche Sachverständigenbeirat sollte stärker institutionalisiert und professionalisiert werden. Die Entscheidungsfindung müsste transparenter gestaltet und zudem die fachliche Unabhängigkeit sichergestellt werden. Hierzu sind eine gesetzliche Regelung sowie eine bessere personelle Ausstattung erforderlich. Die Arbeit des „Ärztlichen Sachverständigenbeirats Berufskrankheiten" sollte zudem von einem sozialpolitischen Ausschuss unter Beteiligung der Länder begleitet werden.

VII. Forschung

Die arbeitsmedizinische Forschung und Lehre bedürfen dringend einer Stärkung. So könnte auch der ärztliche Sachverständigenbeirat stärker eingebunden und mit eigenen Finanzmitteln ausgestattet werden, die es ihm ermöglichen, unabhängig von bestehenden Strukturen auch eigenständige Forschungsprojekte zu initiieren. Die Aufnahme neuer Berufskrankheiten in die Berufskrankheiten-Liste kann dadurch beschleunigt werden.

C. Ausblick

Bislang wurde diese dringend gebotene Reform noch nicht auf den Weg gebracht. Es besteht Handlungsbedarf auf verschiedenen Ebenen. Wir werden nun die Beratungen der 93. Arbeits-und Sozialministerkonferenz und auch die der Deutschen Gesetzlichen Unfallversicherung abwarten, die angekündigt hat, Ende des Jahres Reformvorschläge zum Wohl der Versicherten zu unterbreiten. Im nächsten Jahr wollen wir den geforderten Reformprozess weiterhin aktiv begleiten.

Die Entwicklung im Berufskrankheitenrecht aus richterlicher Sicht

Dr. Oliver Schur, Richter am Landessozialgericht Niedersachsen-Bremen, Celle

A. Einführung

Im Vergleich zur gesetzlichen Krankenversicherung oder zur Grundsicherung für Arbeitssuchende bewegt sich die gesetzliche Unfallversicherung heute politisch und rechtlich in „ruhigem Fahrwasser". Das findet gerade auch in den Verfahrenszahlen des Bundessozialgerichts seinen Ausdruck.[1] Einzig das Berufskrankheitenrecht sorgt noch regelmäßig für politische und rechtliche Diskussionen. Bereits der 2. Deutsche Sozialgerichtstag hatte sich 2008 mit dessen Weiterentwicklung befasst.[2] Gerade in den letzten fünf Jahren steht die Reform der Berufskrankheitenverordnung (BKV) wieder deutlich stärker im Fokus.[3]

Es ist Aufgabe der Sozialpartner und des Verordnungsgebers, zu entscheiden, welche der zahlreichen Vorschläge sozialpolitisch geboten sind. Nachfolgend soll daher die Frage behandelt werden, ob die wesentlichen Änderungsvorschläge merkliche Verbesserungen für die sozialgerichtlichen Verfahren bringen würden.

---

1 Im Jahr 2015 wurden 20 neue Revisionsverfahren eröffnet, vgl. Masuch (Hrsg), Tätigkeitsbericht des Bundessozialgerichts 2015, 51; dies bedeutet eine Reduzierung des Neueingangs seit 2011 um über 40 %.

2 Molkentin, in: Dt. Sozialgerichtstag (Hrsg.), Sozialrecht im Umbruch – Sozialgerichte im Aufbruch, 123.

3 Zuletzt u. a. Axer, SGb 2016, 177; Kranig, in: Devetzi u. a. [Hrsg], Freiheit – Gerechtigkeit – Sozial(es) Recht, Festschrift für Eberhard Eichendorfer, 2015, 359; Spellbrink, Soz Recht 2015, 15; Becker, ZblArbeitsmed 2015, 301; Drechsel-Schlund, MedSach 2014, 153; Spellbrink, SGb 2013, 154; Kranig, DGUV-Forum 1/2–2013, 46; Fritsche, PersR 2013, 348; Ressort Arbeitsgestaltung und Gesundheitsschutz der IG Metall (Hrsg.), Berufskrankheiten – Das Schwarzbuch der IG Metall, 2013; Römer/Brandenburg, SGb 2012, 417; Spellbrink, WzS 2012, 259; Hien, SozSich 2012, 382; Köhler, SdL 2012, 142.

B. Problemkomplexe in Sozialgerichtsverfahren

Klageverfahren im Berufskrankheitenrecht haben zwei wichtige Problemkomplexe:
- den Nachweis der arbeitstechnischen Voraussetzungen und der Kausalität einschließlich der damit verbundenen Beweisschwierigkeiten und
- den Unterlassungszwang in den Tatbeständen der BKV.

Letzterem dürfte in der aktuellen Diskussion gegenwärtig die meiste Aufmerksamkeit zukommen, so dass zunächst dieser Komplex betrachtet werden soll.

I. Unterlassungszwang

Lediglich neun[4] der insgesamt 77 Berufskrankheiten (BK) enthalten den Unterlassungszwang als Tatbestandsmerkmal. Auf diese neun Berufskrankheiten entfallen allerdings rund die Hälfte aller BK-Entscheidungen.[5] Die Schwierigkeit und gleichzeitig hohe praktische Bedeutung zeigt das nachfolgende Fallbeispiel aus einem Klageverfahren:

Ein 57-jähriger Krankenpfleger beantragt die Anerkennung einer Berufskrankheit Nr. 2108 („Bandscheibenbedingte Erkrankung der Lendenwirbelsäule"). Im Verwaltungsverfahren ergibt sich eine für die Anerkennung ausreichende Wirbelsäulenbelastung, auch das Krankheitsbild begründet keine Zweifel. Der Krankenpfleger wird noch während des laufenden Anerkennungsverfahrens von seinem Arbeitgeber weiterqualifiziert und übernimmt die Leitung der Krankenpflege auf der Station. Diese umfasst arbeitsvertraglich nur Bürotätigkeiten. Sie ist – da nur Tagschicht – allerdings mit einem merklichen Einkommensverlust verbunden. Gelegentlich wird der Krankenpfleger – etwa bei Personalengpässen – in seiner neuen Tätigkeit von Kolleginnen bei der Umlagerung von Patienten um Hilfe gebeten. Der Unfallversicherungsträger lehnt die Anerkennung einer Berufskrankheit und Übergangsleistungen deshalb ab. Die Häufigkeit und die Intensität der bei den Hilfeleistungen auftretenden Belastungen ist zwischen den Beteiligten hochgradig umstritten. Der Krankenpfleger macht geltend, unter diesen Voraussetzungen hätte er lieber unter Schmerzen weitergearbeitet. Verwaltungs- und Widerspruchsverfahren haben mehr als zwei Jahre gedauert, im Klageverfahren sind zwei weitere Jahre vergangen.

---

4 BK Nr. 1315, 2101, 2104, 2108, 2109, 2110, 4301, 4302 und 5101.
5 Knapp 48 %, davon entfällt der weit überwiegende Teil (über 25.000 Verfahren, entspricht > 70 %) auf die Berufskrankheit Nr. 5101; Geschäfts- und Rechnungsergebnisse der gewerblichen Berufsgenossenschaften und Unfallversicherungsträger der öffentlichen Hand 2015, 89 f.

Für die Diskussion über die Reform des Berufskrankheitenrechts kommt es nicht darauf an, wie hier – de lege lata – richtig zu ermitteln und entscheiden ist. Die Frage lautet vielmehr: Kann unter den gegebenen Voraussetzungen überhaupt Rechtsfrieden oder gar allseitige Akzeptanz geschaffen werden? Und muss – wenn man die Frage verneint – die Lösung lauten: „Weg mit dem Unterlassungszwang!"?

Zur Beantwortung dieser Frage ist es sinnvoll, sich noch einmal die Beweggründe in Erinnerung zu rufen, die der Verordnungsgeber für die Aufnahme des Unterlassungszwangs angibt:

- **Definition des vom Tatbestand umfassten Erkrankungsgrades**
  Der „Zwang" zur Unterlassung setzt inzident voraus, dass die Erkrankung einen bestimmten (Schwere-)Grad erreicht hat.
- **Prävention**
  Versicherte sollen – auch im Interesse der Solidargemeinschaft – motiviert werden, die gefährdende Tätigkeit zu unterlassen, um medizinisch noch beeinflussbare Akuterkrankungen zu bessern.
- **„Kausalitätsindikator"**
  Bessert sich der Gesundheitszustand nach einer Unterlassung einer gefährdenden Tätigkeit, kann dies für eine berufliche Ursache der Erkrankung sprechen.

Für den Verordnungsgeber sind diese Beweggründe nicht kumulativ leitend. Vielmehr war für ihn regelmäßig nur einer der Aspekte bedeutsam[6], wenn nicht seine Erwägungen sogar im Dunkeln blieben[7]. Die Notwendigkeit und die Zielgenauigkeit des Unterlassungsmerkmals darf man durchaus in Zweifel ziehen:

- Zunächst stellt sich die Frage, ob eine Erkrankungsschwere überhaupt definiert werden muss. Wären wirklich nach einem Wegfall des Unterlassungszwangs Bagatellerkrankungen in erheblicher Zahl anzuerkennen oder handelt es sich um eine – letztlich nicht belegbare – Befürchtung? Aber selbst wenn man eine höhere Zahl von Anerkennungen unterstellt, darf man bezweifeln, dass die Unfallversicherungsträger hierdurch tatsächlich fühlbar finanziell belastet werden würden, insbesondere weil

---

6 So waren es bei der heutigen BK Nr. 2101 ausdrücklich Präventionserwägungen (siehe Begründung der 6. VO über die Ausdehnung der UV auf Berufskrankheiten vom 28.4.1961, BR-Drs. 115/61, Begr., 7 f., zu Nr. 43); bei der BK Nr. 5101 stand die Definition des Erkrankungsgrades schon früh im Vordergrund, siehe 3. VO über die Ausdehnung der UV auf Berufskrankheiten vom 16.12.1936 – 3. BKVO – (RGBl. I 1117).

7 Etwa bei der BK Nr. 2104, bei der allenfalls durch die Bezugnahme auf die BK Nr. 2101 noch am ehesten auf Präventionserwägungen geschlossen werden könnte (siehe VO zur Änderung der 7. BKVO vom 8.12.1976 (BGBl. I 3329) BR-Drs. 563/76, Begr., 3 f.). Bei den BK Nr. 2108 bis 2110 wurde die Aufnahme des Unterlassungszwangs überhaupt nicht begründet, siehe 2. VO zur Änderung der BKVO vom 18.12.1992, BR–Drs. 773/92, zu Artikel 1 Nr. 4 (BK–Nr. 2108 bis 2110).

bei einer geringeren Erkrankungsschwere keine Rentenzahlungen sowie deutlich geringere Aufwendungen für Heilbehandlungsmaßnahmen und sonstige Rehabilitationsleistungen zu erwarten sind.
- Mit einem tatbestandlichen Unterlassungszwang kann zwar eine bestimmte Erkrankungsschwere grob definiert werden. Aber gibt es nicht präzisere und damit vorzugswürdige Möglichkeiten, dieses Ziel zu erreichen? So zeigt etwa der – interessanterweise trotzdem noch mit einem Unterlassungszwang versehene – Tatbestand der Berufskrankheit Nr. 5101 („Schwere oder wiederholt rückfällige Hauterkrankungen ..."), dass dies möglich ist.
- Präventionserwägungen rechtfertigen einen apodiktischen Unterlassungszwang heute sicher nicht mehr. Insbesondere bei den Haut- und Atemwegserkrankungen ist es medizinisch schon seit Jahren keineswegs mehr geboten, Allergene völlig zu meiden. Selbst bei Wirbelsäulenerkrankungen ist eine gewisse Belastung tolerabel, wenn nicht sogar förderlich. Vielfach können Versicherte ihrer Erwerbstätigkeit also am selben Arbeitsplatz mit Präventionsmaßnahmen weiter nachgehen. Wenn diesen die – dann ohnehin kaum mit einem Rentenanspruch versehene – Anerkennung der Berufskrankheit versagt bliebe, könnte man dies wohl kaum einem Laien erklären. Vermutlich auch deshalb hat das Bundessozialgericht das Tatbestandsmerkmal für diese Fälle teleologisch reduziert. Danach kann eine Berufskrankheit auch anerkannt werden, wenn Versicherte nach Präventionsmaßnahmen ihre Tätigkeit unter Bedingungen fortsetzen, die eine weitere Schädigung ausschließen und bereits ein abstrakt rentenberechtigender Gesundheitsschaden vorliegt.[8]
- Am wenigsten überzeugt der Aspekt des Kausalitätsindikators. Ein Versicherter hat mit oder ohne Unterlassungszwang Anspruch auf eine gründliche Kausalitätsprüfung auf der Grundlage der aktuellen medizinischen Erkenntnisse. Erst diese Kausalitätsprüfung ermöglicht der oder dem Betroffenen die Entscheidung, die Tätigkeit zu unterlassen.

Es spricht also einiges dafür, über bessere Lösungen für die Ziele des Verordnungsgebers nachzudenken. Die Definition der Erkrankungsschwere gelingt dem Verordnungsgeber bereits an anderer Stelle; dieser Weg sollte fortgesetzt werden.

Aber wie kann verhindert werden, dass Bagatellerkrankungen entschädigt werden oder Versicherte gefährdenden Tätigkeiten weiter zu Lasten ihrer Gesundheit nachgehen – aus eigenem Antrieb oder weil sie ein Arbeitgeber dazu veranlasst? Die Unfallversicherungsträger diskutieren hierzu über eine gesetzliche Regelung, die den Unterlassungszwang ablösen soll. Sie wollen über die Gefahren und Schutzmaßnahmen aufklären und auf die Unterlassung oder Gefahrbeseitigung „hinwirken". Die Versicherten sollen dabei mit-

---

[8] BSG, Urteil vom 9.12.2003 – B 2 U 5/03 R –, Rn. 21, SozR 4–5671 Anl. 1 Nr. 5101 Nr. 1.

wirken. Diese Anforderungen erscheinen „zu weich" formuliert, um Rechtsklarheit zu schaffen und die gewünschten Präventionsziele auch tatsächlich zu erreichen. Bereits heute wird die weit überwiegende Zahl der Verwaltungsakte nach den §§ 66, 67 SGB X bei einer gerichtlichen Überprüfung aufgehoben, weil die juristischen Anforderungen hoch – zu hoch? – sind. Angesichts einer medizinisch komplexen Materie würden die Rechtmäßigkeitsanforderungen in aller Regel nicht erfüllt werden.

Geeigneter erscheint es deshalb, auf die Verknüpfung der Unterlassung mit der Anerkennung von Berufskrankheiten und den Leistungen nach § 3 BKV zu verzichten. Dies kann erreicht werden, indem *obligatorisch* eine auf dem aktuellen Arbeitsplatz bestehende Verschlimmerungs- oder Wiedererkrankungsgefahr, die nicht durch Maßnahmen zu beheben ist, durch einen Verwaltungsakt *positiv oder negativ* festgestellt wird. Nach ihrer Bestandskraft und einer ausreichend lang zu bemessenden Karenzzeit müsste – soll das Präventionsziel erreicht werden – aus einer positiven Feststellung allerdings auch eine Konsequenz für die Leistungen folgen, die durch den Verbleib auf dem Arbeitsplatz verursacht werden. Bei dieser Variante verbliebe den Versicherten jeweils die autonome Entscheidung, ob sie mit der Feststellung einverstanden sind. Bei positiver Feststellung würden sie für sich entscheiden können, wie lange sie auf dem bisherigen Arbeitsplatz verbleiben wollen, etwa um einen wirtschaftlich adäquaten Ersatzarbeitsplatz zu finden. Die Beitragszahler wären eher vor einer zweckwidrigen Inanspruchnahme geschützt. Zu flankierenden Maßnahmen ist der Unfallversicherungsträger ohnehin aufgerufen. Der eingangs erwähnte Fall des Krankenpflegers würde auf diese Weise zwar nicht *vermieden*. Allerdings wäre nicht mehr der Krankenpfleger für die Anerkennung seiner Berufskrankheit beweisbelastet, sondern der Unfallversicherungsträger müsste davon unabhängig eine negative Feststellung treffen. Bei einem Eingriff in Leistungsansprüche und nicht zuletzt auch die Berufsausübungsfreiheit erscheint diese Verteilung angemessen.

II. Arbeitstechnische Voraussetzungen und Kausalität

Der Nachweis der arbeitstechnischen Voraussetzungen und Kausalitätsfragen sind in nahezu allen Berufskrankheitenverfahren bedeutsam. Für die Betroffenen werden sie vor allem in Form von Beweisschwierigkeiten spürbar. Nicht allein die Zeitdauer zwischen potenzieller Exposition und Erkrankung bereitet Schwierigkeiten. Schon die Feststellung der jeweiligen Arbeitsprozesse und der eingesetzten Arbeitsstoffe ist mit großen Unsicherheiten behaftet.[9] Frühere Arbeitgeber sind insolvent oder – nicht selten

---

9 Siehe hierzu zuletzt auch Hien, SozSich 2012, 382; Spellbrink, SozSich 2013, 431; Woitowitz/Heilmann/Baur, SozSich 2016, 409.

mehrfach – in anderen Unternehmen aufgegangen. Selbst bei ohne wesentliche Änderungen fortgeführten Unternehmen sind Unterlagen wegen des Ablaufs der Aufbewahrungsfristen häufig bereits vernichtet. Als Glücksfall erweist sich dann, wenn das Gericht auf privat archivierte betriebsärztliche Vorsorgeuntersuchungen zurückgreifen kann.

Manche Unfallversicherungsträger haben über die Jahre durch eine Vielzahl von Verfahren Erkenntnisse zusammengetragen, die „Licht ins Dunkel" bringen können. Gleichzeitig sehen sie sich allerdings gelegentlich trotzdem gehindert, diese Erkenntnisse auch preiszugeben. So werden – nicht nur ganz vereinzelt – Verwaltungsakten über anerkannte Berufskrankheiten von Arbeitskollegen eines Betroffenen unter Hinweis auf den Sozialdatenschutz nicht herausgegeben, selbst wenn eine Einverständniserklärung des Kollegen vorliegt. Es erscheint nachvollziehbar, dass der Unfallversicherungsträger – insbesondere nach einer von ihm als unrichtig empfundenen Anerkennung – die Argumentationslast bei tatsächlichen oder vermeintlichen Parallelfällen fürchtet. Die jeweils Handelnden mögen sich aber nicht nur in die Lage des Betroffenen hineinversetzen, sondern sich auch fragen, ob etwa im Internet verbreitete Verschwörungstheorien nicht insgesamt viel nachteiliger sind als eine möglicherweise fehlerhafte Entscheidung in einem Einzelfall. Zwar kann selbst eine umfassendere Ausbreitung von Tatsachen die vereinzelte Fixierung Betroffener auf vermeintlich berufliche Ursachen einer Erkrankung nicht verhindern. Aber es gibt zumindest dem Gericht und dem von dort beauftragten Sachverständigen die Möglichkeit, Gutachten und Urteil auf eine deutlich breitere Tatsachengrundlage zu stellen. Insofern wäre es förderlich, wenn der Gesetzgeber diese weitergehende Aktenöffentlichkeit explizit normieren würde, um fruchtlose und erheblich verfahrensverzögernde Diskussionen zu vermeiden.

Was ist aber zu tun, wenn es eine solche breite(re) Tatsachengrundlage nicht gibt? Für diese Fälle werden gesetzliche Beweiserleichterungen gefordert,[10] auch mit dem Ziel, die Dokumentation und Erforschung betrieblicher Gesundheitsgefahren mittelbar zu verbessern. Ohne Zweifel wäre eine lückenlose Dokumentation betrieblicher Gesundheitsgefahren wünschenswert. Die Schwierigkeit liegt aber darin, entsprechende Lücken *rechtzeitig*, also schon während der Exposition, zu erkennen. Das gelingt aber regelmäßig nicht. Asbest wurde über Jahrzehnte auch von Fachleuten kein wesentliches Schadenspotenzial beigemessen. In manchen Betrieben waren kaum verdünnte Lösemittel noch in den 1980er Jahren ein gängiges Hilfsmittel beim Händewaschen. Kann heute vorhergesagt werden, ob zukünftig Erkrankungen auf Mobilfunkemissionen oder die Nano-Technologie zurückgeführt werden können? Das Hauptproblem unzureichender arbeitsmedizinischer Erkenntnisse besteht darin, dass die Forschung stets durch

---

10 Zuletzt Woitowitz/Heilmann/Baur, SozSich 2016, 409 (412).

begrenzte Geldmittel limitiert ist. Sie wird sich deshalb kaum auf Expositionen konzentrieren, deren Schadenspotenzial noch nicht greifbar ist. Vor diesem Hintergrund erscheint es zweifelhaft, dass gesetzliche Beweiserleichterungen die Dokumentation und die arbeitsmedizinische Forschung merklich fördern würden.

Zu bedenken ist auch Folgendes: Der Gesetzgeber gewährt Beweiserleichterungen nur dann, wenn sich nach einem bestimmten, vielfach auftretenden Geschehensablauf ein bestimmter Kausalverlauf zumindest aufdrängt – so etwa beim Auffahrunfall im Straßenverkehr. Zwar kennen auch das Fremdrentenrecht[11] und das Kriegsopferrecht[12] Beweiserleichterungen. Abgesehen von den teils zwiespältigen gerichtspraktischen Erfahrungen mit diesen Tatbeständen erscheinen die Kausalverläufe bei den potenziell beruflich verursachten Erkrankungen in aller Regel nicht in einem Umfang erforscht, dass man regelhaft eine berufliche Ursache annehmen könnte. Das große Risiko einer Beweiserleichterung liegt darin, dass sie eine bestimmte Gruppe aus nachvollziehbaren Gründen begünstigt, aber die überwiegende Mehrheit weiterhin dem üblichen Beweismaßstab unterworfen ist. Das schafft – absolut betrachtet – zwar einen sozialpolitischen Fortschritt, aber nicht unbedingt mehr Gerechtigkeit.[13]

Ein echter sozialpolitischer Gewinn würde viel eher erzielt werden, würde man dosisabhängige Kausalitätsvermutungen einführen, welche für alle gleich gelten. Auch wenn die Praxis inzwischen mit dem Mainz-Dortmunder-Dosismodell in Verbindung mit den Konsensempfehlungen weitestgehend reibungslos arbeitet, zeigt die Entwicklung, dass der Verordnungsgeber die Ausarbeitung von Dosismodellen nicht den Unfallversicherungsträgern überlassen darf, sondern sich dazu durchringen muss, Mindestexpositionszeiten selbst zu definieren. Auch wenn um den Nachweis der Faserjahre vor Gericht gerungen wird, ist eine normierte feste Mindestexposition für Versicherte viel eher akzeptabel, als ein auf Trägerebene entwickeltes Konzept – egal, wie viel medizinische Kompetenz darin eingeflossen oder wie transparent dieses erarbeitet worden ist. Der Verordnungsgeber scheint das für neue Berufskrankheiten auch so zu sehen. Was freilich fehlt, ist seine Arbeit am Bestand.

---

11 § 4 Abs. 1 und 2 des Fremdrentengesetzes (FRG).
12 § 15 des Gesetzes über das Verwaltungsverfahren der Kriegsopferversorgung (KOVVfG).
13 In diesem Sinne auch Spellbrink, SozSich 2013, 431 (436 f.).

C. Zusammenfassung

Die BK-Tatbestände mit einem Unterlassungsmerkmal sollten reformiert werden. Die Beweggründe für dessen Aufnahme überzeugen nicht mehr. Die Sorge, eine Vielzahl von Bagatellerkrankungen anerkennen zu müssen, erscheint unbegründet. Der Verordnungsgeber muss sich der Herausforderung stellen, die Erkrankungsschwere konkreter zu definieren. Präventionserwägungen rechtfertigen einen apodiktischen Unterlassungszwang heute schon aus medizinischen Gründen nicht mehr. Auch braucht das Gesetz keinen Kausalitätsindikator, da ohnehin eine gründliche Kausalitätsprüfung erfolgen muss.

Soll der Unterlassungszwang abgelöst werden, wird es nicht genügen, wenn die Unfallversicherungsträger lediglich über die Gefahren und Schutzmaßnahmen aufklären und sich – unter Mitwirkung der Versicherten – um die Unterlassung oder Gefahrbeseitigung bemühen. Für Rechtsklarheit und eine erfolgreiche Prävention sollte die Verschlimmerungs- oder Wiedererkrankungsgefahr durch einen Verwaltungsakt festgestellt werden und sich – nach einer ausreichend lang zu bemessenden Karenzzeit – auch auf Leistungen auswirken, soweit diese durch den Verbleib auf dem Arbeitsplatz verursacht werden. Dieser Weg würde auch zu einer angemessenen Verteilung der Beweislast führen.

Die Schaffung einer erweiterten Aktenöffentlichkeit im sozialgerichtlichen Verfahren würde gerichtliche Gutachten und nachfolgende Entscheidungen auf eine breitere Tatsachengrundlage stellen. Gesetzliche Beweiserleichterungen führen voraussichtlich weder zu einer wesentlich verbesserten Dokumentation, noch zu einer nennenswerten Ausweitung der arbeitsmedizinischen Forschung.

Die Aufnahme dosisabhängiger Kausalitätsvermutungen in BK–Tatbeständen erscheint sinnvoll, ist für Versicherte am ehesten akzeptabel und sollte deshalb auch für bestehende Berufskrankheiten nachgeholt werden.

Der Begriff der Teilhabe

Dr. Helga Seel, Geschäftsführerin der Bundesarbeitsgemeinschaft für Rehabilitation (BAR) e. V., Frankfurt a. M.

Angelehnt an die Gesamtüberschrift der Tagung dieser Kommission „Teilhabe gestern, heute und morgen" ziehen sich drei Leitfragen durch den folgenden Beitrag:
>Wo kommen wir her?
>Wo stehen wir?
>Wo wollen wir hin?

A. Begriffswelt

Die Entwicklung im Umgang mit Menschen mit Behinderungen und ihren Anliegen bildet sich auch in der Sprache ab. In der heutigen Begriffswelt verwenden wir Begriffe wie: Teilhabe, Partizipation, Personenzentrierung, Inklusion, Selbstbestimmung, Teilnahme, Teil-Gabe, Teil-Sein, Teilhabeplan, Teilhabekonferenz oder Barrierefreiheit.

Damit werden wiederum Begrifflichkeiten wie Entschädigung, Versorgung, Fürsorge, Eingliederung, Wiedereingliederung oder Integration abgelöst. Wir sprechen heute nicht mehr von behinderten Menschen, sondern von Menschen mit Behinderung.

Diese Entwicklung in der Sprache bildet Bewusstseinswandel ab, der notwendig und gefordert ist, damit Menschen mit Behinderung genauso als Teil der Gesellschaft selbstverständlich akzeptiert werden wie Menschen ohne Behinderung.

Die Rahmenbedingungen müssen von vornherein so gestaltet werden, damit dies möglich ist. Dieser Geist liegt dem Gesellschaftsmodell von Inklusion zu Grunde, der im Sprachgebrauch Begriffe wie „Integration" und „Eingliederung" abgelöst hat, die damit aber nicht zum „Unwort" werden.

B. Rechtliche Herleitung

I. Sozialgesetzbuch Neuntes Buch – SGB IX

Mit dem SGB IX als eigenem Gesetzbuch für die Rehabilitation und Teilhabe von Menschen mit Behinderungen wurde in 2001 ein Paradigmenwechsel eingeleitet: Statt Fürsorge und Versorgung wurde Teilhabe als sozialpolitisches Konzept für Selbstbestimmung und Eigenverantwortung definiert.

So formuliert § 1 SGB IX als Zielsetzung,
- dass die Selbstbestimmung und gleichberechtigte Teilhabe für behinderte und von Behinderung bedrohte Menschen gefördert wird,
- dass Menschen mit Behinderung in Eigenverantwortung diese mitgestalten, („Nicht ohne uns über uns") und
- dass Benachteiligungen vermieden oder ihnen entgegengewirkt werden soll.
- Bereits im SGB IX finden sich deshalb etliche Elemente, die Mitwirkung, sogar Mitbestimmung vorsehen: als Beispiele seien hier das Wunsch- und Wahlrecht der Leistungsberechtigten gem. § 9 SGB IX, das Persönliche Budget gem. § 17 SGB IX oder etwa das Betriebliche Eingliederungsmanagement gem. § 84 Abs. 2 SGB IX genannt.

II. UN-Behindertenrechtskonvention

Seit dem 26. März 2009 ist das Übereinkommen der Vereinten Nationen über die Rechte von Menschen mit Behinderung – die UN-Behindertenrechtskonvention (UN-BRK) – auch in Deutschland geltendes Recht. „Inklusion" hat damit als Leitidee ihre Wirkung entfaltet: Inklusion als breite Akzeptanz individueller Vielfalt in einer Gesellschaft, die den Wert jedes einzelnen Menschen mit seinen Fähigkeiten und individuellen Voraussetzungen erkennt und anerkennt.

Teilhabe ist die gängige Übersetzung des Begriffes Partizipation und wird teilweise synonym für diesen verwendet.

Artikel 26 der UN-BRK spricht von dem Ziel, „[....] volle Teilhabe an allen Aspekten des Lebens erreichen und bewahren":

Artikel 26 Habilitation und Rehabilitation
(1) ¹Die Vertragsstaaten treffen wirksame und geeignete Maßnahmen, einschließlich durch die Unterstützung durch andere Menschen mit Behinderungen, um Menschen mit Behinderungen in die Lage zu versetzen, ein Höchstmaß an Unabhängigkeit, umfassende körperliche, geistige, soziale und berufliche Fähigkeiten sowie die volle Einbeziehung in alle Aspekte des Lebens und die volle Teilhabe an allen Aspekten des Lebens zu erreichen und zu bewahren. ²Zu diesem Zweck organisieren, stärken und erwei-

tern die Vertragsstaaten umfassende Habilitations- und Rehabilitationsdienste und -programme, insbesondere auf dem Gebiet der Gesundheit, der Beschäftigung, der Bildung und der Sozialdienste, und zwar so, dass diese Leistungen und Programme

a) im frühestmöglichen Stadium einsetzen und auf einer multidisziplinären Bewertung der individuellen Bedürfnisse und Stärken beruhen;

b) die Einbeziehung in die Gemeinschaft und die Gesellschaft in allen ihren Aspekten sowie die Teilhabe daran unterstützen, freiwillig sind und Menschen mit Behinderungen so gemeindenah wie möglich zur Verfügung stehen, auch in ländlichen Gebieten.

(2) Die Vertragsstaaten fördern die Entwicklung der Aus- und Fortbildung für Fachkräfte und Mitarbeiter und Mitarbeiterinnen in Habilitations- und Rehabilitationsdiensten.

(3) Die Vertragsstaaten fördern die Verfügbarkeit, die Kenntnis und die Verwendung unterstützender Geräte und Technologien, die für Menschen mit Behinderungen bestimmt sind, für die Zwecke der Habilitation und Rehabilitation.

Artikel 26 „Habilitation und Rehabilitation"

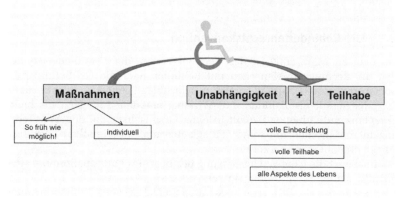

Übersicht 1: UN-Behindertenrechtskonvention Artikel 26

Artikel 27 Arbeit und Beschäftigung
(1) ¹*Die Vertragsstaaten anerkennen das gleiche Recht von Menschen mit Behinderungen auf Arbeit; dies beinhaltet das Recht auf die Möglichkeit, den Lebensunterhalt durch Arbeit zu verdienen, die in einem offenen, integrativen und für Menschen mit Behinderungen zugänglichen Arbeitsmarkt und Arbeitsumfeld frei gewählt oder angenommen wird. ²Die Vertragsstaaten sichern und fördern die Verwirklichung des Rechts auf Arbeit, ein-*

schließlich für Menschen, die während der Beschäftigung eine Behinderung erwerben, durch geeignete Schritte, einschließlich des Erlasses von Rechtsvorschriften, um unter anderem

a) *Diskriminierung aufgrund von Behinderung in allen Angelegenheiten im Zusammenhang mit einer Beschäftigung gleich welcher Art, einschließlich der Auswahl-, Einstellungs- und Beschäftigungsbedingungen, der Weiterbeschäftigung, des beruflichen Aufstiegs sowie sicherer und gesunder Arbeitsbedingungen, zu verbieten;*

b) *das gleiche Recht von Menschen mit Behinderungen auf gerechte und günstige Arbeitsbedingungen, einschließlich Chancengleichheit und gleichen Entgelts für gleichwertige Arbeit, auf sichere und gesunde Arbeitsbedingungen, einschließlich Schutz vor Belästigungen, und auf Abhilfe bei Missständen zu schützen;*

c) *zu gewährleisten, dass Menschen mit Behinderungen ihre Arbeitnehmer- und Gewerkschaftsrechte gleichberechtigt mit anderen ausüben können;*

d) *Menschen mit Behinderungen wirksamen Zugang zu allgemeinen fachlichen und beruflichen Beratungsprogrammen, Stellenvermittlung sowie Berufsausbildung und Weiterbildung zu ermöglichen;*

e) *für Menschen mit Behinderungen Beschäftigungsmöglichkeiten und beruflichen Aufstieg auf dem Arbeitsmarkt sowie die Unterstützung bei der Arbeitssuche, beim Erhalt und der Beibehaltung eines Arbeitsplatzes und beim beruflichen Wiedereinstieg zu fördern;*

f) *Möglichkeiten für Selbstständigkeit, Unternehmertum, die Bildung von Genossenschaften und die Gründung eines eigenen Geschäfts zu fördern;*

g) *Menschen mit Behinderungen im öffentlichen Sektor zu beschäftigen;*

h) *die Beschäftigung von Menschen mit Behinderungen im privaten Sektor durch geeignete Strategien und Maßnahmen zu fördern, wozu auch Programme für positive Maßnahmen, Anreize und andere Maßnahmen gehören können;*

i) *sicherzustellen, dass am Arbeitsplatz angemessene Vorkehrungen für Menschen mit Behinderungen getroffen werden;*

j) *das Sammeln von Arbeitserfahrung auf dem allgemeinen Arbeitsmarkt durch Menschen mit Behinderungen zu fördern;*

k) *Programme für die berufliche Rehabilitation, den Erhalt des Arbeitsplatzes und den beruflichen Wiedereinstieg von Menschen mit Behinderungen zu fördern.*

(2) Die Vertragsstaaten stellen sicher, dass Menschen mit Behinderungen nicht in Sklaverei oder Leibeigenschaft gehalten werden und dass sie gleichberechtigt mit anderen vor Zwangs- oder Pflichtarbeit geschützt werden.

Dieser menschenrechtsbasierte Ansatz der UN-BRK versteht den Menschen mit Behinderung als Träger und Subjekt von Rechten. Er nimmt unmissverständlich – wie bisher in keiner anderen Rechtsform – den Staat und ebenso die Zivilgesellschaft in die Pflicht, an einer inklusiven Gesellschaft mitzuwirken.

Die UN-BRK macht die Sicherstellung von Selbstbestimmungs- und Teilhabemöglichkeiten sowie einen umfassenden Schutz vor Diskriminierung unumkehrbar. Sie stellt damit gleichzeitig das bis dahin aufgebaute Gefüge an Fürsorgeinstitutionen, das eher auf Sondereinrichtungen und Fremdbestimmung ausgelegt ist, radikal in Frage. Am deutlichsten und zugleich am heftigsten zeigt sich dies im Bereich „Inklusiver Bildung" und der Frage, braucht es Förderschulen bzw. darf es Förderschulen geben.

Glaubenskriege sind hier sicher fehl am Platz – vielmehr bedarf es kluger Abwägungsprozesse. Menschen mit und ohne Behinderung sind aufgerufen, in ihrem unmittelbaren und mittelbaren Lebensumfeld Verbesserungen zum Wohl aller Menschen zu schaffen.

III. Der Nationale Aktionsplan 2.0 der Bundesregierung

Teilhabe bzw. Partizipation ist ein entscheidendes Anliegen der UN-BRK. Sie will die „volle, wirksame und gleichberechtigte Teilhabe an der Gesellschaft" für alle Menschen mit Behinderung erreichen. Das ist das Ziel, von dem sich die staatlichen Verpflichtungen und die Verantwortlichkeiten der Zivilgesellschaft ableiten. So hatte auch der erste Nationale Aktionsplan (NAP) der Bundesregierung seinen Schwerpunkt auf geeignete Maßnahmen gelegt, „Lücken zwischen Gesetzeslage und Praxis zu schließen". Mit dem Ende Juni 2016 beschlossenen NAP 2.0 soll nun Inklusion als universelles Prinzip in alle Lebensbereiche Einzug halten. Hierzu sollen wichtige Rechtssetzungsvorhaben und die Überprüfung einzelner zentraler Rechtsakte beitragen. Die Reform der Eingliederungshilfe mit dem Bundesteilhabegesetz (BTHG), die beabsichtigten Änderungen des SGB IX und die Weiterentwicklung des Behindertengleichstellungsrechts sind für diesen Ansatz beispielhafte Vorhaben.

C. Teilhabe als politischer, gesellschaftlicher und individueller Prozess

Teilhabe ist nichts Abgeschlossenes mit einem Anfang A und einem Ende B, sondern ein fortlaufender Prozess, der auf verschiedenen Ebenen stattfindet.

Politisch wird Teilhabe als unmittelbare Beteiligung bei Prozessen und Entscheidungen in allen Lebensbereichen verstanden, von denen Menschen mit Behinderung betroffen sind. Teilhabe wird hier als systematischer Prozess verstanden, in dem es um unmittelbar aufeinander abgestimmte Maßnahmen und Gestaltungsmöglichkeiten geht, im Gegensatz zu punktuellen Möglichkeiten der Mitbestimmung.

Ein brandaktuelles Beispiel erleben wir im Rahmen der Reform der Eingliederungshilfe und der Erarbeitung eines Bundesteilhabegesetzes. Dafür fand ein umfangreicher Beteiligungsprozess statt, der Menschen mit Behinderung, vertreten über Fachverbände und Selbsthilfeorganisationen, die Möglichkeit gegeben hat, ihre Vorstellungen und Positionen einzubringen. Ohne dies bewerten zu wollen: Wir erleben ganz aktuell auch, wenn Vorstellungen, Erwartungen, Forderungen im Ergebnis nicht oder nicht hinreichend erfüllt werden.

Und hier kommt eine andere Projektionsfläche ins Spiel: Inklusion und Teilhabe nimmt die ganze Gesellschaft in den Blick. Als Gesellschaftsentwurf betrifft Teilhabe alle Menschen und nimmt zum einen den einzelnen Menschen in die Verantwortung, der sich nach seinen individuellen Möglichkeiten engagiert – eher im Sinne von „Teil-Gabe". Hier geht es dann auch um das Verständnis, sich als Teil des Ganzen zu verstehen. Teil des Ganzen heißt immer, die Güte nicht allein in der Durchsetzung von Forderungen zu verstehen, sondern eben auch Kompromisse zu suchen, wo Durchsetzung nicht möglich ist.

Verpflichtungen richten sich auch an die Entscheidungsträger: so etwa, ihre Entwicklungs- und Entscheidungsprozesse so zu gestalten, dass Teilhabe möglich und mit Blick auf die Ergebniserreichung notwendig ist. Dafür muss der Schritt von der hierarchischen zur partizipativen Steuerung unternommen werden.

Es gibt auch hier wiederum zahlreiche Bereiche, die von diesem Gedanken von Teilhabe geprägt sind. Ganz deutlich wird dies im Zusammenhang mit dem Reformprozess zur Weiterentwicklung der Eingliederungshilfe.

Der Wandel von hierarchischer zu partizipativer Steuerung bezieht sich also nicht nur auf eine politische Dimension. Gesetzlich verankerte Normen und Regeln sind zwar grundlegend, müssen in der Praxis aber auch gelebt werden, aktiv und individuell. Denn Partizipation ist nicht nur ein generelles Recht – eine unabhängige Lebensführung kann nur auf individuellen Rechten beruhen.

Auf individueller Ebene und als individueller Prozess geht es darum, auf den einzelnen Menschen bezogen seine Teilhabe zu gestalten. Wenn es hierbei heißt: Im Mittelpunkt steht der Mensch mit seinen Bedürfnissen und Bedarfen, seinen Lebensbezügen, dem Sozialraum, in dem er lebt, dann geht es um einen Teilhabeprozess, der sich in jeder Phase auf den Menschen konzentriert und ihn im Sinne von Partizipation und Personenzentrierung aktiv einbindet.

Deutlich wird, dass es diesbezüglich
- um die Orientierung an den Interessen und am Willen der Menschen,
- um die Konzentration auf die Ressourcen der Menschen und des Sozialraums und
- um die Unterstützung von Eigeninitiative und Selbsthilfe

geht. Welche Maßnahmen und Unterstützungsleistungen dafür zielführend sind und wann und wie sie durchgeführt werden, lässt sich nur beantworten, wenn gemeinsam alle individuellen und sozialräumlichen Aspekte abgewogen werden.

D. Leistungen zur Teilhabe

Über welche Leistungen zur Teilhabe reden wir?

Im § 4 SGB IX sind die „Leistungen zur Teilhabe" für Menschen mit Behinderung verankert.

Teilhabeleistungen sind eine zusammenfassende Bezeichnung für bestimmte Sozialleistungen zur Rehabilitation, die im Teil 1 des SGB IX geregelt sind. In unserem gegliederten Sozialleistungssystem gibt es acht Leistungsträger, die für Leistungen aus den insgesamt fünf Leistungsbereichen zuständig sind. Die Abbildung veranschaulicht, dass für die einzelnen Leistungsbereiche mehrere Leistungsträger zuständig sein können.

Rehabilitationsträger	Leistungen zur medizinischen Rehabilitation	Leistungen zur Teilhabe am Arbeitsleben	Leistungen zur sozialen Teilhabe	Unterhaltssichernde und andere ergänzende Leistungen	Leistungen zur Teilhabe an Bildung
Gesetzliche Krankenversicherung	✓			✓	
Gesetzliche Rentenversicherung	✓	✓		✓	
Alterssicherung der Landwirte	✓			✓	
Gesetzliche Unfallversicherung	✓	✓	✓	✓	✓
Bundesagentur für Arbeit		✓		✓	
Träger der öffentlichen Jugendhilfe			✓		✓
Träger der Eingliederungshilfe	✓	✓	✓		✓
Träger der Kriegsopferversorgung und der Kriegsopferfürsorge	✓	✓	✓	✓	✓
Integrationsamt		✓			

Übersicht 2: Zuständigkeiten bei Leistungen zur Teilhabe

Während die medizinische Rehabilitation in erster Linie der Wiederherstellung der Gesundheit und die Leistungen zur Teilhabe am Arbeitsleben der Sicherung des Erwerbseinkommens auf dem allgemeinen Arbeitsmarkt dienen, sollen die Leistungen zur Teilhabe am Leben in der Gemeinschaft die persönliche Entwicklung und Selbstbestimmung ermöglichen.

Entscheidend ist: Die Leistungen sollen sich am persönlichen Bedarf eines Menschen mit Behinderung orientieren. Dies betrifft:
- Menschen mit geistigen Behinderungen,
- Menschen mit seelischen Behinderungen,
- Menschen mit körperlichen Behinderungen,
- Menschen mit Sinnesbehinderungen,
- Menschen mit neurologischer Erkrankung,
- Menschen mit chronischen Erkrankungen sowie
- Geriatrische Patienten.

Je nach Erkrankung oder Behinderung stellen sich ganz unterschiedliche Anforderungen, aber auch Möglichkeiten an Teilhabe sowohl in von der Person bedingten Gegebenheiten als auch das Umfeld betreffend.

So spielen z. B. Wohnort, Alter, Lebensbedingungen, Bildungsniveau oder auch die soziale Eingebundenheit eine entscheidende Rolle, wenn es um Partizipationsmöglichkeiten geht. Hier müssen auch die Bezugspersonen stärker in den Blick genommen werden. Ob bei der Antragsstellung, in der Reha-Einrichtung oder bei der Organisation von Nachsorge-Leistungen: Der Partner, die Partnerin, die Eltern, Kinder oder auch andere Bezugspersonen sind häufig entscheidend im Reha-Prozess. Es braucht ein funktionierendes soziales Umfeld, wie eine ehemalige Rehabilitandin formulierte: *„Was einem am meisten hilft, ist Beistand. Meine persönliche Erfahrung zeigt, dass man ohne soziales Umfeld verloren ist: Es braucht jemanden, der für einen kämpft."*

Die Entscheidung, welcher Träger im Einzelfall zuständig ist, hängt von der Erfüllung der jeweiligen Voraussetzungen ab. Dass diese Zuständigkeiten nicht immer unmittelbar und eindeutig geklärt werden, begründet die Notwendigkeit von Koordination und Kooperation der Träger und entsprechender Regelungen dazu, wie etwa der Gemeinsamen Empfehlungen, die gem. § 13 SGB IX auf Ebene der Bundesarbeitsgemeinschaft für Rehabilitation (BAR) zu vereinbaren sind.

Übersicht 3: Die Mitglieder der BAR

Die Bedarfe von Menschen mit Behinderung unterscheiden sich nach Komplexität und Umfang:

„Viele brauchen wenig – manche brauchen viel – wenige brauchen alles!", um möglichst volle Teilhabe zu erreichen. Das heißt: Je besser und passgenauer der Teilhabebedarf erhoben wird, desto höher die Chancen auf „volle Teilhabe" und – dies darf und muss auch formuliert werden – desto wirtschaftlich sinnvoller ist der Mitteleinsatz.

Die Schwere einer (drohenden) Behinderung kann sachgerecht nur durch eine individuelle und umfassende Begutachtung/Bedarfserhebung auf der Grundlage des bio-psycho-sozialen Modells der WHO festgestellt werden. Die auf diesem Modell basierende ICF (Internationale Klassifikation der Funktionsfähigkeit, Behinderung und Gesundheit) ist ein geeignetes Instrument, um sich auf die Teilhabe am Leben in der Gemeinschaft in all ihren

Facetten zu fokussieren und damit die Wechselwirkungen zwischen Individuum, Gesundheitsproblem und den Kontextfaktoren zu beleuchten. Das fördert die Transparenz unter den am Entscheidungsprozess für geeignete Teilhabeleistungen beteiligten Personen, besonders auch im Hinblick auf die rechtliche und ethische Notwendigkeit einer Partizipation der Menschen mit Behinderung.

Die Mehrwerte von Personenzentrierung und Partizipation liegen auf der Hand: Geht es um die Frage des Erfolges von Leistungen der Rehabilitation und Teilhabe, ist immer davon auszugehen, dass die Chancen für den Erfolg umso größer sind, je zielgenauer Leistungen die Bedarfe und Bedürfnisse eines Menschen mit Behinderung treffen. Die aktive Einbeziehung des Menschen mit Behinderung ist für diese Form von Passgenauigkeit eine wesentliche Voraussetzung.

1. Partizipation braucht Handlungsspielräume

„Partizipation bedeutet nicht nur „TeilNAHME" (= Erwartung), sondern auch „TeilHABE" (= Recht), folglich die Entscheidungsmacht bei allen wesentlichen Fragen der Lebensführung zu haben", so erläutert Prof. Dr. Ernst von Kardoff von der Humboldt-Universität in Berlin. *„Um individuelle Entscheidungen in der Praxis zu ermöglichen, sind gemeinsame Aushandlungsprozesse zwischen Reha-Träger und Rehabilitand erforderlich. Erst eine intensive Kommunikation und weite Handlungsspielräume machen eine partizipative Entscheidungsfindung möglich." (Professor Dr. Ernst von Kardoff, Humboldt Universität in Berlin, BAR Reha-Info 4/2016, Seite II f.).*

Ein gutes Beispiel ist auch das Persönliche Budget. Hier wird der Mensch mit Behinderung schon durch seine „Arbeitgeberrolle", bei der Entscheidung über das notwendige Teilhabebudget bis zur Auswahl der Dienstleister in einem Höchstmaß beteiligt.

2. Partizipation im gemeinsamen Dialog – Beratung als partizipativer Aushandlungsprozess

Stärkung der Eigenkompetenz und Förderung der Eigeninitiative, Informationen über Beteiligungsrechte, Ressourcen und Unterstützungsleistungen, lassen sich nur auf der Basis von Wissen einsetzen. Beratung ist nicht nur einseitige Informationsvermittlung, sondern das Ausloten von Möglichkeiten und Notwendigkeiten zwischen Bedarf und möglichen Leistungen, bei dem der Hilfesuchende ein Höchstmaß an Partizipation erfährt.

Beratung hat daher ein hohes Potenzial zur verstärkten Einbeziehung behinderter Menschen und ihrer Bezugspersonen in den Reha-Prozess, das noch längst nicht ausgeschöpft ist. Das gilt auch im Bezug zu neuen Kommunikationswegen, wie z. B. dem Internet. Generiert durch Weiterentwicklung und gute Beratung, die sich auch in den Aktivitäten der BAR und ihrer Mitglieder niederschlagen.

E. Standortbestimmung: Wo stehen wir?

Vieles, aber längst nicht alles ist erreicht. Zu einer Standortbestimmung gehört immer die ehrliche Befassung mit dem Erreichten, aber eben auch mit den noch vorhandenen Schwachstellen.

In vielen Zusammenhängen und bei unterschiedlichen Anlässen wird deutlich formuliert, dass wir in unserem gegliederten Sozialleistungssystem eine Fülle an Leistungsangeboten haben, dass aber deren Nutzung – deren passgenaue Anwendung – noch optimierbar ist. Besonders deutlich wird dies, wenn Menschen mit Behinderung hohen Unterstützungsbedarf haben, wenn sie Leistungen nicht nur eines Sozialleistungsträgers benötigen, sondern mehrere Leistungen von mehreren Trägern. Die Koordination, die Kooperation sowie die Konvergenz der Leistungen sind immer noch ausbaufähig. Dieser Ansatzpunkt spielt im Reformprozess für ein Bundesteilhabegesetz eine zentrale Rolle.

Wenn heute gerade gute Beratung erwartet wird, dann braucht es hierfür den Berater, der sich im System auskennt, der Leistungsangebote überblickt, der die Voraussetzungen, Verfahren, Vorgehensweisen kennt, der eine hohe Motivation hat, Teilhabe zu ermöglichen und der zu der Empathie fähig ist, die notwendig ist, um sich auf einen Menschen mit Behinderung einzulassen.

Nicht die pure Masse der Modellprojekte und nicht immer wieder neue Angebote werden dabei und dafür hilfreich sein – die kreative Anwendung dessen was wir haben, ist wichtig.

F. Perspektiven: Wo wollen wir hin?

Die Herausforderungen, die sich für eine Weiterentwicklung von „Inklusion und Teilhabe" stellen, betreffen sowohl das System als gegliedertes Sozialleistungssystem, den einzelnen Menschen mit chronischer Erkrankung oder (drohender) Behinderung wie auch die Akteure im System:

Die anstehenden Herausforderungen sind von keinem Akteur alleine zu bestreiten und erst recht nicht zu bewältigen.
Jeder Versicherte und jeder Arbeitgeber zahlt in jeden Versicherungszweig.
Der Versicherte denkt von seinem Problem her!
Sein Teilhabeanspruch ist ein ganzheitlicher.

Übersicht 4: Herausforderungen 1

Individualisierung
Personenzentrierung
Ganzheitlichkeit
Flexibilisierung

Übersicht 5: Herausforderungen 2

Flexibilität erfordert Eigenständigkeit, eigenes Handeln
Gestalten statt verwalten bedeutet höheres Risiko
Mitarbeiter/-innen brauchen • Fundiertes „Handwerkszeug" • Rückendeckung ihrer Vorgesetzten.

Übersicht 6: Herausforderungen 3

Die Erörterungen im Rahmen des Reformprozesses für ein Bundesteilhabegesetz greifen diese Aspekte auf.

Gestartet wurde ein umfassender Teilhabe-Prozess. Geweckt wurden hohe Erwartungen seitens der Menschen mit Behinderung. Erfüllt worden sind mit dem vorliegenden Gesetzentwurf viele ihrer Erwartungen nicht.

Versteht man Teilhabe als Gesellschaftsentwurf, stellt sich die Frage, wie realistisch, wie erfüllbar manche Erwartungen sind, vielleicht zunächst zum jetzigen Zeitpunkt?

„Die Frage der künftigen Wege kann nur im Dialog gelöst werden und dazu gehört der konstruktive Streit. Wir müssen noch offener aufeinander zugehen. Das würde den Weg ein klein bisschen leichter machen" – sagte schon vor Jahren Franz Schmeller, stellvertretender Vorsitzender der Bun-

desarbeitsgemeinschaft der überörtlichen Sozialhilfeträger (BAGüS). Meines Erachtens hat er immer noch Recht.

Inklusion und Teilhabe statt Fürsorge? Lösen die neuen Begriffe den Begriff der Fürsorge wirklich ab? Verabschieden wir uns von Fürsorge?

Wahrscheinlich ist es klug, die Begriffe nicht als Kette einer Entwicklung von früher zu heute zu verstehen, sondern als Aspekte des Lebens jedes Menschen. Jeder Mensch hat Zeiten und Lebensbereiche, in denen er bedürftig ist und Fürsorge benötigt, ebenso wie Zeiten und Bereiche, in denen er die volle Verantwortung für Entwicklung und Lebensqualität übernehmen kann.

Wahrscheinlich liegt die Aufgabe eher darin, die Begriffe im Leben aller Menschen auf den richtigen Platz zu verweisen.

Um den Forderungen der UN-BRK, dem Selbstverständnis der Zivilgesellschaft und den Rechten von Menschen mit Behinderung gerecht zu werden, bedarf es einer partizipativen Struktur, einer inklusiven Kultur und der politischen Aktivität, die ineinandergreifen und sich gegenseitig bedingen und unterstützen müssen, und im Idealfall ein funktionierendes soziales Umfeld.

Begutachtungsgrundsätze im Spiegel der Zeit

Dr. med. Karin Reinelt, Ltd. Medizinaldirektorin, Niedersächsisches Landesamt für Soziales, Jugend und Familie

A. Einführung: Geschichte der Entschädigung von Kriegsinvaliden

In Zeiten des Römisches Reichs erhielten Kriegsinvaliden einen Anspruch auf medizinische Versorgung und Hilfsmittel sowie eine minimale Unterstützung.[1] Später im Mittelalter waren sie meist auf Almosen angewiesen, durften aber zumindest relativ ungestört betteln und wurden nicht getötet. Sie zählten zu den „würdigen Armen", die Anspruch auf Fürsorge hatten.[2]

Ende des 17. Jahrhunderts wurde nach dem 30-jährigen Krieg eine organisierte Versorgung von Kriegsinvaliden aufgebaut.[3] Ende des 19. Jahrhunderts setzte sich in Preußen schließlich die Erkenntnis durch, dass der Staat für Gesundheitsschäden einstehen muss, die er durch den Kriegsdienst der Soldaten verursachte. Es wurden Gesetze erlassen, die den Kriegsinvaliden eine Teilhabe am Erwerbsleben ermöglichen sollten, insbesondere sollte ihre wirtschaftliche Existenz in der Arbeitsgesellschaft gesichert werden. Sie sollten eine gesellschaftlich anerkannte Aufgabe erhalten und ein selbstbestimmtes Leben führen können. Zu beachten ist, dass es zunächst nur Versorgungen für Offiziere gab (1789: Preußisches Patent für die Versorgung invalider Offiziere), Mannschaften mussten noch mehr als 100 Jahre länger warten (1906: Mannschaftsversorgungs- und Offizierspensionsgesetz).

Nach dem 1. Weltkrieg gab es etwa 350.000 kriegsbeschädigte Veteranen, daraufhin wurden 1920 das Reichsversorgungsgesetz und 1922 das Schwerbeschädigtengesetz erlassen, das die Versorgung sicherstellen sollte. Nachdem es im 2. Weltkrieg sogar ca. 1,5 Millionen Kriegsbeschädigte zu versorgen gab, wurden im Jahr 1950 das Bundesversorgungsgesetz (BVG) und im Jahr 1953 das Gesetz über die Beschäftigung Schwerbeschädigter erlassen, der erfasste Personenkreis wurde erweitert, die Versorgung verbessert.

---

1 E. Ennen: Deutsche Stadtwirtschaft vom frühen Mittelalter bis 1350, S. 569–574, Schug 2011: Der Versicherungsgedanke und seine historischen Grundlagen
2 Geschichte der Behinderung: http://sonderpaedagoge.de/geschichte/wiki/index.php?title=Mittelalter#Reform_und_Pietismus_im_Bereich_der_Armenpflege
3 Neugebauer: Grundkurs Deutsche Militärgeschichte Band 1, S. 90

B. Grundsätze für die Versorgungsmedizinische Begutachtung

Um eine angemessene und vergleichbare Beurteilung kriegsbedingter Gesundheitsstörungen zu ermöglichen, wurden im Jahr 1916 die ersten Anhaltspunkte für die Versorgungsmedizinische Begutachtung herausgegeben. Diese wurden bis zum Jahr 2004 immer wieder in regelmäßigen Abständen überarbeitet, an den aktuellen Stand der Medizin angepasst und hatten den Status antizipierter Sachverständigen-Gutachten.[4]

Nachdem das Bundessozialgericht jedoch verfügt hatte, dass Anhaltspunkte zur Beurteilung nicht ausreichend sind und eine rechtlich verbindliche Grundlage zu schaffen ist, wurden alle Teile der Anhaltspunkte für die Ärztliche Gutachtertätigkeit im Sozialen Entschädigungsrecht und nach dem Schwerbehindertenrecht aus dem Jahr 2004, die sich verrechtlichen ließen, in die Versorgungsmedizinischen Grundsätze der Versorgungsmedizinverordnung übernommen. Diese Verordnung trat am 1.1.2009 in Kraft, bisher gibt es fünf Änderungs-Verordnungen. Die 6. ÄVO wird weitreichende Änderungen enthalten und voraussichtlich im kommenden Jahr 2017 verabschiedet.

Für eine Änderung der Beurteilung einer Gesundheitsstörung genügte es vor dem Inkrafttreten der Änderungsverordnung, dass der Sachverständigenbeirat Versorgungsmedizin beim Bundesarbeitsministerium ein Rundschreiben herausgab. Seit dem 1.1.2009 müssen die Bundesländer im Bundesrat jeder Änderung der VersMedV zustimmen.

C. Entschädigung nach dem Schwerbehindertenrecht

Mit der Novelle des Schwerbehindertengesetzes im Jahr 1986 wurde die *„Minderung der Erwerbsfähigkeit"* (MdE) zum *„Grad der Behinderung"* (GdB), Teilhabe bedeutete bis Ende 1993 dennoch ganz überwiegend Teilhabe am Arbeitsleben. Im Sozialen Entschädigungsrecht löste der Begriff *Grad der Schädigung* (GdS) sogar erst ab 2008 den Begriff der MdE ab. Es gab zwischen 1994 und 2009 mehrere Ereignisse, die eine immer weitergehende Berücksichtigung nicht mehr nur der Teilhabe am Arbeitsleben, sondern der Teilhabe am Leben in der Gemeinschaft im Sinne der ICF (International Classification of Functioning, Disability and Health) in den Mittelpunkt der Beurteilungen im Sozialen Entschädigungsrecht und nach dem Schwerbehindertenrecht stellten:

---

4 Schillings / Wendler 03/2012: http://www.anhaltspunkte.de/vmg/e/geschichte.htm

- 1993:
  Die Generalversammlung der UNO verabschiedet Empfehlungen zur Realisierung der uneingeschränkten Teilhabe von Frauen und Männern mit Behinderungen an allen wesentlichen Lebensbereichen
- 1994:
  Das verfassungsrechtliche Verbot der Benachteiligung wegen Behinderung in Art. 3 Abs. 3 S. 2 GG tritt in Kraft.
- 2000:
  Die Charta der Grundrechte der Europäischen Union tritt in Kraft. In Art. 26 anerkennt und achtet die Union den Anspruch von Menschen mit Behinderung auf Maßnahmen zur Gewährleistung ihrer Eigenständigkeit, ihrer sozialen und beruflichen Eingliederung und ihrer Teilnahme am Leben der Gemeinschaft.
- 2001:
  Das Schwerbehindertengesetz wird zum SGB IX: Der Behinderungsbegriff ändert sich: Die Teilhabe am Leben in der Gesellschaft bzw. deren Beeinträchtigung ist nun entscheidend.
- 2006:
  Die UN-Konvention über die Rechte von Menschen mit Behinderungen (UN-BRK) tritt in Kraft; sie gilt in Deutschland seit dem 26.3.2009.

Dieser Paradigmenwechsel hat selbstverständlich auch Einflüsse auf die Beurteilung der Gesundheitsstörungen:

Bei Begutachtungen ist heute die Beeinträchtigung der Teilhabe am Leben in der Gemeinschaft ausschlaggebend. Es macht natürlich einen großen Unterschied, ob lediglich störungsbedingte Auswirkungen auf die Arbeitsfähigkeit berücksichtigt werden müssen, oder ob eine Teilhabebeeinträchtigung ganz allgemein am Leben in der Gemeinschaft zu prüfen ist.

Dem wird ganz besonders auch in der 6. Änderungs-Verordnung Rechnung getragen werden müssen, entsprechend der ICF sind nunmehr alle Faktoren, welche die Teilhabe beeinträchtigen, bei der Ermittlung des GdB/GdS zu berücksichtigen. Das sind nicht nur Körperfunktionen, Körperstrukturen und Aktivitäten sowie die Ausprägung der Störung, der Therapieaufwand und krankheitsbedingt gebotene Beschränkungen, sondern beispielsweise auch Versorgungsmöglichkeiten. Voraussichtlich wird nach Inkrafttreten der Änderungsverordnung grundsätzlich der GdB/GdS jeweils für die Funktionseinschränkung angegeben werden, der sich unter Einsatz von Hilfsmitteln und allgemeinen Gebrauchsgegenstände des täglichen Lebens ergibt.

Bei der Überarbeitung der Versorgungsmedizinischen Grundsätze, die zurzeit gerade vom Sachverständigenbeirat Versorgungsmedizin beim BMAS vorgenommen wird, kann diese gewichtige Änderung zumindest teilweise zu grundlegend anderen Bewertungen führen als bisher.

Vergleicht man die Anhaltspunkte für die Ärztliche Gutachtertätigkeit aus dem Jahr 1920 mit der heute geltenden Versorgungsmedizin-Verordnung, dann zeigt sich, dass die Beurteilungen der damaligen MdE bzw. des heutigen Grades der Behinderung oder Grades der Schädigung z. B. für Extremitätenschäden, einen Augenverlust und bei Herzleistungsbeeinträchtigungen gar nicht so sehr voneinander abweichen.

Unterschiede gibt es aber natürlich auch: So gab es 1920 eine MdE nur für den Verlust der männlichen, nicht aber der weiblichen Geschlechtsorgane, es gab noch keine Bewertungen für bösartige Tumore, lediglich für „Pulsadergeschwülste", vor allem aber keine MdE für psychische Beeinträchtigungen.

D. Die Berücksichtigung psychischer Schäden

Da gerade psychische Schäden als Folgen von Kriegserlebnissen der im Ausland eingesetzten Soldaten und bei Gewaltopfern heute im Vordergrund der Begutachtungen im Sozialen Entschädigungsrecht stehen und auch bei der Beurteilung der Gesundheitsstörungen im Bereich des SGB IX eine immer größere Rolle spielen, sollen die Beurteilungsgrundsätze speziell für diese Gesundheitsstörungen über den Lauf der Jahre verglichen werden. Man erkennt dabei, dass eine gewichtige Änderung eingetreten ist:

So findet sich in den Anhaltspunkten für die Beurteilung der Minderung der Erwerbstätigkeit nach dem Reichsversorgungsgesetz vom 12.5.1920 noch folgende Passage:

Die seelisch bedingten (psychogenen) Störungen, einschließlich der Anfälle, sind ganz allgemein – dies gilt auch für die Extremitätenlähmungen und Störungen der Sinnesorgane – nicht als auch nur ähnlich schwer anzusehen wie organische Krankheiten und daher grundsätzlich anders zu bewerten.

Die noch immer in weiten Kreisen hochbewerteten Reflexsteigerungen, Gefühlsstörungen, Gesichtsfeldeinschränkungen usw. haben nach neueren Forschungsergebnissen keinerlei Bedeutung. „Zittern" tritt häufig nur während einer ärztlichen Untersuchung oder doch bei dieser in stärkerem Maße in Erscheinung als im täglichen Leben.

Durch die funktionellen Neurosen wird die Erwerbs-und Arbeitsmöglichkeit im allgemeinen nicht ähnlich hoch beeinträchtigt, wie Nicht-Ärzte in den meisten Fällen und auch Nicht-Fachärzte hin und wieder auf die Klagen und den bloßen Eindruck hin, den die sinnfälligen Erscheinungen der Neurotiker machen, anzunehmen geneigt sind. In der Mehrzahl der leichteren Fälle liegt eine Minderung der Erwerbsfähigkeit nicht vor. Um mehr als 15–30 v. H. mindert jedenfalls eine solche Neurose die Erwerbsfähigkeit nur im allerseltensten Falle, der dann vom Facharzt ganz besonders zu begründen ist.

Die Anhaltspunkte für die ärztliche Gutachtertätigkeit im Versorgungwesen 1954 gaben nach heutigem Erkenntnisstand noch Schlimmeres vor:

„Neurosen haben keinen Krankheitswert im versorgungsrechtlichen Sinne. Es handelt sich bei ihnen um abnorme seelische Reaktionen im Sinne der Konflikt- oder der Versagensreaktion. Entschädigungspflichtig ist eine Neurose in keinem Falle, da sie mit einem schädigenden Ereignis in einem psychischen, dagegen nicht in einem versorgungsrechtlich relevanten ursächlichen Zusammenhang steht ..."

Erste neue Erkenntnisse gab es in den Anhaltspunkten für die ärztliche Gutachtertätigkeit im Versorgungswesen 1965:

„Nach extremen, sehr lange währenden seelischen Belastungen ist in Ausnahmefällen ein irreparabler erlebnisbedingter Persönlichkeitswandel möglich. Seine Feststellung erfordert besonders sorgfältige fachärztliche Untersuchungen ..."

In der Version der Anhaltspunkte für die ärztliche Gutachtertätigkeit im Sozialen Entschädigungsrecht und nach dem Schwerbehindertengesetz aus dem Jahr 1983 klingt es dann schon etwas anders:

„Abnorme Erlebnisreaktionen kommen als Schädigungsfolge in Betracht, wenn sich die Symptome unmittelbar nach einem schädigenden Ereignis entwickelt haben, das mit einer so schweren Belastung verbunden war, dass auch bei gewöhnlicher seelischer Reaktionsweise eine ausgeprägte affektive Reaktion zu erwarten gewesen wäre"
„Abnorme Erlebnisreaktionen klingen in der Regel in wenigen Monaten, selten erst im Verlauf von ein bis 2 Jahren ab"

Im November 1983 bestätigt der Sachverständigenbeirat Versorgungsmedizin die Beurteilung nochmals, konkret ging es um die Dauer psychischer Reaktionen nach Vergewaltigung mit Todesdrohung:

„Es ist im allgemeinen davon auszugehen, dass die Reaktionen in der Regel in wenigen Monaten, selten erst im Verlauf von ein bis zwei Jahren abklingen"

Eben dieser Sachverständigenbeirat Versorgungsmedizin beschloss im April 1988 zur gutachtlichen Beurteilung psychoreaktiver Störungen bei Opfern von Gewalttaten:

... Sind diese Störungen so erheblich, dass sie eine längerdauernde nervenärztliche (psychotherapeutische) Behandlung erfordern, ist in der Regel ein MdE-Grad von wenigstens 30 v. H. anzusetzen ...

Die Sachverständigen führten aber auch weiterhin Folgendes aus:

„Spätestens zwei Jahre nach dem Trauma ist in solchen Fällen eine Nachprüfung erforderlich, in der Regel sind abnorme Erlebnisreaktionen dann weitgehend abgeklungen."

Im März 1994 setzte sich bei den Mitgliedern des Sachverständigenbeirats Versorgungsmedizin dann die Auffassung durch, dass es durchaus auch langwierigere Verläufe mit dauerhaft verbleibenden psychischen Schäden nach Gewalttaten geben kann. Man beschloss zur gutachtlichen Beurteilung psychoreaktiver Störungen bei deportierten Frauen, die zum Teil mehrfach vergewaltigt wurden:

„Wenn bei diesen Frauen nach so langer Zeit noch psychische Schäden der Vergewaltigung, die einen Anspruch auf Versorgung rechtfertigen, vorliegen, ist mit einer wesentlichen Änderung der Verhältnisse im Sinne einer Besserung nicht mehr zu rechnen."

In den Anhaltspunkten für die ärztliche Gutachtertätigkeit im Sozialen Entschädigungsrecht und nach dem Schwerbehindertenrecht im Jahr 1996 wird die Beurteilung psychischer Traumafolgen nochmals reformiert und erweitert:

„Durch psychische Traumen bedingte Störungen kommen sowohl nach langdauernden psychischen Belastungen als auch nach relativ kurz dauernden Belastungen in Betracht, sofern die Belastung ausgeprägt und mit dem Erleben von Angst und Ausgeliefertsein verbunden waren...
... Sie treten gelegentlich auch nach einer Latenzzeit auf ...
... anhaltend kann sich eine Chronifizierung der vorgenannten Störungen oder eine Persönlichkeitsänderung ergeben ... "

Im November 1997 schließlich hat der Sachverständigenbeirat Versorgungsmedizin die Beurteilung psychischer Störungen aktualisiert und an die geltenden Klassifizierungsmaßstäbe angepasst. Diese Kriterien haben immer noch Gültigkeit:

„Die Diagnose einer posttraumatischen Belastungsstörung setzt eine sorgfältige psychiatrische Untersuchung und eine genaue Orientierung an der von

der ICD-10 (F 43.1) und dem DSM IV-TR (Diagnostic and Statistical Manual of Mental Disorders) vorgegebenen diagnostischen Kriterien voraus"

„... zu beachten ist, dass sich die Symptome einer posttraumatischen Belastungsstörung erst nach einer Latenzzeit von Wochen oder Monaten ausbilden können ..."

„... Sind alle Kriterien der PTBS erfüllt, ist ein GdB/MdE Grad von wenigstens 30 gerechtfertigt ..."

Wie man sieht, hat es etwa 90 Jahre lang gedauert, bis psychische Folgen von Kriegserlebnissen und Gewalttaten angemessen anerkannt wurden.

Was bedeutet Teilhabe künftig für die Versorgungsmedizinverordnung – aus Sicht eines Sozialverbandes?

Claudia Tietz, Referentin für Behindertenpolitik, Sozialverband Deutschland, Berlin

...

ich freue mich sehr, für den Sozialverband Deutschland (SoVD) zur Perspektive von Inklusion und Teilhabe im Kontext der Versorgungsmedizinverordnung (VersMedVO) sprechen zu können.

Als großer Sozialverband mit inzwischen mehr als 560.000 Mitgliedern, den es im nächsten Jahr bereits seit 100 Jahren geben wird, haben wir viel Erfahrung zum Bereich VersMedVO – sowohl durch unsere sozialpolitische Arbeit, als auch durch unsere Beratungsarbeit für die Mitglieder vor Ort.

Aus unserer SoVD-Beratungspraxis wissen wir: Die versorgungsmedizinischen Grundsätze nach der VersMedVO stellen ein bewährtes Instrument und eine gute Bewertungsmatrix für die Anerkennung einer Schwerbehinderung dar, wenngleich aufgrund veränderter rechtlicher, medizinischer und gesellschaftlicher Rahmenbedingungen natürlich auch ihre Weiterentwicklung betrieben werden muss.

A. Das umfassende Teilhabeverständnis der BRK und seine Auswirkungen auf das deutsche Recht

Mit der in Deutschland seit 2009 im Range einfachen Bundesrechts geltenden UN-Behindertenrechtskonvention (BRK) hat die Debatte um gesellschaftliche Inklusion, um Selbstbestimmung und Teilhabe für behinderte Menschen deutlich an Dynamik gewonnen. Die aktuelle Debatte zum Bundesteilhabegesetz (BTHG) zeigt dies sehr deutlich.

Die BRK fordert von Deutschland aktive zielgerichtete Maßnahmen, damit der umfassende Anspruch von Menschen mit Behinderungen auf Selbstbestimmung, Barrierefreiheit, Teilhabe und Inklusion in allen gesellschaftlichen Bereichen umgesetzt wird. Dabei rücken gesellschaftliche Rahmenbedingungen, unterstützende Strukturen und Ressourcen in den Blick. Fehlen sie oder werden sie versagt, führt das dazu, dass jemand behindert wird, denn **„behindert ist man nicht, behindert wird man"**. Dieses veränderte Verständnis von Behinderung unterstreicht Art. 1 BRK, in dem es heißt: „*Zu den Menschen mit Behinderungen zählen Menschen, die langfristige körperliche, seelische, geistige oder Sinnesbeeinträchtigungen haben, welche sie in Wechselwirkung mit verschiedenen Barrieren an der vollen, wirksamen und gleichberechtigten Teilhabe an der Gesellschaft hindern.*"

Es ist notwendig, im deutschen Recht den Behinderungsbegriff an die BRK anzupassen. Das BTHG und das Gesetz zur Gleichstellung von Menschen mit Behinderungen (BGG) beabsichtigen dies. Zieldimension muss dabei die volle, wirksame und gleichberechtigte Teilhabe für behinderte Menschen sein. Diese umfassende Teilhabeperspektive ist dem SoVD sehr wichtig. Denn mit der BRK geht es nicht nur um Teilhabe durch rechtliche Gleichstellung, sondern durch tatsächliche Gleichstellung in der Praxis. Die Teilhabe muss „voll und wirksam" sein, d. h. sie muss im Alltag der Menschen erfahrbar werden.

Es war daher eine zentrale Forderung des SoVD, dass das umfassende Teilhabeverständnis der BRK – voll, wirksam und gleichberechtigt – im BTHG normiert wird. Im Gegensatz zum Referentenentwurf ist das in der jetzigen Kabinettsfassung gelungen. Das ist sehr positiv, denn damit wird voraussichtlich ein weiter Teilhabebegriff im SGB IX-neu verankert werden.

Doch damit die umfassende Teilhabe auch tatsächlich verwirklicht wird, braucht es Umsetzungsschritte in Form von Leistungen, Maßnahmen, Initiativen. Die BRK selbst beschreibt hierfür Handlungsansätze auf drei Stufen:
a) Barrierefreiheit
b) Positive Maßnahmen
c) Angemessene Vorkehrungen im Einzelfall

Diese drei Handlungsansätze unterscheiden sich im Hinblick auf den Adressatenkreis und damit zusammenhängend auch im Maßstab zur Bemessung der Teilhabeperspektive.

Barrierefreiheit setzt behinderungsübergreifend an und fordert, die Auffindbarkeit, Zugänglichkeit und Nutzbarkeit öffentlicher Einrichtungen für alle Menschen gleichermaßen zu gewährleisten. Barrierefreiheit fokussiert sich damit weder auf bestimmte Behinderungsgruppen noch auf den individuellen Einzelfall. Stattdessen wird sie umfassend verstanden. Demgemäß ist auch die Teilhabeperspektive umfassend-abstrakt zu bestimmen.

Bei den **positiven Maßnahmen** ist der Adressatenkreis gruppenbezogen – für konkrete Gruppen von Menschen mit spezifischen Beeinträchtigungen werden bestimmte Maßnahmen normiert. Ein Beispiel hierfür ist Art. 27 lit. h) BRK, der positive Maßnahmen und Anreize zur Beschäftigung von Menschen mit Behinderungen fordert. Die Teilhabeperspektive bestimmt sich hier in Bezug auf eine konkrete Gruppe behinderter Menschen.

Die **angemessenen Vorkehrungen** (Art. 2 BRK) schließlich nehmen den konkreten, individuellen Einzelfall in den Blick. Sie erfordern auf diesen ausgerichtete Anpassungen bzw. Leistungen. Hier geht es um Individualrechte des einzelnen Betroffenen, dementsprechend ist auch die Teilhabeperspektive am Einzelfall ausgerichtet zu bestimmen.

Dies verdeutlicht: Trotz des weiten Teilhabebegriffs in Art 2 BRK können hinsichtlich konkreter Handlungsansätze auch differenzierende Teilhabeperspektiven sachgerecht und notwendig bleiben.

B. Instrumente des deutschen Schwerbehindertenrechts

Das deutsche Schwerbehindertenrecht ist zwar aus einer eher entschädigungsorientierten Rechtstradition heraus entstanden, gleichwohl ist es modern. Denn es enthält schon heute viele Instrumente, die dem dreistufigen Handlungsansatz der BRK zugeordnet werden können.

Stichwort Barrierefreiheit: Die Arbeitsstättenverordnung enthält schon heute die Pflicht, Arbeitsplätze barrierefrei zu gestalten.

Stichwort angemessene Vorkehrungen: Das Integrationsamt erbringt schon heute individuelle begleitende Hilfen im Arbeitsleben nach § 102 SGB IX und auch die berufliche Rehabilitation für Personen nach § 19 SGB III i. V. m SGB IX ist als angemessene Vorkehrung einzuordnen.

Stichwort positive Maßnahmen: Hierunter fallen die zahlreichen gruppenspezifischen Nachteilsausgleiche im SGB IX, z. B. die Beschäftigungspflicht zugunsten schwerbehinderter Menschen nach § 71, 72 SGB IX oder die spezifischen Kündigungsschutzregelungen nach § 85 ff. SGB IX.

Ohne Frage hat die VersMedVO, die eng verknüpft ist mit der statusrechtlichen Feststellung eines Grades der Behinderung (§ 69 SGB IX), eine so große Funktion und Wertigkeit für die Betroffenen, weil sie Zugang zu vielen sog. „Positiven Maßnahmen" i. S. d. Handlungsansätze der BRK eröffnet. Die Zuerkennung von GdB und Merkzeichen bedingt eine Vielzahl von Nachteilsausgleichen nach deutschem Recht. So ist eine anerkannte Schwerbehinderung Voraussetzung, um in den Schutzbereich der Regelungen zur arbeitgeberseitigen Beschäftigungspflicht zu kommen oder um spezifische Kündigungsschutznormen oder modifizierte Urlaubsansprüche beim Arbeitgeber geltend machen zu können.

Deutlich begrenzter sind dagegen die Wirkungen, den die statusrechtliche Feststellung einer Behinderung (GdB, Merkzeichen) auf leistungsrechtliche Kontexte des Rehabilitations- und Teilhaberechts entfaltet. So ist eine Schwerbehinderung z. B. nicht Voraussetzung, um Leistungen der beruflichen Rehabilitation nach SGB III beanspruchen zu können. Auch im Bereich der Eingliederungshilfe folgt aus der Anerkennung eines GdB nicht unmittelbar ein leistungsrechtlicher Anspruch nach SGB XII bzw. SGB IX neu.

Für die BRK und ihre verschiedenen Handlungsansätze – a) Barrierefreiheit, b) Positive Maßnahmen und c) angemessene Vorkehrungen im Einzelfall – wurde bereits herausgearbeitet: Trotz des weiten Teilhabebegriffs in Art 2 BRK können hinsichtlich der Handlungsansätze differenzierende Teilhabeperspektiven sachgerecht und notwendig bleiben.

Dies muss nach Ansicht des SoVD in gleicher Weise für das deutsche Recht gelten. Also auch wenn das deutsche Recht im SGB IX-neu einen modernen Behinderungsbegriff gemäß der BRK – und damit auch deren weiten Teilhabebegriff – normiert, so können die Dimensionen der Teilhabe bzw. der Teilhabeeinschränkung in verschiedenen rechtlichen Kontexten gleichwohl unterschiedlich ausgestaltet bzw. bemessen werden.

C. Die Definition des ICF im Spannungsverhältnis mit den in Deutschland geltenden Regelungen

Gemäß der International Classification of Functioning, Disability and Health (ICF; eine Klassifikation der Weltgesundheitsorganisation, WHO) kann eine Beeinträchtigung der körperlichen Funktionen, geistigen Fähigkeiten oder seelischen Gesundheit Aktivitätseinschränkungen bedingen, die – auf der Ebene der Teilhabe – aufgrund der Wechselwirkungen (unter Einbeziehung umwelt- und personenbezogener Kontextfaktoren) zu einer Teilhabeeinschränkung führen, wenn nicht individuelle oder generell-strukturelle Maßnahmen entgegenwirken und dafür sorgen, dass Teilhabe uneingeschränkt möglich bleibt. Teilhabeeinschränkungen werden dabei nach ICF nicht (mehr) im kausalen Zusammenhang zu gesundheitlichen Störungen und Funktionseinschränkungen betrachtet, sondern als Ergebnis ihrer Wechselwirkung – auch unter Berücksichtigung von individuellen Kontextfaktoren.

Die ICF ist folglich einer individualisierten Betrachtung im Einzelfall verpflichtet: Sie rückt den individuellen Lebenskontext einer Person in den Blick: Welche körperlichen, geistigen und seelischen Beeinträchtigungen hat die Person konkret und welche Funktionseinschränkungen gehen damit im Einzelfall einher? Welche Teilhabebeeinträchtigungen, auch durch Wechselwirkung mit personen- und umweltbezogenen Kontextfaktoren, drohen im konkreten Fall?

Leistungen können (erst) dann dauerhaft Teilhabe sichern, wenn sie sich tatsächlich an individuellen Bedarfen der Betroffenen ausrichten und auch in der Leistungserbringung individuell auf diese bezogen erbracht werden. Dazu muss der gesamte Lebenshintergrund einer Person einbezogen werden – einschließlich der positiven und negativen (persönlichen und Umwelt-)Kontextfaktoren.

Insoweit ist es positiv, dass sich die ICF in politischen Debatten zur Fortentwicklung des Rehabilitations- und Teilhaberechts verstärkt niederschlagen. Verwiesen wird hier exemplarisch auf die aktuelle Debatte zum Leistungsrecht des BTHG.

Im Bereich des statusrechtlichen Feststellungsverfahren nach § 69 SGB IX i. V. m. VersMedVO bedarf es jedoch aus Sicht des SoVD einer differenzierenden Position hinsichtlich einer verstärkten Implementierung des biopsychosozialen Modells von Behinderung nach ICF.

Denn die Zuerkennung eines GdB bedeutet keine unmittelbaren Rechtsfolgen auf den Handlungsebenen a) „Barrierefreiheit" und c) „angemessene Vorkehrungen", d. h. individuelle Anpassungen bzw. Leistungen im Einzelfall. Ein GdB eröffnet vielmehr Zugang zum Recht der Nachteilsausgleiche, das, hierzu wurde bereits ausgeführt, dem Handlungsansatz b) positive Maßnahmen zuzuordnen ist.

Allen Nachteilsausgleichen ist gemeinsam, für bestimmte Gruppen behinderter Menschen, losgelöst vom individuell-konkreten Lebenskontext einer Person, Fördermaßnahmen, Schutzrechte bzw. Ansprüche abstrakt zu eröffnen. Nachteilausgleiche zielen auf Angleichung der Lebensverhältnisse, Kompensation und Integration. Sie stellen einen wichtigen, ergänzenden Baustein im Unterstützungssystem dar, indem sie für die Betroffenen Ressourcen und unterstützende Infrastruktur eröffnen und damit (abstrakt) Teilhabe verbessern.

Trotz ihrer – so die Rechtsprechung – „unübersehbaren" Vielfalt ist allen Nachteilausgleichen gemein, dass ihre Gewährung an abstrakte Voraussetzungen (bestimmter GdB, Merkzeichen etc.) gebunden ist: Sie werden unabhängig vom individuell-konkreten Lebenskontext einer Person gewährt und auch die Teilhabebetrachtung erfolgt typisiert, d. h. losgelöst vom individuellen Einzelfall.

Da der Rechtsfolgenseite der Nachteilsausgleiche eine pauschaliert-typisierende Betrachtung von Personengruppen, Lebenskontexten und Teilhabebeeinträchtigungen zugrunde liegt, ist es nach Ansicht des SoVD auch sachgerecht, beim zugrunde liegenden Feststellungsverfahren nach § 69 SGB IX nach Inhalt, Umfang und Ausgestaltung eine typisierende Betrachtung bei der Bewertung von Beeinträchtigungen und Teilhabeeinschränkungen zugrunde zu legen.

Damit wird jedoch ein Spannungsverhältnis zur individuell-konkreten Betrachtung begründet, wie die ICF sie im Kern fordert. Gleichwohl ist die Differenzierung bei der Feststellung einer Behinderung nach § 69 SGB IX sachgerecht und folgerichtig. Dies mögen einige Fragen bzw. Anmerkungen verdeutlichen:

Kann es gerechtfertigt sein, individuelle Kontextfaktoren – z. B. den Familienkontext einer Person – im Verfahren nach § 69 SGB IX zu erheben, wenn die darauf aufbauenden Nachteilsausgleiche diese individualisierte

Perspektive gar nicht erfordern, weil sie gruppenspezifisch-typisierend wirken? Wie ist die Erforderlichkeit der zu erhebenden Daten zu bewerten? Dürfen individuelle Kontextfaktoren erhoben werden, wenn an ihre Feststellung – im Recht der Nachteilsausgleiche – gar keine Rechtsfolgen geknüpft sind?

Teilhabeeinschränkungen werden nach ICF nicht (mehr) im kausalen Zusammenhang zu gesundheitlichen Störungen und Funktionseinschränkungen betrachtet, sondern als Ergebnis ihrer Wechselwirkung – auch unter Berücksichtigung von Kontextfaktoren. Würde ein solch weites Verständnis der Teilhabeeinschränkung zur (einschränkenden) Tatbestandsvoraussetzung für die Bemessung eines GdB, dann würde genau das zur Anspruchsvoraussetzung, worauf Nachteilsausgleiche in ihrer Wirkung erst abzielen: Nämlich Teilhabeeinschränkungen entgegenzuwirken.

Die ICF möchte gesellschaftliche Bedingungen, z. B. fehlende Unterstützungsinfrastruktur, in den Blick nehmen, um Behinderung zu beschreiben. Wird diese Intention nicht gleichsam in ihr Gegenteil verkehrt, wenn z. B. fehlende Unterstützungsinfrastruktur zur Voraussetzung einer Zuerkennung eines GdB gemacht würden? Damit könnten Nachteilsausgleiche, die diese Unterstützung ermöglichen sollen, gerade versagt werden. Ein Zirkelschluss?

Überdies stellt sich die Frage der Verwaltungspraktikabilität und -handhabbarkeit einer vollumfänglichen und uneingeschränkten Implementierung der ICF bei der Feststellung einer (Schwer-) Behinderung. Sozialmedizinische Sachverhalte werden in der Praxis millionenfach festgestellt. Aus den SoVD-Beratungen erreicht uns immer wieder Kritik an defizitären Entscheidungen nach Aktenlage. Diese Defizite könnten sich verstärken, wenn der Feststellungsaufwand deutlich ausgeweitet würde.

Nicht zuletzt ist die qualifizierte Vorab-Beratung der Betroffenen wichtig. Die Einschätzung der Erfolgsaussichten eines Antrages nach § 69 SGB IX ist davon abhängig, dass eine Gleichbehandlung vergleichbarer Sachverhalte sichergestellt wird. Diese Vergleichbarkeit von Sachverhalten wird jedoch schwieriger, je stärker das Feststellungsverfahren auch an (individuellen) Kontextfaktoren ausgerichtet wird.

D. Fazit

Ich möchte zusammenfassen und ich denke, die kritischen Fragen zeigen dies auch: Es besteht durchaus ein Spannungsverhältnis zwischen den ICF und dem Recht der Feststellung einer Schwerbehinderung nach §§ 69 SGB IX i. V. m. VersMedVO.

Der SoVD befürwortet vor diesem Hintergrund, in unterschiedlichen Begutachtungs- und Feststellungskontexten differenzierend vorzugehen und auch den Begriff der Teilhabe bzw. der Teilhabeeinschränkung in unterschiedlichen rechtlichen Kontexten differenzierend zu betrachten. Dies bleibt auch mit der Verankerung des modernen Behinderungs- und damit auch des weiten Teilhabebegriffs der BRK im reformierten SGB IX weiter möglich und notwendig. Die BRK selbst zeigt dies.

Dessen ungeachtet sind im Rahmen der derzeit noch andauernden Überarbeitung der versorgungsmedizinischen Grundsätze die vom BSG in seinen Diabetes-mellitus-Entscheidungen vom 24. April 2008 und 2. Dezember 2010 aufgestellten Maßstäbe umzusetzen und entsprechend bei der Differenzierung eines Grades der Behinderung auch die Teilhabeeinschränkung durch die Behinderung zu berücksichtigen.

Was bedeutet Teilhabe künftig für die Versorgungsmedizinverordnung – aus Sicht der Verwaltung?

Walter Oertel, Abteilungsleiter, Zentrum Bayern Familie und Soziales, Bayreuth

A. Funktionsbeeinträchtigung – Teilhabebeeinträchtigung

Der Bewertungsmaßstab für die Feststellung des Grades der Behinderung (GdB) und der Voraussetzungen für Nachteilsausgleiche ist in der Versorgungsmedizinverordnung bereits seit langem teilhabeorientiert, nur noch nicht vollständig umgesetzt. Hierfür gibt es mehrere Gründe, die im Folgenden ausgeführt werden.

Dies liegt zum einen daran, dass sich der gesetzliche Behinderungsbegriff in der Vergangenheit ständig gewandelt hat. In der Fassung des Schwerbehindertengesetzes vom 30.04.1974 findet sich noch keine Definition der Behinderung. Aber schon im Schwerbehindertengesetz von 1986 ist Behinderung im Sinne des Gesetzes die Auswirkung einer nicht nur vorübergehenden Funktionsbeeinträchtigung, die auf einem regelwidrigen körperlichen, geistigen oder seelischen Zustand beruht.

In der Definition des SGB IX von 2011 heißt es: „Menschen sind behindert, wenn ihre körperliche Funktion, usw. vom typischen Zustand abweichen und daher ihre Teilhabe am Leben in der Gesellschaft beeinträchtigt ist." Aus den „Auswirkungen der Funktionsfähigkeit" wird die „Teilhabebeeinträchtigung" und erstmals wird die Beeinträchtigung unmittelbar in Relation zum Leben in der Gesellschaft gestellt.

Nach der Definition im Entwurf des Bundesteilhabegesetzes 2017 schließlich sind Behinderungen körperliche, seelische, geistige oder Sinnesbeeinträchtigungen, die in Wechselwirkung mit einstellungs- und umweltbedingten Barrieren an der gleichberechtigten Teilhabe in der Gesellschaft hindern können. Eine Behinderung wird nunmehr vollständig nach dem Ausmaß der Wechselwirkung auf die Umwelt bewertet. Mit der Neudefinition kommt zum Ausdruck, dass sich die Behinderung erst durch gestörte oder nicht entwickelte Interaktion zwischen dem Individuum und seiner materiellen und sozialen Umwelt manifestiert

Zum anderen stellten auch die alten Anhaltpunkte schon nicht allein auf die Erkrankung ab. Für die Prüfung der Verwaltung sind schon lange nicht die Diagnosen, sondern schon immer die Befunde, d. h. die Anzeichen und Auswirkungen einer Erkrankung entscheidend.

Die Anhaltspunkte hatten den Wechsel zum bio-psycho-sozialen Modell der ICF schon vor Erscheinen des SGB IX vollzogen. Allerdings war es aufgrund besonderer gesetzlicher Vorgaben bis heute nicht möglich, dieses Modell in den Anhaltspunkten überall konsequent umzusetzen.

B. Die Änderungsverordnungen zur VersMedV – fortlaufende Anpassung im Verwaltungsvollzug

Die Implementierung des psychosozialen Modells im Sinne der International Classification of Functioning, Disability and Health (ICF), d. h. des Konzeptes der Teilhabe an Lebensbereichen in der Versorgungsmedizinverordnung erfolgt schrittweise in Änderungsverordnungen zu einzelnen Funktionsbereichen. In der Folge unterliegen die Ergebnisse der versorgungsmedizinischen Begutachtung und der anschließende Vollzug in der Verwaltung ebenfalls einem ständigen Anpassungsprozess.

Bisher sind seit 2010 fünf Änderungsverordnungen zur VersMedV ergangen, die 6. steht unmittelbar bevor und der weitere Umbau der gesamten Verordnung ist bereits vorgezeichnet.

- In der 1. Änderungsverordnung 2010 wurde u. a. die Alkohol- und Drogenabhängigkeit neu geregelt. Heißt es noch in der alten Fassung „die GdS-Bewertung wird vom Ausmaß des Organschadens und seiner Folgen und/oder vom Ausmaß der Abhängigkeit und der suchtspezifischen Persönlichkeitsänderung bestimmt", beschrieb die Neufassung die Auswirkungen (Kontrollverlust, starker Wunsch zum Konsum, Vernachlässigung anderer sozialer Aktivitäten, körperliche Entzugssymptome nach Beenden des Substanzkonsums) sehr viel deutlicher und differenziert bei der GdB-Vergabe nach den eingetretenen sozialen Anpassungsschwierigkeiten.
- Die 2. Änderungsverordnung befasste sich mit der Neubewertung der Zuckerkrankheit. Weit ausführlicher als bisher wurde darin die mögliche Abstufung in der Teilhabebeeinträchtigung beschrieben. Auch das Bundessozialgericht stellte in seinem Urteil vom 25.10.2012 (B 9 SB 2/12 R) auf die Notwendigkeit eines Nachweises der Beeinträchtigung in der täglichen Lebensführung ab.
- In der 3. Änderungsverordnung vom Dezember 2010 hieß es zum Thema Autismus: „Eine Behinderung liegt erst ab Beginn der Teilhabebeeinträchtigung vor. Eine pauschale Festsetzung des GdS nach einem bestimmten Lebensalter ist nicht möglich."
- Die Ausprägungen der einhergehenden sozialen Anpassungsstörungen sind differenziert aufgeführt. In den Funktionsbereichen zu Ziffer 8 und 12 wurden die Endoprothesen neu geregelt und die Versorgungsqualität

ausführlicher beschrieben. In der amtlichen Begründung heißt es: „Klinische Studien belegen, dass sich das auf die Teilhabe auswirkende Behandlungsergebnis nach endoprothetischem Ersatz des Hüft- und Kniegelenks im Vergleich zu den Erkenntnissen vor 15 Jahren gebessert hat."
- Hier führt die streng nach der Teilhabebeeinträchtigung orientierte Bewertung für jedermann erkennbar zu einer Herabsetzung der GdB-Werte.
- In der 4. Änderungsverordnung vom Oktober 2011 wurden psychische Behinderungen im Kindesalter zu „Verhaltens- und emotionalen Störungen mit Beginn in der Kindheit und Jugend". Die Ausprägung der Anpassungsschwierigkeiten wurden ausführlich differenziert beschrieben.
- Die Bewertung der Leukämien erfolgte differenzierter, vor allem orientiert an der Behandlungsbedürftigkeit.

Allen bisher ergangenen Änderungsverordnungen und auch den weiteren ist gemeinsam, dass nicht nur die Teilhabebeeinträchtigung als solche wesentliches Kriterium für die Bewertung wird, sondern auch, dass sie differenzierter beschrieben und differenzierter bewertet wird.

Die konsequente Ausrichtung weg von der Erkrankung hin zur Teilhabebeeinträchtigung erlaubt diese sachgerechtere und differenziertere Bewertung von Gesundheitsstörungen hinsichtlich Dauer und Schwere. Für die Verwaltung heißt dies, einen dauernden Anpassungsprozess im Vollzug mitzugehen. Die VersMedV wird sich nicht nur aufgrund der Anpassung an die UN-Behindertenrechtskonvention, sondern auch durch die fortlaufende Änderung der Behandlungs- und Therapiemöglichkeiten der evidenzbasierten Medizin anpassen.

C. Weniger Pauschalierung – mehr Differenzierung

Der Entwurf der 6. Änderungsverordnung führt mit der Neufassung der Gemeinsamen Grundsätze diese Neuausrichtung fort.
- Es sind begrenzte Geltungszeiträume für GdB's vorgesehen, die neben der Heilungsbewährung ebenfalls einen Fall nach § 48 SGB X darstellen sollen.
- Die neue Heilungsbewährung wird nicht mehr wie bisher ein einfach zu handhabendes Instrument darstellen. Zwar soll weiterhin eine pauschale Bewertung der Teilhabebeeinträchtigung, die durch die Auswirkungen bestimmter Gesundheitsstörungen zusätzlich hervorgerufen werden, erfolgen. Künftig wird aber z. B. differenziert, ob diese mit einem bleibenden Organschaden verbunden ist oder nicht.
- Verbesserte Therapiemöglichkeiten und prothetische Versorgung (z. B. bei Hörgeräten) sollen künftig immer in die Bewertung der Gesundheitsstörung miteinfließen. Die Bewertungen werden deshalb häufiger zu über-

prüfen sein, weil durch die medizinische Versorgung eine wesentliche Reduzierung der Teilhabebeeinträchtigung zu erwarten ist.

D. Was bedeutet das für den Vollzug

Auf diesen neuen Ansatz der VersMedV, den Verlauf einer Gesundheitsstörung grundsätzlich hinsichtlich Dauer, Behandlung und Versorgung mit Hilfsmitteln zu verfolgen, muss die Sachbearbeitung im Verwaltungsverfahren reagieren. Die Zahl der Nachprüfungen von Amts wegen nach § 48 SGB X wird steigen. Es werden mehr Überprüfungstermine in kürzeren Abständen vorgemerkt werden müssen. Wenn ein GdB künftig aus versorgungsmedizinischen Gründen zeitlich begrenzt werden kann, sollte es verwaltungsrechtlich auch möglich sein, die Feststellung im Verwaltungsakt zeitlich zu befristen.

Die Feststellung im Schwerbehindertenverfahren stellt ein Massenverfahren dar, das durch einen hohen Technisierungsgrad gekennzeichnet ist. Änderungen der rechtlichen Vorgaben führen immer zu aufwändigen Programmierarbeiten in den Anwenderprogrammen hinsichtlich Eingaben und Plausibilitäten.

Bescheidbegründungen, die ganz wesentlich durch Textbausteine gestaltet sind, müssen ständig überarbeitet und angepasst werden.

Der Informations- und Beratungsbedarf der Bürger nimmt zu, wenn sich die Bewertungsmaßstäbe neu ausrichten und sich ständig verändern. Der Bürger muss umdenken, dass mit einer Erkrankung nicht immer ein bestimmter GdB verbunden ist, schon gar nicht auf Dauer.

Die Anforderungen an die Qualität der medizinischen Unterlagen werden höher, weil sich daraus auch die Teilhabebeeinträchtigung ergeben muss.

Versorgungsärzte und Mitarbeiter in der Sachbearbeitung müssen zu einer komplexeren Verordnung ständig geschult und mit neuen Vorgaben vertraut gemacht werden.

Die Neuausrichtung der VersMedV hin zu einer differenzierten, an der konkreten Teilhabebeeinträchtigung orientierten Bewertung bedeutet für die Verwaltung daher einen nicht unerheblichen Mehraufwand.

E. Welche Auswirkungen hat dies auf die Entscheidungen im Feststellungsverfahren

Nach dem bisherigen Bewertungsschema der VersMedV werden Gesundheitsstörungen allgemeiner und pauschalierender als künftig beschrieben und bewertet. Die individuelle, vom Bürger oft geforderte konkrete Betrachtung seines Einzelfalles steht nicht im Vordergrund. Pauschale Bewertungen, vor allem wenn sie nicht mehr überprüft werden, bergen aber immer zugunsten des Antragstellers das Risiko, dass ihnen „um des Rechtsfriedens willen" auch Fallgestaltungen unterfallen, die dort tatsächlich nicht hingehören, denen der Antragsteller aber natürlich nicht widerspricht. Eine differenziertere Betrachtung und Überprüfung schließt dies tendenziell eher aus.

Viele Grunderkrankungen haben aufgrund des medizinischen Fortschritts und der sich ständig verbessernden Behandlungs- und Therapiemöglichkeiten nicht mehr auf Dauer auch eine gleichbleibende Teilhabebeeinträchtigung zur Folge. Sie wird tendenziell geringer werden.

Ein neues, rein teilhabeorientiertes Bewertungssystem bringt also möglicherweise niedrigere GdB-Werte hervor. Das rechtfertigt, wie soeben ausgeführt, zum einen die Nachprüfungen von Amts wegen. Es ist aber vor allem erheblich für die Bearbeitung von Verschlimmerungsanträgen. Diese werden gestellt, damit sich der Gesamt-GdB erhöht. Bei der Entscheidung sind aber „die Auswirkungen sämtlicher Funktionsbeeinträchtigungen in einer ärztlichen Gesamtschau unter Berücksichtigung ihrer wechselseitigen Beziehungen zu beurteilen". Diese Beurteilung erfolgt nach den tatsächlichen und rechtlichen Verhältnissen im Zeitpunkt der Entscheidung über den Verschlimmerungsantrag. Wenn sich seit der letzten Feststellung die Verhältnisse also nicht nur durch die verschlimmerte oder neu hinzugetretene Gesundheitsstörung verändert haben, sondern sich zu bereits anerkannten Gesundheitsstörungen entweder die rechtlichen Grundlagen oder die tatsächlichen Verhältnisse geändert haben, dann ist der Bescheid nach § 48 SGB X auch insoweit aufzuheben. Hier hat die Verwaltung bei Anpassung der Entscheidung an die geänderten Verhältnisse auch kein Ermessen.

Wenn also die durch eine Gesundheitsstörung bestehende Teilhabebeeinträchtigung aufgrund einer zwischenzeitlichen Änderung der VersMedV oder aufgrund einer Veränderung der tatsächlich bestehenden Teilhabebeeinträchtigung im Zeitpunkt der Entscheidung niedriger zu bewerten ist, dann muss dies bei der Einzel- und Gesamt-GdB-Bildung ebenfalls berücksichtigt werden.

Hinzu kommt, dass die VersMedV bei der Bewertung der Teilhabebeeinträchtigung auf die Lebensverhältnisse einer standardisierten Umwelt abstellt und die konkreten Umweltbedingungen, unter welchen der behinderte Mensch lebt, unberücksichtigt bleiben. Und diese standardisierten Umweltbedingungen unterliegen gegenwärtig einem rasanten Wandel.

F. Ausblick

Die Umsetzung der Aktionspläne zur UN-Behindertenrechtskonvention, d. h. die Inklusion behinderter Menschen in diese Standardumwelt bzw. die Anpassung der Standardumwelt an die Bedürfnisse behinderter Menschen, sollte zwangsläufig zur Folge haben, dass deren Teilhabe am gesellschaftlichen Leben verbessert wird.

Die Möglichkeiten einer digitalen Arbeitswelt 4.0 und die Digitalisierung des eigenen Lebensbereiches durch „denkende" Maschinen, Haushaltsgeräte, Autos usw. sollen und werden die Teilhabe behinderter Menschen positiv beeinflussen.

Wird damit das Schwerbehindertenfeststellungsverfahren in ferner Zukunft überflüssig?

Die Tendenz ist gegenwärtig eher gegenläufig. Durch die sogenannten „Vorteile" der beginnenden Arbeitswelt 4.0 entstehen und verstärken sich psychische Erkrankungen, die Überwindung einstellungsbedingter Barrieren, die Bestandteil der Definition einer Behinderung sind, kommt nur schwer voran und der demografische Wandel lässt – zumindest bisher – den Anteil der schwerbehinderten Menschen in der Bevölkerung auf mittlerweile 9,3 % Prozent ansteigen.

Der Vollzug der VersMedV wird also künftig komplexer: Er wird einzelfallbezogener, differenzierter und das Ergebnis für den Einzelnen unvorhersehbarer. Er wird aber sicher nicht weniger aufwändig.

Das neue Begutachtungsverfahren, die Begutachtungs-Richtlinien und das individuelle Pflegegutachten – das Begutachtungsmanagement des Medizinischen Dienstes der Krankenversicherung

Bernhard Fleer, Team Pflege, Medizinischer Dienst des Spitzenverbandes Bund der Krankenkassen e. V. (MDS), Essen

Ein neuer Pflegebedürftigkeitsbegriff ab 2017

Zum 1. Januar 2017 wird ein neuer Pflegebedürftigkeitsbegriff in der Pflegeversicherung eingeführt. Dieser neue Pflegebedürftigkeitsbegriff ist Teil der Pflegereform, die die große Koalition 2015 mit den Pflegestärkungsgesetzen I und II auf den Weg gebracht hat. Dieser neue Pflegebedürftigkeitsbegriff berücksichtigt stärker die Beeinträchtigungen der Selbstständigkeit und der Fähigkeiten von Menschen mit kognitiven oder psychischen Beeinträchtigungen – dazu zählen vor allem Menschen mit Demenz. Damit sollen die Auswirkungen von psychisch-kognitiven und körperlichen Beeinträchtigungen gleichermaßen berücksichtigt werden. Die Leistungen der Pflegeversicherung werden von bisher drei Pflegestufen auf fünf Pflegegrade umgestellt. Umgesetzt wird der neue Pflegebedürftigkeitsbegriff durch ein neues Begutachtungsinstrument. Das neue Instrument erfasst nicht nur die klassischen Bereiche Körperpflege, Ernährung und Mobilität sowie hauswirtschaftliche Versorgung. Neu ist, dass die kognitiven und kommunikativen Fähigkeiten, die Verhaltensweisen und psychischen Problemlagen sowie die Gestaltung von Alltagsleben und sozialen Kontakten umfassend betrachtet werden.

Das neue Begutachtungsinstrument

Mit dem neuen Pflegebedürftigkeitsbegriff ist auch die Einführung eines neuen Begutachtungsinstruments verbunden, das die Feststellung von Pflegebedürftigkeit grundlegend verändert. Bisher wurde der Hilfebedarf des Versicherten verrichtungsbezogen – also zum Beispiel beim Waschen, Anziehen und bei der Nahrungsaufnahme auf der Grundlage von Zeitorientierungswerten festgestellt. Zukünftig ist der zentrale Maßstab der Grad der

Selbstständigkeit und nicht mehr der Hilfebedarf in Minuten. Die Selbstständigkeit eines Menschen, seine Ressourcen und seine Fähigkeiten werden differenziert erfasst. Der ressourcenorientierte Ansatz ermöglicht zudem eine systematischere Erfassung von Präventions- und Rehabilitationsbedarf.

Die nachfolgende Tabelle zeigt beispielhaft die grundsätzlich andere Vorgehensweise:

Begutachtungsinstrument bis 31. Dezember 2016

4 Pflegebedürftigkeit
4.1 Körperpflege

Hilfebedarf bei(m)	Nein	Form der Hilfe				Häufigkeit pro		Zeitaufwand pro Tag (Min.)
Waschen						Tag	Woche	
Ganzkörperwäsche (GK)		U	TÜ	VÜ	B	A		
Waschen Oberkörper (OK)		U	TÜ	VÜ	B	A		
Waschen		U	TÜ	VÜ	B	A		

Begutachtungsinstrument ab 1. Januar 2017

		selbständig	überwiegend selbständig	überwiegend unselbständig	unselbständig
4.4.1	Waschen des vorderen Oberkörpers	0	1	2	3
4.4.2	Körperpflege im Bereich des Kopfes	0	1	2	3
4.4.3	Waschen des Intimbereichs	0	1	2	3

Dieser grundlegende Paradigmenwechsel mit der Selbstständigkeit eines Menschen als Maß für die Einschätzung der Pflegebedürftigkeit wird durch das völlig neu gestaltete und wissenschaftlich evaluierte Begutachtungsinstrument abgebildet.

Die neuen Richtlinien zur Feststellung der Pflegebedürftigkeit

Die Grundlage für die Feststellung der Pflegebedürftigkeit bilden die Begutachtungs-Richtlinien. Sie konkretisieren die allgemeinen Vorgaben des Pflegeversicherungsgesetzes, damit die Begutachtungen in ganz Deutschland nach einheitlichen Regeln durchgeführt werden. Der bis zum 31. Dezember 2016 gültige Pflegebedürftigkeitsbegriff stellt zentral auf den zeitlichen Hilfebedarf in der Grundpflege und der hauswirtschaftlichen Versorgung ab. Entsprechend stand die Definition dessen, was einen Hilfebedarf ausmacht und wie der Zeitaufwand für die Hilfen bemessen wird, im Mittelpunkt der Begutachtungs-Richtlinien.

Durch den neuen Pflegebedürftigkeitsbegriff verändert sich dies zum 1. Januar 2017 grundlegend. Insofern mussten auch die Begutachtungs-Richtlinien neu verfasst werden. Die Erarbeitung der neuen Richtlinien erfolgte in enger Zusammenarbeit von GKV-Spitzenverband und MDS mit den Medizinischen Diensten und den Verbänden der Pflegekassen auf Bundesebene unter Einbeziehung von Vertreterinnen und Vertretern der Betroffenen und der jeweils zuständigen Bundesministerien.

In den Begutachtungs-Richtlinien wird das Verfahren zur Feststellung von Pflegebedürftigkeit festgelegt und die Inhalte des Begutachtungsinstruments werden pflegefachlich konkretisiert und präzisiert. Die Grundlage für die Begutachtung ist die sorgfältige Erhebung der pflegerelevanten Vorgeschichte und die Befunderhebung als Grundlage der gutachterlichen Einschätzung in den Modulen. Daran schließt sich die Einschätzung der Selbstständigkeit und der Fähigkeiten mit dem Begutachtungsinstrument an. Aus den Bewertungen der Module ergibt sich dann die Empfehlung für einen Pflegegrad. In der nachfolgenden Grafik ist das Begutachtungsverfahren mit dem neuen Begutachtungsinstrument als Bestandteil dargestellt:

Das neue Begutachtungsinstrument als Teil des Begutachtungsverfahrens

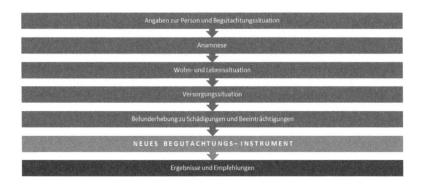

Inhaltliche Gliederung der Richtlinien

Die Begutachtungs-Richtlinien sind in einen Teil für die Begutachtung von Erwachsenen und einen – farblich gekennzeichneten – Abschnitt, der sich mit der Begutachtung von Kindern und Jugendlichen befasst, untergliedert. Beide Bereiche haben unterschiedliche Schwerpunkte und wurden inhaltlich abgestimmt. Wenn im Richtlinientext nicht anders vermerkt, gelten die Regelungen für die Begutachtung von Erwachsenen auch für die Begutachtung von Kindern und Jugendlichen. Bei der Begutachtung von Kindern und Jugendlichen sind allerdings einige Besonderheiten zu beachten, die in den entsprechenden Abschnitten dargestellt werden. Um dies auch im Gutachten abzubilden, enthalten die Begutachtungs-Richtlinien auch zwei unterschiedliche Formulargutachten, eines für die Begutachtung von Erwachsenen und eines für die Begutachtung von Kindern und Jugendlichen.

Nach der allgemeinen Einführung in Kapitel 1 werden im zweiten Kapitel die Aufgaben des Medizinischen Dienstes der Krankenversicherung dargestellt. Die Kapitel 3 und 4 beschreiben das Verfahren zur Feststellung der Pflegebedürftigkeit und das dabei eingesetzte Begutachtungsinstrument mit den sechs Modulen (Kapitel 4.9), aus denen der Pflegegrad abgeleitet wird. Dabei beziehen sich die Überschriften mit der Bezeichnung „F" auf die entsprechenden Punkte des Formulargutachtens. Um die Berechnung des Pflegegrades transparent und nachvollziehbar darzustellen, wird im Kapitel

4.10.1 detailliert der Weg der Berechnung beschrieben und die Bewertungssystematik erläutert. Kapitel 4.11 beschreibt die Erhebung weiterer versorgungsrelevanter Informationen, bevor ab Kapitel 4.12 die auf der Grundlage der Begutachtung abgeleiteten Empfehlungen dargestellt werden.

Kapitel 5 stellt die Begutachtung von Kindern und Jugendlichen dar. Im Einführungsteil zu diesem Kapitel werden die Besonderheiten gegenüber der Begutachtung von Erwachsenen sowie die Sonderregelungen bei pflegebedürftigen Kindern im Alter bis zu 18 Monaten erläutert. Des Weiteren sind hier die Tabellen zur Berechnung des altersentsprechenden Selbstständigkeitsgrades bzw. der altersentsprechenden Ausprägung von Fähigkeiten für Kinder bis zum vollendeten elften Lebensjahr abgebildet, deren Anwendung anhand verschiedener Beispiele veranschaulicht wird. Anschließend folgt – analog zum Erwachsenenteil – die Beschreibung des Begutachtungsverfahrens. Die Module des Begutachtungsinstruments werden ab Kapitel 5.5 erläutert. Die Überschriftbezeichnungen „KF" beziehen sich dabei auf die entsprechenden Abschnitte des Formulargutachtens für Kinder und Jugendliche.

Kapitel 6 beinhaltet die Formulargutachten für Erwachsene sowie für Kinder und Jugendliche. Unter 6.4 findet sich eine tabellarische Zusammenfassung der Berechnungs- und Bewertungssystematik. Zum Schluss wird dann im Anhang (Kapitel 7) die gesonderte Präventions- und Rehabilitationsempfehlung jeweils für Erwachsene und für Kinder und Jugendliche abgebildet.

Grundsätze bei der Feststellung der Pflegebedürftigkeit und pflegefachliche Konkretisierung der Module und Abstufungen der Selbstständigkeit

Die Darstellung der Grundsätze bei der Feststellung der Pflegebedürftigkeit, die Beurteilung von Selbstständigkeit und die pflegefachliche Konkretisierung des Begutachtungsinstruments mit der Bewertungssystematik stellen zentrale Kapitel des vorliegenden Richtlinientextes dar. Hier wird die Neuausrichtung der Begutachtung von Pflegebedürftigkeit ab 2017 besonders deutlich.

Bewertung der Selbstständigkeit

Die Begutachtungs-Richtlinien beziehen sich auf den seit dem 1. Januar 2017 geltenden neuen Pflegebedürftigkeitsbegriff. Demnach sind Personen pflegebedürftig, die gesundheitlich bedingte Beeinträchtigungen der Selbstständigkeit oder der Fähigkeiten aufweisen und deshalb die Hilfe von anderen benötigen. Es handelt sich dabei um Personen, die körperliche, kognitive oder psychische Beeinträchtigungen oder gesundheitlich bedingte Belastungen nicht selbstständig kompensieren oder bewältigen können. Der Bedarf an personeller Unterstützung muss auf Dauer, voraussichtlich für mindestens 6 Monate, und mindestens im Umfang des Pflegegrades 1 bestehen. Körperliche und psychisch/kognitive Beeinträchtigungen werden dabei umfassend berücksichtigt. Aspekte wie Zeitbedarf, Erschwernisfaktoren oder das konkrete Wohnumfeld spielen bei der Einschätzung der Selbstständigkeit keine Rolle. Hierin liegt ein wesentlicher Unterschied zu den aktuell gültigen Richtlinientext bzw. dem Begutachtungsinstrument.

Ein Begriff, der den gesamten Richtlinientext durchzieht und die neue Begutachtungsphilosophie kennzeichnet ist der Begriff der Selbstständigkeit.

Die generelle Beurteilung von Selbstständigkeit wird in Kapitel 4.8.3 beschrieben. Laut Richtlinien ist eine Person selbstständig, die eine Handlung bzw. Aktivität alleine, d. h. ohne Unterstützung durch andere Personen oder unter Nutzung von Hilfsmitteln durchführen kann. Eine Beeinträchtigung von Selbstständigkeit liegt demnach nur vor, wenn personelle Hilfe erforderlich ist.

Selbstständigkeit wird in den Modulen 1, 4 und 6 mit einer vierstufigen Skala mit folgenden Ausprägungen bewertet:

- selbstständig: Die Person kann die gesamte Aktivität in der Regel selbstständig durchführen.
- überwiegend selbstständig: Die Person kann den größten Teil der Aktivität selbstständig durchführen.
- überwiegend unselbstständig: Die Person kann die Aktivität nur zu einem geringen Anteil selbstständig durchführen.
- unselbstständig: Die Person kann die Aktivität in der Regel nicht selbstständig durchführen.

Diese Ausprägungen werden ausführlich erläutert. In den Modulen 2, 3 und 5 des Begutachtungsinstruments werden abgewandelte Formen dieser Skala angewendet, die an den entsprechenden Stellen erläutert werden.

Im folgenden Kapitel 4.9 werden die Module und die Kriterien pflegefachlich konkretisiert und erläutert. Es wird beschrieben, wie die Schweregrade der Beeinträchtigungen der Selbstständigkeit oder der Fähigkeiten zu beurteilen sind.

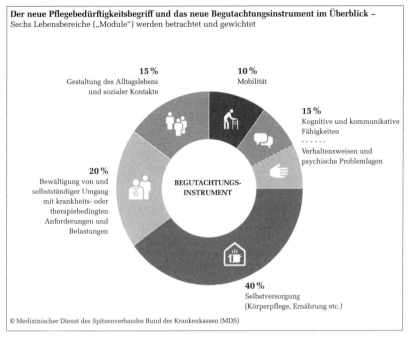

Aufgrund einer Gesamtbewertung aller Fähigkeiten und Beeinträchtigungen erfolgt die Zuordnung zu einem der fünf Pflegegrade. Dabei erfolgt die Zuordnung anhand eines Punktesystems.

Die Höhe der Punkte orientiert sich daran, wie sehr in den Bereichen 1 bis 6 für jedes dort erhobene Kriterium (z. B. Essen oder Trinken) die Selbstständigkeit eingeschränkt ist oder die Fähigkeiten noch vorhanden sind. Grundsätzlich gilt: Je höher die Punktzahl, desto schwerwiegender die Beeinträchtigung. Die innerhalb eines Bereiches für die verschiedenen Kriterien vergebenen Punkte werden zusammengezählt und gewichtet.

Aus dem Gesamtpunktwert wird das Ausmaß der Pflegebedürftigkeit bestimmt und der Pflegegrad abgeleitet.

Pflegegrade

Pflegebedürftigkeit liegt vor, wenn der Gesamtpunktwert mindestens 12,5 Punkte beträgt.
Der Grad der Pflegebedürftigkeit bestimmt sich wie folgt:
Pflegegrad 1: 12,5 bis unter 27 Punkte
Pflegegrad 2: 27 bis unter 47,5 Punkte
Pflegegrad 3: 47,5 bis unter 70 Punkte
Pflegegrad 4: 70 bis unter 90 Punkte
Pflegegrad 5: 90 bis 100 Punkte

Besondere Bedarfskonstellation

Pflegebedürftige, die einen spezifischen, außergewöhnlich hohen personellen Unterstützungsbedarf mit besonderen Anforderungen an die pflegerische Versorgung aufweisen, werden unabhängig vom Erreichen des Schwellenwertes von 90 Punkten dem Pflegegrad 5 zugeordnet. Diese besondere Bedarfskonstellation wird in den Richtlinien definiert. Es handelt sich dabei um die Gebrauchsunfähigkeit beider Arme und beider Beine mit einem vollständigen Verlust der Greif-, Steh- und Gehfunktionen. Pflegebedürftige mit dieser Bedarfskonstellation würden rein nach Punkten den Pflegegrad 5 nicht erreichen, obwohl dieser aber aufgrund der Schwere der Beeinträchtigung angemessen wäre.

Feststellung der Pflegebedürftigkeit bei Kindern und Jugendlichen bis 18 Jahre

Grundsätzlich folgt die Einschätzung der Pflegebedürftigkeit bei Kindern den Prinzipien der Erwachsenenbegutachtung. Die für die Erwachsenen relevanten Kriterien des Begutachtungsinstruments treffen mit nur wenigen Anpassungen auch für Kinder und Jugendliche zu. Der Gutachter dokumentiert den tatsächlich vorhandenen Abhängigkeitsgrad der Kinder. Er muss nicht beurteilen, ob die Abhängigkeit noch altersgemäß ist. Für die Punktberechnung ist als Vergleichsmaßstab die Selbstständigkeit von Kindern im vergleichbaren Alter ohne Beeinträchtigungen hinterlegt.

Eine Besonderheit besteht bei der Begutachtung von Kindern im Alter bis zu 18 Monaten. Kinder dieser Altersgruppe sind von Natur aus in allen Bereichen des Alltagslebens unselbstständig, so dass sie in der Regel keine oder nur niedrige Pflegegrade erreichen können. Um sicherzustellen, dass auch diese Kinder einen fachlich angemessenen Pflegegrad erlangen können, werden zur Beurteilung der Pflegebedürftigkeit die altersunabhängigen Bereiche „Verhaltensweisen und psychische Problemlagen" sowie „Bewältigung von und selbstständiger Umgang mit krankheits- oder therapiebedingten Anforderungen und Belastungen" in die Bewertung einbezogen. Darüber hinaus stellen die Gutachter fest, ob es beim Kind gravierende Probleme in der Nahrungsaufnahme gibt, die einen außergewöhnlichen pflegeintensiven Hilfebedarf auslösen.

Empfehlungen zur Förderung oder zum Erhalt der Selbstständigkeit oder der Fähigkeiten

Die Pflegebedürftigkeit eines Menschen kann durch verschiedene Maßnahmen und Leistungen positiv beeinflusst werden. Dazu gehören Pflegemaßnahmen, Prävention, medizinische Rehabilitation, individuell zugeschnittene Hilfs- und Pflegehilfsmittel sowie wohnumfeldverbessernde Maßnahmen. Für Hilfs- und Pflegehilfsmittel, die für die Selbstständigkeit von Pflegebedürftigen besonders wichtig oder pflegeerleichternd sind, müssen die Versicherten künftig keinen gesonderten Antrag stellen. Wenn die pflegebedürftige Person mit der Hilfsmittelempfehlung des MDK-Gutachters einverstanden ist, gilt dies als Antrag bei der Pflegekasse. Eine ärztliche Verordnung ist in diesen Fällen nicht erforderlich. Die Empfehlungen werden im Gutachten festgehalten und automatisch an die Pflegekasse weitergeleitet. Die Pflegekasse organisiert dann die Versorgung mit dem Hilfs- oder Pflegehilfsmittel.

Inkrafttreten der Richtlinien: 1. Januar 2017

Die Richtlinien gelten für alle Anträge auf Leistungen der Pflegeversicherung, die ab dem 1. Januar 2017 gestellt werden. Sie stellen für die Medizinischen Dienste und die Pflegekassen die einheitliche Grundlage für die Begutachtung von Pflegebedürftigkeit in Deutschland dar.

Überblick über aktuelle Entwicklungen des Sozialverfahrens- und Sozialprozessrechts

Bernadette Giesberts-Kaminski, Regierungsdirektorin am Bundesministerium für Arbeit und Soziales, Bonn

A. Elektronischer Rechtsverkehr

Die elektronische Kommunikation mit den Gerichten gewinnt zunehmend an Bedeutung. Das gilt insbesondere für die Kommunikation großer Behörden, wie z. B. der Deutschen Rentenversicherung Bund, und die Anwaltschaft. Wie die abstrakten Regelungen in Gesetzen und Verordnungen in der Praxis ausgefüllt werden und welche Wirkungen sie entfalten, zeigen die Beiträge von Herrn Meyer und Herrn Schafhausen eindrucksvoll.

I. Rechtliche Rahmenbedingungen des elektronischen Rechtsverkehrs

§ 65a des Sozialgerichtsgesetzes in der ab dem 1. Januar 2018 geltenden Fassung regelt – ebenso wie die Parallelvorschriften in den anderen Prozessordnungen –, dass ab dem 1. Januar 2018 vorbereitende Schriftsätze und deren Anlagen und weitere schriftlich einzureichende Unterlagen als elektronisches Dokument bei den Gerichten eingereicht werden können. Voraussetzung ist, dass das elektronische Dokument für die Bearbeitung durch das Gericht geeignet ist.

Der Gesetzgeber hat vorgesehen, dass die Bundesregierung durch Rechtsverordnung mit Zustimmung des Bundesrates die technischen Rahmenbedingungen für die Übermittlung und Bearbeitung elektronischer Dokumente festlegt. Außerdem kann in der Verordnung der sichere Übermittlungsweg zwischen einem nach Durchführung eines Identifizierungsverfahrens eingerichteten Postfach einer Behörde und der elektronischen Poststelle des Gerichts geregelt werden. Diese Verordnung muss zum 1. Januar 2018 in Kraft treten.

Zwischen dem Bundesministerium für Arbeit und Soziales (BMAS) und dem Bundesministerium der Justiz und für Verbraucherschutz (BMJV) besteht Einigkeit, dass eine einheitliche Verordnung für alle Prozessordnungen sowohl zu den technischen Rahmenbedingungen als auch zum besonderen Behördenpostfach erarbeitet wird. Zurzeit laufen die Abstimmungen dazu zwischen den beiden Ressorts unter Einbeziehung der Arbeitsgruppen der Bund-Länder-Kommission „AG Elektronischer Rechtsverkehr" und „AG IT-Standards".

Die derzeit für den elektronischen Rechtsverkehr geltende Musterrechtsverordnung zu den technischen Rahmenbedingungen bietet eine gute Grundlage. Ziel ist, die Rahmenbedingungen festzulegen, die sicherstellen, dass keine Rechtsunsicherheit besteht. Gleichzeitig soll die Verordnung aufgrund der ständigen technischen Entwicklungen eine gewisse Flexibilität einräumen. Eventuell könnten bestimmte technische Details auf einem elektronischen Bekanntmachungsportal veröffentlicht werden. Diese Informationen könnten dann laufend aktualisiert werden.

Der Verordnungsentwurf soll in Kürze vorgelegt werden. Länder und Verbände und weitere interessierte Kreise werden Gelegenheit zur Stellungnahme erhalten.

II. Entwurf eines Gesetzes zur Umsetzung der Berufsanerkennungsrichtlinie und zur Änderung weiterer Vorschriften im Bereich der rechtsberatenden Berufe (BT-Drs. 18/9521)

Mit diesem Gesetzentwurf soll unter anderem zur Lösung noch bestehender rechtlicher Probleme beim besonderen elektronischen Anwaltspostfach beigetragen werden. Dazu wird auf den Beitrag von Herrn Rechtsanwalt Schafhausen verwiesen.

Der Entwurf, für den die Federführung innerhalb der Bundesregierung beim BMJV liegt, befindet sich bereits im parlamentarischen Verfahren. Er enthält eine Vielzahl weiterer Regelungen. Für die Sozialgerichtsbarkeit sind besonders zwei geplante Änderungen der Zivilprozessordnung interessant, die beide über § 202 Satz 1 SGG auch in der Sozialgerichtsbarkeit gelten:

In § 130 ZPO, der den Inhalt vorbereitender Schriftsätze regelt, soll eine Vorschrift ergänzt werden, wonach diese Schriftsätze auch die für die Übermittlung elektronischer Dokumente erforderlichen Angaben enthalten sollen; das sind insbesondere Angaben zu dem eigenen elektronischen Postfach und dem der übrigen Beteiligten bzw. ihrer Prozessbevollmächtigten.

Außerdem soll **§ 169 ZPO**, der im Moment regelt, dass ein Schriftstück in beglaubigter elektronischer Abschrift zugestellt werden kann, ergänzt werden. Zukünftig sollen elektronische Dokumente, die von den Beteiligten elektronisch nach § 130a ZPO bzw. nach der Parallelvorschrift im SGG, § 65a, bei Gericht eingereicht werden, vom Gericht elektronisch zugestellt werden können. Dazu soll das elektronische Dokument mit einer qualifizierten elektronischen Signatur versehen werden. Damit wird es dem Zustellungsadressaten ermöglicht, die Herkunft des Schriftstücks vom Gericht zu überprüfen.

In seiner Stellungnahme zu diesem Regelungsentwurf hat der Bundesrat vorgeschlagen, die elektronisch nach § 130a ZPO übermittelten Dokumente auch ohne eine qualifizierte elektronische Signatur des Gerichts zustellen zu können. In Ihrer Gegenäußerung hat die Bundesregierung zugesagt, den Vorschlag im weiteren Gesetzgebungsverfahren noch näher zu prüfen. Dabei ist zu bedenken, dass ein elektronisches Dokument, das auf einem sicheren Übermittlungsweg im Sinne des § 65a Absatz 4 SGG in der ab dem 1. Januar 2018 geltenden Fassung eingereicht wird, keiner qualifizierten elektronischen Signatur bedarf. Es genügt die einfache Signatur. Inwieweit die technischen Gegebenheiten der Übermittlung auf einem sicheren Übermittlungsweg durch das Gericht ausreichen, um die Funktion der qualifizierten elektronischen Signatur des Gerichts zu übernehmen, wird derzeit innerhalb der Bundesregierung geprüft.

III. Entwurf eines Gesetzes zur Einführung der elektronischen Akte in Strafsachen

Der Gesetzentwurf, für den die Federführung beim BMJV liegt, sieht zum 1. Januar 2026 die verpflichtende Einführung der elektronischen Akte in Strafsachen vor. Der Bundesrat hat in seiner Stellungnahme zu dem Gesetzentwurf vorgeschlagen, zum 1. Januar 2026 auch in den anderen gerichtlichen Verfahrensordnungen die elektronische Aktenführung verpflichtend vorzusehen. Die Bundesregierung begrüßt diesen Vorschlag der Länder und steht einer entsprechenden Ergänzung des Gesetzentwurfs positiv gegenüber; derzeit wird eine entsprechende Formulierungshilfe für einen Änderungsantrag zu dem Gesetzentwurf erarbeitet.

Weiter wird mit diesem Entwurf durch eine Änderung in der Zivilprozessordnung der Weg für die Akteneinsicht über ein elektronisches Akteneinsichtsportal freigemacht. Der Bundesrat fordert das auch für die übrigen Prozessordnungen ein. Die Bundesregierung steht dem offen gegenüber. In den öffentlich-rechtlichen Prozessordnungen ist schon nach geltendem Recht die Möglichkeit des elektronischen Zugriffs auf den Akteninhalt durch Bevollmächtigte möglich. Es wird zurzeit geprüft, ob darüber hinaus Änderungsbedarf besteht.

IV. Gesetz zur Modernisierung des Besteuerungsverfahrens

In den Verwaltungen werden immer mehr Vorgänge elektronisch abgewickelt, automatische Einrichtungen werden in vielfältiger Weise eingesetzt, auch als Hilfsmittel beim Erlass von Verwaltungsakten, die verfügbaren Systeme werden immer leistungsfähiger. Gleichzeitig nutzen immer mehr Bürgerinnen und Bürger das Internet.

Vor diesem Hintergrund werden mit dem Gesetz zur Modernisierung des Besteuerungsverfahrens zum 1. Januar 2017 sowohl für das Besteuerungsverfahren als auch für das allgemeine und das Sozialverwaltungsverfahren weitgehend einheitliche Regelungen zum vollständig automatisierten Erlass von Verwaltungsakten und zur Bekanntgabe von Verwaltungsakten durch Online-Abruf getroffen.

In allen Bereichen gibt es viele Anwendungsfälle für einfache Massenverfahren, in denen der vollautomatische Erlass von Verwaltungsakten in Frage kommt. Im Sozialleistungsbereich werden Verwaltungsakte bereits heute und ohne eindeutige entsprechende gesetzliche Grundlage vollautomatisch erlassen. Diese Praxis betrifft insbesondere, aber nicht nur die Entscheidungen der Massenverwaltungen im Leistungsrecht, die ausschließlich auf Rechenoperationen beruhen.

Praktiziert wird das Verfahren beispielsweise bei
- Rentenanpassungsmitteilungen,
- Erhöhungen des Regelsatzes im SGB II oder
- Anpassung der SGB II-Leistungen aufgrund der rückwirkenden Erhöhung des Kindergeldes.

Nach der Rechtsprechung des Bundessozialgerichts wird das vollautomatische Verfahren (bei den Rentenanpassungsmitteilungen) bislang ohne weiteres für zulässig erachtet. Für das BMAS war ein Kernziel, die bereits bestehenden vollautomatischen Verfahren nicht zu beeinträchtigen und auf eine sichere Rechtsgrundlage zu stellen.

Zum 1. Januar 2017 wird parallel zur entsprechenden Änderung des Verwaltungsverfahrensgesetzes (§ 35a VwVfG) und der Abgabenordnung (§ 155 Abs. 4 AO) ein neuer § 31a in das SGB X eingefügt. Darin wird zum einen klargestellt, dass es sich auch bei dem vollautomatischen Erlass von Bescheiden um Verwaltungsakte handelt. Es fehlt zwar an einer Willensbetätigung eines Menschen im jeweiligen Einzelfall. Diese wird aber bei der Programmierung des Systems gleichsam vorweggenommen.

Der vollautomatisierte Erlass ist nur möglich, soweit kein Anlass besteht, den Einzelfall durch Amtsträger zu bearbeiten. Insbesondere, wenn das materielle Recht eine Ermessensentscheidung oder einen Beurteilungsspielraum vorsieht, ist die Bearbeitung durch einen Amtsträger zwingend. Ganz wichtig ist auch, dass die Befugnis zum vollautomatisierten Erlass eines Verwaltungsakts die Behörde nicht von der Pflicht zur vollständigen Ermittlung des Sachverhalts befreit. Für den Einzelfall bedeutsame tatsächliche Angaben des Betroffenen zum Sachverhalt müssen berücksichtigt werden.

Das bedeutet nicht, dass damit der vollautomatisierte Erlass ausgeschlossen ist. Bei individuellem Vortrag des Betroffenen zum Sachverhalt soll der Vorgang zunächst aus dem automatisierten Verfahren ausgesteuert werden. Je nach Relevanz des Vortrags für das Verfahren kann dann eine Weiterbearbeitung außerhalb des automatisierten Verfahrens erfolgen oder der Vorgang wird in das automatisierte Verfahren zurückgeführt.

Außerdem wird – im Gleichklang mit entsprechenden Änderungen des Verwaltungsverfahrensgesetzes (§ 41 Absatz 2a VwVfG) – § 37 SGB X um eine zusätzliche Möglichkeit der Bekanntgabe von elektronischen Verwaltungsakten ergänzt (neuer Absatz 2a). Die Behörde kann einen bekanntzugebenden Verwaltungsakt auf einer Internetplattform bereitstellen, so dass er von dem Adressaten über das Internet jederzeit und von jedem Ort abgerufen werden kann. Diese Form der Bekanntgabe setzt die Einwilligung des Beteiligten voraus. Die Behörde muss durch geeignete Identifizierungsmittel sicherstellen, dass nur Berechtigte auf den Verwaltungsakt zugreifen können. Für die wirksame Bekanntgabe durch Datenabruf ist die Mitwirkung des Adressaten erforderlich. Erfolgt der Abruf trotz Benachrichtigung über die Bereitstellung nicht innerhalb von zehn Tagen, wird die Bereitstellung beendet. Der Verwaltungsakt kann dann erneut zum Abruf bereitgestellt oder auf andere Weise bekannt gegeben werden. Das kann zum Beispiel per Post oder durch elektronische Übermittlung geschehen. Damit wird zum einen verhindert, dass der Adressat die Bekanntgabe durch Unterlassen des Abrufs vereiteln kann, zum anderen werden Streitigkeiten über den Zeitpunkt der wirksamen Bekanntgabe vermieden.

V. Gesetz zum Abbau verzichtbarer Anordnungen der Schriftform im Verwaltungsrecht des Bundes (BT-Drs. 18/10183)

Mit diesem Gesetz soll eine Änderung des § 36 SGB X umgesetzt werden: Bislang regelt die Norm lediglich das Erfordernis einer Rechtsbehelfsbelehrung für schriftliche Verwaltungsakte und die Anforderungen an die Rechtsbehelfsbelehrung für schriftliche Verwaltungsakte. Zukünftig wird durch eine Ergänzung des § 36 SGB X um einen neuen Satz ausdrücklich klargestellt, dass eine Rechtsbehelfsbelehrung für elektronische Verwaltungsakte erforderlich ist. Diese muss die gleichen Inhalte wie eine schriftliche Belehrung haben und hat elektronisch zu erfolgen. Das Inkrafttreten ist für das Frühjahr 2017 vorgesehen.

VI. Gesetz zur Änderung des Sachverständigenrechts

Dieses Gesetz (dessen genauer Name lautet: und zur weiteren Änderung des Gesetzes über das Verfahren in Familiensachen und in den Angelegenheiten der freiwilligen Gerichtsbarkeit sowie zur Änderung des Sozialgerichtsgesetzes, der Verwaltungsgerichtsordnung, der Finanzgerichtsordnung und des Gerichtskostengesetzes) ist am 15. Oktober 2016 in Kraft getreten. Damit werden die Regelungen der Zivilprozessordnung zum Sachverständigenbeweis geändert mit dem Ziel, die Neutralität der Sachverständigen zu gewährleisten. Diese Änderungen gelten auch für sozialgerichtliche Verfahren.

Es handelt sich im Wesentlichen um folgende Änderungen:
- In § 404 ZPO ist ein neuer Absatz 2 eingefügt worden, wonach die Parteien vor der Ernennung eines Sachverständigen zu dessen Person gehört werden können. Das Gericht kann so möglichst frühzeitig von Einwänden gegen die Person des Sachverständigen erfahren, um bei der Auswahl des Sachverständigen eine breite Entscheidungsbasis zu haben. Die ursprünglich vorgesehene verpflichtende Anhörung ist im parlamentarischen Verfahren massiv kritisiert worden. Konsensfähig war lediglich die „Kann-Regelung".
- Die Pflichten des Sachverständigen nach § 407a Absatz 1 ZPO sind erweitert worden. Er hat nicht nur – wie bisher – unverzüglich zu prüfen, ob der Auftrag in sein Fachgebiet fällt und ohne die Hinzuziehung weiterer Sachverständiger erledigt werden kann. Der Sachverständige muss jetzt außerdem prüfen, ob er den Gutachtenauftrag innerhalb der vom Gericht gesetzten Frist erledigen kann.
- Zudem hat er nach § 407a Absatz 2 ZPO unverzüglich zu prüfen, ob ein Grund vorliegt, der geeignet ist, Misstrauen gegen seine Unparteilichkeit zu rechtfertigen. Der Sachverständige hat dem Gericht solche Gründe unverzüglich mitzuteilen. Unterlässt er dies, kann gegen ihn ein Ordnungsgeld festgesetzt werden.
- Mit der Änderung des § 411 ZPO wird erreicht, dass das Gericht regelmäßig eine Frist für die schriftliche Begutachtung setzt. Für den Fall der Fristversäumung kann das Gericht ein Ordnungsgeld in Höhe von bis zu 3.000 Euro festsetzen.

Es gilt eine Übergangsregelung für Sachverständige, die vor dem Inkrafttreten des Gesetzes am 15. Oktober 2016 ernannt wurden. Für sie ist das bisherige Recht anzuwenden.

Mit dem Gesetz zur Änderung des Sachverständigenrechts sind vor allem für die Sozialgerichtsbarkeit wichtige Änderungen im Recht der Entschädigungsklagen wegen überlanger Gerichtsverfahren in den öffentlich-rechtlichen Verfahrensordnungen und im Gerichtskostengesetz erfolgt.

Es bestand folgendes Problem: Der Gesetzgeber hatte für die Pflicht zur Zahlung des Kostenvorschusses für Entschädigungsklagen in allen Gerichtsbarkeiten auf die für den Zivilprozess geltenden Regelungen verwiesen. Dabei wurden die Besonderheiten öffentlich-rechtlicher Prozessordnungen nicht berücksichtigt. Es hatte sich insbesondere in der sozialgerichtlichen Praxis gezeigt, dass die Pflicht zur Einzahlung eines Kostenvorschusses bei der Erhebung von Entschädigungsklagen prozessuale Probleme aufwirft, wenn der Kläger dieser Pflicht nicht nachkommt. Es war umstritten, welche Rechtsfolgen an die Nichtentrichtung des Kostenvorschusses zu knüpfen seien. Diese Fragen stellten sich auch in verwaltungs- und finanzgerichtlichen Verfahren.

Um das Problem zu lösen, wird mit dem Gesetz zur Änderung des Sachverständigenrechts in den öffentlich-rechtlichen Prozessordnungen für Entschädigungsklagen eine Ausnahme von dem Grundsatz geregelt, dass Klagen bereits mit der Erhebung rechtshängig werden. Für eine Entschädigungsklage wegen überlanger Gerichtsverfahren gilt jetzt, dass sie erst rechtshängig wird, wenn die Klage dem beklagten Land oder dem beklagten Bund zugestellt wurde. Die Zustellung erfolgt gemäß den §§ 12a und 12 Absatz 1 des Gerichtskostengesetzes (GKG) erst nach Zahlung der Gebühr für das Verfahren im Allgemeinen.

Mit der Einführung einer Hinweispflicht im Gerichtskostengesetz wird gewährleistet, dass Kläger, die vor den öffentlich-rechtlichen Gerichtsbarkeiten Entschädigungsansprüche wegen überlanger Gerichtsverfahren geltend machen, über die verfahrensmäßigen Besonderheiten bei diesen Entschädigungsklagen gegenüber den übrigen Verfahren in der Verwaltungs-, Finanz- und Sozialgerichtsbarkeit informiert werden.

Vorgesehen sind zwei Hinweise:
- Zum einen soll der Kläger wissen, dass seine Entschädigungsklage wegen eines überlangen Gerichtsverfahrens bei bestehender Vorauszahlungspflicht erst nach Zahlung der Gebühr für das Verfahren im Allgemeinen zugestellt wird. Dies entspricht zwar der Rechtslage im Zivilprozess, nicht aber derjenigen in allen anderen Verfahren vor den Gerichten der öffentlich-rechtlichen Gerichtsbarkeiten.
- Zum anderen wird der Kläger darauf hingewiesen, dass die Rechtshängigkeit seiner Entschädigungsklage wegen eines überlangen Gerichtsverfahrens erst mit deren Zustellung eintritt.

Durch die Hinweise wird einem Kläger deutlicher als bisher vor Augen geführt, dass mit der gerichtlichen Geltendmachung eines Entschädigungsanspruchs wegen überlanger Verfahrensdauer ein Kostenrisiko entsteht. Dies ist besonders für Entschädigungsklagen in der Sozialgerichtsbarkeit bedeutsam, da in sozialgerichtlichen Verfahren für den in § 183 SGG genannten Personenkreis grundsätzlich Gerichtskostenfreiheit besteht.

VII. Weitere geplante Rechtsänderungen

Die Bundesregierung hat den Entwurf eines **Gesetzes zur Erweiterung der Medienöffentlichkeit in Gerichtsverfahren und zur Verbesserung der Kommunikationshilfen für Menschen mit Sprach- und Hörbehinderungen (Gesetz über die Erweiterung der Medienöffentlichkeit in Gerichtsverfahren – EMöGG – BT-Drs.18/10144)** vorgelegt, der sich bereits im parlamentarischen Verfahren befindet. Die Anhörung der Sachverständigen hat am 26. Oktober 2016 stattgefunden.

Ziel ist in erster Linie, der veränderten Medienlandschaft und dem Informationsinteresse der Öffentlichkeit durch eine eingeschränkte Lockerung des bisherigen Verbots der Medienübertragung aus der Gerichtsverhandlung besser gerecht zu werden.

Dazu sieht der Entwurf in Umsetzung eines Beschlusses der Justizministerkonferenz der Länder im Wesentlichen durch Änderungen des § 169 des Gerichtsverfassungsgesetzes die Möglichkeit der Lockerung des Verbots von Film- und Tonaufnahmen in Gerichtsverfahren durch Ermessensentscheidung des Gerichts für drei Fälle vor:
- Die Tonübertragung in einen Arbeitsraum für Pressevertreter kann zugelassen werden. Aufnahmen zum Zwecke der Veröffentlichung sind dabei weiterhin verboten;
- Verfahren von herausragender zeitgeschichtlicher Bedeutung können zu wissenschaftlichen Zwecken durch das Gericht gefilmt werden. Die Aufnahmen sind dem jeweiligen Landes- oder Bundesarchiv zu übergeben und sollen nicht für andere Zwecke (insbesondere nicht Verfahrenszwecke) verwendet werden dürfen;
- die Übertragung von Entscheidungsverkündungen oberster Bundesgerichte kann „in besonderen Fällen" zugelassen werden.

Bei allen Maßnahmen kann die Medienöffnung auch nur teilweise erfolgen. Nach der vorgesehenen Übergangsregelung sollen diese neuen Regelungen nicht auf Verfahren anwendbar sein, die bei Inkrafttreten des Gesetzes bereits anhängig waren.

Daneben enthält der Entwurf Verbesserungen für hör- und sprachbehinderte Personen bei der Inanspruchnahme von Kommunikationshilfen im gerichtlichen Verfahren durch Änderungen des § 186 GVG.

B. Anpassungsgesetzgebung zur EU-Datenschutzgrundverordnung

Am 25. Mai 2018 wird die Verordnung (EU) 2016/679 – EU-Datenschutzgrundverordnung – unmittelbar geltendes Recht in allen Mitgliedstaaten der Europäischen Union sein. Das bedeutet: Das gesamte deutsche Datenschutzrecht (mit Ausnahme der Bereiche Polizei und Strafjustiz, die Gegenstand einer eigenen Richtlinie sind) ist auf Vereinbarkeit mit der EU-Datenschutzgrundverordnung zu prüfen und ggf. anzupassen. Das BMAS ist bezüglich des Beschäftigtendatenschutzes und des Sozialdatenschutzes betroffen

Das Bundesministerium des Innern (BMI) als federführendes Ressort für das Bundesdatenschutzgesetz (BDSG) hat einen Gesetzentwurf in die Ressortabstimmung gegeben, mit dem die zum Stichtag 25. Mai 2018 zwingend erforderlichen Änderungen umgesetzt werden sollen. Das BDSG soll durch ein neues Bundesdatenschutzgesetz ersetzt werden. Der Entwurf dieses neuen Gesetzes wird zurzeit im Ressortkreis erörtert. BMI plant, das Gesetzgebungsvorhaben noch in dieser Legislaturperiode abzuschließen.

Im BMAS wird bereits geprüft, inwieweit die Vorschriften zum Sozialdatenschutz erhalten bleiben können und inwieweit Änderungsbedarf besteht. Einige grundsätzliche Fragestellungen werden derzeit noch im Ressortkreis geklärt. Ohne diese Klärung können die Änderungen der Sozialgesetzbücher (insbesondere des SGB I und des SGB X) nicht abschließend erarbeitet werden. Folgeänderungen in den anderen Sozialgesetzbüchern, für die zum Teil andere Ressorts federführend sind (beispielsweise im SGB V, Federführung: Bundesministerium für Gesundheit) können wiederum erst nach einer Abstimmung der Änderungen des SGB I und des SGB X erarbeitet werden, die die grundlegenden datenschutzrechtlichen Vorschriften für alle Bücher und die besonderen Teile des Sozialgesetzbuchs enthalten.

Es handelt sich um ein sehr komplexes Vorhaben, weshalb es gilt, sehr genau und gründlich zu arbeiten, um zukünftig in dem besonders sensiblen Bereich des Sozialdatenschutzrechts klare und eindeutige und rechtssichere Regelungen zu haben, die ein möglichst hohes Schutzniveau gewährleisten. Ob die Änderungen des Sozialdatenschutzrechts noch in dieser Legislaturperiode abgeschlossen werden können, oder ob sie in die nächste Legislaturperiode verschoben werden müssen, ist im Moment nicht absehbar. Das BMAS wird alles daransetzen, den Gleichlauf mit den Änderungen des allgemeinen Bundesdatenschutzrechts zu erreichen.

C. Ausblick

Im Bereich des Sozialgerichtsgesetzes stehen weitere Prüfungen an, z. B. ob die mit dem BUK-NOG eingeführte Regelung zum gerichtlichen Vergleich tatsächlich praxistauglich ist und wenn nicht, welche Änderungen sinnvoll wären. Diese und auch weitere Fragen können nicht kurzfristig beantwortet werden. Sie stehen auf der Agenda für die nächste Legislaturperiode. Es wird dann in zwei Jahren bei der nächsten Tagung des Deutschen Sozialgerichtstags in der Kommission Verfahrensrecht wieder viel Neues aus dem BMAS mit Bezug zum Sozialverfahrens- und Sozialprozessrecht zu berichten geben.

Widerspruchsausschüsse in der Sozialversicherung – ein Bericht aus der Forschung[1]

Prof. Dr. Armin Höland, Martin-Luther-Universität Halle-Wittenberg, und Prof. Dr. Felix Welti, Universität Kassel

A. Einleitung

Vor dem Verfahren steht das Vorverfahren. Vor Erhebung der Anfechtungsklage zum Sozialgericht sind nach § 78 Abs. 1 S. 1 SGG Rechtmäßigkeit und Zweckmäßigkeit des Verwaltungsakts in einem Vorverfahren nachzuprüfen. Das gilt nach Absatz 3 entsprechend für die Verpflichtungsklage. Ausnahmen vom Grundsatz des Vorverfahrens enthält § 78 Abs. 1 S. 2 SGG.

Über den Ablauf des Vorverfahrens in den Behörden der Sozialverwaltung ist in wissenschaftlicher Hinsicht kaum etwas bekannt. Noch weniger bekannt ist über die zentrale Institution des Vorverfahrens in der Sozialversicherung, die in den Versicherungszweigen Krankheit und Pflege, Rente und Unfall eingerichteten Widerspruchsausschüsse (WA). Eingerichtet werden können die WA als besondere Ausschüsse für den Erlass von Widerspruchsbescheiden nach § 36a Abs. 1 S. 1 Nr. 1 SGB IV auf der Grundlage von Satzungen[2]. Die Ausschüsse existierten im Jahr 2016 tatsächlich in 164 von 165 Sozialversicherungsträgern[3]. Kommt es nicht vorher zu einer anderen Form der Erledigung des Widerspruchs, dann schließen die Wider-

---

[1] Zum Forschungsprojekt siehe den zu seinem Beginn abgegebenen Bericht der Autoren beim 5. Deutschen Sozialgerichtstag am 20./21. November 2014 in Potsdam in: Deutscher Sozialgerichtstag e. V. (Hrsg.), Sozialstaat und Europa – Gegensatz oder Zukunft?, Stuttgart, 2016, S. 295–310. Zum Projekt im Ganzen vgl. auch Armin Höland, Forschungsprojekt beleuchtet einen „blinden Fleck" in der Selbstverwaltung, SozSich 2016, 433–435 und ders. Erste Erkenntnisse aus dem Forschungsprojekt, SozSich 2016, 450–451.

[2] Dazu ausführlich: Elisabeth Krausbeck, Was die Satzungen der Sozialversicherungsträger zu den Widerspruchsausschüssen regeln, SozSich 2016, S. 435–439.

[3] Genau genommen beträgt die Zahl der Sozialversicherungsträger 277, wenn die Träger der sozialen Pflegeversicherung als rechtlich eigenständige Einheiten erfasst werden. Träger der Pflegeversicherung sind nach § 46 Abs. 1 S. 1 SGB XI die Pflegekassen, die bei jeder Krankenkasse errichtet werden. Nach § 46 Abs. 2 S. 1 SGB XI sind die Pflegekassen rechtsfähige Körperschaften des öffentlichen Rechts mit Selbstverwaltung. Ihre Organe sind allerdings nach § 46 Abs. 2 S. 2 SGB XI die Organe der Krankenkassen, bei denen sie errichtet sind; zur Begründung dieser Form der Organleihe siehe KassKomm/Peters SGB XI § 46 Rn. 18. Da nur vier Pflegekassen eigene Widerspruchsausschüsse haben, ist es sinnvoll und gerechtfertigt, die Pflegekassen im Zusammenhang des Forschungsprojektes zu Widerspruchsausschüssen in der Sozialversicherung nicht gesondert zu zählen. Durch weitere Fusionsvorgänge im Bereich der Gesetzlichen Krankenversicherung hat sich die Zahl der Krankenkassen von 117 im Jahr 2016 auf 113

spruchsausschüsse mit ihrem Bescheid das Vorverfahren ab und eröffnen damit den Weg zu den Sozialgerichten. Im Hinblick auf diese Funktion wirken die Widerspruchsausschüsse als zentrale Filterstation für die ihr Recht suchenden sozialen Versicherten. Diese Filterfunktion hat eine rechtlich-inhaltliche und eine mengenmäßige Bedeutung. Von wissenschaftlichem Interesse ist daher nicht nur, in wie vielen Fällen die Widerspruchsausschüsse durch einen zurückweisenden Bescheid den Weg zu den Sozialgerichten eröffnen, sondern auch, mit welcher rechtlichen Qualität sie das tun.

Darüber hinaus verwirklichen Widerspruchsausschüsse Grundgedanken der Sozialversicherung in Deutschland. Die Träger der Sozialversicherung (Versicherungsträger) sind rechtsfähige Körperschaften des öffentlichen Rechts mit Selbstverwaltung.[4] Die Selbstverwaltung wird grundsätzlich durch die Versicherten und die Arbeitgeber ausgeübt.[5] Dieser Grundsatz setzt sich über die Wählbarkeits- und Bestellungsvorschriften des SGB IV in die Zusammensetzung der Widerspruchsausschüsse um.[6]

Schließlich sind Widerspruchsausschüsse aufgrund ihrer Zusammensetzung mit ehrenamtlich tätigen Personen und hauptamtlich Beschäftigten der jeweiligen Verwaltung gut geeignet, als Beobachtungs- und Signalstationen für die Qualität der Bescheide und des Widerspruchsverfahrens zu wirken, in dem der Befassung der Ausschüsse bereits eine Abhilfeprüfung durch die Verwaltung vorangegangen ist. Das Zusammenwirken von Fachabteilung, gesonderter Rechtsbehelfsbearbeitung und Widerspruchsausschüssen ist von außen, also aus Sicht der Versicherten oder der Gerichte, nur schwer zu rekonstruieren, ist jedoch ein interessanter Aspekt des Sozialverwaltungsverfahrens.

Für die empirische Erforschung der Widerspruchsausschüsse und der Verfahrensabläufe folgen aus den rechtlichen Vorgaben mehrere Fragen, so vor allem: Auf welche Weise, in welcher Zusammensetzung und unter welchen Bedingungen nehmen Widerspruchsausschüsse ihre Aufgaben der Rechts- und Zweckmäßigkeitskontrolle tatsächlich wahr? In welchem

---

zum 1. Januar 2017 vermindert. Damit ist die Gesamtzahl der Sozialversicherungsträger auf 161 gesunken.

4 § 29 Abs. 1 SGB IV.

5 § 29 Abs. 2 SGB IV. Nach § 44 Abs. 1 Nr. 1 SGB IV setzen sich die Selbstverwaltungsorgane grundsätzlich je zur Hälfte aus Vertretern der Versicherten und der Arbeitgeber zusammen, § 44 Abs. 1 Nr. 1 SGB IV.

6 Zu Mitgliedern der besonderen Ausschüsse können nur Personen bestellt werden, die die Voraussetzungen der Wählbarkeit als Organmitglied erfüllen und, wenn die Satzung deren Mitwirkung vorsieht, Bedienstete des Versicherungsträgers, § 36 Abs. 2 S. 2 SGB IV. Wählbar ist nach § 51 Abs. 1 S. 1 SGB IV wer – unter anderem – bei dem Versicherungsträger zu einer der Gruppen gehört, aus deren Vertretern sich die Selbstverwaltungsorgane des Versicherungsträgers zusammensetzen (…) und das Wahlrecht zum Deutschen Bundestag besitzt oder im Gebiet der Bundesrepublik Deutschland seit mindestens sechs Jahren eine Wohnung innehat, sich sonst gewöhnlich aufhält oder regelmäßig beschäftigt oder tätig ist.

Umfang wirken Widerspruchsausschüsse als Filterstationen auf dem Rechtsweg zu den Sozialgerichten? Welche Besonderheiten folgen aus den Rahmenbedingungen der Selbstverwaltung und der aktiven Teilnahme von ehrenamtlichen Mitgliedern an der Arbeit der Widerspruchsausschüsse? Wirkt die Praxis der Widerspruchsausschüsse im Einzelfall und generell auf die Organisation und Arbeitsweise der Sozialversicherungsträger zurück?

B. Methoden des Forschungsprojektes

Die zentrale Forschungsmethode in dem Projekt bildete eine Befragung mit Fragebogen für alle Mitglieder von Widerspruchsausschüssen in Deutschland. Dieser Fragebogen wurde ab Anfang März 2016 über die Sozialversicherungsträger an die Ausschussmitglieder verteilt. Er konnte *online* ausgefüllt und als pdf-Dokument per E-Mail an das Zentrum für Sozialforschung Halle (ZSH) gesendet oder auch schriftlich ausgefüllt und per Post geschickt werden. Insgesamt trafen 978 auswertbare Fragebögen ein, was einen erfreulich hohen Rücklauf darstellt.[7] Die Hauptgruppe der Antwortenden bilden die ehrenamtlichen Mitglieder von Widerspruchsausschüssen mit einem Anteil von 84 %; die restlichen 16 % entfallen auf hauptamtliche Mitarbeiterinnen und Mitarbeiter aus der jeweiligen Verwaltung.

Ein zweiter, wesentlich kürzerer Fragebogen zur Ermittlung der Zahlen der Widerspruchsausschüsse und der Mitglieder von Widerspruchsausschüssen wurde im September 2016 an alle Sozialversicherungsträger ausgesandt und von knapp der Hälfte beantwortet.[8] Auf der Grundlage dieser Zahlenauskünfte und der zur Ergänzung der Informationen herangezogenen Satzungsvorschriften lassen sich die Gesamtzahlen von Widerspruchsausschüssen und Mitgliedern in den Sozialversicherungszweigen relativ zuverlässig abschätzen.

Zusätzlich zu den Wahrnehmungen der Mitglieder von Widerspruchsausschüssen erhielten wir aus von uns erbetenen Aktenanalysen an den drei Sozialgerichten Berlin, Halle an der Saale und Kassel objektive Erkenntnisse zu Streitverfahren mit Beteiligung von Widerspruchsausschüssen. Insgesamt gingen 447 Gerichtsakten in die Aktenanalyse ein.

---

7 Von den insgesamt 978 Fragebögen wurden 420 *online* und 558 schriftlich ausgefüllt; von Letzteren wiederum wurden 57 per E-Mail als ausfüllbares pdf-Dokument übersandt. 45 % aller beantworteten Fragebögen entfallen auf die Gesetzliche Rentenversicherung, 40 % auf die Gesetzliche Krankenversicherung, 7 % auf die DRV Knappschaft-Bahn-See, 6 % auf die Gesetzliche Unfallversicherung, der Rest auf SVLFG und Andere.

8 78 von 165 Sozialversicherungsträgern lieferten die erbetenen Informationen; das entspricht einem Rücklauf von 47 %.

Dem weiteren Ziel, Erkenntnisse zu den rechtlichen Grundlagen der Tätigkeit von Widerspruchsausschüssen zu erlangen, diente die Analyse von 162 Satzungen der Sozialversicherungsträger.

Die Zahlen der insgesamt erhobenen und erledigten Widersprüche in der Sozialversicherung und die Erfolgsquoten konnten aus den vom Bundesministerium für Arbeit und Soziales (BMAS) zur Verfügung gestellten Jahresstatistiken berechnet werden.[9]

C. Die Praxis der Widerspruchsausschüsse – ausgewählte Forschungsergebnisse

Im Folgenden sollen ausgewählte Forschungsergebnisse vorgestellt werden. Eine ausführliche Präsentation und Diskussion der Forschungsergebnisse bleibt dem das Projekt abschließenden Bericht vorbehalten.

I. Zur zahlenmäßigen Bedeutung der Widerspruchsverfahren

Widerspruchsverfahren in der Sozialversicherung und die Tätigkeit von Widerspruchsausschüssen haben zahlenmäßig große Bedeutung. Insgesamt wurden in Deutschland im Jahr 2014 knapp 822.000 Widersprüche in den vier Zweigen der Kranken- und Pflegeversicherung, der Unfallversicherung und der Rentenversicherung erledigt.[10] Von dieser Zahl trafen 46 % und damit etwas weniger als die Hälfte der Verfahren zur Bearbeitung bei den Widerspruchsausschüssen ein. Der größere Rest der Gesamtmenge von Widerspruchsverfahren wurde im Jahr 2014 – insoweit kaum abweichend von den Vorjahren – durch Abhilfe (32 %), Zurücknahme (18 %) und auf sonstige Weise (4 %) erledigt. Zum Größenvergleich: Mit rund 379.000 durch Widerspruchsbescheid abgeschlossenen Verfahren erreicht die Tätigkeit von Widerspruchsausschüssen in der Sozialversicherung im Jahr 2014

---

9 Statistiken SG01 und SG02. Letztes erfasstes Jahr ist 2014. Die Zahlen für 2015 lagen bis Februar 2017 noch nicht vor.
10 Quelle: BMAS, Statistiken SG01 und SG02 für 2014; eigene Berechnungen. Herausgerechnet sind die Widersprüche gegen Bescheide der Bundesagentur für Arbeit sowie die Widerspruchsverfahren in den Bereichen der Kriegsopferversorgung und des SGB IX. Werden sie hinzugenommen, steigt die Gesamtzahl der erledigten Widersprüche im Jahr 2012 auf 1.480.084.

knapp die Zahl der von den Sozialgerichten erster Instanz in diesem Jahr insgesamt erledigten 386.000 Verfahren.[11] Zuständig für die Entscheidung über die nicht vorher erledigten Widersprüche sind derzeit 1.000 bis 1.200 Widerspruchsausschüsse mit insgesamt 3.000 bis 3.500 Mitgliedern.[12] Eingerichtet sind die Widerspruchsausschüsse in jeweils unterschiedlicher Zahl bei den im Untersuchungsjahr 2016 bestehenden 165 Versicherungsträgern.[13]

II. Personenbezogene Merkmale der Mitglieder von Widerspruchsausschüssen[14]

Die genauere Betrachtung der Mitglieder von Widerspruchsausschüssen nach personenbezogenen Merkmalen zeigt ein Überwiegen des männlichen *Geschlechts*. Besonders deutlich ist das bei den ehrenamtlichen Mitgliedern, von denen vier Fünftel Männer sind. Im Hauptamt überwiegt das männliche Geschlecht mit 57 % zu 43 % weniger deutlich.

Im Hinblick auf das *Lebensalter* zeigt sich bei den Mitgliedern von Widerspruchsausschüssen eine im Vergleich zur Bevölkerungs- und Erwerbstätigenstatistik in Deutschland deutliche Verschiebung zu höherem Lebensalter. Ein Drittel aller Mitglieder von Widerspruchsausschüssen ist wenigstens 65 Jahre alt.[15] Im Vergleich der drei in den Ausschüssen vertretenen Gruppen – Versicherte, Arbeitgeber und Verwaltung – bilden die Versichertenvertreter mit einem Anteil von 42 % 65-Jähriger und Älterer die größte Gruppe in dieser Altersklasse. Eine Erklärung hierfür liegt in dem hohen Arbeitsaufwand und der schwierigen Vereinbarkeit von Ehrenamt

---

11 Statistisches Bundesamt, Fachserie 10, Reihe 2.7, Rechtspflege. Sozialgerichte 2015, Tabelle 1.1, S. 15. Von der Gesamtzahl der erledigten Verfahren entfielen rund 136.000 und damit etwas mehr als ein Drittel auf die hier betrachteten vier Zweige der Sozialversicherung.

12 Die Zahlen bilden eine Abschätzung der Größenordnungen auf der Grundlage der von uns erbetenen Auskünfte der Sozialversicherungsträger (Rückmeldestand bis zum 29.10.2016: 78 Träger) und der aus den Satzungen zu ermittelnden Zahlen von Ausschüssen und Mitgliedern.

13 Im September 2016: 115 Kranken- und Pflegekassen sowie die Knappschaft und die SVLFG, 33 Träger der Unfallversicherung und die SVLFG, 15 Träger der Rentenversicherung sowie die Alterssicherung der Landwirte durch die SVLFG und die DRV Knappschaft-Bahn-See.

14 Vgl. ausführlich: Sabine Böttcher/ Christina Buchwald, Mitgliederstruktur, Arbeitsweise, Qualifizierung: Ergebnisse der ersten umfassenden Befragung von Widerspruchsausschuss-Mitgliedern, SozSich 2016, S. 439–445.

15 In der Einwohnerstatistik der Bundesrepublik Deutschland beträgt dieser Anteil am 31. Dezember 2015 17,3 %, Statistisches Bundesamt. n. d. Bevölkerung – Zahl der Einwohner in Deutschland nach Altersgruppen am 31. Dezember 2015 (in Millionen). Zahlenangaben aus Statista, https://de.statista.com/statistik/daten/studie/1365/umfrage/bevoelkerung-deutschlands-nach-altersgruppen/.

und Erwerbstätigkeit, die eine Rekrutierung der Ehrenamtlichen bei Rentnerinnen und Rentnern nahelegt.

Der *Bildungs- und Ausbildungsstand* der Mitglieder von Widerspruchsausschüssen ist vergleichsweise hoch. Unter den ehrenamtlichen Mitgliedern verfügt ein knappes Drittel aller Antwortenden über eine abgeschlossene Lehre oder eine Facharbeiterausbildung; ein Viertel hat ein Hochschul- oder Universitätsstudium absolviert; ein weiteres knappes Fünftel ein Fachhochschulstudium.[16] Dabei ist der Facharbeiteranteil unter den Versichertenvertretern besonders hoch.

Auf die Frage nach dem *aktuellen Erwerbsstatus* gibt knapp die Hälfte der ehrenamtlichen Mitglieder an, in Rente oder Pension zu sein. 43 % sind abhängig beschäftigt, weitere 9 % sind selbstständig tätig. Die Verteilung nach *Wirtschaftszweigen* zeigt, dass für die im Ehrenamt tätigen Mitglieder von Widerspruchsausschüssen die Schwerpunkte der aktuellen oder früheren Tätigkeit mit einem knappen Drittel in der Industrie (31 %), mit insgesamt einem Viertel bei Arbeitgeber- oder Unternehmensverbänden (15 %) und Gewerkschaften (10 %) und im öffentlichen Dienst (13 %) liegen. Das Bild der sozialen Selbstverwaltung nach außen wird zwar von Hauptamtlichen der sie tragenden Verbände geprägt, die die Spitzenpositionen einnehmen. An der Basis, also in den Widerspruchsausschüssen, überwiegen jedoch diejenigen, die unmittelbar aus dem Wirtschaftsleben stammen oder aus ihm in den Ruhestand gegangen sind.

III. Organisation der Verfahren in den Widerspruchsausschüssen[17]

Für Effizienz wie Qualität der Kontrollarbeit der Widerspruchsausschüsse sind die Variablen Zeit und Fallzahlen je Ausschusssitzung von grundlegender Bedeutung. Das Forschungsbild zeigt eine überwiegend hohe Fallzahl und damit allem Anschein nach erheblichen Erledigungsdruck in den einzelnen Sitzungen. Der Häufigkeitsschwerpunkt hinsichtlich der *Fallzahlen* liegt nach den Auskünften der hierzu befragten Ausschussmitglieder bei 21–30 Fällen je Sitzung (34 %). Die Angaben weisen allerdings eine erhebliche Bandbreite auf. Durchschnittlich werden in jedem siebten Fall mehr als 50 Fälle in einer Sitzung behandelt.

Die Sitzungen *dauern* bei knapp drei Vierteln der Antwortenden im Allgemeinen bis zu drei Stunden. Aus den beiden häufigsten Angaben von 21–30 Fällen in 2–3 Stunden lassen sich rein rechnerisch typische Fallbearbei-

---

16 In der Bundesstatistik der Verteilung der Bevölkerung in Deutschland nach dem höchsten Schulabschluss für das Jahr 2014 beträgt der Anteil „Fachhochschul- oder Hochschulreife" 29 %, siehe unter https://de.statista.com/statistik/daten/studie/1988/umfrage/bildungsabschluesse-in-deutschland/
17 Böttcher, Buchwald, SozSich 2016, S. 439, 441 ff.

tungszeiten zwischen vier Minuten und neun Minuten bestimmen. Allerdings ist schematische Betrachtung nach den Erfahrungen der Praxis nicht sachgerecht. Eine entscheidende Bedingung für die Beratungsqualität auch bei höheren Fallzahlen ist die Vorbereitung. Ist sie gut organisiert, lassen sich nach den Aussagen von Ausschussmitgliedern auch größere Fallzahlen mit der gebotenen Sorgfalt beraten und entscheiden.

IV. Organisation des Ausschussvorsitzes

Der Vorsitz in einem Ausschuss hat für gewöhnlich nicht nur protokollarische, sondern auch steuernde Bedeutung. Bei den Widerspruchsausschüssen in der Sozialversicherung zeigt sich ein interessanter Unterschied zu gerichtlichen Verfahren, in denen stets Berufsrichter den Vorsitz führen. In den Widerspruchsausschüssen wechselt der Vorsitz nach rund zwei Dritteln aller Angaben zwischen den ehrenamtlichen Mitgliedern, in weiteren acht Prozent zwischen allen Mitgliedern des Ausschusses. Die hauptamtlichen Beschäftigten der Verwaltung, die am ehesten mit der berufsrichterlichen Rolle vergleichbar sind, nehmen nur in jedem siebten Fall stets die Vorsitzfunktion ein.

V. Die Zusammensetzung der Widerspruchsausschüsse nach Gruppen

Unter den Gesichtspunkten von Einfluss, Interesse und Macht kommt der anteilsmäßigen Zusammensetzung der Widerspruchsausschüsse nach Gruppen faktische Bedeutung unabhängig von ihrem Stimmrecht zu. Vergleicht man die Kombinationsmöglichkeiten der drei Gruppen der Vertreter von Versicherten und Arbeitgebern sowie der Hauptamtlichen aus der Verwaltung des Sozialversicherungsträgers, so wird deutlich, dass etwas mehr als die Hälfte (52,4 %) aller Angaben auf eine drittelparitätische Besetzung, das heißt die gleiche Anzahl der beiden Gruppen von Ehrenamtlichen und der Hauptamtlichen, entfällt. Die zweithäufigste Kombination ist die eines zahlenmäßigen Überwiegens der Verwaltung (14,4 %). An dritter Stelle der relativen Häufigkeit steht das Überwiegen der Zahl der Ehrenamtlichen (11,7 %), fast gleichauf (11,6 %) an vierter Stelle die Kombination, dass die Arbeitgebervertreter gegenüber den Versichertenvertretern in der Minderzahl sind, die ihrerseits stärker vertreten sind als die Verwaltung. Die fünfte Stelle nimmt die vergleichsweise seltene Besetzung von Widerspruchsausschüssen ohne Arbeitgebervertreter, aber mit zahlenmäßiger Überlegenheit der Versichertenvertreter gegenüber der Verwaltung ein (2,6 %).

VI. Geschäftsordnungen und Richtlinien

Im Unterschied zu den Satzungen, die sich jeder Versicherungsträger gibt (§ 34 Abs. 1 S. 1 SGB IV) und die für die dessen innere Organisation und für die Widerspruchsausschüsse konstitutive Bedeutung haben, steuern Geschäftsordnungen und Richtlinien den Alltagsbetrieb der Widerspruchsausschüsse. Sie sind für die Gestaltung der Rechtspraxis von großer Bedeutung. Bejaht wird das Vorhandensein von Geschäftsordnungen und Richtlinien von über 90 % aller antwortenden Mitglieder von Widerspruchsausschüssen. Als „sehr wichtig" oder „wichtig" erscheinen Geschäftsordnungen und Richtlinien fast vier von fünf Antwortenden (79 %), etwas weniger den Hauptamtlichen, etwas mehr den Ehrenamtlichen.

VII. Die Sitzungsvorbereitung

Vor der Sitzung der Widerspruchsausschüsse prüft die Verwaltung die Sach- und Rechtslage im Hinblick darauf, ob Abhilfe möglich ist. Regelmäßig nur, wenn sie dies nicht für möglich hält, wird der Widerspruchsausschuss befasst. Dieser benötigt nun Kenntnisse über den Fall, um eine Entscheidung treffen zu können. 84 % der Befragten geben an, dass die Unterlagen dazu vorab verschickt oder ausgegeben werden. 7 % können die Unterlagen einsehen und 9 % werden erst in der Sitzung informiert. Die Mitglieder erhalten die Unterlagen meist ein bis zwei Wochen vor der Sitzung. Ihr Umfang ist sehr unterschiedlich. Am häufigsten wurde angegeben, dass die Unterlagen zwischen 4 und 10 Seiten je Fall umfassen. 76 % der Ausschussmitglieder schätzen den Informationsgehalt als hoch oder sehr hoch ein. Gleichwohl recherchieren zwei von drei Mitgliedern zusätzlich zur Vorbereitung der Sitzungen. 72 % der Ausschussmitglieder erhalten vor der Sitzung einen Entwurf des Widerspruchsbescheids, der dann als Beschlussvorlage dienen kann.

VIII. Die Art und Weise der Beschlussfassung

Nicht überraschend für das Entscheidungsverhalten in kleinen Gruppen mit häufig langjähriger gemeinsamer Praxis ist die Formlosigkeit der Beschlussfassung im Widerspruchsausschuss. Mehr als die Hälfte der antwortenden Mitglieder von Widerspruchsausschüssen gibt an, die Einigung erfolge ohne förmliche Abstimmung; nur in einem Drittel der Antworten wird förmlich abgestimmt. Für das Ergebnis herrscht Einstimmigkeit vor.[18]

---

18 Nach der Erfahrung von 98 % der Mitglieder wird häufig (62 %) oder immer (36 %) einstimmig entschieden.

IX. Widerspruchsausschuss und Amtsermittlung[19]

Die Ausschüsse haben einen Blick auf die Tatsachenermittlung, möglicherweise ist dies sogar stärker noch als die rechtliche Würdigung ihre spezifische Funktion. Fast alle Befragten berichteten, dass sie schon einmal erlebt haben, dass der Widerspruchsausschuss weitere Sachaufklärung verlangt und den Fall an die Sachabteilung zurückgegeben hat. Dabei kommt dies aus Sicht etwas über eines Drittels (35,2 %) der Befragten „manchmal", im Übrigen fast immer „selten" (58,2 %) vor. Ähnliche, etwas niedrigere Werte (32,3 % manchmal, 49,2 % selten) gibt es dafür, dass weitere Gutachten nach der Diskussion des Widerspruchsausschusses eingeholt werden. Von der Organisation und Größe der Sozialversicherungsträger hängt ab, ob deren Beschäftigte fallbezogen an den Sitzungen teilnehmen, bei einem knappen Fünftel (18,9 %) ist dies regelmäßig der Fall. Nur selten nehmen medizinische Gutachter an den Ausschuss-Sitzungen teil (86,5 %: nie). Unüblich ist auch die Teilnahme der Widerspruchsführenden (84,3 %: nie) und ihrer Bevollmächtigten (87,5 %: nie)[20].

X. Bewertung der Tätigkeit in den Widerspruchsausschüssen durch die Ehrenamtlichen

Die Mitglieder von Widerspruchsausschüssen bewerten ihre Tätigkeit und die Wirkungen der Ausschusstätigkeit auf die Verwaltungspraxis ganz überwiegend positiv. Einige Beispiele: Eine Stärkung der Selbstverwaltung durch die Arbeit der Widerspruchsausschüsse bejahen 91 % der Befragten (58 % voll und ganz, 33 % eher ja). Die Beeinflussung der Verwaltungspraxis durch die Widerspruchsausschüsse bestätigen 38 % voll und ganz und weitere 32 % überwiegend. Das Gefühl, von der Verwaltung ernst genommen zu werden, bekunden 58 % voll und ganz und weitere 35 % überwiegend, eine Wahrnehmung, die – nicht verwunderlich – im Hauptamt stärker ausgeprägt ist als im Ehrenamt. Vor diesem insgesamt selbstbewussten Hintergrund überrascht es kaum, dass das Gefühl, „nur eine Alibi-Funktion" einzunehmen, mit deutlicher Mehrheit überhaupt nicht (56 %) oder eher nicht (29 %) zum Ausdruck gebracht wurde.

---

19 Vgl. dazu auch Felix Welti/ Manuela Fischer, Widerspruchsverfahren und Sozialgerichtsverfahren, SozSich 2016, S. 445–450.
20 Nach der Gerichtsaktenanalyse waren 48 % der Widerspruchführenden rechtlich vertreten.

D. Zum Schluss und zum weiteren Forschungsbedarf

Widerspruchsausschüsse sind eine institutionelle Ausprägung des Prinzips der sozialen Selbstverwaltung, das auf das späte 19. Jahrhundert zurückgeht. Man darf bei einer weit über 100 Jahre alten Einrichtung kritisch fragen, ob das Prinzip und die aus ihm erwachsene Praxis zeitgemäß und zur Bewältigung der ihnen gestellten Aufgaben in der Lage sind. Die bundesweit erste empirische Untersuchung der Widerspruchsausschüsse in der Sozialversicherung in Deutschland kann aus der Sicht der Mitglieder eine funktionsfähige Institution und ein selbstbewusstes, verantwortliches und zur Rechts- und Zweckmäßigkeitskontrolle fähiges Verfahren belegen. Die Rückkoppelungen zwischen Verwaltungs-, Widerspruchs- und Sozialgerichtsverfahren bedürfen weiterer Forschung, gerade vor dem Hintergrund anhaltend hoher Klagezahlen in der Sozialgerichtsbarkeit[21].

Im Vergleich zur staatlichen Verwaltung bemerkenswertes Kennzeichen des Forschungsfeldes ist die Vielfalt der satzungsrechtlichen Grundlagen und der Organisation der Verfahren. Das Potenzial vergleichender Forschung ist hier noch nicht ausgeschöpft. So wäre es interessant, welche Organisations- und Verfahrensgestaltungen – etwa im Hinblick auf die Kommunikation mit den Versicherten und die Regionalität der Organisation – das Ziel einer raschen Befriedung von Konflikten und der Findung einer recht- und zweckmäßigen Entscheidung erreichen können.

Ebenfalls wissenschaftliche Beachtung verdient das Zusammenwirken von lebensweltlichem Verständnis auf Seiten der ehrenamtlichen Mitglieder mit der fachlichen und rechtlichen Expertise der Hauptamtlichen. Die Frage der Differenzen zwischen Laienwissen und Fachwissen und des darin möglicherweise angelegten Handlungsvorsprungs der Verwaltung bedarf weiterer Aufklärung, zumal das sozialrechtliche Verwaltungs- und Gerichtsverfahren ohnehin eine anspruchsvolle Verknüpfung von Wissensordnungen des Sozial- und Gesundheitswesens, der Verwaltung und der Justiz und verschiedener Professionalitäten, namentlich des Rechts und der Sozialmedizin, herstellt.

Immerhin spricht die ganz überwiegende Einverständlichkeit der Entscheidungen für die Konsensfähigkeit der Beteiligten und eine insgesamt starke Integrationskraft der Tätigkeit von und in Widerspruchsausschüssen der Sozialversicherung. Die im Vergleich zu anderen Gerichtsbarkeiten

---

21 Vgl. Armin Höland/ Felix Welti/ Sabine Schmidt, Fortlaufend anwachsende Klageflut in der Sozialgerichtsbarkeit? – Befunde, Erklärungen, Handlungsmöglichkeiten in: Die Sozialgerichtsbarkeit (SGb) 2008, S. 689–697; Armin Höland, Gerichtskostenfreiheit und Überlastung in der Sozialgerichtsbarkeit – Erkenntnisse aus einem empirischen Forschungsprojekt, in: Deutscher Sozialgerichtstag e. V. (Hrsg.), Sozialrecht im Umbruch – Sozialgerichte im Aufbruch, Stuttgart, 2010, S. 147–172.

hohe Erfolgsquote der gegen die Widerspruchsbescheide gerichteten Klagen in der Sozialgerichtsbarkeit erfordert weitere Aufmerksamkeit. Sie zeigt, dass im Verwaltungs- und im Widerspruchsverfahren sicher noch Verbesserungspotenzial liegt. Die Klage- und Erfolgsquoten scheinen aber noch höher bei Trägern, wie den Jobcentern, die regelmäßig über keine Widerspruchsausschüsse verfügen[22].

---

[22] Vgl. Bernard Braun/ Petra Buhr/ Armin Höland/ Felix Welti, Gebührenrecht im sozialgerichtlichen Verfahren, Baden-Baden 2008, S. 183 ff.

Überblick über die Aufgabengebiete der Rentenberater/innen: Wünsche an Gesetzgeber und Sozialgerichte[1]

Rudi F. Werling, Rentenberater, Vorsitzender des Ausschusses für Berufsrecht des Bundesverbandes der Rentenberater e. V., Mitglied der Kommission Verfahrensrecht des DSGT e. V.

A. Einführung

Der Beruf des Rentenberaters gehört, wie zum Beispiel der der Anwälte, Notare, Steuerberater und Wirtschaftsprüfer, seit Jahrzehnten zu den Freien Berufen. Diese haben im Allgemeinen auf der Grundlage besonderer beruflicher Qualifikation oder schöpferischer Begabung die persönliche, eigenverantwortliche und fachlich unabhängige Erbringung von Dienstleistungen höherer Art im Interesse der Auftraggeber und der Allgemeinheit zum Inhalt[2]. Wie bei den anderen Freien Berufen auch ist der Berufszugang sowie die Berufsausübung für Rentenberater reglementiert. Blickt der Berufsstand der Rentenberater im Jahr 2017 auf eine mehr als 60-jährige Geschichte zurück, so erfolgt die Erbringung von Rechtsdienstleistungen aufgrund unterschiedlicher berufsrechtlicher Regelungen; dabei wird oftmals verkannt, dass die berufliche Tätigkeit der Rentenberater nicht auf den Rentenantrag – weder rechtlich noch praktisch – fokussiert ist, sondern die Tätigkeit nur dann umfassend auch aus Verbrauchersicht erbracht werden kann, wenn aufgrund der notwendigen besonderen Sachkunde und Befugnisse auch auf den weiteren Kernbereichen der Rentenberatertätigkeit Rechtsdienstleistungen erbracht werden dürfen.

B. Überblick und Fallvorstellung

Um ein Verständnis für die Aufgabengebiete der Rentenberater zu gewinnen, ist also zunächst eine berufsrechtliche Betrachtung der Rechtsdienstleistungsbefugnisse der Rentenberater notwendig. Anschließend wird

---
1 Erweiterte Fassung des am 17. November 2016 auf dem Sechsten Deutschen Sozialgerichtstag in Potsdam gehaltenen Vortrags.
2 Definition gemäß der Mitgliederversammlung des Bundesverbandes der Freien Berufe e. V. 1995.

anhand eines typischen Mandats geprüft, ob und inwieweit die tatsächlichen Anforderungen aus Verbrauchersicht kongruent sind mit den Qualifikationsanforderungen an den Rentenberaterberuf.

I. Rechtliche Grundlagen

Der Begriff Beruf im Sinne von Art. 12 Abs. 1 GG ist dabei denkbar weit zu verstehen[3]. Schon im Apotheken-Urteil ist ausgesprochen, dass der Einzelne bei seiner Berufswahl nicht von vornherein auf feste Berufsbilder beschränkt ist, sondern dass er vielmehr grundsätzlich auch jede erlaubte untypische Tätigkeit als Beruf erwählen darf[4]. Viele Rechtsbeistände und Prozessagenten (Personen mit einer Erlaubnis zum Auftreten in der mündlichen Verhandlung vor Gerichten nach dem bis 30. Juni 2008 geltenden Recht) mit einer Erlaubnis nach dem Rechtsberatungsgesetz[5] bezeichneten sich daher als „Rentenberater", um einen Schwerpunkt – meist jedoch nicht den einzigen – ihrer beruflichen Tätigkeit für Rechtsuchende allgemein verständlich, d. h. prägnant und werbewirksam darzustellen, ohne damit eine Einschränkung ihrer beruflichen Befähigung und Befugnisse zur Besorgung fremder Rechtsangelegenheiten, einschließlich der Rechtsberatung, zu verbinden.

Die Berufsbezeichnung „Rentenberater" fand dann erstmals durch das Gesetz zur Änderung der Bundesgebührenordnung für Rechtsanwälte[6] Eingang in das Rechtsberatungsgesetz; eine Beschränkung der beruflichen Tätigkeit auf das Gebiet der Sozialrenten war damit nicht beabsichtigt[7]; zudem wird auch hier von der Tätigkeit auf einem Gebiet im Sinne eines Rechtsgebietes gesprochen und nicht von einer Tätigkeit in Bezug auf eine Sozialrente. Auch Erlaubnisse nach dem Rechtsberatungsgesetz in der Fassung vom 27. August 1980 bis 30. Juni 2008 waren stets „umfassend" zu sehen. Umfassend in diesem Sinne bedeutet, dass die Erlaubnis als Rentenberater – wurde mit der Erlaubniserteilung nicht eine explizite Beschränkung auf einzelne namentlich in der Erlaubnisurkunde benannte Sachgebiete vorgenommen – eine Vielzahl von rechtlichen Sachgebieten umfassen konnte[8]. Eine gar gegenstandsbezogene Beschränkung der Rechtsdienstleistungsbefugnis kannte das bis 30. Juni 2008 geltende Recht nicht.

Mit dem Rechtsdienstleistungsgesetz (RDG) erfolgte eine Neudefinition der vorher gesetzlich nicht definierten Tätigkeit „Rentenberatung". Auch

---

3 BVerfG, Beschluss vom 28. November 1984 – 1 BvL 13/81 –, BVerfGE 68, 272–287.
4 BVerfG, Beschluss vom 17. Juli 1961 – 1 BvL 44/55 –, BVerfGE 13, 97–129, Rn. 20.
5 Rechtsberatungsgesetzes i. d. F. bis 26. August 1980.
6 BGBl. 1980 Teil I Nr. 51, ausgegeben am 26. August 1980, Seite 1503.
7 BT-Drucks. 8/4277, Seite 22.
8 § 2 Abs. 1 der Ersten Ausführungsverordnung zum Rechtsberatungsgesetz.

weiterhin ist für einen Berufszugang ab dem 1. Juli 2008 Voraussetzung, dass eine rechtsberatende Tätigkeit nur dann erbracht werden darf, wenn nach Qualifikationsnachweis der erforderlichen Sachkunde eine Zulassung/ Registrierung durch eine staatliche Behörde vorliegt, deren Entscheidung als Verwaltungsakt zu qualifizieren ist. Für Alterlaubnisinhaber nach dem früheren Rechtsberatungsgesetz ist für die weitere Berufsausübung auch das Einführungsgesetz zum Rechtsdienstleistungsgesetz[9] (RDGEG) zu beachten.

II. Ein Beispielsfall

Ein typischer Fall aus der Beratungspraxis könnte Sonja Müller[10] sein, die ihre individuelle Situation zu ihren Fragen „Was kann ich tun, was muss ich beachten?" zunächst einmal wie folgt dem Rentenberater beschreibt:
- Ich beabsichtige, in einiger Zeit in Rente zu gehen.
- Derzeit bin ich arbeitsunfähig krankgeschrieben und beziehe Krankengeld wegen einer Augenerkrankung.
- Ich bin seit Jahren von meinem Mann (Arzt in Hessen) geschieden; meine Kinder wohnen mit den Enkeln im Haus.
- Ich habe eine Direktversicherung als betriebliche Altersversorgung.
- Es liegt eine für den Rentenberater erkennbare eingeschränkte Gehfähigkeit vor.

Welche Fragestellungen ergeben sich für den Rentenberater in dieser konkreten Beratungssituation, damit er seinen Beratungsauftrag haftungsneutral vollumfänglich erfüllen kann? Welche Rechtsgebiete werden hierbei angesprochen? Deckt sich die hierfür erforderliche Qualifikation mit den Anforderungen an den Rentenberaterberuf? Dieser Fall wird später aufgegriffen und die Fragen dann entsprechend beantwortet werden.

C. Rentenberatung ist Rechtsberatung: Rechtsdienstleistung und Zulässigkeitsvoraussetzungen

Der Bundesgerichtshof hat 1990 ausdrücklich festgestellt, dass Rentenberatung ein Teilbereich der Rechtsberatung ist. Damit gehört sie auch zum Berufsfeld der Rechtsanwälte, welche zunächst die berufenen unabhängigen

---

9 BGBl. Jahrgang 2007 Teil I Nr. 63, ausgegeben zu Bonn am 17. Dezember 2007, Seite 2846.
10 Der Name „Sonja Müller" ist hier frei erfunden und steht in keinem Zusammenhang mit einer real existierenden Person.

Berater und Vertreter in allen Rechtsangelegenheiten sind[11]. Als Teilbereich der Rechtsberatung darf daher Rentenberatung nur durch Personen erbracht werden, die hierzu befugt sind. Somit stellt sich die Frage nach der rechtlichen Grundlage für eine Berufsausübung im Bereich der Rentenberatung durch andere Personen als Rechtsanwälte.

I. Das Rechtsdienstleistungsgesetz

Bis zum 30. Juni 2008 galt hier das Rechtsberatungsgesetz. Seither ist die Befugnis zur Erbringung außergerichtlicher Rechtsdienstleistungen im Rechtsdienstleistungsgesetz (RDG) geregelt. Es dient nach seinem Gesetzeszweck, wie er in § 1 Abs. 1 Satz 2 RDG formuliert ist, dazu, die Rechtsuchenden, den Rechtsverkehr und die Rechtsordnung vor unqualifizierten Rechtsdienstleistungen zu schützen. Regelungen in anderen Gesetzen über die Befugnis, Rechtsdienstleistungen zu erbringen, bleiben nach § 1 Abs. 2 RDG unberührt.

II. Die Rechtsdienstleistung aus der Sicht der Sozialgerichte

Rechtsdienstleistung ist nach § 2 RDG jede Tätigkeit in konkreten fremden Angelegenheiten, sobald sie eine rechtliche Prüfung des Einzelfalles erfordert. Seit Inkrafttreten des Rechtsdienstleistungsgesetzes am 1. Juli 2008 hat sich das Bundessozialgericht bislang erst in drei qualifizierten Entscheidungen zur Vertretungsbefugnis nach dem Rechtsdienstleistungsgesetz auseinandergesetzt. Hierbei ist zu betonen, dass berufsrechtliche Fragen originär der Verwaltungsgerichtsbarkeit zugeordnet sind, die Sozialgerichtsbarkeit sich also nur in Ausnahmefällen damit zu beschäftigen hat.

1. Entscheidung zum Steuerberater im Schwerbehindertenrecht

In einer Entscheidung vom 14. November 2013[12] ging es um die Tätigkeit eines Steuerberaters im Schwerbehindertenrecht. Das BSG hat hierbei zunächst ermittelt, ob die ausgeübte Tätigkeit die Anforderungen an das Merkmal einer „rechtlichen Prüfung" erfüllt. Die Vertretung zu einem Erstantrag zur Feststellung des Grades der Behinderung (GdB) stellt nach Auffassung des BSG keine Rechtsdienstleistung dar. Anschließend hat das BSG geprüft, ob die Vertretung von Mandanten im Widerspruchsverfahren nach dem SGB IX zum Berufs- und Tätigkeitsfeld von Steuerberatern gehört. Das

---
11 BGH, Beschluss vom 23. Juli 1990 – AnwZ (B) 65/89.
12 BSG, Urteil vom 14. November 2013 – B 9 SB 5/12 R.

BSG hat dies verneint. Es bedarf stets der Berücksichtigung der beruflichen Qualifikation. Insofern ist es von Bedeutung, dass das Schwerbehindertenrecht nach § 37 Abs. 3 Steuerberatungsgesetz (StBerG) nicht zu den Prüfungsgebieten der Steuerberaterprüfung gehört. Das BSG betont, dass als Vorstufe eines Gerichtsverfahrens ein Widerspruchsverfahren im Schwerbehindertenrecht typischerweise qualifizierte Rechtskenntnisse, wie sie grundsätzlich nur bei Rechtsanwälten und registrierten Personen i. S. des § 10 Abs. 1 Nr. 2 RDG – den Rentenberatern – vorausgesetzt werden können, erfordert[13].

2. Entscheidungen zu Steuerberatern in Verwaltungsverfahren

In den Entscheidungen vom 5. März 2014[14] ging es um die Tätigkeit von Steuerberatern in einem auf Feststellung des sozialversicherungsrechtlichen Status gerichteten Verwaltungsverfahren nach § 7a SGB IV. Das BSG hat auch hier zunächst ermittelt, ob die ausgeübte Tätigkeit die Anforderungen an das Merkmal einer „rechtlichen Prüfung" erfüllt und dies bereits für die Antragstellung und das Betreiben eines Verwaltungsverfahrens nach § 7a SGB IV nicht erst für ein Widerspruchsverfahren bejaht, da sie als Erbringung einer Rechtsdienstleistung i. S. von § 2 Abs. 1 RDG zu werten ist. Zur Abgrenzung zwischen Versicherungspflicht in den einzelnen Zweigen der Sozialversicherung wegen (abhängiger) Beschäftigung oder (Nicht-)Versicherungspflicht aufgrund anzunehmender Selbstständigkeit bedarf es typischerweise einer besonderen Sachkunde auf dem Gebiet des Sozialversicherungsrechts[15].

Auch handelt es sich nach Auffassung des BSG nicht um eine nach § 5 RDG zulässige Nebenleistung. Um als Nebenleistung zu gelten, müsste es sich dabei im Einzelfall nämlich um eine Tätigkeit handeln, die der Berater mit seiner beruflichen Qualifikation ohne Beeinträchtigung des in § 1 RDG genannten Schutzzwecks, die Rechtsuchenden, den Rechtsverkehr und die Rechtsordnung vor unqualifizierten Rechtsdienstleistungen zu schützen, miterledigen kann. Maßgebend ist insoweit nicht die individuelle Qualifikation des Rechtsdienstleistenden, sondern die allgemeine berufstypische juristische Qualifikation des Betroffenen im Rahmen seiner Haupttätigkeit[16].

---

13 BSG, Urteil vom 14. November 2013 – B 9 SB 5/12 R – Rn. 48 bei juris.
14 BSG, Urteile vom 5. März 2014 – B 12 R 4/12 R und B 12 R 7/12 R.
15 BSG, Urteil vom 5. März 2014 – B 12 R 7/12 R – Rn. 19 bei juris.
16 BSG, Urteil vom 5. März 2014 – B 12 R 7/12 R – Rn. 31 bei juris.

III. Zusammenfassung

Für die Erbringung von Rechtsdienstleistungen bedarf es stets einer Kongruenz zwischen den Qualifikationsanforderungen für einen Berufszugang (Nachweis der besonderen Sachkunde) sowie den allgemeinen Anforderungen an die Berufsausübung im Mandat (grundsätzliche Kenntnisse des materiellen Rechts sowie des Verfahrensrechts).

Die selbstständige Erbringung außergerichtlicher Rechtsdienstleistungen ist daher nach § 3 RDG nur in dem Umfang zulässig, in dem sie durch das RDG oder durch oder aufgrund anderer Gesetze erlaubt wird; hierzu gehören für sozialrechtliche Angelegenheiten u. a. § 10 RDG, die Bundesrechtsanwaltsordnung (BRAO) sowie das Einführungsgesetz zum Rechtsdienstleistungsgesetz (RDGEG). Die Vertretungsbefugnis in Statusfeststellungsverfahren für Rentenberater und Rechtsanwälte sowie Steuerberater (Letztere verneint) wurde auch in der Literatur unter Berücksichtigung der historischen Entwicklung des Statusfeststellungsverfahrens sowie der Berufstätigkeit der Rentenberater detailliert dargestellt[17]. Die Anwendung des Steuerberatungsgesetzes wurde in den zuvor dargestellten Entscheidungen für die Tätigkeit eines Steuerberaters im Schwerbehindertenrecht für Widerspruchsverfahren sowie in Statusfeststellungsverfahren vom BSG aus nachvollziehbaren Gründen zu Recht verneint.

D. Hohe Hürden: Kriterien für die Registrierung im Rechtsdienstleistungsregister

Nach § 10 Abs. 1 Satz 1 Nr. 2 RDG dürfen natürliche und juristische Personen sowie Gesellschaften ohne Rechtspersönlichkeit, die bei der zuständigen Behörde registriert sind (registrierte Personen), aufgrund besonderer Sachkunde Rechtsdienstleistungen in folgenden Bereichen erbringen:
- Inkassodienstleistungen
- Rentenberatung
- Rechtsdienstleistungen in einem ausländischen Recht

---

17 Werling, Die Vertretungsbefugnis in Statusfeststellungsverfahren für Rentenberater und Rechtsanwälte sowie Steuerberater (Letztere verneint), rv 10/2014, 182–186.

I. Registrierungsvoraussetzungen

Voraussetzungen für die Registrierung sind nach § 12 Abs. 1 RDG nachfolgende Kriterien:
- persönliche Eignung und Zuverlässigkeit;
- theoretische und praktische Sachkunde in dem Bereich oder den Teilbereichen des § 10 Abs. 1 RDG, in denen die Rechtsdienstleistungen erbracht werden sollen;
- Berufshaftpflichtversicherung mit einer Mindestversicherungssumme von 250.000 Euro für jeden Versicherungsfall.

II. Kernbereiche

Seit der Reform des Rechtsberatungsrechts zum 1.7.2008 sind die Kernbereiche für außergerichtliche und gerichtliche Rechtsdienstleistungen registrierter Personen somit die Gebiete
- der gesetzlichen Renten- und Unfallversicherung,
- des sozialen Entschädigungsrechts,
- des übrigen Sozialversicherungs- und Schwerbehindertenrechts mit Bezug zu einer gesetzlichen Rente
- sowie der betrieblichen und berufsständischen Versorgung.

III. Tätigkeitsbereiche

Tätigkeitsbereiche von nach § 10 Abs. 1 Satz 1 Nr. 2 RDG registrierten Personen sind somit vor allem sozialrechtliche Gebiete und die des Arbeitsrechts (betriebliche Altersversorgung) sowie des Verwaltungsrechts (u. a. Berufsständische Versorgungswerke als Sondersysteme, die für die kammerfähigen Freien Berufe der Ärzte, Apotheker, Architekten, Notare, Rechtsanwälte, Steuerberater bzw. Steuerbevollmächtigte, Tierärzte, Wirtschaftsprüfer und vereidigte Buchprüfer, Zahnärzte, Ingenieure sowie Psychotherapeuten die die Pflichtversorgung bezüglich der Alters-, Invaliditäts- und Hinterbliebenenversorgung ihrer Mitglieder sicherstellen)[18].

Die gerichtlichen Vertretungsbefugnisse ergeben sich für registrierte Personen ausschließlich nach § 73 Abs. 2 Satz 2 Nr. 3 SGG.

---

18 Definition gemäß http://www.abv.de/berufsstaendische-versorgungswerke.html, Stand 30. Januar 2017.

IV. Besondere Sachkunde

Die Voraussetzungen an die besondere Sachkunde sind in § 11 Abs. 2 RDG definiert. Demnach wird eine besondere Sachkunde im materiellen Recht der gesetzlichen Renten- und Unfallversicherung und in den übrigen Teilbereichen des § 10 Abs. 1 Satz 1 Nr. 2 RDG, für die eine Registrierung beantragt wird, Kenntnisse über Aufbau, Gliederung und Strukturprinzipien der sozialen Sicherung sowie Kenntnisse der gemeinsamen, für alle Sozialleistungsbereiche geltenden Rechtsgrundsätze einschließlich des sozialrechtlichen Verwaltungsverfahrens und des sozialgerichtlichen Verfahrens verlangt. Der Gesetzgeber hat es jedoch versäumt, diese Kenntnisse detailliert in § 11 Abs. 2 RDG zu regeln. Daher ist auf die „Richtlinien für die Durchführung von Sachkundeprüfungen bei Anträgen auf Erlaubniserteilung zur Rentenberatung" der Präsidenten der Landessozialgerichte zurückzugreifen[19], wie sie auch Grundlage der Entscheidung des Deutschen Bundestages im Dezember 2007 über die Reform des Rechtsberatungsgesetzes gewesen sind; verlangt werden in den einzelnen sozialrechtlichen Gebieten nachfolgend dargestellte Kenntnisse:

- **Krankenversicherung:** Organisation; Mitgliedschaft, Versicherungsfälle, Leistungen, Beiträge, Aufgaben der Krankenkassen als Beitragseinzugsstellen;
- **Unfallversicherung:** Organisation, versicherter Personenkreis, Begriff des Arbeitsunfalls, Leistungen der Versicherung, Haftung und Rückgriff, Beiträge;
- **Rentenversicherung:** Organisation, versicherter Personenkreis, Beiträge und Verfahren, Versicherungsfälle, Leistungen, Grundlagen der Rentenberechnung;
- **Versorgungs- und Schwerbehindertenrecht:** Grundzüge der sozialen Entschädigung, erfasste Risiken, Grundrente, Entschädigung beruflicher Nachteile, Hinterbliebenenrecht, MdE-und GdB-Bewertung, Nachteilsausgleiche;
- **Pflegeversicherung:** Organisation, versicherter Personenkreis, Beiträge, Versicherungsfall, Leistungen, Leistungserbringerrecht.

V. Anforderungen an den Nachweis

Der Nachweis der Registrierungsvoraussetzungen hat nach § 12 RDG i. V. m. §§ 2 ff. Rechtsdienstleistungsverordnung (RDV) zu erfolgen:

---

19 BT-Drucksache 16/3655, Seite 66; Werling, Die Vertretungsbefugnis in Statusfeststellungsverfahren für Rentenberater und Rechtsanwälte sowie Steuerberater (Letztere verneint), rv 10/2014, 182–186 sowie Werling, Die Zulassungspraxis von Rentenberatern, rv 04/2015, Seite 99 ff.

1. Nachweis der theoretischen Sachkunde

Der Nachweis der theoretischen Sachkunde erfolgt entweder durch ein Zeugnis über die erste Prüfung nach § 5d Abs. 2 des Deutschen Richtergesetzes oder durch Zeugnis über einen erfolgreich abgeschlossenen Sachkundelehrgang. Das Zeugnis über den erfolgreichen Abschluss eines juristischen Studiums ist mit dem über einen erfolgreich abgeschlossenen Sachkundelehrgang gleichwertig. Bei einem fachbezogenen Studium wird für den Bereich der Rentenberatung ein spezifisch sozial- oder sozialversicherungsrechtlich orientiertes Studium vorauszusetzen sein[20].

Dem steht nicht entgegen, dass in den Sachkundelehrgängen teilweise auch Spezialkenntnisse vermittelt werden, die über den universitären Pflichtprüfungsstoff hinausgehen[21]. § 4 RDV regelt aufgrund der Ermächtigung in § 12 Abs. 5 RDG die Anforderungen an den Lehrgang zum Nachweis der theoretischen Sachkunde, der nach § 2 Abs. 1 RDV den Regelfall des theoretischen Sachkundenachweises darstellt. Diese Regelung orientiert sich an der Ausgestaltung der Fachanwaltslehrgänge in § 6 Abs. 1 Fachanwaltsordnung (FAO)[22]. Der Sachkundelehrgang im Bereich Rentenberatung muss mindestens 150 Zeitstunden betragen (Fachanwalt für Sozialrecht lediglich 120 Zeitstunden).

2. Nachweis der praktischen Sachkunde

Praktische Sachkunde besitzt, wer die Befähigung zum Richteramt nach dem Deutschen Richtergesetz hat oder – als Regelfall – eine mindestens zwei Jahre unter Anleitung erfolgte Berufsausübung oder praktische Berufsausbildung, konkret für diejenige Tätigkeit, die im Rahmen der Registrierung nach dem Rechtsdienstleistungsgesetz angestrebt wird, nachweisen kann.

VI. Registrierung, Eintragung und Veröffentlichung

Nach Antrag und Nachweis von Eignung, Zuverlässigkeit, Sachkunde und Berufshaftpflichtversicherung erfolgt von der Registrierungsbehörde zum Abschluss des Verwaltungsverfahrens nach § 16 RDG die Vornahme der Registrierung im Rechtsdienstleistungsregister und Veröffentlichung unter der Internetadresse www.rechtsdienstleistungsregister.de. Die Eintragung in das Rechtsdienstleistungsregister wird als konstitutive Voraussetzung für

---

20 BR-Drucksache 316/08, zu § 2 Abs. 1 RDV, Seite 11.
21 BR-Drucksache 316/08, zu § 2 Abs. 1 RDV, Seite 10.
22 BR-Drucksache 316/08, zu § 2 Abs. 1 RDV, Seite 13.

die Berufsausübung normiert. Die Registrierung stellt einen Verwaltungsakt im Sinn von § 35 Verwaltungsverfahrensgesetz dar und ersetzt die bislang erforderliche Erlaubniserteilung, die nur deklaratorisch zu veröffentlichen war. Zum Schutz der Rechtsuchenden wird der Akt der Publizierung aufgewertet und erhält gleichzeitig Erlaubnischarakter[23].

E. Fallabgleich

Maßstab für eine Einschränkung der Berufsausübungsfreiheit ist – wie bereits in der Rechtsprechung zu den Steuerberatern dargestellt – stets § 1 RDG (Normzweck: Schutz der Rechtsuchenden, des Rechtsverkehrs und der Rechtsordnung vor unqualifizierten Rechtsdienstleistungen) unter Berücksichtigung von § 11 RDG (nachgewiesene besondere Sachkunde im materiellen Recht sowie im Verfahrensrecht) insbesondere zur Frage der Verhältnismäßigkeit. Eine Einschränkung ist nicht erforderlich, wenn sich Sachkunde und Berufsausübung decken[24].

Kommen wir also zurück auf die eingangs beschriebene Falldarstellung um zu untersuchen, ob eine Kongruenz zwischen den Qualifikationsanforderungen für die berufliche Tätigkeit des Rentenberaters sowie den allgemeinen Anforderungen an die Berufsausübung im Mandat (grundsätzliche Kenntnisse des materiellen Rechts sowie des Verfahrensrechts) vorliegt[25]:

I. Sonja Müller beabsichtigt in einiger Zeit in Rente zu gehen

Für den sachkundigen Berater ergeben sich Fragen und eine Beratungspflicht u. a.:

zur Vorversicherung in der Rentenversicherung, zur Wartezeit und Rentenhöhe, zum gegenwärtigen Beruf und zum beruflichen Lebenslauf (BU-Rente/EM-Rente), zu den vorliegenden gesundheitlichen Beeinträchtigungen im Sinne einer Krankheit oder Behinderung einschließlich deren sozialrechtlichen Bewertung im Hinblick auf eine Erwerbsminderung oder Schwerbehinderteneigenschaft, zur sozialrechtlichen Beurteilung der beschriebenen „selbstständigen Arztschreibkraft im Homeoffice" bei fraglicher arbeitnehmerähnlicher Selbstständigkeit (Versicherungspflicht und

---

23 BT-Drucksache 16/3655, Seite 63.
24 BVerfG, Nichtannahmebeschluss vom 22. Dezember 2000 – 1 BvR 717/97 –, Rn. 17, juris.
25 Ohne damit eine vollständige Aufzählung der klärungsbedürftigen Fragen sowie der Beratungspflicht vorzunehmen; es handelt sich ausdrücklich um ein gegebenenfalls unvollständiges Beispiel.

offene Beitragspflicht?) sowie zur Situation in der Krankenversicherung im Hinblick auf Krankengeldhöhe und Krankengelddauer, zur Vorversicherungszeit für die KVdR, zur eventuellen Aufforderung gem. § 51 SGB V und Umdeutung gem. § 116 SGB VI, zu geplanten Rechtsänderungen zu Rentenberechnungsvorschriften – gerade auch in Abhängigkeit von Zeitpunkt des Rentenbeginns, Möglichkeiten zur Nachzahlung von Beiträgen bzw. zur Aufstockung eines Rentenabschlags.

Für den Bereich Rentenversicherung (notwendige Kenntnisse zu Organisation, versicherter Personenkreis, Beiträge und Verfahren, Versicherungsfälle, Leistungen, Grundlagen der Rentenberechnung) besteht die erforderliche Kongruenz. Die Beurteilung der Kongruenz zum Krankenversicherungsrecht und Schwerbehindertenrecht geschieht nachfolgend.

II. Sonja Müller ist derzeit arbeitsunfähig krankgeschrieben und bezieht Krankengeld wegen einer Augenerkrankung

Für den sachkundigen Berater ergeben sich Fragen und eine Beratungspflicht u. a. zur Dauer der weiteren Krankengeldzahlung, zur Krankengeldhöhe, zu einer eventuell bereits erfolgten oder möglichen Aufforderung zur Reha-Antragstellung, zur Bestimmung der Arbeitsunfähigkeit in Abhängigkeit vom Beruf, zur weiteren sozialrechtlichen Absicherung – Sicherstellung des Versicherungsschutzes durch weitere Pflichtmitgliedschaft, freiwillige Versicherung bzw. Familienversicherung – nach Aussteuerung aus dem Krankengeldbezug (dem Grunde und der Höhe nach, zum Beispiel im Hinblick auf Leistungen der Arbeitsagentur).

Für den Bereich Krankenversicherung (notwendige Kenntnisse zu Organisation; Mitgliedschaft, Versicherungsfälle, Leistungen, Beiträge, Aufgaben der Krankenkassen als Beitragseinzugsstellen) besteht die erforderliche Kongruenz.

Dies gilt in der zuvor beschriebenen Situation auch für den Bereich der Arbeitslosenversicherung[26].

III. Sonja Müller hat eine erkennbar eingeschränkte Gehfähigkeit

Für den sachkundigen Berater ergeben sich Fragen und eine Beratungspflicht u. a. zum Vorliegen einer eventuell bereits festgestellten Schwerbehinderteneigenschaft sowie deren Dauer (möglicher Wegfall wegen Hei-

---

26 Die Beratungsbefugnis in Angelegenheiten der Arbeitsagentur (zum Sachgebiet des Arbeitsförderungsgesetzes und anderen Angelegenheiten der Bundesagentur für Arbeit) ergibt sich aus § 5 RDG, BT-Drucksache 16/3655, Seite 64, rechte Spalte.

lungsbewährung?) bzw. zu den Voraussetzungen für die Anerkennung eines (höheren) Grades der Behinderung sowie von Merkzeichen. Dies schließt die Frage nach einem „warum/woher" der Behinderung mit einem Blick auf die gesetzliche Unfallversicherung, das Versorgungsrecht und die Frage nach einer eventuellen dortigen MdE/GdS mit ein.

Für den Bereich Unfallversicherung (notwendige Kenntnisse zu Organisation, versichertem Personenkreis, Begriff des Arbeitsunfalls, Leistungen der Versicherung, Haftung und Rückgriff, Beiträge) wie auch für den Bereich Versorgungs- und Schwerbehindertenrecht (notwendige Kenntnisse zu Grundzügen der sozialen Entschädigung, erfassten Risiken, Grundrente, Entschädigung beruflicher Nachteile, Hinterbliebenenrecht, MdE- und GdB-Bewertung, Nachteilsausgleiche) besteht ebenfalls die notwendige Kongruenz.

IV. Zwischenfazit

Der Rentenberater ist demnach befugt, in den aufgezeigten sozialrechtlichen Bereichen der Rentenversicherung, Krankenversicherung, Unfallversicherung sowie des Versorgungs- und Schwerbehindertenrechts tätig zu werden, und zwar durch Beratung seiner Mandantschaft wie auch durch Vertretung gegenüber den Behörden sowie im Hinblick auf § 73 Abs. 2 Satz 2 Nr. 3 SGG auch vor den Gerichten der Sozial- und Landessozialgerichtsbarkeit. Im Hinblick auf den Bereich der Arbeitslosenversicherung besteht eine Beratungsbefugnis aus § 5 RDG.

V. Sonja Müller ist seit Jahren geschieden

Für den sachkundigen Berater ergeben sich Fragen und eine Beratungspflicht u. a. zur Ehezeit und dem genauen Scheidungszeitpunkt zur Klärung des berücksichtigten Versorgungsausgleichsrechts (Reform zum 31. August 2009/01. September 2009): Bestehen aus der gerichtlichen Entscheidung zum Versorgungsausgleich noch weitere Ansprüche, die geltend gemacht werden müssen, z. B. Ansprüche auf einen schuldrechtlichen Versorgungsausgleich? Besteht eine Anpassungsnotwendigkeit bzw. Abänderungsmöglichkeit nach den Vorschriften des Versorgungsausgleichsgesetzes, z. B. wegen Unterhaltsbezug, Tod oder einer wesentlichen Wertänderung der bislang berücksichtigten Anrechte? Bestehen – bei einer Entscheidung nach dem aktuellen Versorgungsausgleichsrecht – Anrechte bei einem weiteren Versorgungsträger, wie beispielsweise bei einem Träger der betrieblichen Altersversorgung oder bei einem berufsständischen Versorgungswerk?

Ein ausschließlich nach § 10 Abs. 1 Satz 1 Nr. 2 RDG registrierter Rentenberater wird auch hier zur Rechtsberatung befugt sein. Der Gesetzgeber rechnet Angelegenheiten des Versorgungsausgleichs dem Gebiet der gesetzlichen Rentenversicherung zu[27]. Auch können Ansprüche außergerichtlich geltend gemacht werden, nicht nur in sozialrechtlichen Angelegenheiten, sondern auch in Versorgungsausgleichsangelegenheiten z. B. im Arbeitsrecht (gegenüber einem Träger der betrieblichen Altersversorgung) sowie im Verwaltungsrecht (gegenüber einem Träger der berufsständischen Versorgung). Eine gerichtliche Vertretungsbefugnis in selbstständigen Versorgungsausgleichssachen – beispielsweise vor Familiengerichten – besteht für Rentenberater jedoch nur, wenn diese nach § 1 Abs. 3 und § 3 Abs. 2 RDGEG als registrierte Erlaubnisinhaber im Rechtsdienstleistungsregister eingetragen sind.

VI. Sonja Müller hat eine Direktversicherung als betriebliche Altersversorgung

Für den sachkundigen Berater ergeben sich Fragen und eine Beratungspflicht zur Klärung der Eigenschaft des Versicherungsnehmers (im Hinblick auf eine eventuelle Beitragspflicht zur Kranken- und Pflegeversicherung der Rentner), zum Zeitraum der Beitragszahlung sowie deren Höhe, zu eventuelle Auswirkungen einer Beendigung des Arbeitsverhältnisses auf die betriebliche Altersversorgung und Möglichkeiten der Inanspruchnahme wegen einer Berufsunfähigkeit, wegen Alters, als Rentenzahlung oder als Kapitalabfindung.

Ein ausschließlich nach § 10 Abs. 1 Satz 1 Nr. 2 RDG registrierter Rentenberater ist auch in Angelegenheiten der betrieblichen Altersversorgung zur Rechtsberatung befugt. Auch können Ansprüche außergerichtlich geltend gemacht werden, z. B. im Arbeitsrecht (gegenüber einem Träger der betrieblichen Altersversorgung) oder dem Versicherungsunternehmen. Eine gerichtliche Vertretungsbefugnis vor den Arbeitsgerichten besteht für Rentenberater jedoch nur, wenn diese nach § 1 Abs. 3 und § 3 Abs. 2 RDGEG als registrierte Erlaubnisinhaber im Rechtsdienstleistungsregister eingetragen sind und ausschließlich im schriftlichen Verfahren (somit außerhalb einer mündlichen Verhandlung oder eines Erörterungstermins).

---

[27] BT-Drucksache 16/3655, Seite 64.

F. Exkurs Alterlaubnisinhaber

Von den ausschließlich nach § 10 Abs. 1 Satz 1 Nr. 2 RDG registrierten Rentenberatern – registrierte Personen – sind die nach § 1 Abs. 3 und § 3 Abs. 2 RDGEG im Rechtsdienstleistungsregister eingetragenen Rentenberater – registrierte Erlaubnisinhaber – zu unterscheiden, erfolgte durch das Rechtsdienstleistungsgesetz zum 1. Juli 2008 eine Neudefinition der Rentenberatertätigkeit. Solche Alterlaubnisse wurden vor Inkrafttreten des Rechtsdienstleistungsgesetzes aufgrund unterschiedlicher rechtlicher Grundlage erteilt[28]. Die Erlaubnis durfte jedoch auch früher nur erteilt werden, wenn der Antragsteller die für den Beruf erforderliche Zuverlässigkeit und persönliche Eignung sowie genügende Sachkunde besaß[29]. Zuständig für die Prüfung der genügenden Sachkunde war im Regelfall der Präsident des Landgerichts, in dessen Bezirk die berufliche Tätigkeit ausgeübt werden soll. Beschränkungen der Rechtsdienstleistungsbefugnisse erfolgte nur auf der Ebene von einzeln abgrenzbaren Sachgebieten[30]. Eine umfassende Darstellung der früheren Zulassungspraxis nach dem Rechtsberatungsgesetz einschließlich einer umfangreichen Übersicht der Bekanntmachungen zu den Erlaubnissen als Rentenberater ist 2015 im Erich Schmidt Verlag erschienen[31].

Sachgebiete, die von Erlaubniserteilungen nach dem bis 30. Juni 2008 geltenden Recht regelmäßig umfasst waren, sind u. a.:

Rentenversicherung, Rentenversicherung der Arbeiter und Angestellten sowie knappschaftliche Versicherung, Krankenversicherung, Gebiet der gesetzlichen deutschen Rentenversicherung, Pflegeversicherung, gesetzliche Kranken- und Pflegeversicherung, soziale Pflegeversicherung, Unfallversicherung, Schwerbehindertenrecht, Versorgungsrecht, Versorgungsrecht einschließlich Schwerbehindertenrecht, betriebliche und berufsständische Alters-, Invaliden- und Hinterbliebenenversorgung, betriebliche Altersversorgung, berufsständische Versorgung, Versorgungswerk, Zusatzversorgung des öffentlichen und kirchlichen Dienstes, soziales Entschädigungsrecht (Schwerbehinderten- und Kriegsopferrecht), soziales Entschädigungsrecht, Gebiet der sozialen Entschädigung und der Rehabilitation und Teilhabe behinderter Menschen (SGB IX), Beamtenversorgung, Beamtenrecht, Beihilferecht, ergänzende Altersvorsorge, für Versicherungsverträge, die der sozia-

---

28 Bis 26. August 1980: § 1 Abs. 1 Rechtsberatungsgesetz (RBerG) und Ausführungsverordnungen (AVO), insbes. § 2 Abs. 1 Erste AVO; in der Zeit vom 27. August 1980 bis 30. Juni 2008: § 1 Abs. 1 Satz 2 Nr. 1 RBerG und AVO, insbes. § 2 Abs. 1 Erste AVO.
29 § 1 Abs. 2 RBerG i. d. F. bis 30. Juni 2008.
30 § 2 Abs. 1 der Ersten Ausführungsverordnung zum Rechtsberatungsgesetz.
31 Werling, Die Zulassungspraxis von Rentenberatern, rv 04/2015, Seite 99 ff, Übersichten der Bekanntmachungen: https://www.dierentenversicherungdigital.de/download/rv/rv_2015-04_Werling_Uebersichten.pdf.

len Absicherung vergleichbar sind oder diese ergänzen bzw. ersetzen (Personenversicherungen), Versorgungsausgleich. Erlaubnisse nach dem RBerG, die im Rechtsdienstleistungsregister registriert sind, entfalten nach § 3 Abs. 2 Satz 1 Nr. 1 RDGEG weiterhin Wirkung[32]. Eine Einschränkung des Umfangs ihrer Rechtsdienstleistungsbefugnis, insbesondere eine Beschränkung auf die in § 10 Abs. 1 RDG geregelten Tätigkeiten, war und ist nicht vorgesehen[33].

G. Wünsche an Gesetzgeber und Sozialgerichte

Festzustellen ist somit: Für die berufliche Tätigkeit als Rentenberater werden umfassende materiell-rechtliche Kenntnisse der einzelnen Rechtsgebiete und umfassende verfahrensrechtliche Kenntnisse zum sozialrechtlichen Verwaltungsverfahren und des sozialgerichtlichen Verfahrens verlangt. Die Hürden für einen Nachweis der entsprechenden Qualifikation sind hoch und vergleichbar mit einem fachspezifischen juristischen Studium. Ähnlich der Fachanwaltsausbildung („Fachanwaltslehrgang mit 120 Stunden") bedarf es für einen Registrierungsantrag im Regelfall der Absolvierung eines Sachkundelehrgangs (mit mindestens 150 Fortbildungsstunden) als ergänzender theoretischer Sachkundenachweis zusätzlich zum Nachweis einer mehrjährigen praktischen Sachkunde. Nach erfolgter Registrierung (Berufszugang) sind nachträgliche Einschränkungen der Berufsausübungsfreiheit stets am Gesetzeszweck des § 1 RDG zu messen und nur im Ausnahmefall verhältnismäßig.

Der Deutsche Sozialgerichtstag wünscht
- eine klare gesetzliche Regelung zu den Sachgebieten der Rentenberatung i. S. d. § 10 Abs. 1 Satz 1 Nr. 2 RDG zur Rechtssicherheit der Rechtsuchenden, der Behörden und Gerichte
- einen verantwortungsvollen Umgang mit § 13 Abs. 5 SGB X und § 73 Abs. 3 SGG in Abwägung des Normzwecks des § 1 RDG sowie der Sachkundeanforderungen des § 11 RDG zur Beachtung des Verhältnismäßigkeitsprinzips,
- die Beachtung bestandskräftiger Registrierungen der Alterlaubnisinhaber im Rechtsdienstleistungsregister.

---

32 BVerfG, Stattgebender Kammerbeschluss vom 21. Juni 2011 – 1 BvR 2930/10 –, Rn. 21, juris.
33 BT-Drucksache 16/3655, Seite 77, rechte Spalte.

Elektronischer Rechtsverkehr zwischen der Rentenversicherung und den Gerichten der Sozialgerichtsbarkeit

Harald Meyer, Deutsche Rentenversicherung Bund, Berlin

A. Eine Millionen Nachrichten

Die Träger der gesetzlichen Rentenversicherung sind jährlich an ca. 160.000 sozialgerichtlichen Verfahren beteiligt[1]. Geht man davon aus, dass ein Gericht durchschnittlich mindestens dreimal im Jahr um Stellungnahme bittet und diese vom angeschriebenen Träger dann auch abgegeben wird, ergeben sich jährlich etwa 1.000.000 ausgetauschte Nachrichten. Der Austausch der Nachrichten erfolgt aktuell überwiegend in Papierform. Auch ohne größere Wirtschaftlichkeitsbetrachtung kommt man rasch zu dem Ergebnis, dass, allein bezogen auf die Papier- und Portokosten, ein Einsparpotenzial im hohen sechsstelligen Bereich vorhanden ist, sofern diese Nachrichten auf elektronischem Wege versandt werden.

B. Teilnehmer

Den elektronischen Rechtsverkehr haben im November 2016 56 von 84 Gerichten der Sozialgerichtsbarkeit sowie 7 von 16 Trägern der Rentenversicherung aufgenommen.

Die Anzahl der ausgetauschten Nachrichten ist in Bezug auf die einzelnen Bundesländer recht unterschiedlich. Während beispielsweise von den Gerichten aus Hessen oder Bayern sehr viele elektronische Nachrichten versendet werden, halten sich die Gerichte aus Nordrhein-Westfalen diesbezüglich eher zurück.

Von den Trägern haben bisher die Deutsche Rentenversicherung Braunschweig-Hannover, Bayern Süd, Rheinland-Pfalz, Berlin-Brandenburg, Bund und Knappschaft-Bahn-See den elektronischen Rechtsverkehr aufgenommen. Es handelt sich dabei jeweils um Träger, bei denen bereits der elektronische Rechtsverkehr zu den Gerichten der Sozialgerichtsbarkeit eröffnet ist.

---

1 Ergebnisse der Rechtsbehelfsstatistik für das Berichtsjahr 2015, Geschäftsbereich Informationsverarbeitung der Deutschen Rentenversicherung Bund, AZ: 0521/00-70-12-00-10.

Im Jahr 2016 werden insgesamt ca. 120.000 elektronische Nachrichten ausgetauscht.

C. Elektronisches Gerichts- und Verwaltungspostfach (EGVP)

Die Kommunikation zwischen den Gerichten der Sozialgerichtsbarkeit und den Rentenversicherungsträgern wird ausschließlich über das Elektronische Gerichts- und Verwaltungspostfach (EGVP) abgewickelt[2]. Das EGVP ist ein Standard, mit dem zwischen deutschen Gerichten und deutschen Behörden sicher und rechtsverbindlich Nachrichten über das Transportprotokoll Online Services Computer Interface (OSCI) ausgetauscht werden können.

Die Vorteile von EGVP sind unter anderem:
- „Rund um die Uhr"-Zugang zu allen teilnehmenden Gerichten und Behörden
- sichere und zuverlässige Übertragung durch Nutzung des OSCI-Standards
- geschützte Kommunikation durch kryptografische Verschlüsselung
- sofortige Eingangsbestätigung der Empfangseinrichtung der elektronischen Poststelle
- Möglichkeit der elektronischen Weiterverarbeitung (angepasst an XJustiz)
- Unterstützung der zulässigen Dateiformate und -versionen und aller akkreditierten Signaturkarten.

Für die Deutsche Rentenversicherung wird (nur) ein EGVP-Postfach betrieben, welches von der Datenstelle der Rentenversicherung in Würzburg betreut wird. Diese Konzentration führt zu einer erheblichen Kostenreduzierung und zu Erleichterungen bei der Administrierung. Im Ergebnis adressiert das Gericht dadurch nicht einen speziellen Träger der Rentenversicherung (z. B. die Deutsche Rentenversicherung Bund), sondern „die" Deutsche Rentenversicherung. Der zuständige Träger ergibt sich erst durch den vom Gericht übermittelten XJustiz-Datensatz (vgl. Punkt E.).

D. EGVP als sicherer Übermittlungsweg

Die Kommunikation über das EGVP ist auch vor dem Hintergrund der sich durch Gesetz zur Förderung des elektronischen Rechtsverkehrs mit den Gerichten vom 10.10.2013 (BGBl I. S. 3786) ergebenden Änderungen von

---
2 www.egvp.de.

Bedeutung. Der Gesetzgeber hat mit diesem Gesetz (u. a. in § 65a SGG) für die Zeit ab dem 01.01.2018 verschiedene sog. „sichere Übermittlungswege" vorgegeben. Wird eine elektronische Nachricht über einen sichereren Übermittlungsweg übertragen, reicht es aus, wenn das übertragene Dokument (z. B. eine Revisionsschrift) mit einer einfachen Signatur (also der Namenswidergabe auf dem Schriftsatz[3]) versehen ist. Ansonsten wäre es erforderlich, eine qualifizierte elektronische Signatur anzubringen.

Sichere Übermittlungswege sind:
- der Postfach- und Versanddienst eines De-Mail-Kontos,
- der Übermittlungsweg zwischen dem besonderen elektronischen Anwaltspostfach[4] und der elektronischen Poststelle des Gerichts sowie
- der Übermittlungsweg zwischen einem nach Durchführung eines Identifizierungsverfahrens eingerichteten Postfach einer Behörde und der elektronischen Poststelle des Gerichts (sog. Behördenpostfach).

Für die Träger der Rentenversicherung ist vor allem die dritte Variante von Bedeutung. Im Gegensatz zum besonderen elektronischen Anwaltspostfach wird es jedoch kein „einheitliches Behördenpostfach" für alle in Deutschland ansässigen Behörden geben. Es spricht deshalb einiges dafür, dass als „Behördenpostfach" auch die Kommunikation über das „reine" EGVP gilt, um so auch für die Zeit ab dem 01.01.2018 auf die bewährte Infrastruktur zurückgreifen zu können. Hierzu bedarf es jedoch einer Verordnung (§ 65a Abs. 2 Satz 2 SGG).

E. Der XJustiz-Datensatz

Die EGVP-Nachrichten der Gerichte können nur dann von der Deutschen Rentenversicherung verarbeitet werden, wenn neben den übersandten Dokumenten auch ein XJustiz-Datensatz[5] übertragen wird. XJustiz ist ein zur Realisierung des elektronischen Rechtsverkehrs entwickelter Datensatz, der grundlegende Festlegungen für den Austausch strukturierter Daten zwischen den Prozessbeteiligten und den Gerichten enthält.

Der XJustiz-Datensatz enthält neben dem Grunddatensatz auch diverse Fachmodule, so zum Beispiel das Fachmodul für den elektronischen Rechtsverkehr zwischen Gerichten und der Deutschen Rentenversicherung (Fachmodul SGDRV):

---

3 https://de.wikipedia.org/wiki/Elektronische_Signatur#Anforderungen_an_einfache_elektronische_Signaturen
4 http://de.wikipedia.org/wiki/Besonderes_elektronisches_Anwaltspostfach/.
5 http://www.xjustiz.de/.

Beim Fachmodul SGDRV ist vor allem das (rot markierte) Feld „Traeger" von Bedeutung. Es ist Aufgabe des Fachverfahrens des jeweiligen Gerichts (z. B. EUREKA-Fach[6]), dieses Feld korrekt zu bestücken. Jedem Träger der Rentenversicherung ist ein Zahlenwert zugeordnet (bei der DRV Bund ist es beispielsweise die Zahl 70). Da es nur ein EGVP-Postfach für die Deutsche Rentenversicherung gibt (vgl. Punkt III), benötigt die Deutsche Rentenversicherung das vollständig ausgefüllte Fachmodul SGDRV, um die Nachricht dem zuständigen Träger zuordnen zu können.

Fehlt der XJustiz-Datensatz oder der SGDRV-Teil oder ist das Feld „Traeger" nicht ausgefüllt, wird die Nachricht an das Gericht zurückgeschickt (sog. Return-To-Sender (RTS) Funktion). Das Gericht enthält in der RTS-Nachricht einen Hinweis darauf, was fehlerhaft ist und was vom Gericht unternommen werden muss, damit die elektronische Nachricht von der Deutschen Rentenversicherung verarbeitet werden kann.

F. EUREKA-Fach

Die Deutsche Rentenversicherung tauscht zurzeit (Stand: November 2016) elektronische Nachrichten über das EGVP ausschließlich mit Gerichten der Sozialgerichtsbarkeit aus, bei denen das Fachverfahren EUREKA-Fach im Einsatz ist. Es gibt keinerlei Erfahrung mit anderen Fachanwendungen (z. B. Go§a[7] oder JUDICA[8]). Dies ist für die Zeit ab dem 01.01.2018 durchaus eine Herausforderung. Ab diesem Zeitpunkt muss eine Kommunikation nicht nur mit den 84 Gerichten der Sozialgerichtsbarkeit möglich sein, sondern auch mit den ca. 1.000 Gerichten der Ordentlichen Gerichtsbarkeit, der Verwaltungsgerichtsbarkeit, der Finanzgerichtsbarkeit und der Arbeitsgerichtsbarkeit. Es sind keine Kenntnisse darüber vorhanden, ob und ggf. welche Fachverfahren bei den einzelnen Gerichten im Einsatz sind oder ob den Gerichten die Besonderheiten rund um den XJustiz-Datensatz bekannt sind (siehe Abschnitt V). Die Träger der Rentenversicherung werden deshalb im Verlauf des Jahres 2017 auf ihrer Website[9] ein Informationsangebot für Gerichte freischalten, aus dem sich die Anforderungen rund um die elektronische Kommunikation mit der Rentenversicherung ergeben.

---

6 http://www.eureka-fach.de/.
7 https://edvgt.de/wp-content/uploads/2015/12/edvgt2014-firma-BVerfG.pdf.
8 https://www.it.nrw.de/informationstechnik/Anwendungen_Entwicklungen/Anwendungen/Judica.html.
9 http://www.deutsche-rentenversicherung.de/.

G. eGericht

Bei den Trägern der Rentenversicherung wird die elektronische Kommunikation über das Fachverfahren eGericht abgewickelt. Es handelt sich dabei um eine Eigenentwicklung, die in JAVA programmiert ist und die in der Regel im Internet Explorer oder im Mozilla Firefox eingesetzt wird. eGericht entspricht im Wesentlichen einem Mailprogramm: Nachrichten können erstellt, gelesen, verschoben oder auch gelöscht werden. Für die Zukunft ist es geplant, die Funktionalität dieser Anwendung in die „eigentliche" Fachanwendung der Rentenversicherung (rvDialog) zu integrieren. Sofern das sozialgerichtliche Verfahren unter einer Versicherungsnummer geführt wird, kann dann direkt aus rvDialog heraus mit dem Gericht kommuniziert werden.

Elektronischer Rechtsverkehr aus Sicht der Rechtsanwälte

Martin Schafhausen, Rechtsanwalt, Plagemann Rechtsanwälte Partnerschaft mbB, Frankfurt a. M.

beA 2.0 – Die Zeit des Wartens ist vorbei.

Auf dem 6. Deutschen Sozialgerichtstag hatte ich in der Sitzung der Kommission Verfahrensrecht die Frage nach dem „Wann" des Starts der besonderen elektronischen Anwaltspostfächer (beA) noch mit eine leeren Folie zu beantworten versucht, aber auch deutlich gemacht, dass Gesetz- und Verordnungsgeber das Ihre dazu beigetragen haben und beitragen, dass der Elektronische Rechtsverkehr über das besondere elektronische Anwaltspostfach bald Wirklichkeit werden könnte.

Es war nicht zu erkennen, dass der AGH in Berlin nur eine gute Woche später die Eilbeschlüsse aus Sommer 2016 aufheben und die Bundesrechtsanwaltskammer daraufhin ihre Infrastruktur freischalten würde. Seit dem 28.11.2016 ist das beA nun am Start!

A. Ein Blick zurück

Dass das beA nicht, wie eigentlich durch das Gesetz zur Förderung des elektronischen Rechtsverkehrs mit den Gerichten[1] vorgegeben, zum 1.1.2016 starten konnte, ist in einer Publikation der ERV-affinen Sozialgerichtsbarkeit eigentlich keiner Erwähnung wert, die Gründe sind jedoch in Erinnerung zu rufen. Waren es zunächst technische Gründe, insbesondere bei der Rechtevergabe, die die Bundesrechtsanwaltskammer veranlasste, am 26.11.2015 mitzuteilen, dass „das besondere elektronische Anwaltspostfach nicht wie vorgesehen am 1.1.2016"[2] starten und ein neuer Starttermin nach Rücksprache mit dem Entwickler bekannt gegeben werde, ist es dann der Streit um die Nutzungspflicht gewesen, der in drei Verfahren vor dem Anwaltsgerichtshof (AGH) in Berlin geführt wurde. Hatte der II. Senat des AGH zunächst in seiner mündlichen Verhandlung vom 24.2.2016 einen Vergleich vorgeschlagen, den die BRAK schließlich widerrief, ordnete er in den Beschlüssen vom 6.6.2016 an, dass die BRAK die elektronischen Postfächer der Antragsteller nicht freischalten dürfe. Die BRAK teilte daraufhin mit,

---

[1] vom 10.10.2013, BGBl. I S. 3786
[2] BRAK, Pressemitteilung vom 26.11.2015, abgerufen am 24.1.2017 unter http://www.brak.de/fuer-journalisten/pressemitteilungen-archiv/2015/presseerklaerung-20-2015/

man werde bis zum Abschluss der Hauptsacheverfahren die besonderen elektronischen Postfächer aller Rechtsanwältinnen und Rechtsanwälte nicht freischalten (können).[3]

In der Zwischenzeit hatten aber der Gesetzgeber und das Bundesministerium der Justiz und für Verbraucherschutz auf diese Entwicklung reagiert. Sowohl in dem Entwurf eines Gesetzes zur Umsetzung der Berufsanerkennungsrichtlinie und zur Änderung weiterer Vorschriften im Bereich der rechtsberatenden Berufe[4] als auch in der Verordnung über die Rechtsanwaltsverzeichnisse und die besonderen elektronischen Anwaltspostfächer (Rechtsanwaltsverzeichnis- und -postfachverordnung – RAVPV)[5], die am 24.9.2016 in Kraft getreten ist, finden sich Regelungen, die eine Nutzungspflicht ab dem 1.1.2018 vorsehen und bis dahin eine Nutzungsmöglichkeit eröffnen, wenn der Rechtsanwalt oder die Rechtsanwältin ihre Bereitschaft erklärt haben, über das besondere elektronische Anwaltspostfach Zustellungen und den Zugang von Mitteilungen zur Kenntnis zu nehmen und gegen sich gelten zu lassen (§ 31 S. 1 RAVPV).

Nachdem der I. Senat des AGH in mündlicher Verhandlung vom 28.9.2016 den Eilantrag eines dritten Antragstellers zurückgewiesen hatte[6], hob auch der II. Senat des AGH die beiden Eilbeschlüsse vom 6.6.2016 am 25.11.2016 auf und berief sich dabei auch auf § 31 S. 1 RAVPV.[7]

B. Übergangszeit/Testphase – insbesondere: Empfangsbereitschaft bekannt geben

Über die Frage, wie man seine Empfangsbereitschaft bekannt machen kann, schweigt sich die RAVPV aus, auch im „Umsetzgesetz" finden sich keine Hinweise. In § 31 S. 2 RAVPV heißt es nur, dass diese Erklärung nicht beschränkt werden kann. § 31 S. 3 RAPV sieht vor, dass weder die Erstanmeldung in das Postfach noch der Versand „nicht berufsbezogener Mitteilungen" als Erklärung der Empfangsbereitschaft gelten. Damit ist geklärt, was nicht geht: Der Liebesbrief an eine anwaltliche Kollegin hat Vorteile,

---

3 BRAK, Pressemitteilung vom 9.6.2016, abgerufen am 24.1.2017 unter http://www.brak.de/fuer-journalisten/pressemitteilungen-archiv/2016/presseerklaerung-7-2016/
4 Regierungsentwurf https://www.bmjv.de/SharedDocs/Gesetzgebungsverfahren/Dokumente/RegE_Berufsanerkennungsrichtlinie.pdf;jsessionid=AB2119E31E455A73F8051ACAADAC50E F.1_cid297?__blob=publicationFile&v=1, abgerufen am 24.1.2017
5 Vom 23.9.2016, BGBl. I S. 2167.
6 AGH Berlin, Beschl. v. 28.9.2016 – I AGH 17/15, BRAK-Mitteilungen 2016, 290
7 Etwa II AGH 15/15, http://www.brak.de/w/files/newsletter_archiv/berlin/2016/ii-agh-15-15-aufhebungsverf.pdf, abgerufen am 24.1.2017

da Ende zu Ende verschlüsselt, führt aber nicht dazu, dass auch das Sozialgericht über das beA korrespondieren kann. Dass eine „berufsbezogene Mitteilung", also ein Schriftsatz an ein Gericht eine Bekanntgabe der Empfangsbereitschaft ist, liegt auf der Hand. Wer sich in Gefahr begibt, kommt nicht in der Gefahr um, sondern wird dann sein beA regelmäßig auf Posteingang überprüfen müssen. Was im Übrigen kein Problem ist, da bei der Erstregistrierung eine Mail-Adresse angegeben werden kann (und angegeben werden sollte), an die dann eine Nachricht verschickt wird, wenn im elektronischen Briefkasten Post eingeht.

Vergegenwärtigen muss man sich wohl, dass eine solche Bekanntgabe in dem einen Rechtsstreit dazu führen wird, dass auch in anderen Verfahren der elektronische Rechtsverkehr eröffnet ist. Nicht zu verhindern ist, dass gerichtszweigweit, vielleicht auch bundeslandweit solche Erklärungen in den gerichtlichen Fachsoftwaren gespeichert werden und dann eben nicht nur aus der Sozialgerichtsbarkeit, sondern auch aus anderen Fachgerichten, aber auch Zivilgerichten über das beA kommuniziert wird, wenn diese Gerichte den Elektronischen Rechtsverkehr für eine aktive Kommunikation nutzen. Kann die Erklärung nicht beschränkt werden (§ 31 S. 3 RAVPV), ist eine Weitergabe dieser Information nicht zu verhindern.

Dass es wünschenswert sein kann, bundesweit eine Liste zu führen, der zu entnehmen ist, welcher Rechtsanwalt, welche Rechtsanwältin schon „beA-ready" ist, mag sein, ist aber nicht vorgesehen. Es ist auch kaum zu erwarten, dass der Gesetzgeber etwa die BRAK noch verpflichten wird, eine solche Liste zu führen. Der Deutsche Anwaltverein bietet den Mitgliedern der örtlichen Anwaltvereine an, im online abrufbaren Anwaltsverzeichnis – https://anwaltauskunft.de/anwaltssuche/erweitert/ – zu hinterlegen, dass man sein beA nutzt; es kann dann dort auch danach gesucht werden, wer das beA schon nutzt.

Wie die Empfangsbereitschaft darüber hinaus bekannt gemacht werden soll, erläutert der Verordnungsgeber in der Begründung. In dem Entwurf der RAVPV[8] heißt es: „Die Bereitschaft zur Entgegennahme von Mitteilungen über das besondere elektronische Anwaltspostfach kann die Postfachinhaberin oder der Postfachinhaber bis zum 1.1.2018 auf verschiedenen Wegen zum Ausdruck bringen. Hierfür kann z. B. ein Hinweis auf die Erreichbarkeit über das besondere elektronische Anwaltspostfach auf dem Briefkopf oder auf der Internetseite der Postfachinhaberin oder des Postfachinhabers in Betracht kommen."[9]

Erklärt man sich „beA-ready", bedeutet dies, dass der Eingang von „elektronischer Post" über das beA überwacht werden muss. Eine „passive" Nutzungspflicht besteht dann dem Grunde nach schon vor dem 1.1.2018. Das

---

[8] BR-Drucks. 417/16
[9] BR-Drucks. 417/16, S. 44

Postfach so zu überwachen, bedeutet nicht, es auch für die „aktive" Kommunikation zu nutzen. Dass das Postfach aber auch aktiv genutzt werden sollte, gerade auch schon in der Übergangszeit, liegt auf der Hand. Nicht nur der elektronische Posteingang, sondern auch der Umgang mit elektronischen Dokumenten, die versandt werden sollen, muss „erlernt" werden, ist Anlass über Arbeitsabläufe nachzudenken und sie zu ändern. Es kommt hinzu, dass auch bei den Gerichten der ERV erst „geübt" werden muss; dies kann aber nur dadurch geschehen, dass elektronische Post in die elektronischen Postfächer der Gerichte geschickt wird.

Schließlich gilt auch in der Übergangszeit, dass die Kommunikation über das beA Ende zu Ende verschlüsselt ist. Ohne großen Aufwand können Nachrichten – an Gerichte, andere Rechtsanwältinnen oder Rechtsanwälte, aber auch „Dritte" (dazu sogleich) – verschickt werden, die nur von diesen Empfängern gelesen werden können. Ein Umstand, der angesichts der anwaltlichen Verschwiegenheitspflicht nach § 43a Abs. 2 BRAO nicht zu geringgeschätzt werden kann.

C. Das eine oder andere gibt es dann aber doch

I. Kanzleipostfach

Von strafrechtlichen Mandanten und solchen, in denen im Wege der Prozesskostenhilfe beigeordnet wird, abgesehen, wird, außer bei Einzelanwälten, die anwaltliche Berufsausübungsgemeinschaft mandatiert, die Sozietät als Gesellschaft bürgerlichen Rechts wie die Partnerschaft (mit beschränkter Berufshaftung); dies gilt erst recht, wenn eine Rechtsanwalts-GmbH beauftragt wird.[10] Das Mandat kommt eben nicht mit dem Rechtsanwalt oder der Rechtsanwältin zu Stande, der/die das Mandat (hauptsächlich) bearbeitet. Eine Vertretung durch andere Berufsträger der Berufsausübungsgemeinschaft ist ohne weiteres üblich und rechtlich zulässig. Die Kommunikation erfolgt regelmäßig über den „Kanzleibriefkasten" vor der Kanzlei, das Gerichtsfach der Kanzlei bei den Gerichten, häufig auch über eine einheitliche Faxnummer[11]. Bei der Nutzung des Elektronischen Gerichts- und Verwaltungspostfachs sind die Systeme häufig so eingerichtet, dass ein Postfach für alle Berufsträger genutzt wird. Allein bei der Kommunikation über E-Mail-Postfächer werden wohl regelmäßig berufsträgerbezogene Postfächer genutzt.

---

10 Siehe hierzu die Stellungnahme einiger Rechtsanwalts GmbH an das BMJV.
11 Wird ein Computerfax genutzt, sind immer häufiger aber auch rechtsanwalts- oder sekretatiatsbezogene Faxnummern anzutreffen.

1. Gibt es nicht

Demgegenüber ist das anwaltliche Berufsrecht bislang noch berufsträgerbezogen und hat weniger die Berufsausübungsgemeinschaft im Blick. Dies gilt gerade auch für den Elektronischen Rechtsverkehr. Die BRAK richtet für jedes im Gesamtverzeichnis eingetragene Mitglied einer Rechtsanwaltskammer, mithin jeden Rechtsanwalt und jede Rechtsanwältin, ein besonderes elektronisches Anwaltspostfach ein – § 31a Abs. 1 S. 1 BRAO. Die gesetzliche Regelung lässt keinen Zweifel, aber auch keinen Raum für eine erweiternde Auslegung: Der einzelne Berufsträger ist angesprochen: ein beA für jeden Berufsträger. Dass dies nicht dem typischen Arbeiten in den Kanzleien entspricht und letztlich auch der gerichtlichen Praxis mit dem elektronischen Kommunikationsweg, nur darum geht es, nicht entspricht, liegt auf der Hand.

2. Sollte es aber geben

Auch wenn sich die mit der berufsträgerbezogenen Kommunikation über das beA verbundenen organisatorischen Nachteile einigermaßen durch die Rechtevergabe in den einzelnen Postfächern ausgleichen lassen, bleibt der Gesetzgeber aufgefordert, die BRAO so zu ändern, dass zumindest fakultativ ein Kanzleipostfach eingerichtet werden kann.

Es liegt nahe, dass sich alle Berufsträger einer Kanzlei, in „Fachbereichen" und in größeren Einheiten gegenseitig die Rechte einräumen, Postfächer zu öffnen, eingehende Post zu bearbeiten usw. sowie die Mitarbeiterinnen und Mitarbeiter die Befugnis bekommen, mit diesen Postfächern ebenfalls zu arbeiten. So besteht dann die Möglichkeit, alle eingehende Post in den beA der Berufsträger zu bearbeiten. Einem Kanzleipostfach steht dieser „workaround" aber nicht gleich. Es bleibt ungeklärt, wie es mit der Zustellung von gerichtlicher Korrespondenz und dem Zugang sonstiger Mitteilungen ist, wenn (im Einzelfall) der eine Berufsträger nicht damit einverstanden ist, dass das Postfach des anderen Berufsträgers genutzt wird. Nutzt eine Berufsausübungsgemeinschaft aber ein Kanzleipostfach, muss vorgesehen sein, dass über dieses Postfach dann Zustellungen und der Zugang von sonstigen Nachrichten gegenüber allen Berufsträgern der Berufsausübungsgemeinschaft bewirkt werden kann.

Wenn der Elektronische Rechtsverkehr „nur" ein weiterer Kommunikationsweg sein soll, der später der ausschließliche Weg wird, mit Gerichten zu korrespondieren, stellt es einen Rückschritt dar, wenn Kommunikationsstrukturen geschaffen werden, die dem üblichen Arbeiten weder in den Kanzleien noch den Gerichten entsprechen. Dass über Kanzleipostfächer auch in den Fällen, in denen Berufsträger in andere Berufsausübungsgemeinschaften wechseln oder selbstständig werden, dauerhaft sichergestellt ist, dass wirksam zugestellt oder Nachrichten übermittelt werden, liegt auf der Hand. Ist nicht (ggf. durch Vorlage einer neuen Vollmacht) bekannt gemacht, dass nicht mehr die Berufsausübungsgemeinschaft, die ursprünglich das Mandant geführt hat, tätig ist, bleibt es bei deren Legitimation. Wird das Mandat durch denselben Berufsträger in einer anderen rechtlichen Struktur weitergeführt, muss er dies dem Gericht (ggf. durch Vorlage einer neuen Vollmacht) anzeigen.

3. Und darf es so nicht geben

Solange es kein Kanzleipostfach gibt, also eine gesetzliche Grundlage für ein zusätzliches Postfach geschaffen wurde, mit dem mehrere Berufsträger einer Berufsausübungsgemeinschaft fakultativ über eine Adresse angeschrieben werden können, darf es auch kein „Kanzleipostfach über die Hintertür" geben.

Eine Praxis in den gerichtlichen Geschäftsstellen, immer – oder auch nur dann, wenn kein Sachbearbeiter oder keine Sachbearbeiterin bekannt ist, dessen/deren Postfach angeschrieben werden kann – irgendein beA zu nutzen, etwa das des Berufsträgers oder der Berufsträgerin, der/die oben auf dem Briefkopf steht, oder der/die „immer" angeschrieben worden ist, ist gesetzeswidrig.

Bis zum 31.12.2017 kann eine Zustellung nur in Postfächern von Rechtsanwältinnen und Rechtsanwälten bewirkt werden, die ihre Empfangsbereitschaft über das beA bestätigt haben. Dies gilt auch, wenn gerichtliche Schreiben nicht zugestellt werden müssen, sondern ein einfacher Zugang ausreichend ist. Die Vorgaben der RAVPV dadurch zu umgehen, dass das Postfach eines Berufsträgers genutzt wird, der schon in der Testphase das Postfach nutzen möchte, ist nicht zulässig. Diese „Hintertür" erleichtert den Gerichten, Rechtsanwälten und Rechtsanwältinnen, die ihr Postfach zur „interkollegialen" Kommunikation nutzen wollen, oder Dritten, die das Postfach (in Zukunft) ebenfalls nutzen können, um in ein beA Dokumente zu verschicken, nichts. Wird weder zugestellt, noch ein Zugang bewirkt, bleibt die Kommunikation über das beA vollkommen folgenlos und muss auf einem anderen Kommunikationsweg wiederholt werden.

Auch nach dem 1.1.2018, also ab dem Zeitpunkt, ab dem eine passive Nutzungspflicht besteht, ist es nicht zulässig, über irgendein beA einer Berufsausübungsgemeinschaft die Zustellung zu bewirken. § 174 ZPO stellt klar, dass es für den Zeitpunkt in dem solche Zustellungen bewirkt werden, weiterhin darauf ankommt, dass der Rechtsanwalt oder die Rechtsanwältin den Zugang gegen sich gelten lassen wollen (voluntatives Element).

Es kommt hinzu, dass § 130 ZPO durch das Gesetz zur Umsetzung der Berufsanerkennungsrichtlinie und zur Änderung weiterer Vorschriften im Bereich der rechtsberatenden Berufe um eine Nr. 1a ergänzt werden soll, nach der vorbereitende Schriftsätze auch die für eine Übermittlung elektronischer Dokumente erforderlichen Angaben, sofern eine solche möglich ist, enthalten müssen. Es wird mithin zur prozessualen Pflicht gehören, mitzuteilen, über welches elektronische Postfach zugestellt und kommuniziert werden kann. Nur dieses Postfach wird aber von den Gerichten auch angesprochen werden dürfen. Solange noch nicht ausschließlich elektronisch kommuniziert werden muss, ist in den Fällen in denen kein elektronischer Kommunikationspartner bekannt ist, auf dem bisherigen Weg zu korrespondieren. Wir kennen dies aus dem Recht der Zustellung. Gelangt ein Empfangsbekenntnis nicht ordnungsgemäß zurück, darf das Gericht nicht so tun, als ob doch irgendwie der Zugang bewirkt worden ist, vielmehr muss im Zweifel erneut, ggf. sogar mit Postzustellungsurkunde zugestellt werden.[12]

II. Kommunikation mit Dritten

§ 19 Abs. 2 RAVPV stellt klar, dass „das besondere elektronische Anwaltspostfach auch der elektronischen Kommunikation mit anderen Personen oder Stellen dienen" kann. Technisch wird dies dadurch erreicht, dass das beA mit der Rolle „buerger_rueck" versehen ist. Das beA ist also über den EGVP-Client oder frei zugängliche Nachfolgeprodukte[13] adressierbar. Dies bedeutet, dass die elektronischen Postfächer anwaltlicher Berufsträger auch außerhalb der elektronischen Kommunikationsstruktur der Gerichte und der Anwaltschaft untereinander über die OSCI-Infrastruktur angesprochen werden können.[14]

Dass hiermit eine gute Möglichkeit geschaffen wird, mit den eigenen oder potentiellen Mandanten Ende-zu-Ende-verschlüsselt auf elektronischen Wege zu kommunizieren, ist ohne Weiteres zu begrüßen. Es besteht damit ein weiterer Weg, der anwaltlichen Verschwiegenheitspflicht entsprechend zu kommunizieren.

Deutlich kritisiert werden muss aber, dass bislang nicht vorgesehen ist, dass sich diese Dritten für die Teilnahme am elektronischen Rechtsverkehr eindeutig durch ein Anmeldeverfahren erkennen zu geben haben. Sowohl nach § 3 De-MailG als auch nach § 31a BRAO, § 7 ERV-Referentenentwurf ist vorgesehen, dass sich Teilnehmer an der sicheren Kommunikation über das De-Mail-System oder an dem ERV gegenüber den Dienstanbietern iden-

---

12 Zu einem unrichtigen Beschluss des Bay. LSG vom 17.12.2017 – L 16 AS 859/16 B ER ablehnend Müller, http://ervjustiz.de/das-zustellungsrecht-dient-nicht-der-sanktion-von-nachlaessigkeiten-beim-empfang#more-230
13 Vgl. http://www.egvp.de/Drittprodukte/index.php
14 Dazu auch Brosch/Lummel/Sandkühler/Freiheit, Elektronischer Rechtsverkehr mit dem beA, S. 76 f.

tifizieren müssen. Ein solches Identifikationsverfahren soll es aber für die Teilnahme am ERV durch die Kommunikation in die beA der anwaltlichen Berufsträger nicht geben. Dass nicht auch hier die gleichen hohen Sicherheitsanforderungen bestehen, die nach Auffassung des Gesetzgebers die Identifikation in den anderen Systemen erforderlich machen, ist nicht verständlich. Schlussendlich öffnet diese Kommunikationsmöglichkeit auch Dritten die Teilnahme am ERV. Es sollte bei allen Beteiligten Einigkeit darüber bestehen, dass für alle Teilnehmer gleiche Sicherheitsstandards zu beachten sind.

40 Jahre Soziale Rechte im Sozialgesetzbuch – Ist die Botschaft noch zeitgemäß?

Prof. Dr. Dr. h. c. Eberhard Eichenhofer, Berlin

A. Fragestellung

§§ 1 bis 10 SGB I leiten das SGB ein. Deren Gehalt wurde bislang selten erschlossen und, sofern dies geschah, überwiegend skeptisch beurteilt. § 2 spezifiziert und konkretisiert die in § 1 allgemein gefasste Aufgabenbestimmung von Sozialrecht und verknüpft diese mit den in §§ 3–10 normierten sozialen Rechten. Diese verstehen sich nicht als Anspruchsgrundlagen. Solche finden sich ausschließlich und abschließend in dem sich an den Allgemeinen Teil anschließenden Besonderen Teil des SGB. Die sozialen Rechte sollen nach § 2 Abs. 2 SGB I die Auslegung des SGB und die Ermessensbetätigung der Sozialverwaltung unter dem SGB anleiten. Das Gesetz gebietet, die sozialen Rechte möglichst weitgehend zu verwirklichen, d. h. zu optimieren. Unklar bleibt, was daraus folgt. Im Folgenden sollen die Dimensionen (B.) wie der Sinn (C.) sozialer Rechte dargestellt, ihr Rang unter dem GG (D.) und als internationale Gewährleistungen bestimmt (E.) und schließlich der Geltungsanspruch internationaler sozialer Menschenrechte präzisiert werden (F.).

B. Dimensionen sozialer Rechte nach dem SGB

I. Soziale Rechte als Grundrechte?

Die sozialen Rechte sind in §§ 3–10 formuliert, ganz so als ob sie Grundrechte wären. Sie können deshalb als allgemeine Grundsatznormen gelesen werden, aus denen bei vorhandenen Lücken der Gesetzgebung konkrete Ansprüche abzuleiten sind. Ausweislich der gesetzgeberischen Begründung[1] sollen sie *„Aufgaben und Zielsetzungen"* einzelner Sozialleistungszweige benennen und an die *„internationale Rechtsentwicklung"* anschließen, nach der *„sozialpolitische Leitideen immer häufiger auf den Einzelnen bezogen und als ‚soziale Rechte' formuliert werden"*. Sie sollen verdeut-

---

1 BT-Drucks. VI/3764, S. 16.

lichen, dass der Einzelne im Sozialstaat „nicht Objekt der staatlichen Sozialpolitik, sondern Träger von Rechten" ist.

Die im SGB formulierten sozialen Rechte sind auf das Sozialrecht beschränkt; sie haben keine darüber hinausgehende Wirkung für das Arbeits-, Verbraucherschutz- und Umweltrecht. Sie entfalten keine verfassungsrechtliche Wirkung, gehören sie doch dem Gesetzesrecht an. Sie stehen somit unter der Verfassung und wollen diese weder ergänzen noch präzisieren. Diese Normen sind deswegen aber weder rechtlich unbeachtlich[2], noch schaffen sie umgekehrt einen Anspruch[3]. Ihre Bedeutung liegt in der Systematisierung sowie der Formulierung eines Günstigkeitsprinzips[4] als Auslegungsmaxime bei sozialrechtlichen Gesetzeslücken und als Grundregel beim Gebrauch sozialrechtlichen Ermessens.

II. Soziale Rechte als Leitlinien

Die sozialen Rechte bezeichnen allgemeine Leitlinien für die Anwendung des SGB.[5] Sie systematisieren also die Anwendung der Normen und wirken orientierend. Die von § 2 angesprochenen, in §§ 3–10 einzeln aufgeführten sozialen Rechte benennen abstrakt den Kern der in den sozialrechtlichen Teilgebieten einzeln ausgeformten Rechte. Sie werden zunächst individuell und sodann institutionell umschrieben. Die Umschreibungen kennzeichnen den Normzweck und tragen damit die Auslegung des besonderen Sozialrechts im Einklang mit den sozialen Rechten.[6]

§ 2 Abs. 2 widerspricht nicht der Gesetzesbindung der Sozialverwaltung (§ 31). Auch die sozialen Rechte sind in den sie jeweils konkret begründenden gesetzlichen Anspruchsgrundlagen niedergelegt. Durch eine an diesen ausgerichtete Auslegung werden zwar keine neuen Ansprüche geschaffen, welche keine Grundlage im besonderen Teil des SGB fänden. § 2 gebietet allerdings, dass unter mehreren möglichen Auslegungen diejenige bevor-

---

2 So *Arndt*, SGb 1979, 406.
3 Vgl. *Neumann*, SGb 1983, 507; *Bürck*, SGb 1984, 7.
4 BSGE 49, 71; *Bürck*, § 2 Abs. 2 SGB I in der Rechtsprechung des Bundessozialgerichts, in v. Wulffen/ Krasney (Hg.), FS 50 Jahre Bundessozialgericht, 2004, 139, 140.
5 BT-Drucks. 7/868, S. 23; vgl. auch *Jantz/Hauck* BArbBl 1972, S. 490; *Hauck* ZSR 1972, S. 458; ders., BArbBl 1974, S. 77; *Bieback*, Zur Relevanz sozialer Rechte in der Dogmatik und Rechtsanwendung des Sozialrechts, in Devetzi/Janda (Hg.), Freiheit – Gerechtigkeit – Sozial(es) Recht, Festschrift für Eberhard Eichenhofer, Baden-Baden, 2015, 69; *Fromann*, Das Sozialgesetzbuch als Kodifikation,VSSR 2010, 27.
6 *Hauck* BArbBl. 1976, 88, der von authentischen Interpretationsregeln spricht; die Bedeutung für die Interpretation hebt *Rohwer-Kahlmann*, SGb 1976, S. 44 f. mit Recht hervor; im Ergebnis ähnlich *Henke* ZSR 1976, S. 434 ff.; *Brackmann* WzS 1977, S. 22 ff.; enger *Mrozynski*, SGB I, 2014 (5.Aufl.), § 2 Rn. 13 ff., insbes. Rz 16, wo er § 2 Abs. 2 vor allem dann Bedeutung zuspricht, wenn unter Heranziehung aller Auslegungskriterien noch Zweifel bestehen.

zugt wird, welche den Leitvorstellungen der sozialen Rechte genügt.[7] Nur im Rahmen der möglichen Auslegung der besonderen Bestimmungen des Sozialrechts, äußerstenfalls im Rahmen zulässiger Rechtsfortbildung[8], ist es erlaubt und geboten, Lücken des Sozialleistungssystems zu schließen. Gegen klare gesetzliche Regelungen kann § 2 Abs. 2 die Rechte der Betroffenen folglich nicht erweitern.[9]

Das BSG griff in seiner Rechtsprechung mehrfach auf die sozialen Rechte zurück und leitete daraus für den Berechtigten günstige Konsequenzen ab. So ist die Rückforderung rechtswidriger Leistungen wegen § 2 Abs. 2 ausgeschlossen, wenn der Kläger Anspruch auf eine andere Sozialleistung in annähernd gleicher Höhe hatte.[10] Der im Wege richterlicher Rechtsfortbildung geschaffene Herstellungsanspruch bei fehlerhaftem Handeln eines Sozialleistungsträgers wurde auch auf § 2 Abs. 2 gestützt,[11] desgleichen die Korrektur der Rechtsprechung zum missglückten Arbeitsversuch.[12] § 2 Abs. 2 kann ferner bei der Auslegung von Erklärungen der Sozialleistungsberechtigten – insbesondere ihrer Anträge – herangezogen werden: Es ist demgemäß anzunehmen, dass der Berechtigte die ihm jeweils günstigste Art der Leistungsgewährung in Anspruch nehmen und daher beantragen will.[13]

Der Anwendungsbereich der §§ 3–10 ist nach § 2 Abs. 2 auf das SGB beschränkt. Eine analoge Anwendung in anderen Rechtsgebieten, insbesondere falls materiell-sozial-rechtliche Vorschriften sich außerhalb des SGB befinden, ist jedoch angezeigt, namentlich falls die nicht dem Sozialrecht formell zugehörenden Normen auch dem materiellen Anspruch des Sozialrechts entsprechen oder sich ihn zu eigen machen. Bei Auslegung wie bei Ermessensausübung bleibt zu beachten, dass der für soziale Grundrechte typische Konflikt zwischen mehreren mit knappen finanziellen Mitteln zu erfüllenden Staatsaufgaben nicht stets zugunsten dessen aufzulösen ist, der Leistungsansprüche stellt. Eine einseitige Auslegung zugunsten höherer Leistungen ist nicht gewollt.[14] Deshalb behalten die übrigen und üblichen

---

7 Vgl. *Brackmann*, WzS 1977, S. 3; ders., DOK 1979, S. 269 ff., insbesondere S. 270.
8 *Peters/Hommel*, SGB I, § 2 Anm. 6.
9 BSGE 80, 241, 242; vgl. umfassend *Bürck*, § 2 Abs. 2 SGB I in der Rechtsprechung des Bundessozialgerichts, in v. Wulffen/ Krasney (Hg.), FS 50 Jahre Bundessozialgericht, 2004, 139 ff.; jurisPK Sozialrecht/*Voelzke* § 2 Rn. 25 ff.; so BSGE 80, 241, 242.
10 BSGE 48, 190, 193 (Anspruch auf Ausbildungsförderung statt Waisenrente).
11 BSG SozR 2200 § 1241a Nr. 9: höheres Übergangsgeld bei verspäteter Bewilligung einer Umschulung; ähnlich BSG SozR 2200 § 1241d Nr. 9: Herstellungsanspruch bei verspäteter Bewilligung einer Rente; BSG SozR 5070 § 10 Nr. 30 betr. unrichtige Information und Herstellungsanspruch).
12 BSGE 81, 231, 238.
13 BSGE 49, 71, 74 zur Auslegung eines Antrags auf Rehabilitationsleistungen als Rentenantrag.
14 *Peters/Hommel*, SGB I, § 2 Anm. 6.

Auslegungsregeln ihre Bedeutung, zu denen § 2 Abs. 2 nun allerdings hinzutritt.

III. Orientierungswert sozialer Rechte

Die sozialen Rechte verdeutlichen, dass der Gesetzgeber das Sozialrecht statt als zufälliges Ergebnis heterogener Regelungen als Verwirklichung elementarer sozialpolitischer Vorstellungen versteht, die ihre Grundlage in den Menschenrechten findet[15]. Das Sozialrecht wird damit als Rechtsgebiet verständlich, das der Kodifikation zugänglich ist und in einer solchen auch dargestellt werden kann, in der die sozialen Rechte eine zentrale Aufgabe erfüllen. Die sozialen Rechte haben den Zweck, zusammen mit den zugehörigen Einweisungsvorschriften (§§ 18–29) das Sozialrecht transparent und für den Bürger überschaubar zu machen.[16] Im Kern ist § 2 die Aussage zu entnehmen, dass das Sozialrecht um der Begründung sozialer Rechte willen geschaffen wurde. Diese bilden mit den von den Einweisungsvorschriften umrissenen sozialrechtlichen Institutionen eine Einheit. Die „Einweisungsvorschriften" kennzeichnen die sozialen Rechte durch die Rechtsinstitute, in denen und durch welche sie verwirklicht werden. Obgleich die sozialen Rechte keinen Verfassungsrang aufweisen, machen die in §§ 2–10, 18–29 ausformulierten sozialen Rechte deutlich, dass auch die deutsche Rechtsordnung jedenfalls in ihrer Sozialrechtsordnung soziale Rechte kennt.[17] Damit schließt das deutsche Recht an die internationale wie europäische Rechtsentwicklung an.

Soziale Rechte werden somit als eigenständige Kategorie des Rechts anerkannt und ausgestaltet. Daraus folgt, dass sie nicht den Verzugs- und Verjährungsregeln des Bürgerlichen Rechts unterliegen.[18] Als Rechte können sie keine Rechtfertigung für Leistungsbeschränkungen begründen.[19] Soziale Rechte begründen Ansprüche auf Naturalrestitution bei Verletzung sozialrechtlicher Pflichten im Rahmen des Herstellungsanspruchs,[20] bei der Versorgung mit Hilfsmitteln[21] und der Gewährung von Haushaltshilfe.[22] § 2 Abs. 2 trägt auch die Auslegungsregel, dass ein auf Sozialleistungsgewährung gerichteter Antrag im Zweifel auf die dem Berechtigten günstigste Leis-

---

15 BT-Drucks. 7/868, S. 21.
16 *Hauck*, ZSR 1972, S. 460; *Jantz/Hauck*, BArbBl. 1972, S. 491.
17 *Däubler*, Der Schutz der sozialen Grundrechte in der Rechtsordnung Deutschlands, in Iliopoulos-Strangas (Hrsg.), Soziale Grundrechte in Europa nach Lissabon, 2010, S. 111 ff.
18 BSG – 24.11.1987 – 3 RK 7/87 = ErsK 1990, 375.
19 LSG Bremen – 16.12.1998 – L 3 V 3/98.
20 BSG SozR 4 – 2500 § 44 Nr. 11; BayLSG – 02.02.2006 – B 10 E6 9/05 R.
21 BSG SozR 4 – 2500 § 33 Nr. 11; LSG Baden-Württemberg – 11.11.2008 – L 11 KR 1952/08.
22 LSG NRW – 02.09.2008 – L 16 B 43/08 KR.

tung gerichtet ist.[23] Die Norm hat überdies im Rahmen des § 44 SGB X verfahrensrechtliche Bedeutung: auch sie dient der Optimierung sozialer Rechte.[24]

C. Sinn sozialer Rechte

I. Sozialer Rechtsstaat – Staat sozialer Rechte

Mit der Anerkennung der in §§ 3–10 ausführlich ausgestalteten Sozialrechte wird bekundet, dass die im SGB ausformulierten Rechte dem Ziel verpflichtet sind, die in §§ 3–10 umrissenen Rechte auszuformen. Diese werden prinzipiell als abstrakt formulierte, auf Konkretisierung angelegte subjektive Rechte anerkannt und durch die Gesetzgebung geschützt und fortentwickelt. Die danach Berechtigten werden als Inhaber subjektiver Rechte betrachtet, deren Begehren auch klageweise geltend gemacht werden kann.

§ 1 Abs. 1 verweist auf das Sozialstaatsprinzip (Art. 20 Abs. 1 S. 1, 28 Abs. 1 S, 1 GG). Die Vorschrift verbindet so das SGB mit dem GG.[25] Soziale Gerechtigkeit und soziale Sicherheit sind Ziele des Sozialstaats[26] und der eigentliche Zweck sozialer Leistungen. Das Sozialstaatsprinzip hat seine Kontur durch die Rechtsprechung[27] erlangt.

Es beruht auf der Trennung von Staat und Gesellschaft, gründet also auf der Annahme, der Staat sei nicht allzuständig, sondern durch die Grundrechte der Menschen in seinem Handeln vielfältig beschränkt, durch diese zugleich aber auch gebunden und zum Handeln verpflichtet. Auf dieser Basis entfaltet sich die Gesellschaft durch den Gebrauch grundrechtlicher Freiheiten. Dies verbürgt zwar die höchstmögliche individuelle und allgemeine Wohlfahrt; durch sie kann aber auch extreme soziale Ungleichheit entstehen. Auf dieser Grundlage weist das Sozialstaatsprinzip dem Staat die Aufgabe des sozialen Ausgleichs unmittelbar zu. Es berechtigt und verpflichtet den Gesetzgeber namentlich zur Sozialpolitik und damit zur

---

23 BSG SozR 4–2600 § 236a Nr. 2.
24 BSGE 63, 214.
25 BT-Drucks. 7/868, S. 2 f.; *Mrozynski*, SGB I 2014 (5. Aufl.) § 1 Rn. 1 ff.; Hauck/*Steinbach*, SGB I, K § 1 Rz. 2 b; *Volzke*, juris-PK Sozialrecht, § 1 Rn. 7 ff.
26 BT-Drucks. 7/868, S. 2 f.; *Mrozynski*, SGB I 2014 (5. Aufl.) § 1 Rn. 11 ff.; Hauck/*Steinbach*, SGB I, K § 1 Rz. 10.
27 BVerfGE 1, 97, 105; 5, 85, 198; 18, 257, 267; 44, 70, 89; 65, 182, 193; 70, 278, 288; 82, 60, 80; 125, 175; L132, 134; *Louven*, SGb 2008, 578; *Eichenhofer*, Sozialer Rechtsstaat – Staat sozialer Rechte, DVBl. 2016, 78; *Zacher*, Das soziale Staatsziel, in Isensee/Kirchhof, Handbuch des Staatsrechts, Band 2, 2004 (3. Aufl.), § 28 Rn. 25 ff.

umfassenden rechtlichen Gestaltung der Gesellschaft mittels Rechtssetzung, Verwaltung und Rechtsprechung.[28]

II. Soziale Gerechtigkeit

Soziale Gerechtigkeit steht in der Tradition der christlichen Überlieferung, wie sie in der Bergpredigt (Matthäus 5, 6–10) entfaltet und in der klassischen aristotelischen Philosophie begrifflich begründet worden ist. Auf Aristoteles geht die Unterscheidung zwischen der austeilenden Gerechtigkeit (*iustitia distributiva*) und der ausgleichenden oder Tauschgerechtigkeit[29] (*iustitia commutativa*) zurück. Erstere zielt auf die Ausgewogenheit des Leistungsaustausches, letzere dagegen auf Fairness bei der Ordnung von Solidarverbänden.

Soziale Gerechtigkeit bedeutet die Absage an ein libertäres, individualistisches Gesellschaftsverständnis, welches auf der Annahme beruht, dass „lauter Einzelne das gesellschaftliche Leben *zusammensetzen und in Gang halten*" [30] – getreu der bekannten Devise Margaret Thatchers: *„There is no such thing as society."* Ein solches Verständnis sieht nur die Rechte des Einzelnen und leugnet jede sich aus der wechselseitigen Verbindung von Menschen in einer Gesellschaft ergebenden Verpflichtung wie Berechtigung.[31]

In der heutigen Diskussion wird soziale Gerechtigkeit zunächst mit der Verteilungsgerechtigkeit und sodann mit der Teilhabegerechtigkeit in Verbindung gebracht[32]. Hier dominiert der auf Amartya Sen[33] und Martha Nussbaum[34] zurückgehende Fähigkeiten-Ansatz (*capability approach*) die Debatte um die elementaren sozialen Rechte des Menschen. Der Fähigkeiten-Ansatz macht verständlich, dass der Mensch der Pflege bedürfe, und diese eine asymmetrische Sozialbeziehung darstelle. Die Kultur einer Gesellschaft lasse sich primär daran ablesen, inwieweit sie solche Bedürfnisse sichere[35]. Im Fähigkeiten-Ansatz sind die Menschenrechte als interna-

---

28 *Achinger,* Sozialpolitik als Gesellschaftspolitik, 1979 (3. Aufl.).
29 Zu dieser Unterscheidung *Aristoteles,* Nikomachische Ethik, 1129 a 7 f., 1129 b 26 f., 1131 a 13,1131a 29.
30 *Bloch,* Naturrecht und menschliche Würde (1961), Frankfurt/Main, 1972, S. 192: „Brüderlichkeit ist der Affekt der Verbundenheit zum gleichen Ziel."
31 *Nozick,* Anarchy State Utopia, 1974; kritisch dazu *Nagel,* Libertarianism without Foundation, 85 (1975) The Yale law Journal, S. 136.
32 *Blasche/ Döring (Hg.),* Sozialpolitik und Gerechtigkeit; *Ackermann/Alstott,* The Stakeholder Society,1999; *Kersting,* Theorien der sozialen Gerechtigkeit, 2000.
33 *Sen,* Inequality re-examined, 1992; *ders.,* Ökonomie für die Menschen, 2000; dazu *Deakin,* The Capability Concept and the Evolution of European Social Policy, in Spaventa/ Dougan (Hg.), Social Welfare and EU Law, 2005, S. 3
34 *Nussbaum,* Die Grenzen der Gerechtigkeit, 2000, S. 163 ff.
35 *Nussbaum,* Frontiers of Justice, Disablity, Nationality, Species Membership, 2006, S. 168.

tionale Gewährleistungen positiver Freiheit zu erklären[36], die ihrerseits das Fundament für jeden Staat bilden und die internationale Gemeinschaft verwirklichen, sei den Staaten wie der internationalen Gesellschaft vorgegeben und zur Verwirklichung aufgegeben. Denn Freiheit sei als „Verwirklichungschance"[37] geprägt. Diese Chance werde durch das Einkommen und die Lebensqualität bestimmt[38]. Freiheit hänge von Institutionen ab, die soziale Chancen und soziale Sicherheit schaffen[39]. Die Freiheit des einzelnen bedeutete zugleich eine soziale Verpflichtung, nämlich die Freiheiten zum Nutzen der Allgemeinheit und zur Hilfe für den Nächsten zu gebrauchen[40]. Wirtschaftliche und soziale Freiheiten seien einander nicht entgegengesetzt, sondern bedingten einander; die eine sei nur ein anderer Ausdruck für die andere.[41]

Fairness fordert Leistungs-, Bedarfs- und Chancengerechtigkeit. Sie wird als Teilhabe- und Verteilungsgerechtigkeit praktiziert.[42] In der Substanz zielt die soziale Gerechtigkeit auf die Sicherung der sozialen Rechte, welche in §§ 3–10 umschrieben und als Rechte auf Arbeit, Gesundheit, Familie, Bildung, Wohnung, soziale Sicherheit und soziale Fürsorge welt-[43] und europaweit[44] anerkannt sind.

Die soziale Sicherheit steht zur sozialen Gerechtigkeit in engem Zusammenhang. Soziale Sicherheit ist ein international anerkannter im IAO-Übereinkommen Nr. 102 (1952) definierter und in Art. 3 VO (EG) 883/2004 näher auf- wie ausgeführter Begriff. Er bezeichnet im Wesentlichen die Systeme sozialer Vorsorge zum Schutz der Einzelnen vor den neun sozialen Risiken: Krankheit, Mutterschaft, Alter, Invalidität, Tod, Arbeitsunfall, Berufskrankheit, Arbeitslosigkeit und Familienunterhalt. Diese Systeme vermitteln sozialen Schutz jedes Einzelnen bei Eintritt der sozialen Risiken, durch Geld- (Rente sowie Kranken-, Verletzten-, Arbeitslosengeld), Dienst- und Sachleistungen. Systeme der sozialen Sicherheit befördern die soziale Gerechtigkeit, weil sie Teilhabe sichern und die Verteilungsgerechtigkeit erhöhen. Soziale Sicherheit beruht im internationalen Verständnis auf sozialen Rechten – sie gründet in einem *right's based approach*[45].

---

36 Ebd., S. 284: Der Fähigkeiten-Ansatz macht klar, was Rechte bedeuten.
37 *Sen*, Ökonomie für den Menschen. Wege zu Gerechtigkeit und Solidarität in der Marktwirtschaft, 2003 (2. Aufl.), S. 29.
38 Ebd., S. 30 ff.
39 Ebd., S. 55 f
40 Ebd., S. 335 ff.
41 Ebd., S. 349 f.
42 *Eichenhofer*, JZ 2005, 209.
43 *Iliopoulos-Strangas* (Hrsg.), Soziale Grundrechte in Europa nach Lissabon, 2010.
44 Vgl. Europäische Sozialcharta, Artt. 27–38 EuGrCh.
45 *International Labour Organization*, Social Security for social justice and a fair globalization International Labour Conference, 100th session, Geneva International Labour Office 2011.

III. Einzelforderungen sozialer Gerechtigkeit

1. Sicherung menschenwürdigen Daseins

Die Sicherung eines menschenwürdigen Daseins, mindestens auf dem Niveau des konventionellen, d. h. soziokulturellen Existenzminimums, gehört zu den Mindestanforderungen an den Sozialstaat.[46] Das Postulat findet sich bereits in der Rechtsphilosophie Hegels[47] : Danach umschließt die staatliche Aufgabe der Freiheitssicherung den staatlichen Schutz vor und bei Verarmung. Das BVerfG hat daher aus der Menschenwürde ein Recht auf Sozialhilfe abgeleitet.[48] Dieses, aus Art. 1 GG abgeleitete Menschenrecht zielt auf die Teilnahme und Teilhabe jedes Einzelnen an der Gesellschaft – materiell, ideell, wirtschaftlich, sozial und kulturell.

2. Entfaltungshilfen

Das SGB soll dazu beitragen, gleiche Voraussetzungen für die freie Entfaltung der Persönlichkeit, insbesondere auch für junge Menschen, zu schaffen und den Erwerb des Lebensunterhalts durch eine frei gewählte Tätigkeit zu ermöglichen. Die erstgenannte Aufgabe folgt aus Art. 2 Abs. 1 GG, die letztgenannte aus Art. 12 Abs. 1 GG.

Dies verdeutlicht, dass beide Grundrechte für den Einzelnen nicht nur Abwehrrechte gegenüber staatlichen Eingriffen, sondern zugleich Schutzpflichten durch den Staat begründen: Dieser ist danach – im Sinne des befähigenden Wohlfahrtsstaats (engl. *enabling state*) verpflichtet, den Einzelnen zur Entfaltung seiner Freiheit zu befähigen (engl. *empowerment*). Das Ziel solcher Leistungen ist die Hilfe zur Selbsthilfe; so soll der individuelle Freiheitsgebrauch ermöglicht werden.[49] Grundlage des Sozialstaates ist die Erwerbsgesellschaft. An dieser hat jeder Arbeitsfähige teilzunehmen. Die Gesellschaft schuldet primär Hilfe zur Erlangung von Erwerbsarbeit.

3. Schutz und Förderung der Familie

Die Pflicht zur Familienförderung folgt aus Art. 6 Abs. 1, 2 GG: Das Grundrecht gewährleistet nicht nur Ehe, Familie sowie Elternschaft, sondern begründet für den Staat auch die Pflicht zum Schutz und zur Förderung

---

46 *von Arnauld*, Das Existenzminimum, in v. Arnauld/ Musil (Hrsg.), Strukturfragen des Verfassungsrechts, 2009, S. 251; *Bieritz-Harder*, Menschenwürdig leben, 2001; *Soria*, JZ 2005, 644.

47 §§ 230, 240, 251–255 RPh.

48 Davor stand die Leitentscheidung BVerwGE 1, 159; vgl. danach BVerfGE 1, 97, 104; 40, 121, 133; 45, 187, 228; 48, 346, 361; 82, 60, 82; 99, 216, 231; 99, 246, 260; 125, 175; 132, 134; BVerwGE 48, 237; 80, 349.

49 Vgl. dazu BSG SozR 3–1200 § 53 Nr. 9: Gebot individueller Anpassung der Hilfe.

der Familie.[50] Auf dieser Basis ist ein Kinder- wie Elterngeld, staatliche Familienförderung und Jugendhilfe umfassendes Institutionengefüge entstanden, welches nicht nur die Elternrechte sozialrechtlich flankiert, sondern zugleich die inzwischen ebenfalls international anerkannten Rechte des Kindes entfalten soll. Das Verständnis von Ehe und Familie wandelte sich in den vergangenen Jahrzehnten. Lebenspartnerschaften und Reproduktionsmedizin ermöglichten neue Familienformen, deren rechtliche Anerkennung nach anfänglichem Zögern wächst.

4. Abwendung und Ausgleich besonderer Belastungen

Das Ziel von Abwendung und Ausgleich besonderer Belastungen des Lebens ist der Versuch, eine zeitgemäße Formulierung für die „Wechselfälle des Lebens" zu finden, die zu sichern die WRV als Auftrag der Sozialversicherung sah (Art. 161 WRV). Gemeint sind damit die sozialen Risiken, für die in den Systemen sozialer Sicherheit ein umfassender Schutz geboten wird. Darüber hinaus verpflichtet der Auftrag zur sozialen Entschädigung.

5. Bereitstellung von Diensten und Einrichtungen

§ 2 Abs. 2 ergänzt § 2 Abs. 1. Die Vorschrift hebt die Tragweite sozialer Dienst- und Sachleistungen hervor und wirkt damit einer verengenden Sicht auf das Sozialrecht als Mittel der Umverteilung von Einkommen entgegen. Diese ist zwar ein zentrales Anliegen, die Sicherung sozialer Dienste ist jedoch nicht minder bedeutsam.

D. Soziale Rechte und GG

Die sozialen Rechte schließen die Lücke, welche das GG wegen der in ihm fehlenden sozialen Grundrechte hinterlässt. Solche sind alle rudimentär und fragmentarisch zu erkennen (vgl. insbesondere Art. 3 Abs. 2 S. 2, Abs. S. 2, Art. 6 Abs. 1, 2, 4 u. 5 GG). Die im SGB normierten sozialen Rechte nehmen zwar keinen Verfassungsrang ein, aber sie erfüllen wie jene die Funktion, die Sozialgesetzgebung leitbildhaft zu strukturieren und zu systematisieren. Sie konkretisieren das Sozialstaatsprinzip und präzisieren die in § 1 SGB I allgemein umrissenen Ziele aller Sozialgesetzgebung.

---

50 BSG SozR 4–2500 § 62 Nr. 2; Isensee/Kirchhof-*Ipsen*, Handbuch des Staatsrechts, Band 7, Freiheitsrechte, 3. Aufl., 2009, § 154 (Ehe und Familie).

Soziale Rechte sind Teil der heute international gewährleisteten Menschenrechte. Sie entstanden im ausgehenden 18. Jahrhundert[51]. In Deutschland haben sie durch Hegels Rechtsphilosophie (§§ 241–245) eine erste gedankliche Begründung und begriffliche Entfaltung gefunden. Der Staat ist danach zur tätigen Überwindung sozialer Spannungen und Gegensätze durch Gesetzgebung und Verwaltung verpflichtet. Korporationen (= Genossenschaften) sollen zwischen Individuum und Staat vermitteln und den Einzelnen in diese Rechte gewährenden Institutionen einbeziehen. In Tarifautonomie und selbstverwalteter Sozialversicherung wurden diese Postulate eingelöst.

Soziale Rechte formulieren Individualrechte,[52] ohne dass sie zugleich eine Anspruchsgrundlage darstellten. Sie zielen auf staatliche Normsetzung und faktisches Handeln, namentlich die Schaffung von Institutionen und die darin realisierte und zu realisierende Begründung von individuellen Rechten[53]. Ihrem Inhalt nach sind sie darauf gerichtet, öffentliche Leistungen für Personen zu begründen, die diese am Markt nicht durch Erwerbsarbeit erlangen können. [54]

In einer solchen Normsetzung liegt weder ein Widersinn noch Widerspruch, sondern die systematisierende Wirkung sozialer Rechte, welche die Rechtsprechung und Verwaltung bei Auslegung und Ermessensgebrauch leiten und auch dem Gesetzgeber Ziel und Richtung an- und vorgeben. Die sozialen Rechte kommen also insbesondere bei der und durch die Auslegung von in den Anspruchsgrundlagen konkret normierten Rechten zur Geltung. Ähnlich wie das Gebot verfassungskonformer Auslegung fordert § 2 Abs. 2 bei bestehenden Alternativen der Auslegung den Vorzug einzuräumen, welche das soziale Recht im Einzelnen stärkt[55].

E. Soziale Menschenrechte als internationale Garantien

Soziale Menschenrechte werden heute namentlich international gewährleistet. Soziale Menschenrechte sind in den Art. 22–27 Allgemeine Erklärung

---

51 *Paine*, Die Rechte des Menschen, 1791: Darin formuliert er die Rechte auf Unterweisung der Jugend und Unterstützung der Alten (S. 261 ff.) und fordert die Errichtung einer öffentlichen Versicherung „*gegen die Unglücksfälle, welchen das ganze menschliche Leben unterworfen ist*" (S. 324); *Bieback*, Zur Relevanz sozialer Rechte in der Dogmatik und Rechtsanwendung des Sozialrechts, in Devetzi/ Janda (Hg.), Freiheit- Gerechtigkeit – Sozial(es) Recht, Festschrift für Eberhard Eichenhofer, 2015, S. 69.
52 jurisPK/*Voelzke*, § 1 Rn. 8 f.
53 *Arango*, Der Begriff der sozialen Grundrechte, 2001, S. 96 ff.
54 *Alexy*, Theorie der Grundrechte, 1986, S. 116 ff.
55 SG Mainz – 4.6.2014 – S 3 KR 298/12 = NZS 2014, 827.

der Menschenrechte (AEMR) und dem Internationalen Pakt über wirtschaftliche, soziale und kulturelle Menschenrechte[56] (IPwskR,1966) und zahlreichen sonstigen UN- Konventionen – namentlich über die Rechte von Kindern[57], behinderten Menschen[58] und Wanderarbeitnehmern[59] – niedergelegt. Während die erstgenannte Deklaration prinzipiellen Charakter hat, sind die letztgenannten Rechtsnormen unmittelbar verbindlich und auch in Deutschland aufgrund von deren Ratifikation und Transformation als Recht umfassend anzuerkennen und anzuwenden. Art 28 AEMR bekundet die Überzeugung, dass aus der internationalen wirtschaftlichen Kooperation die Hebung des Lebensstandards, Vollbeschäftigung sowie sozialer und wirtschaftlicher Fortschritt erwachsen.

Für die Staaten des Europarats sind sie in der EMRK – die auch sozialrechtliche Bedeutung[60] hat – sowie der Europäischen Sozialcharta (ESC)[61] niedergelegt. In der Rechtsordnung der EU sind soziale Menschenrechte in der Grundrechte-Charta (Art. 27–36 GrCH) verankert.

Soziale Menschenrechte wurden historisch erstmals im 18. Jahrhundert in der französischen Revolution proklamiert, gewannen ihre Schärfung und Präzisierung im 19. Jahrhundert unter dem Eindruck der rechtlichen Bewältigung der sozialen Frage mittels Sozialgesetzgebung, erhielten in der Weimarer Reichsverfassung eine erste umfassende Formulierung und Formgebung und wurden schließlich in der Allgemeinen Menschenrechtserklärung von 1948 als internationale und universale Menschenrechte formuliert und proklamiert[62]. Sie sind auch in zahlreichen Verfassungen der Welt[63] enthalten und werden als Garantien umschrieben. In Deutschland sind sie in den Landesverfassungen zu finden und in der Rechtsprechung des BVerfG,

---

56 Vom 16.12.1955, in Deutschland ratifiziert am 23.12.1973, BGBl.1973 II, S. 1569.
57 Vom 20.11.1989, in Deutschland ratifiziert am 17.12.1992 BGBl. 1992 Abs. 2, S. 121.
58 Vom 13.12.2006, in Deutschland am 3.5.2008 in Kraft getreten, BGBL. 2008 II, S. 1419.
59 International Convention on the Protection of the Rights of all Migrant Workers and Members of their Families vom 1.7.2003, in Deutschland nicht ratifiziert.
60 *Eichenhofer*, Sozialrecht der EU, 2015 (6. Aufl.), Rn 36.
61 Ebd., Rn. 35 f.
62 *Bieback*, Zur Relevanz sozialer Rechte in der Dogmatik und Rechtsanwendung des Sozialrechts, in Devetzi/ Janda (Hg.), Freiheit- Gerechtigkeit – Sozial(es) Recht, Festschrift für Eberhard Eichenhofer, 2015, S. 69; *Eichenhofer*, Soziale Menschenrechte im Völkerrecht, europäischen und deutschen Recht, 2012, S. 73 ff; *Masuch/ Jüttner*, Soziale Rechte – was hält die Gesellschaft zusammen? in Devetzi/ Janda(Hg.), Freiheit – Gerechtigkeit – Sozial(es) Recht, Festschrift für Eberhard Eichenhofer, 2015, S. 443.
63 *International Labour Organisation*, The Right to Scoial security in the Constitutions of the World, Geneva, 2016.

jedenfalls im Hinblick auf die Rechte auf Sozialhilfe[64] (Art. 1 Abs. 1 GG) und Sozialversicherung[65] (Art. 14 GG) – rudimentär – anerkannt. Die sozialen Menschenrechte werden oft als vage und unklar bezeichnet, woraus ihre Bedeutungslosigkeit folgen soll. Diese Auffassung ist aber abwegig. Es gibt keinen Rechtsgrundsatz, dass Generalklauseln wegen ihrer undeutlichen und vagen Begriffe rechtlich bedeutungslos wären. Solche Normen erfordern vielmehr eine gezielte Anstrengung von Wissenschaft und Praxis, um deren Gehalt zu klären. Vage und undeutliche Gesetze sind auch im innerstaatlichen Recht geläufig und sind nicht schon deswegen unbeachtlich, sondern sie zwingen den Rechtsanwender zur Identifikation von deren Maßstab durch Auslegung ihres Inhalts[66].

Es gibt eingehende Darstellungen dieser Rechte in englischer[67] und wenige auch in deutscher Sprache[68]. Dessen ungeachtet haben sie Gehalt und Struktur durch die im Wachsen begriffene Rechtsprechung und wissenschaftliche Debatte gefunden, die allerdings erschlossen sein will. Für die Auslegung der internationalen Menschenrechtserklärungen bestehen in Gestalt der „Limburg principles"[69] und der „Maastricht Guidelines"[70] eigene Auslegungsregel, die sich die über die UN-Menschenrechte wachenden Gremien für die Wahrnehmung ihrer Arbeit gegeben haben.

Sozialen Rechten wird ferner entgegengehalten, sie begründeten Pflichten und verletzten individuelle Rechte. Sie taugten daher weder als Rechte, noch könnten sie in einer freiheitlichen Ordnung je wirksam etabliert werden. Beide Behauptungen sind ebenfalls abwegig. Sie entstammen einem

---

64 BverfGE 1, 97, 105; 5, 85, 198; 18, 257, 267; 44, 70, 89; 65, 182, 193; 70, 278, 288; 82, 60, 80; 125, 175; 132, 134
65 BVerfGE 100, 38.
66 BSGE 84, 126, 134; *Meyer*, in von Münch/ Kunig, GG-Kommentar, 2012 (6. Aufl.), Art. 97 Rn. 29, 31.
67 *Barak-Erez/ d Gross (Hg.)*; Exploring Social Rights, 2008; *Beyer*, Economic Rights: Past, Present and Future, in Cushman (Hg.), Handbook of Human rights, 2012, S. 292; *de Burca/ de Witte (Hg..)* Social Rights in Europe, 2005; *Fabre*, Social rights under the Constitution, Government and the Decent Life, 2000; *Fredman*, Human Rights Transformed, 2008, *King*, Judging Social Rights, 2012; *Malcolm Langford (Ed.)*, Social Rights Jurisprudence, 2008; *Mikkola*, Social Human Rights, 2010; *ders.* Interpreting Soicial Human Rights of Europe, in Devetzi/ Janda (Hg.), Freiheit – Gerechtigkeit – Sozial(es) Recht, Festschrift für Eberhard Eichenhofer, 2015, S. 457, *Pennings/ Vonk,(Hg.)*; Elgar Handbook on European Social Security Law, 2015; *Ssenyonjo*, Economic, Social and Cultural Rights in International Law, Oxford, 2007.
68 *Eichenhofer*, Soziale Menschenrechte im Völkerrecht, europäischen und deutschen Recht, 2012; *Masuch/ Jüttner*, Soziale Rechte – was hält die Gesellschaft zusammen?, in Devetzi/ Janda(Hg.), Freiheit – Gerechtigkeit – Sozial(es) Recht, Festschrift für Eberhard Eichenhofer, 2015, S. 443; *Illiopoulos-Strangas (Hg.)*, Soziale Grundrechte in Europa nach Lissabon, 2010; *Krennerich*, Soziale Menschenrechte zwischen Recht und Politik, 2013; *Nussberger*, Sozialstandards im Völkerrecht, 2005.
69 9 (1987) Human Rights Quarterly 121.
70 20 (1998) Human Rights Quarterly, 691.

libertären Weltbild, in dem die Gesellschaft nicht vorkommt und die Freiheit ausschließlich als „negative Freiheit"[71] – als die Freiheit von etwas – missverstanden und damit auf die Abwesenheit staatlichen Zwangs verengt wird. Die Menschenrechte schaffen jedoch in erster Linie positive Freiheiten[72] – mithin Freiheiten zu etwas –, indem sie dem Einzelnen die Möglichkeit zu autonomem Handeln eröffnen. Dies gelingt nur durch die staatliche und internationale Rechtssetzung. Vor allem darin liegt der Sinn aller Menschenrechte und unter diesen vor allem der sozialen Menschenrechte. Die negativen Freiheiten sind insoweit Bedingungen für die Verwirklichung der positiven Freiheiten.

F. Geltung internationaler sozialer Menschenrechte

Den sozialen Menschenrechten wird schließlich oft entgegengehalten, wirkungslos zu sein, weil ihr Vollzug den Staaten überlassen bleibe, wogegen die internationalen Organisationen nichts zur Verwirklichung ihrer Ziele aus eigener Machtvollkommenheit vermögen. Die international in Pakten und Konventionen von UN und Europarat niedergelegten Rechtsnormen werden durch deren Ratifikation und Transformation in die innerstaatliche Rechtsordnung einbezogen und damit zum Bestandteil des innerstaatlichen Rechts. Sie sind daher als völkerrechtlich begründete, aber auf innerstaatliche Wirksamkeit angelegte und ausgerichtete Rechtsnormen bei der Auslegung der inländischen Rechtsordnung genau so zu behandeln wie alle sonstigen Normen des innerstaatlichen Rechts[73].

Die international proklamierten sozialen Rechte prägen deshalb die Deutung der einzelnen in §§ 3–10 niedergelegten sozialen Menschenrechte und diese schaffen ihrerseits einen Deutungsrahmen für die in den besonderen Teilen des SGB enthaltenen, die sozialen Rechte konkretisierenden Anspruchsnormen. Die international als Menschenrechte proklamierten Garantien umschreiben vor allem den Inhalt der Normen, zu deren innerstaatlicher und verfassungsrechtlicher Verbindlichkeit sich Art. 1 Abs. 2 GG ausdrücklich bekennt[74]. Die den Grundrechten vorangehenden und sie in ihrem Gehalt leitenden Menschenrechte umfassen daher auch die welt- und europaweit anerkannten sozialen Menschenrechte.

---

71 *Berlin*, Freiheit – Vier Versuche, 2006.
72 *Fredman*, Human Rights Transformed, 2008.
73 *Gilbert*, Welfare Justice: Restoring Social Equity, 1995; *Giddens*, Die Frage nach der sozialen Ungleichheit, 2001, S. 125.
74 *Eichenhofer*, Soziale Menschenrechte im Völkerrecht, europäischen und deutschen Recht, 2012, S. 189 ff.

Auch die in der EU-Grundrechte-Charta (EU-GrCH) niedergelegten menschenrechtlichen Gewährleistungen sind im Rahmen von Art. 51 EU-GrCH anzuwenden, wenn immer EU-Regeln anzuwenden und auszulegen sind. Dazu gehören auch solche Bestimmungen des innerstaatlichen Rechts, die in Umsetzung und Verwirklichung von EU-Richtlinien ergangen sind, die umfassend an den EU-Grundrechten zu messen sind und diesen genügen müssen. Alles in allem ist die Neigung der innerstaatlichen Rechtspraxis, den sich aus internationalen Menschenrechtsgewährleistungen ergebenden sozialrechtlichen Verpflichtungen Wirkung beizumessen, höchst unterentwickelt[75]. Dies ist regelmäßig nicht nur rechtsfehlerhaft, sondern verkennt, dass alle Rechtsanwendung auch dem Völkerrecht als Teil der innerstaatlich gültigen Rechtsordnung Respekt und Anerkennung durch eine völkerrechtsfreundliche Auslegung[76] zu verschaffen schuldet.

Alle Menschenrechte sind nach internationalem Verständnis zu achten (*to respect*), zu schützen (*to protect*) und zu verwirklichen (*to fulfil*). Sie achten bedeutet, dass die öffentliche Gewalt das einzelne Menschenrecht im Umgang mit dem Einzelnen zu respektieren hat. Sie schützen bedeutet, dass der Staat den einzelnen Träger des Menschenrechts vor Behinderung in dessen Ausübung durch Dritte bewahren und Übergriffen von Privaten entgegentreten muss. Dies geschieht durch behördliches Einschreiten gegen den Störer, dessen Bestrafung oder die Sicherung seiner Ersatzhaftung. Menschenrechte verwirklichen bedeutet für den Staat in seinen Eigenschaften als Gesetzgeber, Verwalter und Rechtsprecher, die Menschenrechte zu vervollkommnen; dies ist ihm als Rechtspflicht aufgetragen. Schließlich ist die internationale Ordnung selbst zur Verwirklichung der Menschenrechte angehalten: Art. 28 AEMR gibt jedem Menschen einen Anspruch auf eine soziale und internationale Ordnung, in der die in dieser Erklärung bekundeten Rechte und Freiheiten voll verwirklicht werden können.

---

75 *Bieback*, Zur Relevanz sozialer Rechte in der Dogmatik und Rechtsanwendung des Sozialrechts, in Devetzi/ Janda(Hg.), Freiheit – Gerechtigkeit – Sozial(es) Recht, Festschrift für Eberhard Eichenhofer, 2015, S. 69, *Bürck*, § 2 Abs. 2 SGB I in der Rechtsprechung des Bundessozialgerichts, in v. Wulffen/ Krasney (Hg.), FS 50 Jahre Bundessozialgericht, 2004, S. 139 ff.; *Eichenhofer*, Soziale Rechte im Sozialgesetzbuch, SGb. 2011, 301; *Fichte,* Die sozialen Rechte in der Rechtsprechung des BSG, Sgb. 2011,492; *Fromann*, Das Sozialgesetzbuch als Kodifikation, VSSR 2010, S. 27.
76 BverfGE 100, 307.

Potsdamer Ethik-Grundsätze in der Umsetzung

Michael Wolff-Dellen, Vorsitzender Richter am Landessozialgericht Essen und Martin Löns, Vizepräsident des Landessozialgerichts Essen

Die Potsdamer Ethik-Grundsätze sind das Ergebnis eines in der Ethik-Kommission auf dem 4. DSGT begonnenen intensiven Diskurses aller am sozialrechtlichen Verfahren beteiligten und im DSGT vertretenen Berufsgruppen und lauten wie folgt:

Potsdamer Ethik-Grundsätze
Die Angehörigen der am sozialrechtlichen Verfahren beteiligten Berufsgruppen arbeiten in dem Bewusstsein, dass sie dazu beitragen, den Sozialstaat des Grundgesetzes und damit soziale Gerechtigkeit und Teilhabe zu verwirklichen.
Sie sind sich bewusst, dass Art und Umfang der Arbeit von der sich wandelnden Sozialpolitik und Sozialgesetzgebung abhängen. Dies stellt eine besondere Anforderung dar, die den besonderen Reiz ihrer Arbeit ausmacht.
Sie machen sich die existenzielle Bedeutung des Verfahrens für den Menschen bewusst und legen deshalb Wert darauf, sein konkretes Anliegen richtig zu erfassen und ihn ernst zu nehmen. Ihm werden die Rechtslage und das Vorgehen so erläutert, dass er die bestehenden Handlungsspielräume und Gestaltungsmöglichkeiten erkennen und eigenverantwortlich nutzen kann.
Um die eigene Rolle und die Auswirkungen eigenen Handelns im Gesamtkontext zu erkennen und zu steuern, bedarf es eines berufsethischen Selbstverständnisses. Dies zu entwickeln und wach zu halten bedarf einer systematischen und professionellen Selbstreflexion. Dazu gehören der respektvolle Umgang und Austausch der Angehörigen der Berufsgruppen untereinander.

Diese Grundsätze beantworten die Ausgangsfrage der Kommission, ob und bejahendenfalls welche speziellen ethischen Grundsätze für diese Berufsgruppen aufgestellt werden können. Die Antwort ist aber nur eine vorläufige, denn die Grundsätze sind nach Auffassung der Kommission nicht als ethisches Normengerüst in Form fester Regeln zu verstehen. Ihnen kommt auch nicht die Funktion einer Abgrenzung gegenüber anderen Berufsgruppen oder Gerichtsbarkeiten zu. Sie sind vielmehr Ausdruck eines permanenten Prozesses kritischer (Selbst-)Reflexion und tragen deshalb den Keim einer möglichen Veränderung in sich. Die Überprüfung/Fortschreibung der Grundsätze ist vor diesem Hintergrund natürlicher Tagesordnungspunkt einer jeden Sitzung der Ethik-Kommission.

Die Arbeit der Kommission wurde bis in den 5. DSGT hinein getragen von dem durch eine Fallsammlung strukturierten Austausch über Unterschiede und Gemeinsamkeiten, von Perspektivwechseln und inhaltlichen Standortbestimmungen, die den Prozess für jeden Einzelnen spannend und ertragreich gestalteten. Mit dem Abschluss dieser ersten Phase durch die Potsdamer Ethik-Grundsätze als (Zwischen-)Ergebnis rückten dann Fragen der Umsetzung und Auswirkungen auf die Praxis in den Vordergrund.

Erstes sichtbares Ergebnis dieser Diskussion und übergreifendes Angebot an alle Teilnehmerinnen und Teilnehmer des 6. DSGT war der Vortrag von **Prof. Dr. Birte Englich** am zweiten Tag des DSGT. Mit diesem wollte die Kommission ein Problembewusstsein für die überwiegend gefühlte und gelebte Vorstellung schaffen und schärfen, der Mensch könne selbstbestimmt und (nach objektiven/objektivierbaren Kriterien) unabhängig handeln und entscheiden. Unter der Überschrift **„Warum entscheide ich mich wie?"** vermittelte die Referentin, Inhaberin eines Lehrstuhls für Sozialpsychologie und Entscheidungsforschung an der Universität zu Köln, mit einem Überblick über den aktuellen Stand der Forschung die durchaus schwer verdauliche Erkenntnis: Entscheidungen jedweder Art werden von Faktoren (mit-)bestimmt, die ihrerseits der Person, die die Entscheidung trifft, nicht nur nicht bewusst, sondern von ihr auch nicht immer beeinflussbar sind. Maßnahmen zur Stärkung der Entscheidungskompetenzen seien deshalb, so die Referentin, sinnvoll, um die eigene Autonomie durch bewusstere Entscheidungen auszubauen.

Die Kommissionsarbeit war geprägt durch den fulminanten (Fest-)Vortrag des neuen Kommissionsmitgliedes **Prof. Dr. Dr. h. c. Eberhard Eichenhofer** zum runden Geburtstag des SGB I **„40 Jahre Soziale Rechte im Sozialgesetzbuch – Ist die Botschaft noch zeitgemäß?"**. Der Referent überzeugte die zahlreichen Zuhörerinnen und Zuhörer nicht nur von den in der Rechtsprechung selten genutzten Gestaltungsmöglichkeiten, die die Programmsätze – nicht nur des SGB I – schon bei Anwendung allgemein anerkannter Auslegungsregeln bieten. Er zeigte (u. a.) auch auf, wie sehr völkerrechtliche Verträge den Inhalt dieser Programmsätze beeinflussen (können).

Mit der Vermittlung dieser auch in Fachkreisen wenig verbreiteten (Er-)Kenntnis bereitete Prof. Eichenhofer exemplarisch den Boden für die Diskussion zur Umsetzung der Potsdamer Ethik-Grundsätze. Aus den Grundsätzen lassen sich Anforderungsprofile ableiten und diesen wiederum Arbeitsfelder und Maßnahmen zuordnen, die helfen sollen, diese Anforderungen zu unterstützen und zu stärken. Als Themen für Fortbildungsveranstaltungen und Workshops wurden für die unterschiedlichen Arbeitsfelder folgende Schwerpunkte andiskutiert:

- Sozialwissenschaften: Entscheidungskompetenzen stärken, moralische Dilemmata;
- juristisches Handwerk: Konventionen und völkerrechtliche Verträge, Beweisfragen;
- Kommunikation: Grundlagen, Kommunikationstraining, aktives Zuhören, Gesprächsführung, Moderieren, Eskalation/Deeskalationsstrategien;
- Rollenreflexion: Selbst-/Fremdwahrnehmung, zielführendes – zielhinderndes Verhalten, Supervision, kollegiale Beratung.

Abhängig vom Thema des DSGT im Jahre 2018 sollen diese Vorüberlegungen beim nächsten Kommissionstreffen genutzt werden, um eine Fortbildungsveranstaltung zu entwickeln, die noch vor dem 7. DSGT allen Mitgliedern, aber auch Nichtmitgliedern angeboten werden soll.

Die Arbeit in der Ethik-Kommission unterscheidet sich als sog. Querschnittsaufgabe inhaltlich wesentlich von der in den anderen Kommissionen des DSGT. Um Unzuträglichkeiten und Konkurrenzen bei der Auswahl der Kommission im Vorfeld eines jeden DSGT zu vermeiden, soll der Schwerpunkt der Kommissionsarbeit künftig „zwischen den Tagen" stattfinden. Damit soll eine größere Durchlässigkeit und ein besserer Austausch durch die Mitarbeit der Kommissionsmitglieder in den anderen Fachkommissionen und umgekehrt erreicht werden. Die Ethik-Kommission wird aber auch Konzepte entwickeln und dem Vorstand anbieten, um möglicherweise an einem festen Punkt im Tagungsablauf im Plenum eines jeden DSGT thematisch präsent zu sein.

Abkürzungsverzeichnis

a. A.	andere Ansicht
AA	Arbeitsagentur
AAPV	Allgemeine ambulante Palliativversorgung
a. a. O.	am angegebenen Ort
ABl.	Amtsblatt
ABM	Arbeitsbeschaffungsmaßnahme
ABMR	Arbeitsplatzbezogene Muskuloskeletale Rehabilitation
Abs.	Absatz
ADR	Alternative Dispute Resolution
AEUV	Vertrag über die Arbeitsweise der Europäischen Union
a. F.	alte Fassung
aG	außergewöhnliche Gehbehinderung (Nachteilsausgleich)
AGS	Anwaltsgebühren Spezial (Zeitschrift)
AHP	Anhaltspunkte für die ärztliche Gutachtertätigkeit im sozialen Entschädigungsrecht und nach dem Schwerbehindertenrecht
ALG II	Arbeitslosengeld II
AMG	Arzneimittelgesetz
AOK	Allgemeine Ortskrankenkasse
ArbGG	Arbeitsgerichtsgesetz
ARGE	Arbeitsgemeinschaft
Art.	Artikel
ASMK	Arbeits- und Sozialministerkonferenz
ASR	Anwalt/Anwältin im Sozialrecht (Zeitschrift)
AsylbLG	Asylbewerberleistungsgesetz
Aufl.	Auflage
AWMF	Arbeitsgemeinschaft der Wissenschaftlichen Medizinischen Fachgesellschaften e. V.
Az.	Aktenzeichen
AZAV	Akkreditierungs- und Zulassungsverordnung
BA	Bundesagentur für Arbeit
BAB	Berufsausbildungsbeihilfe
BAGüS	Bundesarbeitsgemeinschaft der überörtlichen Träger der Sozialhilfe
BAnz	Bundesanzeiger
BAR	Bundesarbeitsgemeinschaft für Rehabilitation e. V.
BDA	Bundesvereinigung der Deutschen Arbeitgeberverbände
BDVR	Bund Deutscher Verwaltungsrichter und Verwaltungsrichterinnen
BeckOK	Beck'scher Online-Kommentar

BEEG	Gesetz zum Elterngeld und zur Elternzeit
BeckRS	Beck-Rechtsprechung
BGB	Bürgerliches Gesetzbuch
BGBl	Bundesgesetzblatt
BGH	Bundesgerichtshof
BGHZ	Entscheidungen des Bundesgerichtshofs in Zivilsachen
BGN	Berufsgenossenschaft Nahrungsmittel und Gastgewerbe
BK	Berufskrankheit
BK	Bonner Kommentar
BKK	Betriebskrankenkasse
BMAS	Bundesministerium für Arbeit und Soziales
BMBF	Bundesministerium für Bildung und Forschung
BMG	Bundesministerium für Gesundheit
BMVBW	Bundesministerium für Verkehr, Bau- und Wohnungswesen
br	Behindertenrecht – Fachzeitschrift für Fragen der Rehabilitation
BR	Bundesrat
BRAK	Bundesrechtsanwaltskammer
BRAO	Bundesrechtsanwaltsordnung
BR-Drucks.	BR-Drucksache
Breith.	Breithaupt – Sammlung von Entscheidungen aus dem Sozialrecht (Zeitschrift)
BSG	Bundessozialgericht
BSGE	Entscheidungssammlung des Bundessozialgerichts
BSHG	Bundessozialhilfegesetz
BSI	Beschäftigung schaffende Infrastrukturmaßnahmen
bspw.	beispielsweise
BT	Bundestag
BT-Drucks.	Bundestagsdrucksache
BtMG	Betäubungsmittelgesetz
BtMVV	Betäubungsmittelverschreibungsverordnung
Buchst.	Buchstabe
BUK-NOG	Gesetz zur Neuorganisation der bundesunmittelbaren Unfallkassen, zur Änderung des Sozialgerichtsgesetzes und zur Änderung anderer Gesetze
BVA	Bundesversicherungsamt
BvB	Berufsvorbereitende Bildungsmaßnahme
BVerfG	Bundesverfassungsgericht
BVerfGE	Entscheidungssammlung des Bundesverfassungsgerichts
BVerwG	Bundesverwaltungsgericht
BVerwGE	Entscheidungssammlung des Bundesverwaltungsgerichts
BVG	Bundesversorgungsgesetz
bzw.	beziehungsweise

DAV	Deutscher Anwaltsverein
DFG	Deutsche Forschungsgemeinschaft
DGB	Deutscher Gewerkschaftsbund
DeGPT	Deutschsprachige Gesellschaft für Psychotraumatologie
DGAUM	Deutsche Gesellschaft für Arbeitsmedizin und Umweltmedizin
DGPPn	Deutsche Gesellschaft für Psychiatrie und Psychotherapie, Psychosomatik und Nervenheilkunde
DGUV	Deutsche Gesetzliche Unfallversicherung – Spitzenverband
d. h.	das heißt
DHKT	Deutscher Handwerkskammertag
DLT	Deutscher Landkreistag
DMP	Disease Management Programme
DNQP	Deutsches Netzwerk für Qualitätsentwicklung in der Pflege
DÖV	Die öffentliche Verwaltung (Zeitschrift)
DRG	Diagnosis Related Groups (Fallpauschalen)
DRiG	Deutsches Richtergesetz
DRiZ	Deutsche Richterzeitung
DRV	Deutsche Rentenversicherung Bund
DSGT	Deutscher Sozialgerichtstag e. V.
DSM	Diagnostic and Statistic Manual
DVBl.	Deutsches Verwaltungsblatt
EG	EG-Vertrag
EGVP	Elektronisches Gerichts- und Verwaltungspostfach
EM	Erwerbsminderung
EMRK	Europäische Menschenrechtskonvention
EP	Europäisches Parlament
EQJ-Programm	Sonderprogramm der Einstiegsqualifizierung Jugendlicher (Richtlinie des BMAS)
EU	Europäische Union
EuGH	Europäischer Gerichtshof
EuR	Europarecht (Zeitschrift)
e. V.	eingetragener Verein
EVS	Einkommens- und Verbrauchsstichprobe
evtl.	eventuell
EWG-Vertrag	Vertrag zur Gründung der Europäischen Wirtschaftsgemeinschaft
f./ff.	folgende/fortfolgende
FamFG	Gesetz über das Verfahren in Familiensachen und in den Angelegenheiten der freiwilligen Gerichtsbarkeit
FamRZ	Zeitschrift für das gesamte Familienrecht
FEVS	Fürsorgerechtliche Entscheidungen der Verwaltungs- und Sozialgerichte (Zeitschrift)

Abkürzungsverzeichnis

Fn.	Fußnote
FS	Festschrift
G	Gehbehinderung (Nachteilsausgleich)
G-BA	Gemeinsamer Bundesausschuss
GDA	Gesellschaft für Dienste im Alter
GdB	Grad der Behinderung
GdS	Grad der Schädigungsfolgen
GdW	Bundesverband deutscher Wohnungs- und Immobilienunternehmen e. V.
GG	Grundgesetz
ggf.	gegebenenfalls
GKV	Gesetzliche Krankenversicherung
GKV-WSG	Gesetz zur Stärkung des Wettbewerbs in der gesetzlichen Krankenversicherung
GmbH	Gesellschaft mit beschränkter Haftung
GVG	Gerichtsverfassungsgesetz
GWB	Gesetz gegen Wettbewerbsbeschränkungen
HKP-Richlinie	Häusliche Krankenpflege-Richtlinie
h. M.	herrschende Meinung
Hrsg.	Herausgeber
HStR	Handbuch des Staatsrechts der Bundesrepublik Deutschland
HVBG	Hauptverband der gewerblichen Berufsgenossenschaften e. V.
HWK	Handwerkskammer
HZV	hausarztzentrierte Versorgung
IAB	Institut für Arbeitsmarkt- und Berufsforschung
ICD	Internationale statistische Klassifikation der Krankheiten und verwandter Gesundheitsprobleme
ICF	Internationale Klassifikation der Funktionsfähigkeit, Behinderung und Gesundheit
i. d. F.	in der Fassung
IHK	Industrie- und Handelskammer
IKK	Innungskrankenkasse
ILO	Internationale Arbeitsorganisation
info also	Informationen zum Arbeitslosenrecht und Sozialhilferecht (Zeitschrift)
INQA	Initiative neue Qualität der Arbeit
i. S.	im Sinne
i. V. m.	in Verbindung mit
IWH	Institut für Wirtschaftsforschung Halle
IWU	Institut Wohnen und Umwelt
JAV	Jahresarbeitsverdienst
JuMiKo	Justizministerkonferenz

JurBüro	Das Juristische Büro (Zeitschrift)
jurisPR-SozR	juris Praxisreport Sozialrecht
JZ	JuristenZeitung
KdU	Kosten der Unterkunft
KJ	Kritische Justiz (Zeitschrift)
KK	Krankenkasse
KKZ	Kommunal-Kassen-Zeitschrift
KOM	Mitteilung der Kommission der Europäischen Gemeinschaften
KV	Krankenversicherung
lit.	lat. littera = Buchstabe
LPK	Lehr- und Praxiskommentar
LSG	Landessozialgericht
LTA	Leistungen zur Teilhabe am Arbeitsleben
MBO	Medizinisch-beruflich orientierte Rehabilitation
MdB	Mitglied des Bundestags
MdE	Minderung der Erwerbsfähigkeit
MDK	Medizinischer Dienst der Krankenversicherung
MDS	Medizinischer Dienst des Spitzenverbandes Bund der Krankenkassen e. V.
MedSach	Der Medizinische Sachverständige (Zeitschrift)
Mio.	Million
MPG	Medizinproduktegesetz
Mrd.	Milliarde
m. w. N.	mit weiteren Nachweisen
NDV	Nachrichtendienst des Deutschen Vereins für öffentliche und private Fürsorge e. V. (Zeitschrift)
NDV-RD	Rechtsprechungsdienst des Deutschen Vereins für öffentliche und private Fürsorge e. V. (Zeitschrift)
NJW	Neue Juristische Wochenschrift (Zeitschrift)
NJW RR	Neue Juristische Wochenschrift Rechtsprechungsreport (Zeitschrift)
Nr(n).	Nummer(n)
NRW	Nordrhein-Westfalen
NStZ	Neue Zeitschrift für Strafrecht
NVwZ	Neue Zeitschrift für Verwaltungsrecht
NZS	Neue Zeitschrift für Sozialrecht
NZV	Neue Zeitschrift für Verkehrsrecht
OEG	Opferentschädigungsgesetz
OLG	Oberlandesgericht
OVG	Oberverwaltungsgericht

PCT	Palliative Care Team
PflegeR	PflegeRecht (Zeitschrift)
PKH	Prozesskostenhilfe
PKV	Private Krankenversicherung
PSP	Pflegestützpunkt
PT	Psychotherapeut
PTBS	Posttraumatische Belastungsstörung
PTVS	Pflegetransparenz-Vereinbarung für die stationäre Pflege
QPR	Qualitätsprüfungs-Richtlinie
RabelsZ	Rabels Zeitschrift für ausländisches und internationales Privatrecht
RBEG	Regelbedarfsermittlungsgesetz
RdLH	Rechtsdienst der Lebenshilfe (Zeitschrift)
Rn.	Randnummer
Rs	Rechtssache
RSA	Risikostrukturausgleich
RsDE	Beiträge zum Recht der sozialen Dienste und Einrichtungen
Rspr.	Rechtsprechung
RV	Rentenversicherung
RVG	Rechtsanwaltsvergütungsgesetz
RVO	Reichsversicherungsordnung
s.	siehe
S.	Seite
SAM	Strukturanpassungsmaßnahmen
SAPV-RL	Spezialisierte ambulante Palliativversorgungs-Richtlinie
SchlH Anzeigen	Schleswig-Holsteinische Anzeigen (Zeitschrift)
SchwbAwV	Schwerbehindertenausweisverordnung
SchwbG	Schwerbehindertengesetz
SDSRV	Schriftenreihe des Deutschen Sozialrechtsverbandes e. V.
SER	Soziales Entschädigungsrecht
SF	Sozialer Fortschritt (Zeitschrift)
SG	Sozialgericht
SGb	Die Sozialgerichtsbarkeit (Zeitschrift)
SGB	Sozialgesetzbuch
SGB I	Sozialgesetzbuch Erstes Buch – Allgemeiner Teil
SGB II	Sozialgesetzbuch Zweites Buch – Grundsicherung für Arbeitsuchende
SGB III	Sozialgesetzbuch Drittes Buch – Arbeitsförderung
SGB IV	Sozialgesetzbuch Viertes Buch – Gemeinsame Vorschriften für die Sozialversicherung

SGB V	Sozialgesetzbuch Fünftes Buch – Gesetzliche Krankenversicherung
SGB VI	Sozialgesetzbuch Sechstes Buch – Gesetzliche Rentenversicherung
SGB VII	Sozialgesetzbuch Siebtes Buch – Gesetzliche Unfallversicherung
SGB VIII	Sozialgesetzbuch Achtes Buch – Kinder- und Jugendhilfe
SGB IX	Sozialgesetzbuch Neuntes Buch – Rehabilitation und Teilhabe behinderter Menschen
SGB X	Sozialgesetzbuch Zehntes Buch – Sozialverwaltungsverfahren und Sozialdatenschutz
SGB XI	Sozialgesetzbuch Elftes Buch – Soziale Pflegeversicherung
SGB XII	Sozialgesetzbuch Zwölftes Buch – Sozialhilfe
Slg.	Sammlung
SGG	Sozialgerichtsgesetz
sog.	sogenannt
SoVD	Sozialverband Deutschland e. V.
SozR	Sozialrecht (Loseblattsammlung; Rechtsprechung des BSG; bearbeitet von den Richtern des BSG)
StV	Strafverteidiger (Zeitschrift)
StVO	Straßenverkehrsordnung
SuP	Sozialrecht und Praxis (Zeitschrift)
SVG	Soldatenversorgungsgesetz
TFG	Transfusionsgesetz
TOR	Tätigkeitsorientierte Rehabilitation
TPG	Transplantationsgesetz
u. a.	und andere, unter anderem
UBRL	Unionsbürgerrichtlinie
UDH	Unternehmerverband Deutsches Handwerk
UN-BRK	Behindertenrechtskonvention der Vereinten Nationen
usw.	und so weiter
u. U.	unter Umständen
UV	Unfallversicherung
UVMG	Unfallversicherungsmodernisierungsgesetz
UVNG	Unfallversicherungs-Neuregelungsgesetz
UVRG	Unfallversicherungs-Reformgesetz
UVT	Unfallversicherungsträger
UWG	Gesetz gegen den unlauteren Wettbewerb
VDBV	Verband deutscher Betriebs- und Werkärzte
VDK	Sozialverband
VDSI	Verband für Sicherheit, Gesundheit und Umweltschutz bei der Arbeit
VersMedV	Versorgungsmedizin-Verordnung

VersVerw	Die Versorgungsverwaltung (Zeitschrift)
VG	Verwaltungsgericht
VGH	Verwaltungsgerichtshof
vgl.	vergleiche
VO	Verordnung
VPN	Virtual Private Network
VwGO	Verwaltungsgerichtsordnung
WA	Widerspruchsausschuss
WBVG	Wohn- und Betreuungsvertragsgesetz
WfbM	Werkstatt für behinderte Menschen
WHO	Weltgesundheitsorganisation
WoGG	Wohngeldgesetz
WtG	Wohn- und Teilhabegesetz (NRW)
WVO	Werkstättenverordnung
z. B.	zum Beispiel
ZAR	Zeitschrift für Ausländerrecht und Ausländerpolitik
ZDH	Zentralverband des Deutschen Handwerks
ZfF	Zeitschrift für das Fürsorgewesen
ZfRSoz	Zeitschrift für Rechtssoziologie
ZFSH/SGB	Zeitschrift für die sozialrechtliche Praxis
ZPO	Zivilprozessordnung
ZZP	Zeitschrift für Zivilprozess

Alles, was Sie wissen müssen!

Behindertenrecht (br)
Fachzeitschrift für Fragen der Rehabilitation
unter Mitwirkung der Bundesarbeitsgemeinschaft der Integrationsämter und Hauptfürsorgestellen

Schriftleiter: Ulrich Adlhoch, Ltd. Landesverwaltungsdirektor, Münster

Erscheint siebenmal jährlich

Jahresbezugspreis € 112,– inkl.Versandkosten

ISSN 0341-3888

»Behindertenrecht« ist **die** Fachzeitschrift für den öffentlichen, betrieblichen und privaten Bereich, die zuverlässig bei Fragen der beruflichen, sozialen und medizinischen Rehabilitation von behinderten Menschen weiterhilft.

In der Zeitschrift werden alle Themen, die für das Behindertenrecht von Bedeutung sind, behandelt.

Die Inhalte:
- wichtige gerichtliche Entscheidungen
- aktuelle Mitteilungen zu Gesetzgebung und Verwaltung
- Abhandlungen praxiserfahrener Autoren

In der Rubrik »Vertrauenspersonen fragen ...« werden kompetente Antworten und Hilfestellungen zu Anfragen aus der Praxis gegeben.

Unter »AKTUELLES« erläutern die Autoren Fachbegriffe aus dem Sozial-, Gesundheits- und Medizinrecht.

RICHARD BOORBERG VERLAG FAX 0711/7385-100 · 089/4361564
TEL 0711/7385-343 · 089/436000-20 BESTELLUNG@BOORBERG.DE   SZ0317

Rechtsstand 1. Januar 2018

WWW.BOORBERG.DE

Sozialhilfe SGB XII Grundsicherung für Arbeitsuchende SGB II

Textausgabe mit Verordnungen und Asylbewerberleistungsgesetz (AsylbLG)

2018, 23., aktualisierte Auflage, ca. 226 Seiten, ca. € 12,80; ab 12 Expl. ca. € 11,80; ab 25 Expl. ca. € 11,–; ab 50 Expl. ca. € 10,25; ab 100 Expl. ca. € 9,80

Mengenpreise nur bei Abnahme durch einen Endabnehmer zum Eigenbedarf.

ISBN 978-3-415-06201-6

Die 23., aktualisierte Auflage der Textausgabe enthält die Vorschriftentexte von SGB XII (Sozialhilfe) und SGB II (Grundsicherung für Arbeitsuchende) mit **Rechtsstand 1. Januar 2018**.

Darüber hinaus beinhaltet der Bereich der Grundsicherung für Arbeitsuchende
- die Kommunalträger-Eignungsfeststellungsverordnung,
- die Arbeitslosengeld II/Sozialgeld-Verordnung,
- die Unbilligkeitsverordnung,
- die Einstiegsgeld-Verordnung,
- die Mindestanforderungs-Verordnung,
- die Verordnung zur Festlegung der Kennzahlen nach § 48a SGB II,
- die Verordnung zur Erhebung der Daten nach § 51b SGB II

sowie im Bereich der Sozialhilfe
- das Regelbedarfs-Ermittlungsgesetz (RBEG),
- die Verordnung zur Durchführung des § 82 SGB XII,
- die Verordnung zur Durchführung des § 90 Abs. 2 Nr. 9 SGB XII.

RICHARD BOORBERG VERLAG FAX 0711/7385-100 · 089/4361564
TEL 0711/7385-343 · 089/436000-20 BESTELLUNG@BOORBERG.DE